編集復刻版

木村　淳　編・解説

明治漢文教科書集成

第8巻

補集Ⅰ　明治初期の「小学」編①

不二出版

〈復刻にあたって〉

一、資料8『漢文読本』は国立教育政策研究所教育図書館所蔵資料を底本とさせていただきました。記して感謝申し上げます。
一、収録した資料は適宜縮小し、四面付としました。
一、原本の表紙は収録しませんでした。
一、原本の白頁は適宜割愛しました。
一、印刷不明瞭な箇所がありますが、原本の状態によるものです。

（不二出版）

〈補集Ⅰ　明治初期の「小学」編　収録資料〉

資料1

明治十年八月新鐫

川田甕江先生閲　土屋榮編

近世名家小品文鈔

醉香書屋藏版

小品文鈔序

簡堂羽倉先生喜小品文。曰草文宜以烏絲欄紙半葉為度。過此以往將少味。而侗庵劉博士課諸生以長篇。曰文不滿千言。不足觀焉。二氏皆碩儒。乃所見相背馳。豈非其好尚之偏使然耶。以余視之。文

章佳悪。不在長短。而所謂小品。亦非文字不多之謂也。嘗閲古人文集。大抵書疏與簡牘分體。序論與題跋別部。簡牘題跋。雖長至數百言。亦是小品。歐蘇手簡。蘇黄題跋。足以相徵。他可例推。此書名曰小品文鈔。而不限以字數。可謂知所

擇矣。且夫長江萬里。望無津涯。壄為峽。瀦為湖。注為溝渠。懸為瀑泉。種種變化。而奇觀生焉。蓋小者大之所溢。廣狹聚散。隨地異宜。故曰。尺有所短。寸有所長。往年余謁羽倉先生。質以前論。先生首肯稱善。而劉博士則未及識之。恨不得起博士於九原。使其讀此以知余言之非偏見也。

明治十年季秋

甕江川田剛撰

東園青木隆書

近世名家小品文鈔

例言

一客歲夏月。賜暇無事。偶探篋底得一冊子。乃所常手鈔。近世名家之小品文也。客有勸梓而行之者。顧此余少壯從學之日。抹録以資於誦閲者。遺瑾收瑕。亦將不免。然以余觀之。大抵皆昆山之片玉矣。不必委簏塵也。因從客言。拔若干首。題曰小品文鈔。以付剞劂云。

一稱小品者。係於題跋贊銘與風流小著之字句簡短者。今此編則不必以此。其所收。或有軼數百言者。或有涉論議者。蓋擬例於王氏蘇長公小品。何氏屠赤水小品云。

一此編專資於誦閲。故分門類以列諸家。讀者勿以次序之先後。而評文品之甲乙可也。

一初輯此編也。係于名家之著者。無論其人之存沒。隨得隨録。今而閲之。其現存者。寥寥不過一二家。因限以既沒者。姑割愛於現存者云。

一近世之以文章名家者。固不止斯。此編第就耳目所逮者錄之而已。其他則將收諸續編。一編中出於傳寫者什居八九。故誤脫累出。或就門生後昆而訂之。或據遺稿全集而正之。校讐亦勞矣。然吏事匆匆。歲殆一匝。而猶未能精覈。讀者若被指摘則幸甚。

明治十年丁丑夏五月耐堂主人土屋榮識于烟嵐靜處

近世名家小品文鈔目次

卷之上

〇序

東京　土屋榮　編

序

續雪花圖說叙

佐藤一齋

空林枯木一朝而華者雪也丘樓銀臺一夜而成者雪也人皆知其為大觀可賞而不知其把蔬細視亦有妙趣存焉古河侯嘗當冬日採雪片諦觀之均是六出各具瓣蘂形狀不一如萬花之有各種後每雪必收而觀之愈多愈奇於是有圖說之編頃又著續圖凡數十品蓋得之於京阪者多矣圖成蒙小田請侯何好尚之癖也雖然是亦格物之一君子何可廢夫造化之理至微而著至纖而鉅其大無外其小無內又以形視之物之為大皆小之積也一卷之所成山一勺之水成海微細之雪而積成大觀亦同一理故微可慎細可戒每事皆然侯欣然曰不圖吾聞格物之說亦可以自警請子書之乃為叙前言

名山圖叙

佐藤一齋

兩間靈逸之氣融合凝結為夫瓌詭奇嶮雄麗之狀

於是有山焉而偉人又往往生乎其間故偉人必愛山山亦必待於偉人無乃以其類相肖歟吾聞川村處士奥產也與多奇山水少壯薄遊既而來都下老於醫然其偃傲拔俗之概竟不可羈以勢利每夫意興忽到輒必求山水區而詣之雖數百里之遠不辭也豈所謂偉人愛山者非耶曩者以其所觀之山屬谷生文晁悉圖之將欲以與世之愛山者共之閱歳乃成因介谷生請余叙披之則巖岫竇壑之巖業而谽谺與夫英靈之所窟宅石室之所閟藏一皆縮在

尺籍內使觀者怳乎神會如目睹而脚踐洵所謂不越戶庭坐挹萬里者矣嗚呼處士不直愛山而又愛愛山之人其為愛也不亦滋博乎余雖偶未見處士而愛山頗與處士同則已在愛藉中矣叙引之請何以辭為獨奈今謬躋塵網猿鶴久絕夢想徒切雖然男婚女嫁待以十年則必將青鞋布韈從處士於山顛水涯肆意游覽以賦遂初不知處士肯為之前導否姑書此問之

送大槻士廣西游序

松崎慊堂

大槻氏舊為奥中庶族。自玄澤先生以洋學通明。奉朝請大府。而族子清臣以磐井郡循吏顯。其弟士繩以經行修飾陞仙臺府督學。於是令則為一方名門。先生之季子士廣又能蹈厲鼓舞。以文藻稱於昌平國庠。君子謂宿學偉才。同時悉萃於槻氏門。仙臺府得人之盛見於此矣。歲二月士廣將游上國經山陽南海赴鎭西。豁其胸衿以名山勝水。弘其學識以積德高才。訪余於羽澤之空山。問途所由。取一言以別。余鎭西人也。少經士廣之所欲赴以來於此。今老矣。

猶能歷指名山勝水之可游者以告之。其如積德高才。則余寡交。今又老居窮山。不能遍識。士廣自物色之可矣。苟有謂不識子而見拒者。出斯言以示之。知我者謂我言是也。不知我者豈有聞子父兄之風而不延之者乎。酒酣推其背起之曰。去矣去矣。嵐山芳野花候將及。遲一刻則不可。

清書畫名人小傳序　　筱崎小竹

佩文書畫譜在焉。明以上名家之傳具矣。清人則畫徵錄之外傳於我者不多。雖獲名蹟無由考其人。余每恨之。九方生廣閲畫識諸書抄作此小傳。賞鑒家得之。猶觀於金石圖譜。以證古器之為寶。豈非嘉惠乎。雖然贋古器者亦必假託圖譜之名目以逞其奸。則此書毋乃或為狡兒帳秘。以眯好事者之眼乎。九方既置身於驪黄牝牡之外。而駿駑之別瞭然於其胸中矣。所以有此著。世之玩書畫者。其識鑒能如生。而後此書之用亦應如探勝者之必須道程記耳。

松陰快談序　　長野豐山

余之僑居京城也。軒外有古松一株。夭矯蓊軒。如遊

龍舞鳳。余撫而愛之。及日之沒。山月之飛空。則涼影參差中庭如流。時有稚子高吟曰。水上清風非有著。松間明月本無塵。余臥而聽之。不覺躍然而起。拍手和之。已而歎曰。此境界一味恨無人共亨之矣。居久之聞足音跫然。則有二三客提携而來。余為設席松陰。與之啜苦茗酌淡酒。陶然以樂。古人云。又得浮生半日閒。我輩之閒豈特半日而已哉。於是余為之商榷古今。評品文詩。其餘及山水花木書畫筆墨之末。銜口而發。無所擇也。一談一笑。未嘗不抵掌稱快也。

乃謂客曰。子亦曾聽雅子之吟詩乎。水風不著。松月無塵。是得我談之意。且彼偶然高吟以自快焉。我聽而悦之。不知客亦能悦吾之談否。然悦之亦可。不悦亦可。我快吾談矣。必問人之悦與不悦哉。客啞然而笑。且去又來。固無妨於我之閑也。積日累月。談益多端。因自録之。稍積為巻。名曰松陰快談。亦非以快人也。以自快耳。夫月之夕。松之陰。乃繙我書而快誦之。安知不復有旁人拍手稱快者哉。

城西遊記序　　安積艮齋

予好為山水遊。遊必有記。門下諸士倣之。若小玉伯宣房総記行。友部順正登嶽録。河村季幹上毛游草。舟橋秋月遊豆記述之類。先後相繼。而縣晴峰城西遊記又出焉。甚矣二三子嗜我痂也。予烟霞痼疾。非惟不能自醫。并使諸子染其毒。父兄其謂之何。然諸子才俊氣鋭。如千里汗血駒。苟羈束之。鞭策之。又磬控之。欲一昂首而嘶。且不可得。則其勢將生齧踶泛駕之憂。故使之時奔逸馳騁于平原曠野之中。乃所以泄其氣而防其憂也。且諸子才筆縱横。雲烟之氣勃勃從十指間流出。頓成偉觀。未必不為文學之資也。父兄視之。必將笑曰。是亦王良馭馬之術也。予其免乎。

送駒留伯盛移居沼津序　　安積艮齋

予識駒留伯盛於海鷗文社。其為人英穎。喜文章。酒酣耳熱。談辯如雲洶。足壯吾黨之氣。今將徙沼津。沼津在富士峰下。伯盛舉目即見之。請以此論文可乎。夫富士千仞削成。八面玲瓏。為衆嶽之宗。文之骨格宜如是也。否則卑矣。三峰挿天。上有太始之雪。下界

未曙。先受旭光。燦如金芙蓉。文之風神宜如是也。否則陋矣。噴雲吐煙。曳而為縞帶。聚而為樓閣。奔而為怒濤。散而為璧絮。文之變態宜如是也。否則贅矣。至其盤三州。亘萬古。巍然為大邦巨鎮。則以神氣充塞其中也。文以氣為主。亦當如是。否則散以緩矣。由此觀之。富士乃造物者一大文章。而開闔馳騁抑揚頓挫之法皆具焉。伯盛仰而觀之。俯而思之。必有所自得。而文之長進。沛乎其不可禦也。他日復來參文社。則人將推為藝林中之芙蓉峰矣。吾雖老尚能拭目

觀之。

嘉永二十五家絶句序　齋藤拙堂

飈擧霆擊。摧堅城。殲千軍者。其唯臼忽諸礮乎。然而軍已逼。而騎已接。唯有刀鎗可以殺敵陷陣。雖有大礮無復所用。於是知尺有所短。寸有所長。長兵之神有時乎不若短兵之利矣。詩之有絶句。亦猶如此。長篇大作可以驚四筵。可以震詞林。然適獨坐寫所懷。或不若絶句。絶句爲體最短而難工。至其工者一誦三歎。咀嚼不盡。可以和人倫泣鬼神。豈非所謂寸鐵

殺人者耶。浪華書賈墨香生。集當今諸家絶句之工者。謀刋行之。來請序於余。余方講兵不暇及此。固辭之弗聽。乃擧平日持論以兵概詩。書此爲序。以塞其責。讀斯編者。爲如是觀。則必知兵之與詩長短各有用矣。

林谷山人詩集序　野田笛浦

挾一枝之鐵筆。岸然自大者。吾於林谷山人見之。苟非其意也。雖逼以諸侯之嚴。罵之曰我手不肯刻諸侯及乞子之印。其誕如此。乃知山人隱於鐵筆者。非賣者也。山人没。後人携其詩卷。謁余序之。其詩方良頽逸。而自歸風雅之室。不圖山人鐵筆外。有可隱之地。抑山人之岸然自大。其可賣者。猶不屑賣。况於詩乎。斯詩也可與隱者讀。不可與賣者讀耳。

碧筠詩卷序　野田笛浦

余嘗觀畫工所寫伊坂子莫肖像。無一毛髮之不逼其眞焉。既而讀子莫所著碧筠詩卷。曰夫畫肖則肖矣。而不如其詩之自寫天眞也。而世之評其詩者。或謂其似唐。其似宋。其似元明。何異取後人之謦欬。誣

前人之面目。豈非可笑之甚耶。何不見於子莫之面目。子莫爲人温謹易直。身産於素封。而絶不溺聲色玩好。其治家未嘗疾言遽色。而人受其約束。故其發於詩也。不假一毫摹倣。而一嚬一笑。一喜一哀。莫不如其爲人也。蓋觸境遣興。任筆排悶。自寫天眞。而不自知耶。謂之勝畫工寫照。豈爲誇哉。子莫頃患軟脚疾。閉門覓句。呻嚘竟日。間輒傭舁夫。駕一竹輿。行田野。經山徂水。逍遥於白沙翠竹之間。飲酒哦詩。以爲樂。由是其詩骨骼開張。脩然清遠。使人諷詠嘆

息。不知其面目為如何。然則余之以肖像讀其詩者。亦未必盡之耶。遂書以問之。

東坡外傳序

川北温山

雲停於天半。漠漠爾唯風焉依。東坡其如雲耶。水行乎地中。滔滔然唯勢是從。東坡其如水耶。稚子指雲語其遠近廣袤。至人鑑水。説其利害變化。以為遠則遠。以為近則近。以為利則利。以為害則害。其廣袤變化。亦皆在稚子至人之心目。當其行抱嶺岫。流繞巖崖。則可愛翫之極。而亦不能審其何故矣。東坡之學之文。浩然博雜。然駁荒荒然。不見其端倪。天子期以宰卿之器。儒者許以經緯之才。術士擬以權謀之雄。佛氏待以解脱之祖。道士醫人。書畫者流。無不咸謂吾曹之師也。豈不以其淡然無心。不可測度。如雲與水哉。東坡作文。自云猶行雲流水。余謂舉其一世。亦猶行雲流水。然而雲能致雨。水能育物。均之洽澤無窮。而東坡之澤何在。曰行雲耳矣。流水耳矣。余唯取其可愛可翫爾。余持此論久矣。中井乾齋著東坡外傳。乞余一言。乃題之卷端。

送松本實甫序

川北温山

吾黨論卓落慷慨之士。必推實甫。實甫會津人。夙游于昌平黌。學成就仕。不得志於有司。年垂五十。而未畜妻孥。一條槍一篋書。居常囂囂。客至輒置酒論兵。遠謀奇策。卓然出人意表。每聞海國有外夷之警。奮然搤腕曰。予往焉矣。嘗講兵於北邊。遂跡蝦夷不毛之地。西游於長崎。嚙雪乎阿蘇嶽。歷南紀四州而歸。歳之三月。羽倉縣令。航於八丈洲。撫居民議海防。文武之良皆願從事焉。實甫曰。予往焉矣。乞予言。予曰。子當平世。不忘亂。似矣。抑縣令從事。非子之宜。八丈之治。非子之任。遠謀奇策。不施諸北邊鄉里。而試諸南海無人之境。抑何説耶。會津侯賢明。子不從事於此。而遠從彼。又何耶。實甫曰。安知不南顧之為北顧。今日之卷懷為異日之施用哉。予往焉矣。序以壯其行。

送岡永世襄序

安井息軒

唯無家也。故四海無非其家。唯無財也。故萬物無非其財。人皆營營而我獨晏晏。人皆戚戚而我獨悠悠意適則止興盡則去舉天下之物無足以累其心世襄之於斯世何其綽然有餘裕也予與世襄交二十年觀其所遇昔劉而今閒昔羸而今健昔富貴而今貧困今之勝於昔者二豈非以其勞於形而逸於心邪而杖履所到文人韵士爭延之相與哦詩揮毫品水評山欣歡暢適不知飢寒之迫其後則其一者亦不足為世襄憂宜矣其能超然於事物之外也甲寅七月世襄從關西來曰與予別三年請竭一夕之歡予喜其淡於名利而厚於故舊也援而止之而世

襄為予止九閱月頃者卒然來告曰時氣調矣禽鳥和鳴而埋沒於車轍馬蹄之間恐江山笑人我將北吾蹤予不能復止出送之門曰青山無盡江湖之水湛然往矣世襄北地雖僻乎必有與子同是樂者惜予未能從子而放浪於江山之間也

克庵紀行序

藤森弘庵

忽而山忽而水忽而輿忽而舟忽而接士人忽而參緇徒忽而從野老忽而對女流忽而醉飽流連忽而饑渇奔馳境遇百變而遊者之適未嘗不在其間也忽而莊語忽而嘲謔忽而嬉笑忽而怒罵忽而長歎深慨忽而游戲三昧結想千態而文人之適未嘗不在其間也克庵子既適於遊又適於文於是乎著此編人讀之見其若此也或罵以為狂為癡為醉呶為孟浪克庵子輒夷然不顧猶然笑之曰罵任汝罵適我適耳且今天下廣矣學者夥矣安知不有讀之而適我適者乎就使不得之於今日亦安知五百歲之後不有讀之而適我適者乎苟五百歲之後而遇讀之而適我適者是旦暮遇之也不知者之罵以為狂

為癡為醉呶為孟浪於我適何傷也弘庵居士聞而奇之乃書以為之序

刪訂文致引

鹽谷宕陰

文之有景事情意猶如人之有眉目口耳也景事情意精切要妙風致豈不動人原選間收淫靡之作景事雖奇而情意不正不可以為訓及駢儷之文今皆芟除至漢魏八代名流唐宋大家之傑作從前多評鈔學者蔑弗誦習焉故亦不載李郭易營而旌旗異采覽者自得之

近古史談引

鹽谷宕陰

春首南風揚沙。破窓簌簌。塵坌滿几席。頭涔涔痛。偶士廣袖此卷來示。屬予題言。讀其英主猛將之事。如耳喑啞叱咤之聲。讀其武夫悍卒畸人俠客之事。如目横槊舞劍扼腕揚眉之容。讀其忠義狷介節烈之事。令人想整襟正色琢廉礪隅之狀。於是拍案呼快。命爵引滿。頭風頓愈。憶昔從山陽賴氏於京師。晡間侍酒。縱譚前古英雄事蹟。以為常。嘗曰。余弱冠游江都。在尾藤二洲塾。翁杯酌間好説戰國事。醇乎篤行

君子。而其中乃有如此者焉。余曰。亦非由有所謂日本膽耶。士廣平生磨才硯墨。瀟洒風流文士。而兜牟氣象。見于毫端如此。亦無乃此之由乎。夫左右文武者。姚姒子姫之教皆爾。而我民之於武。獨有不待敎者焉。加之以學。健而順。貧而義。以奉公守官。衛社稷。保黎元。此所以萬古一姓。表東海而雄於宇宙也。士廣之著是書。意其在于此哉。乙卯孟陬念三日。題于鶉林巷九里香園。

書畫帖引

鹽谷賓山

聚丹青墨妙于一幅之内。罔論識與不識。飄然而投。飄然而揮。為雲煙。為龍蛇。為奇石怪岩。顔筋柳骨。倪山孫水。詭態百出。變幻起忽。雖一草孤木。片翰零墨。曲有妙趣。猶會巨匠名流于一堂之上。而各鬪其伎藝也。雖則尺幅之帖。亦足以觀一時文苑之盛矣。展觀之餘。書此以還之。

墨場必携弁言

佐藤一齋

凡有所業焉者。必有所携也。業書者之赴請也。必携筆管。猶之農夫之於耒耜。樵者之於斧斤。烏可遺而

不携乎。河君孔陽書名噪海内。一時貴顯封侯。爭聘競迎。日不暇給。方其見請也。必皆鋪方丈之羣氈。磨霹靂之隃麋。具精良之彩毫。則筆不必用携也。但絹紙累數百。揮灑不休。故卒迫之際。語或雷同。又不能悉請。書雖佳。猶未也。乃者孔陽自纂古人成語。為陸局。以代腹笥。名曰墨場必携。以待索者之需。屬余叙。余受而攤之。有箴銘語。有頌贊語。有綺語。有情語。有警語。有壯語。有臺閣雄麗語。有江湖風月語。凡可以為卷幅。以為聯若匾者。無求不有。何其便也。於是筆

可不携。而茲編則不可不携。謂之墨林之斧斤。硯田之耒耜。可矣。抑夫斧斤耒耜。其用止於一人。如茲編則我用之而有餘。使人用之而不盡。其惠於墨林而澤於硯田也亦多矣。是可鐫也。乃漫引之。

論著

論信陵君

長野豊山

信陵之客。大抵皆奇士也。而毛公薛公最賢矣。公子之在趙也。秦攻魏急。而公子不歸。客無敢諫者。二公諫之。余觀其言卓然出於世俗之表。宜乎公子之傾倒之也。如公子者可謂善相士矣。獨惜失之於侯生也。夫侯生者特齷齪閭里之俠耳。其為公子計畫者。皆所謂不義之義。惡足以為賢哉。竊魏王之符奪晋鄙之軍。雖卻暴秦而存趙於危亡。何以償公子負魏之罪哉。殺公家之忠臣而徇一己之私義。噫信陵者一逆賊耳。然彼公子亦不自知其罪之至此也。特為侯生所誤。豈不惜哉。余察公子之為人。天資温恭。從諫如流。勸善不倦者也。若使其客皆賢如毛薛二公。則公子之所成就豈可料哉。公子鋭意求善。輕信人言。而不審其義。其失於侯生者亦以此耳。觀過知仁吾於公子亦云。

白起論

長野豊山

天下之禍。常存於不虞。而福亦存於不虞。禍福相生如環無端。大之在國。小之在身。靡不皆然。況戰陳之際。事變之可虞。在瞬息之間邪。是以朝勝者為暮敗之資。暮敗者為朝勝之資。故善戰者不求勝於勝之日。而求之於敗之日。不虞敗於敗之日。而虞之於勝之日。斯謂之良將矣。不然則一勝終不可保。而一敗不可復收。故良將者勝而弗喜。敗而弗患。勝必有可保之術。敗必求可救之術。昔白起之勝趙也。詐坑其四十萬人。當此之時。危哉秦也。岌岌乎甚於累卵。何則趙俗素重氣義。其四十萬人之子弟。方恥其父兄

之死。皆欲出死力而甘心於秦。當此之時。趙若有人驅其子弟西嚮而攻秦。趙卒奮呼跳躍。勇氣百倍。靡不一當百。其破秦必矣。是所謂求勝於敗之日者。惜乎趙將怯惰。無一人為之唱。而遂成孺子之名。白起亦不慮敗於勝之日。乘其勢而逞其酷暴。豈不危哉。其不取敗於趙者天幸耳。惡在其善戰哉。然秦溺韓魏燕趙。白起功居多。頗以計策取勝。亦多天幸耳。及其與應侯有隙。不知大禍將至。恃已功而凌同列。出怨言而驕其主。安得免邪。宜乎身死杜郵。而為人笑。亦不自備其不虞之禍也。

讀菅右府傳

齋藤拙堂

菅公之黜。不特當時之不幸。王室萬世之不幸也。夫自淡海閑院以外戚秉鈞軸。藤氏之權漸盛。至於忠仁之顧命昭宣之廢立。天下知有藤氏。而不知有朝家。宇多帝患之。欲抑其權。擢公於博士。置之端揆。公亦慨然以天下自任。輸忠竭誠。不暇自恤。故清行之規不肯從。右府之拜不肯辭。見其讓藏人頭辭關白之命。公豈戀爵位者哉。誠不得已也。當此時。公以一

身繫國家之盛衰。而成與否在天。不在人。則讒者之言固不暇顧也。使醍醐帝終不疑公。則抑藤氏振朝權。以復近江寧樂之盛。一反覆手之易耳。唯其聽時平菅根之譖。使公有紫海之行。是以藤氏之權益熾。至椒房出於一門。攝籙歸於一氏。以村上帝之賢明。不能定為平之位。以後三條之英邁。不能奪教通之請。一轉為保元。再轉為建久。三轉為承久。為延元。天下長為武人之有。其始出醍醐一聽斷之不明耳。惜乎醍醐世所稱以為聖主。而有此失。豈天意邪。抑人

事之未盡也。

讀諸葛武侯傳　　鹽谷簣山

古稱為非常之功者。必有非常之行。予乃曰。有至常之行。而後非常之功成矣。光武之初起也。絳衣大冠。人皆驚曰。謹厚者亦為之乎。殊不知非謹厚者。則不能為大事。霍光小心謹慎。廢昌邑立宣帝。文王小心翼翼。啓周家之基業。孔明亦自謂。先帝知臣之謹慎。夫知謹慎之所以為孔明。則知孔明之所以為英雄矣。

說

貓狗說　　賴山陽

貓捕鼠于內。狗警盜于外。各有其職。以事主者也。然諺曰。畜貓三歲。三日忘恵。畜狗三日。三歲不失。而人常愛貓而疎狗。何哉。以其形體。則狗之粗。不若貓之膩也。以其聲音。則狗之厲。不若貓之嬌也。以其性情。則狗之剛決。不若貓之善柔便辟也。是以貓之於主人。不離其左右。出入其閨闥。食有魚。寢有褥。而狗則寢於土。而食於餒。終歲不得望見主人之面。認盜而吠。無賞。縱鼠而不捕無罰。可悲也夫。

木阪生名字說　　阪井虎山

木阪生高宮（郡名）著姓也。通稱文左衛門。鄉俗呼之止曰木文。蓋就姓與稱。各取一字。以便稱呼。初無有意義。如所謂鴻善梶作皆是已。然鴻善梶作實無意義。而木文乃經史雅語。加之木而有文。其材必美。人以告生。曰。是亦佳號矣。生曰。有文之木。其心未必直。因自命其名曰直心。其意欲先直其心而後美其文。可謂益有義矣。遂求命字於余。余字之曰潤夫。則亦又有義焉夫直心古徳字也傳曰富潤屋徳潤身生之屋既潤於富矣我更欲使其身潤於徳耳且徳能潤身而後富能潤屋而不失於永久故曰大徳必得其祿祿即富之實而得則不失矣如彼鴻善掘作之徒固不足言也然其所以富甲天下而永久不失者豈無由而然哉而徳者亦非他也直心之謂也心直於內而文美於外是謂之全美之材生能如此毋論鄉俗即士君子亦將呼而稱其徳而屋之潤者亦豈止于今日乎潤夫勉焉

老子猶龍説

川北温山

驥然而潛倏然而躍騤騤然而冲虚變化不測此之謂龍可謂神且靈也然其肉不可食其皮不可衣則不如羊豕狐狸魚鼈可以食可以衣也凡天下之物有此形象必有此功用苟無此功用謂之不神不靈亦可史稱孔子適周問禮於老子既而目之以龍學者惑焉以余觀老子其言玄微欲體其教猶逐影搏風是夫子之所以謂吾不能知也曰然則老子優歟曰老子能也夫子人也天下百年可以無龍一日不可以無人也推夫子之意蓋謂龍之不可網不可綸不可矰不如羊豕狐狸魚鼈之可供用也

棋説

鹽谷賓山

棋機也寓兵機者也故有守有攻有正有奇虚虚實實陰陽開闔寓變化于法度之中存紀律于縱横之間方其對局也必先察彼此之情審彊弱之勢算定而後下子以正合以奇戰餌而食之利而誘之怒而撓之卑而驕之要險擊之設伏陷之掎角擒縱離合出没回死乎生轉敗乎勝始而處女終而脱兎如風

如火如山岳不動爲魚麗爲六花爲常山蛇勢整整肅肅不可犯紛紛紜紜不可亂陷死地而勝如韓信破趙出其不意如李愬襲蔡城以術誑敵如孫臏獲龐涓轉敗爲勝如田單復七十餘城千態萬状出没變幻靡有窮已蓋雖勝敗無常大抵得機者勝失機者敗機者猶如弩牙一發不回間不容髮故能知機者惟爭一着如豐太閤之趨賤嶽如平右府之襲桶峽先則制人後則爲人所制一先一後勝敗係焉苟知其機而後棋可爲也予不解棋好觀人圍棋殆忘

寢食始知爛柯之不虛。恨不生于戰國間。獲見良將謀士神變鬼化。決機乎兩陳之間也。作棋說。

近世名家小品文鈔卷之中

東京 土屋榮 編

記

近水樓記 佐藤一齋

近水樓臺先得月。非古人之句乎。樓之景勝。一句盡之。所以得名也。乃菅君君質所居焉。君質世為松山藩巨室。為人澹泊。虛懷容物。有藻鑑。又好文。時復筆生波瀾。余締契已在十餘年前矣。曩圖其景。遠徵記於余。余未見茲樓。筆不易下也。雖然。一天月華。無遠近。無古今。地隔千里。而人則熟之。況復其為人澹泊。猶水也。虛懷容物。猶水也。藻鑑。水也。波瀾。水也。是則覩見之矣。尚何見其冷然潤。洋然動者。而後謂之水云已乎。余今復登吾樓。以把月華。俯仰想像。神馳魂飛。在彼近水之樓。則月無別光。千里同歡。乃是余與君質之神交。水在近而月亦得矣。不復拘拘乎形迹之見與不見焉可歟。今姑此之為記。若夫景勝之美。到者即知。不必待余記也。

寒秀瘦壽書房記 佐藤一齋

蘇東坡贊梅竹石有云。梅寒而秀。言其標格清高也。竹瘦而壽。言其蕭洒久存也。石文而醜。言其蒼古獰然也。是爲三益之友。言三者相得而莫逆也。杉浦總仲愛梅竹。環其書房。惟梅與竹。乃取坡公之語。名曰寒秀瘦壽。若以梅竹爲友。相得而莫逆者。何以遺文而醜邪。非遺也。蓋自擬也。總仲狀貌奇偉。其顱隆然高。其色赭而黝。其肩癯而聳。殆所謂醜者也。及聞其言則商搉古今。品題人物。廟廊臺閣。山林江湖。綜雅俗混清濁。有抑揚。有擒縱。其卷舒如雲霞。其圓轉如

珠走於盤。其滾滾來如黃河東注於海。誠所謂文者矣。總仲欲以此友於梅竹爾也。雖然吾有一疑焉。總仲之醜在於貌。而文在於言。石則不能言。而其醜即文也。使總仲之不能言。如石者。其文何繇見之。此則其與石不相似者矣。夫梅竹之與石友也。不以相得於清閑泯默之際。而相忘於喧譁騷遝之外邪。總仲既文於言矣。乃今欲以梅竹爲友。而梅竹能肯之歟。不歟。試擧此問於總仲矣。又問諸寒秀之梅瘦壽之竹。

桃花園記

古賀侗庵

唐皮襲美評群芳。以桃爲第一。夫桃花標致固不凡。然襲美之言。則似阿所好。古來稱揚桃花者衆。如史遷成蹊之語。半山炫晝之句。紅霞紅雨之喻。艷外艷華中華之賦。足以盡其美矣。而予則更取於其實之有益于世。以爲將以其華實兼備而稱之乎。彼在百卉中。奚啻落第二等哉。惟人亦然。文者華也。質者實也。德者實也。才者華也。才德備文質合。然後稱君子。闕一則不可也。米澤宮嶋恭卿家于城下。園多桃。因

名桃花園。圖而寄示徵記。恭卿學博行脩。不野不史。無勞予言。雖然予之過慮猶恐其或先華而後實。文勝而質散。以追時俗靡靡之風。故因評桃花而縱言及此。園前挹鼇山。而右堀楯川。勝景非一。恭卿錦心繡口。必能賦盡其詳。非予臆料之辭可加萬一。故不道。文政戊寅秋八月。紫溟劉煜撰。

蓬萬廬記

長野豐山

河肥有快翁。姓石字子禎。其爲人潔且曠也。年且七十。濶歩健啖。馬文淵所謂老益壯者也。翁嘗請故西

城侍讀栗學士。扁其廬曰蓬蒿。一日翁引余造其廬。指其庭且告曰。昔張仲蔚幽居養生。所處蓬蒿沒人。賢而然也。我則懶而然也。不知者觀我扁額以爲仲蔚自居也。予以爲如何。余瞠目不答。爲問曰。翁豈將以諷世邪。余歷觀今世。登其堂則潔也。問其主人則汚也。觀其庭則曠如也。其主人胸中有荊棘能刺人。不啻有蓬之心也。如此者紛紛何限焉。而翁則否。其胸中洒然如洗。不橫一物。可謂潔且曠矣。而翁潤步健啖老益壯豈懶哉。則翁之蓬蒿將以諷世也。翁大

噱曰。否子何言之深也。我飲食於斯。起居於斯。以養其懶。如此而已。雖然子之言亦足以發我一噱焉。因遂走書之。嗚呼快翁哉

奇石亭記

長野豊山

亭以石名。取於其多也。石以奇名。取於其形也。亭塞其北。三面間曠。以坐而觀者。大竹老松。檜柏楓杉。繁然成林。而莫如石之多且奇焉也。若龍焉而鱗疊。若鳳焉而翼張。鶴仰而軒。鶚奮而攫。猊而踞。虎而蹲。羆斯跧。象斯馴。馬之立。牛之卧。似豹者。似駝者。如兎鹿豘尨然者。或踦於松下。或聳於竹間。與檜柏楓杉雜處而互出。客之步而遊者。愛而撫之。駭而避之。賛其奇而詫其怪。婦女嬰兒。一見膽墜。莫不驚怖啼呼而走且僵焉。石之奇觀極於此矣。宋米元章好奇石。見輙拜之。儻使觀於此則必將疲於僕僕爾亟拜也。昔黃初平叱白石悉化爲羊。吾意使初平遊此亭。試以其變幻之術。則翼者飛。蹲者起。乍騰乍躍。忽哮忽咆。鬪而相噬。怒而相搏。敗鱗殘甲。破牙折角。蹂躙狼藉。艸木爲之震動。朽壤爲之墳起。其爲奇觀豈不更盛

乎哉。然初平豈易遭哉。今姑記其奇形怪狀之大略。以示好石如元章其人者。

自來亭記

坂井虎山

有亭一宇。突如臨海。海之碧。山之翠。四面環擁。以集勝於此亭之間。而主之者。香洲醫師大橋氏也。余一日舟遊此地。因過焉。主人置酒亭上。乞命名。余曰。闃然幽廓然曠。宇甚小。觀甚大。請名之曰自來之亭。不求於山而山自來。不求於海而海自來。是謂之地之勝。今夫王公之園。將相之墅。無非取於山與海以成

其趣者然地苟不勝也。則求寸海尺峯而不可得。於是伐樹木。夷民屋。起層臺。構飛閣。以始得望雲巒烟波于彷彿間。如是而曰山自來。海自來。可也乎。主人曰有旨哉言。茂樹栖鳥。深潭集魚。清風明月。誰呼誰延。今吾新作此亭。未始請先生。而先生自來。亦此勝之所致歟。余曰。此特山海游觀之適而已矣。我且進子以子之所能。嚮吾至子之門。瞽者來乞治其目。跛者來乞治其脚。以至內熱外邪痛心而疾首者。亦皆莫不來乞治其苦。彼其所以來者。子豈戸造家至以請之邪。術成於此而名施於彼。彼之來亦自來也。嗚呼。子常觀於亭而益精其術。則彼之自來必有倍于今者矣。主人喜曰。敢不受教。因為記。

萬綠堂記　坂井虎山

名越廉藏為其同宗君茂請名堂。兩家皆備之著姓。余聞其住樹樹之鄉。因名以萬綠。而不知其為酒家也。一日廉藏贈酒。飲之清而溫。余且飲且賞。則廉藏又請曰。先生果旨於是邪。是即君茂家所釀。胡不遂為之記其堂。余方醉。乃歌曰。樹樹之鄉。其綠維萬。堂宇如染。弗飾而與。我更進之。益美其綠。萬石之酒。莫有不綠。既醒謂廉藏曰。此醉言矣。萬綠名堂。取樹而足。牽而及酒。豈不强乎。抑亦訓言矣。萬斛之綠。主之不易。能知不易。可以保家。然則如何而可。所謂清而溫。是釀酒之法。亦保家之道。誠使君茂清以持身。溫以接人。則萬綠之堂。長榮於樹樹鄉矣。廉藏喜曰。此豈君茂一家之榮而已哉。因為記。

遊漢辨記　坂井虎山

全一山唯松。望之三面峭絕。一面稍夷可登者。熊谷氏古城也。遶山有溪。清深多魚。石堰洩水。潨然如風雨者。橫川也。傍溪有村。簇簇千餘家。商賈輻湊。牛馬如織者。漢辨也。余遊漢辨三。每望古城。未嘗不欲登以觀成敗之跡。而未能也。今玆又遊焉。則亦雨不果。豈古城之靈有所忌。而不欲人之窺其墟邪。當天正之際。熊谷氏虎踞此山。威名著一州。而能來為敵者。武田光和也。余來時過武田氏古城下。見道傍祭大石。高如人長。問之則曰。光和所手投云。二將勇力相儔。地險相敵。勝負相持。而今皆亡矣。厚壁深塹。火樓重塞所以備要害圖久安者。莫不皆廢墜堙夷。而樵牧侵而麋鹿栖矣。此固興亡常數。古人譬諸夜旦錯行。無足怪者也。然要之上下二百年之間而已矣。則安知二百年後不反覆相替如斯哉。余於是大有感焉。漢辨商賈之區。得利則喜。失利則悲。孜孜朝夕。唯貨是求。誰有與余同其感者哉。夜深雨休。星月娟娟。乃出戸望古城。獨立石堰之上。久之。

梅谿遊記二 元九首 録四

齋藤拙堂

一目千本。尾山八谷之一也。花最饒。故有此名。蓋比芳野櫻谷云。余與同人出院。下前崖。覺山水與梅花皆已佳絶。任意而行。至一大谷。文稼識而言之。徑詰曲而上。花夾之。步出其間。如簾白雲而行。數百步達巓。下顧彌望皜然。與谿山相輝映。余嘗遊芳野。觀其一目千本。有此盛而無此勝。又嘗觀嵐山櫻花。有此勝而無此盛也。更求之西土。以梅花名者。抗之孤山。境蓋幽。花則寥寥。蘇之鄧尉。花頗多。地則熱鬧。唯羅浮梅花村。對峻峰。臨寒溪。而花尤饒。庶幾可比我梅溪歟。日已斂。昏花隱淡烟中。千樹依約。不見其所極。

暗香蓊勃襲人。聞溪聲益近且大。至咫尺不辨色而後去。

梅谿遊記三

齋藤拙堂

昏黒還入院。欲俟月升復出觀花也。余平生想溪梅月夜之奇。欲一游併之。每歳春。有人自伊来者。輒詢之。花之開謝與月之虧盈。每齟齬不相合。遲之七八年。至於今歳。欲以今月望前來。然以地在山中。著花殊晩。其盛開常在春分前數日。而春分在今月之末。如其無月何。忽思邵康節詩云。看花切莫見離披。私謂及半開則可。何待其爛漫。遂以望後三日來。豈意花開已七八分。或將十分。實望外之喜也。獨奈日已落。黒雲覆天。意殊悵悵。張燭欲飲。此行購樽容五升者。滿貯酒。命奴負荷。呼取之。酌不數巡而竭。恠詰之。乃知奴醉墜地。致傾覆。益悵恨。買村酒。得數升来。洗盞更酌。雖甜不適口。亦自醺然。文稼風流士。公圖以詩名海内。而半香善畫山水。餘人亦皆吟咏揮灑。少慰愁悶。俄而小奚来報曰。雲破月出矣。衆驚喜欲狂。捨盞走出。時將二更。月色清朗。步抵真福寺。枝枝帶月玲瓏透徹。影盡横斜。寶鈿玉釵錯落満地。水流其下。鏘然有聲。覺非人境。傍岸西行。前望月瀨。水清如寒。玉漾月影。蹙作銀鱗。而兩山之花。倒蘸其上。隱約可見。一棹中流。山水俱動。吾平生之願。至是酬矣。

梅谿遊記四　　齋藤拙堂

花月之賞已畢。還就宿。夜已過三更。疲甚。一睡到曉。覺則奇寒沁骨。紙牕甚白。起推戸。見雪積平地三四寸。連呼奇。又呼酒。満引大醼。與同人出。復赴真福。到昨夜翫月處。雖溪山不異。丹崖碧巖。悉化為白玉堆。

花亦加素彩。如粉傅何郎之面。其美更增。一俯一仰。入目皚然。獨溪光益碧。作縹玉色耳。梅溪之清。於是焉極矣。古人論梅。謂讓雪三分白。然雪以白勝。梅以艷勝。各有佳趣。韓退之詠雪梅云。彩艷不相因。是可為定論已。此行既收花月之奇。今又并雪梅之清。天之賜我何厚也。欲住覽前路之勝。以步履艱而止。

梅溪遊記六　　齋藤拙堂

舟中既覽尾山諸谷。又欲西觀桃野。纔轉棹則北岸所未見之山。突兀躍出。樹石雜焉。蚪龍虎豹。譎詭夭矯。有一石。如人之冠而立。曰烏帽子巖。水益駛。激搏磥礧。稍緩處。俯而窺之。澄徹見底。游魚可數。花片點波。輙就唼之。無所得而逝。為之一笑。仰見桃野在前。地勢陡絶。黄茅數家。縹渺現出於梅花爛漫間。如瑤宮璚闕在白雲中。可望而不可即也。篙夫云。此溪每夏月。躑躅花開。水變作猩血色。亦為奇絶。故名為躑躅川也。嗚嘑此溪之奇。一何多也。恨一時不能併觀焉。記之以俟他日。

養魚記　　安積艮齋

庭中有洿池。方僅二三丈。荒廢久矣。己亥之夏。浚之使深。疏之使通。植矮樹於岸。又引隣池之委以注之。有風則細波如縠。無風則平瀋如鑑。天光雲影。往来其上。而筧泉之聲潺潺然。每夜深人靜。屢以為雨至也。因命童買小魚數十頭養之。張鬐掉尾。或游或潛。洋洋焉若相樂於江湖。予亦觀而樂之。因感魚冥頑無知之物也。惟其無知。故不動於慾。囿之以勺水而不悲。放之以江海而不喜。一遊一泳。不願于外。是能樂天者也。蓋天之生萬物。各有大小。小之不可為大。

猶大之不可為小。小者不必羨大。大者不必凌小。各全其所稟。安其所遇。此之謂樂天。而人也物之靈。乃欲逞溪壑之慾。戚戚如在囹圄。何也。

遯窩記

安積艮齋

都城之中。邸宅相接。車馬喧鬧之聲。窮晝夜不已。高人逸士。思欲占一闕地。栽花環水。畧具林泉之趣。難矣。獨井戸君敬甫。庭園雖不甚廣。而草樹之陰翳。池水之泓澄。鳥啼花落。純乎天趣。此亦人生一樂也。頃者君作斗室其隅。結構清楚。一塵不點。書笈畫幅文

房之具。羅陳左右。據梧而坐。花卉掩映。雲天落鏡。倫然有林澗之想。而門外塵囂。風馬不相及也。因扁曰遯窩。屬予記之。予謂君業既為官途中人。而以遯自號。若不副其實者。然君處官途而不競乎名。持風節而不詭乎俗。富才學而不矜乎人。隱黙韜晦。不露形迹。是以鄉黨僚友。莫不稱其温且恭。豈周易所謂嘉遯者歟。夫掛冠避世。結廬於茂松清泉之間。惟麋鹿之與侶。猨狖之與居。世謂之遯。是遯之小者也。孰若身處官海風波之中。而能自晦以不蹈其危機。是乃遯之大者也。雖然。山韜玉而自潤。淵藏珠而自輝。採者皆得而識之。則君雖欲自晦而終不能晦者存焉。吾懼其不得優游乎茲室也。文政己丑竹醉日。艮齋安積信撰。

越谷桃花記

野田笛浦

越谷桃花之美。實為武州闔境之最。而人皆以無水病之。然而其無水也。有未為無水者矣之時也。天保壬辰三月有七日。余觀妝馬於小金原。歸途偶逢賣桃花者。曰此花奚自。曰自越谷。曰遠耶。曰僅隔一村

耳。余聞之也。游意勃發。不暇叩其細。遂迂回到越谷驛。自驛而左折。穿草徑而行。行數百步。風奔香漲。一水皆躍。蓋麥浪也。近而覯之。百樹千章。列植於麥浪中。嬝娜昳麗。真幻相映。冶波鱗鱗。瀰漫數里。其繽紛落地者。如文魚之游泳。大樹之横者。如長橋之卧波。農夫之擔耒者。如漁老之揭竿而釣。邑室之隱見於樹間者。如蟹舍之列水岸。莫觀而匪花。莫觀而匪水也。孰謂越谷無水哉。不見夫觀桃花於水國者乎。深則舟之。淺則揭之。今則不舟而無沈沒之虞。不揭而

無沾濕之患。甚矣水之奇也。蓋造物萬機之忙偶忘水。不得已以作斯戯耶。余於是乎。益知天機之巧耳。豈其忍為無水哉。因知世之以無水病之者。不特忍為無水。并忍為無花者矣。

原田龜太郎遺像記　　森田節齋

門人原田亀太郎被刑之後。數十日。其父市十郎翁。持遺像及獄中書來曰。願先生因此書。記此像。余展像觀之。意氣慨然。容貌逼眞。乃使父讀其書。正席肅聽。翁讀曰。二月某日。不肖子亀泣血頓首再拜。奉書

大人膝下。去年八月。中山侍從公子之舉義兵於大和也。亀亦與焉。戰敗。亀等數十人就囚。繫京獄。已被刑者數人。亀亦自分必死。夫人誰不蒙父母之恩。而如亀尤深。今不能報萬分之一。反使父母罹此憂。不孝之罪。其謂之何。翁至此欲泣不能讀。余亦泣。已而又讀曰。雖然。亀之死。為義非徒死也。請恕其罪。弟妹友愛。代亀孝養是祈。亀泣血頓首再拜。森田益曰。大和之舉。余未知合義與否。姑書之為遺像記。以待天下後世定論焉。元治紀元甲子秋九月。

大黒像記　　川北温山

世説有之曰。笑門福來。蓋笑者人之和氣也。非唯人為然。天地以好生為德。一團和氣流行。是以巽順婉于東南。兌説笑乎正西。芳菲以笑於春。雷電以笑於夏。易稱後笑。詩美巧笑。莞爾而笑。戯不為謔。樂而後笑。人其何厭。子桑戶孟之反子琴張相笑於莫逆。惠遠陶靖節陸修靜相笑於遺忘。斑固笑乎賓。譙周笑乎書。笑之時者也。齊王之討由淳于之笑。方朔之昵依漢武之笑。解頤於説詩。解嚴於論錢。亦唯取其笑。

如其發不得節。則褒姒笑而速其寇。趙嬪笑而喪其元。撫掌之鬼。脅肩之人。一則見其苦。一則違其命。可以笑而不笑則失和。可以無笑而笑則近諂。古往今來。笑之時用大矣哉。今大黒之像。開口大笑。小林翁笑而乞余文。余寡聞。於國學未諳。臨文亦笑。其何異矮豎之笑乎人。後聾者之笑乎人笑乎。

山水小景記　　藤森弘庵

余嘗獲山水小景一卷於骨董。為畫三幀。皆無款識。其一綃長尺有五寸。竪八寸有奇。樹石施淡彩。筆墨

蕭散。寓巧緻於簡淡。其法葢本於沈石田。其一長減三分之一。竪乃加十分之一。墨汁淋漓。煙嵐滿幅。曠如無天。密如無地。全用徐青藤法。其一最小。方七寸餘。皴擦渲染。惜墨如金。爭勝於神韻。是董文敏之筆意也。雖非妙品。絕無塵俗之習氣。思是明李高士遠跡乎山林。各弄筆墨以自消遣者。決非尋常畫工之所能也。余心深愛之。居則當臥遊。往則為行廬。後遊於常陸。終失之。居恒不能忘於懷。數以語人。人或笑以為不達。曰。古人於書畫。譬之雲烟過眼。子何思之之深也。余應之曰。夫遠跡於山林。以筆墨自消遣。是高逸之士。余常欲見之而未得者。因此畫而想其人猶神交。今失吾好友。豈得比之雲烟過眼哉。嗚呼友道不講。人情澆薄。情之所鍾。適在吾輩。爾乃書以識吾思焉。

茗黌廿勝小記

鹽谷宕陰

繁華之地。得郊坰之趣。膠庠之中。得花卉之勝。輪蹄之街。得山水之觀。天下唯茗黌有之。作廿勝小記。

廟庭丹桂

仰高門之內。入德門之外。多桂樹。奇芬仙馥。令人脩然有高情清意。古人呼為十里香。若九里香。余僻好之極。欲進之呼萬里香。不知花神能領乎否。

區中梅叢

梅在廟背者。參差布踈。在講堂之庭者。整列幾行。柯條樛戾。根幹佶屈。皆非凡種。月下美人。雪中高士。任才人所品。踈影橫斜之態。暗香浮動之況。誰能吐句超乘古人。

廟西櫻花

廟西多櫻樹。所謂花王。不可以凡語汚之。佳評雅咏。有俟於秀才之筆。

聖林夜雨

廟之四旁喬木欑攢。大率百年外物。謂之聖林。尤與夜雨為宜。夜雨宜構思。思道思文思詩。從青衿所思。思逸游。思宴樂。思花柳之街。此間定無其人。唯遠游負笈之士。思鄉思父母。為可憐耳。

篁裏孤桃

陸叙南罵桃李為凡。然竹外桃花三兩枝。亦不無可愛。

樹間鶯語

後門之外。為本郷街。輪鞅飛塵。僅隔一隖。茂樾蒼鬱。判然別天地。春夏間黄鶯宛囀。真堪破俗耳。

學窓芭蕉

域中土性。蓋與芭蕉宜。有高二三十尺者。罕種也。緑葉横恣。侵窓凌屋。不可羈束。跅弛之士有肖此。

四堧黄葉

燈火稍可親。黄葉之候也。涼秋爽氣。令人神清。學生前程萬里。須愛秋親燈火。惜陰精苦。餘力操觚。必得如老杜秋興六一秋聲賦者。

廟屋鸛巣

廟屋之背。有鸛結巣。兼朗齋鳴喙。高喨清瀏。聲聞百步外。益大鳥非去地數尋不巣。洵乎非燕雀所能測。

後圃黄菜

糞隅隙地。菜圃可十步。黄花淡香。自有田舍風味。蛺蝶翩翩。暫去復来。亦復可愛。

後衢市聲

本郷街。市聲喧闐。頗擾晤咿。然致此繁華。果誰之力。廻思至此。誰不起感慨。

茶溪秋月

溪慶長中所鑿。即神田川也。水道橋以東。崖高渚曲。老木槎枒。月中天心。則有山高月小水落石出之景。予呼之曰小赤壁。

昌平橋行人

橋昔名相生橋。元禄四年。因建學於茗溪。改命。蓋取於曾昌平郷也。行人絡繹。車塵馬跡不絶。天下昌平之氣象。亦見於此。

駿岡花卉

糞南隅溪為駿岡。瓦屋櫛比。鱗次長堤蔽之。跡柳緑草點綴以花卉便有天然野色風景比墨堤更覺蒼淡。

櫻埒高柳

櫻埒今為鑄熕區區中有高柳二三株前與駿岡對二三月間紅白黄緑南北映帶使人顧眄賞之。

礫川晩靄

水道橋以北為礫川橋之東黌之西两崖竹樹灌莽日未落而晩靄已浮秋色從西来蒼然満

闔中觀於是景方可悟此句之妙。

台丘夕陽

茗黌舊在忍岡為林氏家塾元禄三年移今地陞為大學乃與台丘有因縁地勢亦頡頏夕陽懸聖林餘靄曳台丘有色有情。

寛永寺晨鐘

寺當黌之艮位即大城鬼門鎮護之所亦似為文廟厭不祥晨鐘以代大昕徵鼓用浮屠之器為膠庠之備道之包容如此。

芝海朝爽

芝海在距黌數萬步之東南波光瀲灧隱映於高林之巔紅暾從彩霞中迸出軒軒如會晢王來。

蓮嶽晴雪

朝暾之前暮霞之際望岳於駿岡之西突兀萬仭芙蓉蒂天何處無是觀唯瞻諸蒼溪翠樾之表最佳南至日峯尖吞落日殊為絶奇更應以朔旦冬至之歳審驗之。

大學中不可教子弟有些閒思然胸間無餘地者不足以學道風乎舞雩觀乎呂梁洙泗所不禁一草一木亦足資格致紀勝景以導文思令學子依焉以摛辭可以發性靈可以觀才情亦育英之一樂也。

書牘

與久保仲通　　柴野栗山

昨夜繼華不知如何賞也。僕體氣頗佳。第下利未斷為苦。新松植當南軒第二楹。月明影落席上。婆娑于筆硯之間。添茅屋一段之佳趣。昨夜愛之不能寐。思酒無錢。幸讚奴解作熬米。（所謂茶米者。）又拾枯葉烹茗。彷彿于舊林之景象。塊然至夜分。病懷頓覺爽。今日晴景月色。意亦當不減昨夜也。此佳興不忍獨饗。若無他冗。晩間見過。爇松子燒大蛤外。無以為禮。且今宵明宵明後宵為可。過此則無月可惜。詩一首録往。亦足以觀興懐。伏惟斧政。彦再拜啓。十四日

與林長孺　　長野豐山

長孺足下。天氣晴和。想高園梅花已吐香襲人。弊舍逼仄。有寒梅一株。未開花。使人懊惱。病中無聊。無以消遣。日聞足下家藏石刻米書天馬賦。不知許僕借觀否。凡法帖書畫。雅士之所珍秘。不肯輒出門。古人皆然。況足下所藏石刻之佳者。而僕妄求。猶劉玄德之借荊州。足下必疑其不還。以笑僕之不近人情。然

僕老且病。久為世俗所鄙棄。獨頼有足下輩一二清雅之士過而存之耳。僕奚敢求於俗士。幸足下亮之。帖留一月。乃奉還。儻付賤价来。為尤妙。并見恵梅花一枝。為更妙。

與坪仲鄰　　柴野碧海

外啓。曩日之遊。足下縷頻百端。僕斷酒之戒。為之一弛。引満幾杯。遂至酩酔。比明餘酲未解。由是斷酒之意益决。爾来不復嘗涓滴。僕平生不以酲為病。而顧以為樂。今乃若是。則見僕有可斷之機也。兄本欲沮僕。而適固僕斷酒之心。亦見兄拙于術也。自今以往見訪。有酒即置。無則不置。其自酤自勸。任兄之自為。僕則蕭然一茶相待。只恐劉將軍之豪。不能敵盧學士之鋒也。兄聞之。無乃愀然不樂乎。使崇甫聞之。必眉頭一伸也。田鳳山極荷高義。比郡諸豪林立。使奏薄伎。一中其意。則於彼有捆載之喜。於僕免賑濟之患。不則鄙人羞澁之囊。不得不為之一開。何以勝之。千囑萬囑。

與河田某　　柴野碧海

雲丹蠟子二種。極是奇品難得。海南僻絶。自分此味永絶。口忽領佳惠。感佩曷已。謝在杭云。讀未嘗讀之書。經未嘗到之山水。如獲至寶。嘗異味。一段奇快。難以語人也。則此二物。亦可抵未嘗讀經書與山水也。副以佐賀蹄美醞。是何異齎半月糧。恣意遊名山。收藏之餘。唯有愧怍。聊此布謝。

答正夫書　　坂井虎山

楨頓首。向與足下約。餽硯。硯方圓二枚。而足下欲其方者殊甚。楨當時亦約以此呈之。而今乃餽以其圓者。想足下必怪焉。我觀足下文字。方整有餘。而圓活不足。今餽圓者。欲足下文體如此也。然此硯不止于圓。亦有方處。是又欲足下有時而方。有時而圓。不拘於一體也。噫是強說也。所謂方者。即家君舊友石原某曾以餽家君也。其人今在千里外。其死其生。絶無聞耗。故家君愛此硯曰。我見此硯。猶如見其人也。向楨不知故。誤與足下約耳。要之二者皆非佳品。而圓者其質頗小。想其不充尊意必矣。然楨平時未嘗以筆硯與人。非愛之也。以雖與而無益也。今以與足下。

是我之意大有望于足下也。詩曰。非女之為美。美人之貽。足下若取其意而畧其物。則幸甚幸甚。拙詩一首。附呈左右。只以資一噱耳。不一。

與土井某　　森田節齋

益白。土井兄足下。頃者津田某謀建小楠子碑於如意輪寺也。囑文僕。僕謂方今之時。不可無此文。然為之豈容易乎。日夜苦思。不措。兄聞之。因勢人求書畫者。今如意道人致言曰。節翁墜海內文名與否。在此一舉。然過用功力。不可。譬之角觝。其上場也。飲水散鹽。而期必勝。却有以己力自斃者。請慎之。僕未知兄。而忠告至此。敢不拜其賜。然文不如意。殆將焚筆硯。嗚呼。今如意之於書畫。求之東西南北。無不如意。獨僕文不如意。可嘆也。雖然方今不如意。有大於此者。兄以為如何。

傳

紀那須與市事 譯平家物語　　柴野栗山

既而阿波讃岐叛平氏而待源氏者。所在山洞往往十騎二十騎相將而來歸。判官兵及三百餘。當日日向暮。不可決勝。源平交収兵而退。海上艶裝一小舟。望岸搖来。距岸七八段。轉而横舳而止。源軍疑而視焉。舟中出宮娃。年可十八九。緑衣紅袴。開純紅扇畫旭曦者。揷竿樹之船頭。向岸而招。判官召後藤實基。問曰。彼欲何為。對曰。是應使我射也。臣意或者將軍

進當箭道。而觀翫姫姣。則欲巧狙而射落也。但扇則似可使射者焉。判官曰。我軍可能射者為誰。對曰。巧射固多。就中下野國人那須太郎資高之子與一宗高者。力雖稍劣。而手則巧利矣。判官曰。有徵乎。曰諾。其賭射禽鳥。三必二得矣。乃命召之。與一尚二十左右之男子也。披茶褐戰袍。紅錦飾襟袂。擐青縚甲。佩白帶刀。背負一箙。二十四枚班羽箭。加揷鷹羽鳴鏑一枚。腋纖纆漆弓。脫鍪繫鎧紐。進而跪馬前。判官曰。宗高汝射扇正中。令敵軍寓目。則如何。辭曰。臣自料

不知其可能也。若誤射。則永為我軍弓矢之辱矣。請更命定能者。判官大怒曰。此行發鎌倉赴西國者。其豈可違義經之令。若毫存枝梧者。須速歸鎌倉也。與一私謂。若再辭恐成惡意。乃曰。然則其逸則臣不敢知也。既有命矣。請嘗試之。乃起鐵驪肥健。駕金稜鞍以跨之。整頓弓在手。促轡向汀而步。我兵目送久之。言曰。此壯夫定能者。判官亦視似以為委得人焉。既的道較遠。驅馬入海一段許。距扇猶有七段遠近。時二月十有八日。日已加酉。會北風頗烈。高浪打岸。船

乍湧乍陷而漂泛。扇亦不安竿而閃曜。海面則平軍一行列軸而注目。岸上則源軍並轡而凝視。極為顯場盛事矣。與一閉目默禱曰。南無八幡大菩薩。殊我國日光權現。宇都宮那須湯泉大明神。請令射夫扇正中也。若誤事者。折弓自裁。面不可再向人也。神欲使一歸本國者。此矢勿使逸焉。既開目。風粗恬。扇如容射者。乃取鳴鏑架上。引滿而發。雖然劣力。而十二拳飛鏑響浦長鳴。射斷扇眼上寸許。餘力遠去入海。扇則揚而舞空。被春風翻弄一再。颯然散落海中。純

紅之扇夕日映發。委白波浮沈泛泛。舟師擊舩而賞贊。陸軍鼓籥而嚾呼。

紀新寨之捷

中井竹山

慶長三年。島津氏之守泗川也。築海畔徙據之。以為根本。號曰新寨。北築望津。以扼晋江。與新寨相距四十里。又置永春昆陽等諸寨。積穀東陽。明董一元引軍抵晋州。隔江而陣。相持月餘。明郭國安者降在望津。與明將茅國器約為內應。九月廿日。國器勒兵渡江。我兵臨岸防之。寨中火起。炎燄漲天。衆驚而潰。國器遂陷望津。一元分兵攻永春昆陽。縱火爇之。我兵皆奔泗川。一元進圍泗川。廿八日守將血戰突圍奔新寨。一元又焚東陽倉。火不熸者兩日夜。自虜之攻望津。新寨將士屢請赴援。義弘弗聽曰。敵兵衆而氣銳。難與爭。不若固壘以逸待勞。一元益進攻新寨。將士皆奮欲邀戰。義弘嚴令不許。新寨一面臨海。一面通陸。引海為濠。舸艦千數泊寨下。一元素憚薩師。疑其有謀。退次泗川。冬十月朔。一元合兵二十萬。復攻新寨。自卯至巳。其將彭信古用大熕擊寨門。碎樓堞

數處。步兵逼濠。拔柵爭登。義弘隨機防禦。殺傷過當。鬨呼聲震地。會虜熕腹炸破。火藥齊燃。黑烟蔽空。我兵乘勢啓門衝突。島津忠恒鼓策先之。信古兵三千殲焉。餘衆披靡。我兵尾而馳焉。明遊軍茅國器葉邦榮率兵一萬。擣虛傅城。義弘逆料之。團兵五千以待。至則齊出奮擊。虜卻走。其後軍將藍芳威望之先潰。明師大敗績。我師追亡逐北。至望津而返。斬首三萬餘級。

紀俗傳猿嶋復讐事

中井履軒

經四十有七年春。王六月丁戊。大雨雪。夏七月。解師伐袁。甲亥入袁。獲袁侯。戊丑。用袁侯于解山。秋十月。傳四十七年春。大雨雪。書不時也。七月。解伐袁。獲袁侯。復讐也。初解子之未生也。其母適野。見袁侯在樹上食柹也。從而請一顆。袁侯怒。擇未熟者而投之。中龜甲破而卒。解子胎方盈。自闕出。匍匐橫行而歸。長而好勇。善擊劍。恒努目戟手而罵曰。袁侯親讐也。我必復之。每罵未嘗不噴沫。歲峙黍以為粻。是歲大雪。無柹實。袁侯大饑。於是興師。麻石遇諸途。問將何之。

解子曰伐袁復讎也所齊者何曰黍園為天下之最麻石請從許之牛異金鼐金咸栗子亦至謂之如初皆從焉壬酉圍袁金咸與栗子宵孔壁而入金咸匿于衾中刺袁侯栗子爆其爐袁侯一夕三遷丙丑解子親以師門焉牛異伏于門側麻石金鼐先登袁侯懼欲奔方出門遇牛異而滚焉麻石下而厭之金鼐挾之去其指解子揮劍三擊刎之遂滅袁族戊丑用袁侯以祭其母也

粥蕎麪者傳

中井履軒

城西沙場有粥蕎麪者曰泉氏善售蓄婢僮數十百人袒而磨者巾而篩者溲者梶者縷者瀹者陳器者置漿者待客者日出而作夜闌而後息吾聞蕎麪價之廉者雖喜啖者不耐百錢少者其六之一而飽然而泉氏收錢日數十百緡可謂善售矣其北街亦有粥焉者亦曰泉氏諸沽乎南泉氏者過其門而弗顧久之將更業南泉氏聞之踵門而訊曰我與汝同業乎是兄弟也今汝以不售廢業不可也我且貸乎汝北泉氏謝曰雖能貸之而不售也恐弗繼南泉氏曰我能使汝售焉還命輸之錢夜則戌而收鋪有叩户求沽者輒曰戌之後沽乎北泉氏亦猶我也於是諸沽乎南泉氏者戌之後皆之北泉氏由是北泉氏不售於晝而售於夜亦富鄉鄰之聞者咸曰善哉然而南泉氏益售卒大富嗚呼泉氏市井賤人耳然能推兄弟之愛者又類乎欲達而達人者其致富蓋有以也今夫仕之駢肩於朝其禄於國者獨不有兄弟之親邪至其同職聯事益近而益相嫉曾寇讎之不若者能無愧於泉氏邪吾聞泉氏多異行者此其異之一

蹲鴟子傳

頼山陽

蹲鴟子者琉球人也姓甘氏名藷其先曰芋氏出于荆蠻芋氏之族有數種其在蜀者最富居岷山之下楚漢之際有卓氏者因其力以致鉅萬其後徹无聞至魏晉家聲復著晉秘書郎左太冲列舉蜀之村賢芋氏與焉唐宋以来益著其種類遂周九州施及海外諸國而琉球尤著焉蹲鴟子生而魁偉重厚有才力為族人所推為人烏喙而巨腹如鴟之蹲踞故稱

蹲鴟子云。或曰。其致冨類鴟夷子。故云。慶長中島津氏率兵五千騎。南畧地至琉球。降其王。悉收其貨寶子女而北。當是時。國內稱文采瑰琦者。皆自炫以異其采取。而蹲鴟子獨自晦匿。島津氏聞其有濟民之才。同舟而歸。曰。吾為政此土。豈可使野有遺賢乎。蹲鴟子自是為薩摩著姓。後漸歷遊諸道。先所遇明曆初。池田氏鋭意國政。諮訪材能。一日召老農數人。問之曰。古之用材。求諸畎畝。女輩所知。豈有用之簡而奏功廣者乎。答曰。蹲鴟子其人也。池田氏曰。然。寡人亦謂爾。乃使人聘之。曰。寡人惜子之才。而辱在泥土也。今將升子於廊廟之上尊俎之間。以議民事。蹲鴟子曰。羈旅之臣慣於野。不慣於朝。君必欲用臣。不若因臣之舊用之。池田氏乃從之。五年大飢。而獨備前備中民免餓莩。蹲鴟子與有力焉。事聞征夷府。遂下教天下郡國。皆用蹲鴟子子弟。以備凶荒。於是乎以籃輿席幣聘其子弟。而其種類遂播于六十州。當是時。宿門舊族。曼倩来服。牛旁胡羅蔔諸人。見蹲鴟子家道蔓延。皆嫉之。相謂曰。彼以新進凌駕吾輩。何也

乃相與謀置之醜地。蹲鴟子處之晏如也。曰。居之美者。不便我也。居久之。其地望益高。蹲鴟子性樸素不飾。而黃德內潤。其平居必率其子弟。纍纍相引。未曾相疎。其濟人也。不避湯鑊水火。焦毛髮。嬰金鐵。剝皮膚。而不顧也。然喜與田夫野人交。不自貴重。是以聲價頗賤。王公貴人或不識其面。而權衡人物者。獨重之云。

野史氏曰。吾少游六藝之圃。與其秀英之士交。獨好蹲鴟子子弟。愛其實而不華。重厚而能濟人。交愈熟而其言愈可味。吁蹲鴟子之才。而為人所賤。天也邪。江戶有孔陽氏者。獨與予同其好。来謂予曰。揭埋彰沒。史家之事也。子盍記蹲鴟子之事。規世之耳食者。予於是乎作蹲鴟子傳。

烈幼女阿冨傳

森田節齋

浪華之市。戶不下十萬。而其間幼蒙旌賞者。向有義童。頃有烈幼女。義童以身殉主。距今不遠。而人不記其姓名者。無由傳焉也。烈幼女之事。及今不記。余恐數十年後人或逸其姓名。故為之傳。女名冨。家在內

久寶寺街。僦人屋。以鬻紙為業。父早歿。遺孤四。女其第二子也。一夜賊數人突入。舉家皆逃。獨女與長兄仁三郎及弟吉藏在。賊捉刄劫兄。問財所在時女甫十歳。以身蔽弟。出所蓄星金乞贖兄。賊怒。刀背連擊女。女委身刀下曰。殺兒赦兄。無兒如家何。辭氣悽惋賊相顧感嘆引去。後賊被捕自招。市尹召女及兄。親問其狀。大賞之。具狀以聞大府。大府賜銀十錠旌之。實嘉永元年七月十九日也。距遇賊之日。百有餘日。

森田子曰。烈幼女之事。傳聞多異同。余使人親聽其家。記之如此。至義童則余將搜索他日傳焉。

東京　土屋榮　編

題跋

題訪戴圖　中井履軒

予觀此畫也。詩興勃勃而起。於是掃几滴露。研鳳膠。含兔毫。徘徊久之。乃卷而還之。謝曰。興盡矣。何必題句。

題五松軒詩後　紫野栗山

積雨連日。晩間無聊。偶然訪三上老丈人。丈人欣然開東戸指示曰。請以此待子。余顧則月上松梢。大如盆。猶久別故人不期而相遇也。余驚曰。今夕何夕也。屈指則十月之望也。相顧而咲曰。是非蘇長公後赤壁之夜乎。乃移近前榮。松影婆娑。落于几席上。宛然余東都三河街五松軒新成之時矣。因為主人朗誦此詩一過。主人賞以為似王摩詰。因啜茗相樂也。既隣街失火。門庭驟然。余皇遽辭歸。中庭如白日。月色入簾戸。以掠人。三更猶未能寢焉。輒録此以往。亦為知音也。或以為他日一笑。

書日光山詩後

紫野栗山

右余二十七八時遊日光詩也。仲景蓮將從公事于彼。持此絹索書。因爲錄一通以與之。余五七年來老悖日相侵。凡平日所作短韻。經宿輒茫如煙雲。吻角不存一字。此詩遠在三十年前矣。而執筆臨紙。不躓一字。抑又奇也。老人所謂八變記遠不記近者耶。自笑亦自嘆也。景蓮試向山中。一誦此詩。巖洞林徑或有猶能記一兩韻者焉。

跋大塲祺甫登岳紀行

紫野栗山

世以豪逸雋邁自喜者。多假登嶽。以買奇焉。其實皆罷軟羸病。非有躋勝之具。強作氣勢。以自勉已。是以及至乎險絕艱危之間。則困頓眩惑扶人。而後纔能移身云。其於景物恐不暇詳焉。故其所紀。人人異言。皆不足信也。水藩大塲君祺甫。風流健逸。既有勝情。又有勝具。留宿山中數日。優游於幽奇絕嶺之間。綽有餘閑。一一探討。就成圖記。其言皆井然有次第。可信也。借覽十餘日。書此以還之。

題爛柯圖

古賀精里

余少暇晷。加以疏懶。興來對局。不能凝思。即使勉強竭慮。瞻前顧後。誤著益多。其看入品以上棊。亦不耐煩。必欠伸退去。世之拙棊皆然。非獨余也。因怪樵夫觀仙奕。不覺其久。豈深曉棊理而然耶。抑仙手亦不甚高。聲如急霰。手如插秧。勝敗倏忽。以致樵夫忘歸也。果爾則比柯之爛。不知結幾千萬局。恰好余敵手也。然恐天上無有如此頑仙。故知此談攄出於古人狡獪。設以警人耳。癸酉三月。精里戲題於歸臥亭。爲舩橋棊伯。

題貴瀾圖畫

古賀精里

貴瀾別號漢源。係數十年前搭舶清人。善畫。此幅本貼六曲屏在中間者。白藤子與友人購而分之。故無引首及落印。世之藻鑑家。不能皆九方皐。故使余揭騄駬之名云。

題寒江獨釣圖後

佐藤一齋

謂富貴不如貧賤者。是矯語也。謂貧賤不如富貴者。是俗語也。夫其戴箬笠。披襏襫。繫艇於寒巖之下。投竿於黃蘆之灣。是漁郞漢丁之所寄。非王公大人之

所宜。今南洞相公出此圖徵題門客。不一而足。殆似
繾綣於此。無乃其出於矯歟。坦謂不然。其所云不如
者。皆自苦樂起相。夫著相苦樂。究竟不見其可樂矣。
唯達者超然於苦樂之外。然後富貴貧賤。無所往而
不樂。尚何矯與俗之有。公既雍容於巖廊崇高之上。
而又不厭夫釣漁荒涼之所寄。殆而忘苦樂。而得之
者非耶。今徵及坦。乃漫題之。

跋淺草八勝圖後　佐藤一齋

余嘗謂夫深山邃谷斷崖絕壁。於勝概則為贍矣。而
非公侯設都之所宜。曠原沃野。莽蒼之地。固宜拓而
都焉。而又乏於景物。武藏之域。古稱多原野。而江都
尤其曠平也。故雖地得其宜。而勝概則不足焉。而獨
有墨沱之水。繚繞迂曲。地幽而望濶。外此則寥寥矣。
侍講成島君東岳。世居墨沱西壖。性有山水癖。而以
其觳於朝也。登山之屐恒錮於都城之間。是以每閒
居輒手披山経地志。目涉而心遊之。故雖未能親躡
其境。而已知天下勝概。不止夫區區墨沱之勝也。雖
然。山経地志。窺其彷彿而已。寧如得之於目前之為

真且可樂乎哉。間者屬其友人製淺草八勝圖。又自
作近體詩題之。卷成。寄余跋之。顧余劬然一布衣也。
固宜丘壑自放。而今不能然。是為愧耳。今之人莫不
朶頤於軒冕貨貝也。即其逃丘壑者。亦或不免焉。獨
成島君則發登朝署。而夢寐山林者。埒焉哉。此舉雖
小也。亦可以見其志尚一端矣。雖然。他年君得退老
於家。勝具未衰。以恣山水之遊。而余亦幸時脫塵羈。
則將相從以遂志願也。今題玆卷以為左券。

題近人畫帖　賴山陽

昔人論畫。稱有墨無墨。畫無無墨。主墨與否別耳。如
二米王吳主墨者也。而沈董沿其流。至藍臺石谷以
下皆董派。專積墨為畫。以其易藏拙。故群倣之。而為
倪黃者遂罕矣。今日尾路故人。舩送我。出此冊。論及
於此。遂題。時帆影半歛。群山在亡。亦一幅少墨法也。

跋米庵樂志論　賴山陽

米庵不宜書此論。書此論者。唯余為宜。余雖無良田
廣宅。家臨鴨水。不必須溝池環匝也。面東山。不背山
也。游戲平林。濯流追涼。皆余所有。米庵所無。余有酒

賜。米庵不解飲。則陳酒肴烹豚釣鯉。唯用飲於人。不能自飲也。然至其書法佳妙。與文相稱。則米庵所有。而余絶無耳。則米庵終宜書此也。

題自書畫後　　頼　山陽

潘大臨得滿城風雨近重陽句。忽租吏叩門。興敗不成篇。余爲逸民。筆耕生活。雖無吏來責詩逋書債者。日踵門嘵聒。其敗興一耳。且如潘使謝遣吏後浩然援筆成篇何難。如余既了債。輒抛筆呼杯。豈復思詩。所以其技日退。勉強作者總不足觀。今日遇鄕僧来

索字。言此爲一笑。時壬午九月六日。痩菊未開。簷雨蕭然。

題寒江獨釣圖　　頼　山陽

僕西遊下筑後河。時方臘月。瑟縮舴艋中。如凝凍蠅。欲出瓢酒抵敵寒威。顧無下物。見枯蘆間漁翁信宿。就乞小魚數尾。舟子又爲擷寒芹。相與數酌。而雪霰忽至。不暇架蓬。急蔽蓬於頭。而相酬酢也。今觀此圖。於南洞相公之座。憶起往事。已五裘葛矣。因爲相公述之。如相公居則深簷。出則大輿高蓋。豈知人間所

遇有如此哉。

書諱辨後　　頼　山陽

余挿花于瓶。唯一兩枝。横斜參差。偃仰向背具有自然姿致。湊合數枝。終不能成態。吾以此悟文章法。偶讀韓子諱辨。其一意往復而奇語迭出。如一枝老梅槎牙錯落也。庚寅正月二十九日書。

題四君子畫　　松崎慊堂

大鵬之竹。霞樵之菊。木世肅之蘭。三君子俱出於三畸人之手。唯有孤山高客未遇其人。則偃蹇傲兀。不

入来耳。仲謙老丈適得紫栗翁南客憶梅眞蹟。貼之右方。四君子形容神韻躍然會於一壁之上。洵墨林快事也。文政壬午元晦。見出示。益城野老題。

題富士山圖　　古賀侗庵

登蓮嶽之絶巓。以四望。山如蟻垤。而海似盃。風在下而雲霑衣袂。令人胸懷神王。翩乎有遺世之想。是亦人生之至快樂也。人之希享斯快樂者。滔滔皆是。而克酬素志者。不過億萬中之一二。予觀世人之談富士。詳確明晰。瞭然如曾躋攀者。及考其實。彼未始夢

睹。特覽丹青收攝強不知爲知。乃知言之易而其至難在於行之也。今人於聖賢之大道。未始踐行其一端。及宣之於口。則橫說竪說。流暢不窮。類踐履已熟者。又奚異於目擊畫圖之山。以資雄辨者哉。斯弊在吾儕儒生爲最甚。予展斯圖。不覺汗涔涔下。非獨嘆畢生不獲償登嶽之願而已也。

題書　　古賀侗庵

謂之蘭亭則有月。稱爲桃李園則無花。然吾觀其山水清遠。竹樹葱倩。亦自一勝境。其人瀟灑實右軍青蓮之儔。則覽者借以滌胸襟。陶性情可矣。何必問其爲晉爲唐與否耶

紀春琴橫卷山水跋　　篠崎小竹

橫卷山水。其猶歌行長篇乎。自首至尾。氣脉不可不貫也。然一槩平遠。則冗長可厭。人不樂觀焉。刻意出奇。則布置失宜。如詩無章法。使人徒驚異耳。武夷九曲。文公作棹歌。一脉山水每曲殊趣。固可愛也。然絕句之詩。猶尺寸畫帖。分幅製圖。是不難也。善作長卷者。山有淺深。水有源委。寓照應於前後。而轉勝景於自然。起伏頓挫。應接不暇。必也。如老杜新畫山水障之歌。大蘇烟江疊嶂之咏。而後爲得之也。此卷春琴居士十年前所畫。有與余說默契者。展玩之間。亦可知作歌行之法矣。不獨能用黃太癡筆意也。居士豈可特以老畫師目之乎哉。

題靜寄餘筆後　　長野豊山

伯樂閉戶而坐。隱几而夢。有萬馬過其門。跳踉騪齧諍然而鳴。伯樂之夢自若也。一馬後至。咬然一鳴。其音如虎。伯樂俄然而覺。卒然而起。徒跣而走出門而

視焉。果乎駿也。夫未嘗見其肥腯純庬也。一聞其聲而知其駿何也。蓋通駿之神也。世之爲萬馬鳴者幾人矣。如吾二洲先生者。其亦駿乎駿者耶。咬然一鳴無人能別於萬馬也。然則讀此書者。惟能通先生之神者。斯知先生之駿哉。

跋米元章貞壤墓歌帖　　長野豊山

評米書者。每愛秀潤而病弩張。然其快人目處。亦不在弩張之外。大抵運筆雄爽。如鄧羗運矛赴燕軍。人馬皆辟易。松代白川翁陽弃。好米書。摹刻此帖以行

於世。足爲藝苑吐氣矣。聞翁武弁善書。想其運筆。儻從運矛之手而悟入邪。

跋福姬圖贊　　坂井虎山

峻峰善謔。故其畫筆筆皆謔。而福姬上更附寶珠以祝之。未免於俗矣。聖山善戲。故其文字字皆戲。而末段乃以貨色爲戒。儒生習氣猶存矣。然此宴主人自祟其超邁。以觴賓也。故峻峯祝之。亦情之不得於已者。峻峰既祝之。故聖山戒之。亦理之宜然者。詩有之。善戲謔兮。不爲虐兮。余於此軸亦云。

書畫帖跋　　安積艮齋

均之玩物也。錦綉珠玉則俗矣。琴棋書畫則雅矣。人不能無玩物。寧雅勿俗。乃若此帖。一時名流書畫萃焉。或寫山水花竹之態。或抒風雲月露之情。濃淡蹤迹。左右橫陳。殆如入一大名園。應接爲之不暇。洵雅玩也。但使予之拙于筆墨者。題于其尾。殊不可解。豈名園中雖多佳花美竹。而古苔涼草。亦必點綴其下之類歟。

題赤壁圖後　　安積艮齋

天下何地無月。何處無風。而赤壁獨以風月聞者。非以有蘇子文章耶。夫文章非有金石之堅也。非有山嶽之重也。發諸心。形諸言。著諸篇翰爾矣。而金石可泐。山嶽可崩。惟文章赫赫然映照于宇宙之間。月爲之加明。風爲之加清。江山爲之加雄壯。所謂不朽之盛事者非歟。彼周郎竭智力。以精兵三萬。破曹瞞數十萬之衆。可謂千古奇功矣。而蘇子乃提三寸不律。詠風月於盃酒談笑之間。使百世之下。讀其文。想見其人。吟諷贊嘆之不已。而善畫者。又摸寫之以傳則

蘇子三寸不律之功。反出于周郎精兵三萬之上矣。文章之盛如此。況聖賢君子道德之懿。照映于宇宙者哉。

題琴滴檐詩卷　　安積艮齋

居于大都市井之中。肩摩轂擊。呼者。詈者。怒而罵者。喜而笑者。誶語者。歌唱者。雙耳爲之聵亂。然至夜雨瀟瀟而下。則向之呼詈者。怒罵者。皆闃然無餘響。但聞四檐點滴。如琴如筑。其幽咽而清婉者。則猶蘭別鶴之操也。其激越而奇壯者。則燕市易水之調也。余

何俗子賈竪不知愛之反蹙額猒之其或喜者不過曰無舞馬之虞耳孰知其真可愛邪果能知之其人必風流清雅好文詩而不緇于塵垢者也吾觀琴滴檐詩卷乃能愛雨聲者惟其愛之也深故托一時文人吟詠之裒為一巻於是猗蘭之操易水之曲異調同趣洋洋盈耳其謂之琴筑之新譜可也

題南嶺後赤壁圖

野田笛浦

謂之蘭亭耶有月矣謂之楓橋耶有鶴矣有月有鶴有風流騷太守山欲鳴而谷欲應斷岸千尺生于咫

尺不是後赤壁圖乎夫畫精矣然畫史之所徵者太守之賦也徵于其賦而不睹其遊無乃妄意為之乎曰觀彼鶴耶其翼可以行萬里矣其壽可以保千年矣於千年前戛然掠太守舟於千年後不擇萬里之遠而翩躚横我屋者唯有鶴存焉雖然鶴之為數極多矣縱使其鶴存孰辨其為太守之鶴也鶴而不可辨何以徵太守之遊也余熟視於此畫者久之有知其所以徵焉嗚呼地殊人没物換星移亘古今極遼迩而不變者月也照赤壁照太守者即照吾儕照吾顔之月也其可徵者莫過于月也故畫史必徵于月而畫之月亦有光於此畫矣世若不信之則舉此畫與此文以問之天上之月

題洋舶圖

齋藤竹堂

天下有無海之國矣西洋是也西洋非無海而舟舶之利可以凌濤萬里而無患是我之海乃彼之地也余嘗遊長崎觀蘭舩儼然如一城壁四圍皆銅上植三桅繫帆數十片隨風而轉之順逆皆進舩腹穿孔以置巨砲數門有變輙發其内百司衆職及所須服

食之物莫不皆備是彼之舶乃我之城也彼唯築城于舶故可轉海于地嘗聞英夷西洋之一島耳而南侵北略至與滿清爭雄使我有西顧之憂者亦舶也我之講海防者常曰彼長于舶而短兵格鬪我之所長出于我所長雖彼之舶不足恐也殊不知攻守異勢彼大舶敵海而至而我坐待之氣已沮長技將安出且或欲進戰于海中而小舟仰出其下彼苟一擊輙虀粉矣此二者安見其必勝哉然則彼之舶我亦可造乎曰可也我素無鳥銃而西洋之銃遂為我銃

則皆曰所無之鋭可有于今日而今日所無之舶獨不可有于他日耶故我之舶特未造而已造則我亦可轉海于地而格鬪之技固其所長是我兼有彼我之長而彼無我之長並失彼之長我由是而縱横馳騁雖稱雄萬國可也

書輿地全圖後　　齋藤竹堂

吾邦刻輿地圖自長窪赤水以下亡慮數種然輿地上之形勢今古自異古未闢而今闢者與古強大而今亡滅者固亦有之而猶執古圖以概今地其不謬

者幾希但西人航海日廣古之茫洋不可測識者今視之瞭然若指掌故輿地之説不得不以西人為絶精也吾箕作君玉海地學既精屬者取赤水所刻更與西圖參互考訂遂造一圖而以説附焉蓋其圖小而説簡然亦今之輿地非古之輿地也則斯圖一出雖古圖皆束閣可矣且就斯圖睹之所謂帝國莫卧兒古圖皆載而此則無矣蓋其亡也距今不過數年亦形勢之一變耳因思五洲中稱帝僅僅數國而今亡其一矣若吾邦土壤不若彼之廣而儼然以帝國稱萬古不變則吾輩生育于此不亦幸乎展此圖者須如是觀雖然彼西東貿易互相交結而吾邦獨一鎖不通則其環視窺望于外者多矣安可不以自備耶展斯圖者又須如是觀

雪灘奇賞跋　　川北温山

得水而雪有光得雪而水有明詩之與畫相妍亦復然無影之月不香之花蕩漾於混混長江中與有聲之畫無聲之詩無限光輝無限情味

題群盲評古器圖　　川北温山

群盲擁鼎而立有握鉉為弓者有撫腹為鐘者有抱足為柱者有執耳為盤者均之不見全鼎而喧譁不已有一老盲徧摩深察傲然喻群盲曰某所握者鉉也某所撫者腹也某足也某耳也此之謂鼎云衆咸服焉一盲曰已得聞其名請問其用如何老盲不能答由識者觀之則執一端者誠陋矣乃舉全體而語其名不知其所以用則亦不為得焉嗚呼聖人不再興吾人之為經也不為群盲者幾希矣經術之難奚翅古器之比哉

題阿萬德夫文藁　　鹽谷宕陰

文藝華也。器識實也。富乎藝而淺乎識。譬則御帶花也。深乎識而不足乎藝。譬則映日果也。其識與藝並高者。僅可以桃李梨梅喩焉耳。萬夫之學於東人以氷凋之梅品之。別離十餘年。得斯卷讀之。其華益鮮。其實益美。譬猶告老歸鄉。觀在園之樹。昔踰牆者今則蔚然出屋數丈矣。丙午蒲月。

題妍醜一覽 記大石内藏助大野九郎兵衛事　　鹽谷宕陰

吾目無淚。但聽忠孝節烈之事。輒泣矣。幼時從家慈觀演戲忠信藏者。絃歌鼓笛之音。紅紫錦綺之色。眩目湧耳。而余獨咽泣不能語。詰旦照鏡。則雙睫紅腫如秫。家慈笑語人曰。之子平日未嘗泣。而今乃如此。何其與辨慶安宅關之事似也。而憶四十餘年。嗚呼老矣。而家弟又為此傳。殆俾我肝液而涸之何也。

題隔鞾論首　　鹽谷宕陰

鹽子居麴街。與麴生相善也。無日不交膝。一日麴生悄乎來諗曰。自吾與子交。日聞子過。而責皆歸于我。子疾矣。人曰。麴生所釀也。子怠矣。人曰。麴生所使也。子舌多出矣。人曰。麴生吐之也。如是乎吾無益乎子。而子有損乎吾也。請勿復見矣。於是鹽子兀然枯坐。時方夏月。偶因曝書。見清英交兵記。試置身於清土。以忖度之。有可攘臂者。有可痛哭流涕者。有怒髮衝冠者。有欲噬臍而不可得者。情感坌湧。不可過抑。辭銜吻出。筆載意走。纚纚點綴。不覺成卷。既而展讀之。逌然笑曰。此隔鞾搔痒耳。海外萬里痛痒何關。弃以充覆瓿。其夕麴生突至曰。此吾積歲精液所生也。弃之不可。世有麻姑仙人。搔痒見血。此紙獨不足藉以拭手耶。奪之去。于時安政彊圉大荒落之建酉月也。

題瀑布圖　　安井息軒

割然拋於巖樹。搖草靡。紅驚綠翻。覺衝激震撼鳴動四壁。石上對酌者三人。仰顧指點。笑容可掬。不問知其為青蓮輩也。幅無款識。然徵之紙與墨。蓋亦數百年之物。嘻孰作此尤物。使予得一洗塵喧。而悠然日臥匡廬之中也。

跋大統歌　　鹽谷簣山

悠悠下上三千載。歷代帝號。一一諳記。無有差誤。雖老師宿儒。亦猶難焉。今韻以排之。節以調之。髫齓之兒。朝吟夕誦。朗朗諷詠。不出於旬月。而皆得能上口。豈不韙乎。若夫三字之經。四字之訓。其言美其義盡矣。然而朝秦暮漢。南宋北魏。不關係於我事。則童蒙之學。宜先此而後彼焉耳。矧治亂興廢之跡。制度文物之類。亦可畧得而知。則其益於童蒙。奚翅歷代帝號而已哉。嘉永甲寅。弟誠識。

贊銘

陶靖節畫贊　　柴野栗山

此雖児童。望而知其為先生者。以菊焉而已。能知先生者。端冕搢笏。謂之先生可也。介胄荷戈。謂之先生。則可也。若必以菊。以柳。以無絃之琴。而後謂之先生。則是兒童之見也。又必欲去菊與柳與無絃之琴。而後謂之先生。則癡人説夢矣。善哉先儒朱晦翁。斷以春秋之法。曰晋徵士陶潛。

采菊植柳。有琴無音。我思古人。實獲我心。

楠廷尉贊　　佐藤一齋

南柯卜夢。非羆非熊。爰歆王懷。萬夫之雄。帷籌廟謨。丹誠至忠。斃而後已。蹇蹇匪躬。諸葛逝矣。誰繼遺風。嗟吾日域。唯有楠公。

武將贊三十首 録四　　頼山陽

太公

處則釣竿。出則白旄。於公无意。唯其所遭。

孫臏

擣虚批亢。一生要謀。雖喪此足。終得彼頭。

韓信

囊沙背水。治衆如寡。屈於胯間。伸於天下。

岳飛

運用之妙。存於一心。惟此兩言。超出古今。

襄在江戸昌平學。諸友試余以線香一炷。作四言三十首。其題則掄漢土將帥充之。今襄年二十八。偶視此稿。屈指則歷十年矣。追思往遊。為之愴然。所以不愧其淺易而録之也。

竹林七賢贊　　鹽谷宕陰

地上可怡者莫花之如。而開落倏忽。曾不能保旬餘。琉璃琅玕。翠浮碧流。貫四時而不變者。唯竹為尤。況其承露有態。篩月有陰。帶雨有色。觸風有音。疎密横斜。清妍灕洒。令人怡然眼怡。此又有花不能及者。上下數千年。僻好之者晉有七賢。蓋其清奇疎快之氣。獨有會于此君。不然則綺艶爛熳之花。不乏乎四時。嵇阮山劉。亦何必乎斯。

加藤公像贊　　鹽谷宕陰

勇蓋三軍。忠奉一姓。不以衆寡動氣。不為盛衰改行。剏復治兵濟寬猛。立德該智仁。措勝在手。量敵如神。豈惟一搶之雄。寔是百將之冠。所以殊域異類畏之如夜叉。愛之如慈親。奈何宗祀二葉而殄。威靈千載獨新。猗嗟浩然之塞。凝為神祇。偉人之精。箕尾之騎若公之靈。其莫有遂勃軒騰六五緯而四三台矣哉

筆筐銘　　古賀精里

剛柔在心。用行舍藏。乗機而發。鋒穎莫當。

硯匣銘　　佐藤一齋

楊柳風梧桐月芭蕉雨梅花雪。皆入吟詠。資乎硯筆。

此物何可負此時。此時何可無此物。

硯蓋銘為月岡子宗　　佐藤一齋

語言或愆。猶無形迹。簡牘不慎。追悔叵革。

書室銘　　古賀侗庵

衡門之下。一畝之宮。甕牖采椽。不雕不礱。上足蔽日旁足防風。吾身可安。吾膝可容。黄卷縹帙。牛汗棟充。下自輓近。以遡犧熊。傫然一身。兀坐其中。左右漁獵如脉望蟲。螢雪鑚研。不止三冬。書中有富。仁熟義豐。書中有貴。天爵之隆。不羨文繡。令聞在躬。不願大牢

道腴積胸。誰謂室陋。其樂靡窮。廣廈千間。瑤臺九重。將以易此。之死不從。聊書坐隅。詒後之侗。

碑

三口橋碑

安積艮齋

上總大瀧城南。有川曰三口川。此地當總房孔道。往來者咸出焉。平時水清淺。可掲衣而渉。暴雨一至。輙驟漲奔流迅激如雷。勢不可航。行旅為之淹滯。土人亦有墊溺之虞。大瀧賈人與兵衛憂之。乃與衆胥謀。疊石于岸。立柱于水。亘梁比版。締造堅緻。廣五尺。長二十五丈。又列杙於橋外。以防浮楂。經始於文政六年六月。至九月乃成。蜒蜒如虹霓之卧。雖霖潦怒漲而來。屹然不少動。於是行旅無淹滯之憂。土人無墊溺之虞。其功德所及遠矣。夫以市井間人。而一倡群應。遂能立百世長利。可不謂賢哉。頃者介菊池道意請予文。因叙其事使勒焉。

墓表

故讃岐柴仲吉墓表

柴野栗山

仲吉諱允中我弟小輔負穀之仲子也余以無男養
仲吉兄允升為子其次仲吉宜嗣小輔也余所以得
縦意從事於四方者以小輔能謹厚守先墳也欲仲
吉又能繼其事年甫九歳取來余家而教焉允中有
氣而才類有可頼者吾樂焉既天明六年正月四日
小輔暴疾而沒允中聞訃悲慕驚動宿癖百藥無效
以六月初二日沒實十有二歳也葬于城北紫竹村

大源菴明年冬余提家赴幕辟于東都孤墳無主恐
他日蕪沒於寒原衰草中粗書其生卒如此

久保桑閑翁墓表

柴野碧海

東讃三木郡古高松邑有隱君子久保桑閑翁諱方
穀者專右衛門君諱宜彦之子佐渡守某十世之孫
天明二年十月七日以病卒享年七十有三娶池戸
邑松原氏生五男五女伯方堅與季方亮皆以醫著
伯仕季處皆能世其家季嘗請先君表翁墓未及作
而先君沒於是使升記之翁之卒距今三十年升時
十許歳唯記其髯而可畏耳他不能得而知也翁者
蓋磊落奇偉之人矣先君知之而不及作升作之而
不及知不及作與不及知豈非所以致古者賢人君
子豪傑之士光明俊偉非常之蹟湮沒不聞乎余於
是乎有深慨矣

山路延太郎墓表

森田節齋

延太郎備後豪族山路伯美嫡子也母桑田氏生而
嶷嶷如成人父嘗欲改作其門毀之兒驚而止之涕
泣不已告之故則大喜余曰此兒必大其門矣父口

授二十四孝贊輙能誦之或以菓誘之不肯曰兒欲
歌隊隊於君前耳時國侯有巡視枉駕之命而隊隊
者大舜贊首二字也余曰此兒必蒙公賞矣既而臥
病遂不起嗚呼余老矣顧不及見大其門獨欲見其
蒙公賞而今表其墓悲哉兒年六歳以安政五年三
月廿七日夭葬於念佛院先塋之側八月上澣森田
益撰

祭文

祭石文山文

柴野栗山

進而厲義勇於三軍。退激高風於百代。其生而軒昂崢嶸。百錬不碎。其死豈其霧散電滅澌盡而水逝乎。意其高潔昭昭者。不騎星辰入天門並日月而永存。則將其英毅剛果之氣。聳為山岳。含為洞谿。發為雷霆風雨。攝百鬼役彪虎。以威福于此土乎。不然其文釆煥散絪縕醲郁。為霜露為煙霞。為風水之聲為草木之英華。徘徊眷戀乎此土而不去。以娯遊者。日與

之盤桓婆娑乎。雖其英靈變化。不可得而知也。然其可知者。方寸千載旦暮相照。雖以彦等之庸陋。抑亦吟風嘯月。不可謂不渉其流者也。恐在所不外矣。敢香酒烈。神尚髣髴乎其來饗。

王文成公三百年忌辰祭告文

佐藤一齋

維文政十年丁亥。十有一月二十九日。日本國江都後學佐藤坦謹告大明先賢文成王公之靈。恭惟茲歲干支月日。丁公三百年忌辰。嗚呼自公之去世無眞儒。私淑型範。佩服訓謨。東西殊域。邈隔未由。仰惟當時。曷勝神徂。遥具清酌粢盛。虔薦吾予。尚饗。

祭亡妹阿佐登文

坂井虎山

汝之恭順柔和。人莫及之。勞不告倦。病不言疧。曾患乳腫。其痛亦奇。紡績自若。問而始知。夏不就凉。三冬單衣。我意憐之。亦父母慈。今日之苦。逸在佗時。何謂奄忽長與世辭。生年十八。未嘗出扉。遽客遠鄕。乃以死歸。嫁而遠適。乃事之宜。非嫁而逺。孰勝其悲。先死數月。有書相貽。我往見之。觀笑怡怡。我不率歸。歸者有期。遽以病告。不復可醫。二親蒼黃。就路而馳。纔及

不瞑。聲氣如絲。呼父母名。即永別離。人誰無死。如汝亦稀。彼蒼者天。哀慟可追。我之悍戾。神明所庇。反使弟妹。代受其災。汝病我致。汝死我爲。江河有竭。斯恨無涯。嗚呼哀哉。

雜著

示塾生　柴野栗山

籠養小鳥者。捕獲鶯雛。患其聲澁濁。就老鶯善鳴者。使學其聲。俗謂之附子。雛初在籠。遷躍上下。跢然無少頃靜。忽聞老鶯一哢。便戢翼凝立。如諦聽者。越時始能動身。既而低弄。如學之者。又如羞澁怕人聞者。如此一兩日。乃能放喉縱囀。音響瀏亮。可愛云。嗚呼。微彼小禽。尚思好其聲。而知希賢。可以人而不如鳥乎。癸卯二月十三日。聞之神川生。書以示塾生。

龍吟　松崎慊堂

越人保科士臧語。余府下一席匠執業某寺門。有小蛇緣門柱而上。身據斗拱。奮尾旋旋然。聲如麥蛩鳴。漸大且疾。清警穿耳。有氣如烟非烟。微風從至。須臾雲霧奔迫。晦冥。雨迅雹激。震雷裂地而去。噫是龍吟也。異哉龍吟。不以口而以尾耶。語曰。龍非得尺木不能致雲雨。龍鱗蟲之至靈者。亦必有所馮依而起。然則士之有抱負而困於泥土者。其洵可悲夫。

食喩　篠崎小竹

味之美者。其香必芳。嗅其芳嚼其美。兩者兼焉。而食之美盡矣。味與香。其可偏廢哉。然美之可嚼者實。而芳之可嗅者虛。人重其實。而略其虛。所以知味者鮮也。藝之有文詩。猶經之有禮樂。禮之味美。而其芳在樂。文之味美。而其芳在詩。學者或曰。君子禮而已。何以樂為。文而已。何以詩為。非鼻雝之人乎。

水喩　齋藤竹堂

莫非水也。一杯之水與江海之水無異。故在杯則吾知其為盃水。投諸江海則見江海之水耳。欲復求杯

水而不得。有曰油者。猶之水也。而注一點油于水中。汎汎然若舟之在河。經數日而未嘗成混也。蓋二者同其形而異其性。故不相容也。如此。噫是可取以喩人矣。夫圓顱而橫目。皆人也。然其心則君子小人分焉。君子有寬裕。有強毅。有狷以和。學之不同。而其與小人居。則必君子與君子相合。而偕拒小人者。其性則然也。然則君子之性水也。小人之性油也。油之不見容于水固宜也。而令水之與水。或反眼相視曰。彼一杯水也。我也江海之水也。彼安及我耶。將自忘其

與己同類。而以油視之。不知油之笑於後也。吾故爲說。以戒天下爲水者。

小品文鈔卷下　四十

明治十年五月十六日版權免許
編輯出版人　東京表神保町二番地　土屋榮
發兌
東京芝三嶌町十番地　山中市兵衛
書肆
同尾張町一丁目七番地　山口安兵衛
同下槇町七番地　篠崎戈助

明治十八年十月出版

羽峰南摩先生閲

石原嘉太郎
土屋榮　編

和漢小品文鈔

長野書肆　松葉軒
東京書肆　仙鶴堂　發兌

序

作文難矣。苟不得其道。則不成文。道者何。曰體裁。曰章法。曰句法。曰字法。照應也。操縱也。斡旋也。主客也。此數者。失其一則不成文。既得其道矣。而理義不精。材料不多。世故不通。則又不成文。故博涉書史。而研窮理義。具備材料。通古今世態人情。而後沛然油然。意至筆隨。左右逢原。於是乎始能成文。嗚乎亦難矣。世人或不察。漫列字排句。無一合法者。其旨隨妄。負材偏狹。迂於世。疎於時。而自以爲文。豈得謂之眞文哉。是無它。坐求文於易。而不知其道耳。土屋君嘗編本邦近世名家小品文鈔。人爭購之。文字磨滅。凡三易梓。今又与石原君謀。加以漢土文。

問序於余。蓋欲使初學知作文之道也。余乃爲作文難易之説。使初學求之難。苟求之難。則漸進至其易。蓋亦非難也。

明治十八年九月

南摩綱紀識

和漢小品文鈔

例言

一是編專爲童蒙初學。故舍長篇難學者。而取簡短易曉者。所以名小品也。

一我朝自寛政至明治。彼朝自唐宋至明清。其間碩學鴻儒輩出。名篇傑作。不暇僂指。今唯就所見者收之。且卷數有限。故不免遺瑾之譏也。

一編中所收錄。彼依其年代。我從其死先後。固非以其順次月旦文品也。

一編中錄作家名。邦人以姓與號。漢人以姓與名。而目次中註載邦人名字郷土者。乃詳近略遠之意。非有他義也。

明治十八年六月

編者識

和漢小品文鈔目次

巻之上

○論

○說

○序

○引

卷之中

○記

和漢小品文鈔巻之上

北越　石原嘉太郎
東京　土屋榮　編次

論

隋文帝論

明　方孝孺

隋文帝以詐力取尊位。其子侈縦以致敗亡。君子陋之。至與秦並稱。然當時戸口蕃殖。國用富溢。夷狄雖強大。不敢少與之抗。若漢唐之盛矣。夫果何以得此也。昏惑之主。欲富國者。必厚斂民以適其欲。而文帝躬履節儉。謂有司曰。寧餘於民。無藏府庫。斯言也。豈惟中主有所不及。雖前代賢君。或愧焉。此非富國之本乎。罷鹽酒之禁。減庸調之額。死罪三奏而後行刑。褒賞治民有政蹟之吏。此非戸口滋殖之本乎。吐谷渾之子嵬王訶謀執其父而降。則詔之曰。溥天之下。皆朕臣妾。各爲善事。卽稱朕心。嵬王既欲歸朕。朕惟教以爲臣子之法。不可遠遣兵馬。助爲惡事。卓哉言乎。不以小利廢大義。眞可以服夷狄之心矣。其爲人雖猜忌苛忍。而能撫有華夏。赫然續數百年之正統。亦有以也哉。後世人主。語及秦隋。則羞與爲比。求其所爲不及秦隋者多矣。此類是也。苟不強爲善。而徒

羞比於秦隋。使秦隋之主有知。其不羞與之比者幾希。

漢高帝論

清　魏禮

山有虎豹。藜藿爲之不采。淵有蛟龍。鰍魭爲之歛足。呂氏之禍。蔓延而不可解者。帝刻薄寡恩成之也。方帝以匹夫有天下。非韓彭諸人力。不至此。及韓彭無罪誅滅。反者數起。天下功臣幾無噍類。噫呂氏之心于此啓矣。夫千金之子。端坐于堂奥。必且固門垣。嚴僕隸。圜而居之。昏旦而守之。可以無失。帝以神器之尊。四海之富。而自芟手足。撤其扞蔽。以卑區區仁柔之太子。故以一二庸人佐一女子。而天下遂至于是。使非天誘平勃。則劉氏之祚十九殆矣。嗚呼。以平勃二三人力。而漢賴以安。向令諸功臣皆在。則呂氏欲亂得乎。

論高祖斬丁公

清　王懋竑

漢高祖赦季布而斬丁公。世以爲義。擧司馬遷亦盛稱之。余謂丁公之死固當。而高祖之斬丁公。恐未足以服丁公之心也。蓋使項王失天下者項伯也。非丁公也。以義言之。丁公之誅。當次於項伯。項伯之不誅幸矣。而又封侯何也。項伯於鴻門。既脱沛公於阨。而

又深勸羽以全大公呂后之命。其爲漢也至矣。羽非項氏不任事。其受陳平金以閒疏羽君臣者。必項氏也。羽死而項氏侯者四人。此其皆與伯同心爲漢者。羽東城之敗。項氏無一人與之俱。亦無一人爲之死。且俛首事漢受封爵焉。羽之亡。皆項伯爲之也。而以咎丁公何哉。故高祖赦季布而斬丁公。足以明人臣之義。而封項伯而斬丁公。終不足以服丁公之心也。苟悅漢紀載赦季布而刪斬丁公事。或亦有見於此歟。

張良有儒者氣象論　清　袁枚

伊川稱良有儒者氣象。余甚惑焉。若良者范蠡范睢之徒耳。何儒之有。謂其能報仇歟。則荊軻聶政皆儒。謂其能決勝歟。則蕭何陳平皆儒。在良豈忠于韓哉。酈生勸立六國時。良果爲韓。正當成人之美。使韓有後矣。發八難以阻之。則韓絕。且良又豈忠于漢哉。良見高帝春秋高。思自託于呂氏。故詭爲太子樹羽翼。其子辟疆年才十五。童子何知而說丞相授諸呂以兵。非良之貽謀而何。倘太尉不得入北軍。則劉氏又絕。儒者絕兩國。可乎。或謂良善藏其用。明哲保身類儒。不知良之用久已盡矣。其中無所藏也。良教高祖

誅降背約。智囊已竭。此外不聞有久安長治之道告高祖。而高祖不用者。叔孫制朝儀。陸賈作新語。旁人紛紛。自附于儒。良居其閒。漫無可否。其所藏者果何用耶。若僥倖免禍。則爾時不將兵者俱善終。不獨良也。然則伊川最重儒。而偏許良何歟。豈以其狀貌恂恂類婦人女子之故歟。

漢文帝論　清　方苞

三王以降。論君德者。必首漢文。非其治功有不可及也。自魏晉及五季。雖亂臣盜賊閹奸天位。皆泰然自任而不疑。故用天下以恣睢而無所畏忌。文帝則幽隱之中。常若不足以當此。而懼於不終。此卽大禹一夫勝予。成湯慄慄危懼之心也。世徒見其奉身之儉。接下之恭。臨民之簡。以爲黃老之學則然。不知正自視缺然之心之所發耳。然文帝用此治術亦安於淺近。苟可以爲而止。其聞張季之論。猶曰卑之毋高。蓋謂與先王之道以明民。非己所能任也。孔子曰。子産猶衆人之母也。能食之而不能教也。書曰。周公師保萬民。若文帝者。能保之而不能師也。夫是乃雜於黃老之病矣夫。

卞和論　清　尤侗

卞和者楚野民。得玉獻懷王。王使樂正子占之。言石。王以爲欺。斬其一足。懷王死。子平王立。和復獻之。王又以爲欺。斬其一足。平王死。子立。爲荊王。和復欲獻之。恐復見害。乃抱其玉而哭。晝夜不止。涕盡續之以血。王遣問之。于是和隨使獻王。王使剖之。中果有玉。乃封爲陵陽侯。和辭不就而去。君子曰。卞和古之愚也。夫蘭生幽谷。不以無人不芳。玉產深山。不以無工不良。彫之琢之。執之佩之。人之利。非玉之幸也。何以獻爲。以懷王之昏。雖忠如屈原。尚且被放。況玉人乎。一之爲甚。再取辱焉。匹夫無罪。懷璧其罪。和之刖宜

哉。既刖矣。以玉殉可也。以玉隱亦可也。而猶泣血漣如。必欲自明于楚廷。志抑末矣。葵猶能衛其足。而和之智不如。詩云。我之懷矣。自貽伊戚。和之謂矣。

孟嘗君論

清 裘璉

孟嘗君量隘而識愚。非能得士也。其所養者。任俠姦人。冣上則鷄鳴狗盜之雄耳。之趙。怒一渺小丈夫之言。從者相擊殺。滅一縣去。此可謂有士乎。秦昭王召之往。無智愚皆知其詐。雖聽蘇代暫止。其行卒入秦。取辱。夫幸姬之寵。不過鄭褎。昭王之智。過於楚懷。乃欲襲張儀之餘計。博萬死一生。其得脫虎口之秦倖也。嚮不入秦。則鷄鳴狗盜之徒。亦無所用。此可謂有士乎。不得志于君。如魏而輙相之。西合秦趙。與燕破齊。走死湣王。實與其謀。則其背國忘親。不忠甚矣。從遊之客。未聞發毛薛之一言。如信陵爲返魏之擧者。此可謂有士乎。觀其因假偵怒退魏子。及食其報。然後悔悟。則雖有士。彼固不識也。雖然。市駿骨則千里馬至。招致賓客。而不擇其才。則薊代馮諼之屬。亦出自爲之客。孟嘗固得此二人矣。

平重盛知盛論

通語 中井履軒

野史氏曰。世人喜稱重盛忠孝兼完之人也。余謂重

盛上。不能張王綱。下不能乂家姦。尊榮不聞推讓賢俊。不聞拔擢。徒悲其家之弗道。願歿死而不及難。陋矣。安有於忠孝兼完也。雖然。沒重盛之世。清盛不得逞其毒。天下望之如父母。卽重盛而不死者。一賴朝其奈平氏何。夫重盛以眇眇之軀。繫天下輕重。如此其大也。嗟亦賢矣哉。宗盛黷愚已。東北交兵。目下有一敎經。而不能用。六師土崩。事無可爲。知盛奮然。欲死於宗祏。而不能從。蓬累狼狽。婾半晌氣息。擧族已亦猶祈免死。東西繫辱。至死弗悔。亦獨何心哉。卋俗傳宗盛非平之種。其母生女。而竊取閭巷小兒相易

者其如是安知其不果然。知盛雖無赫赫之業。而其言皆足用。豈智者之流歟。觀其處死生之際。從容不迫自達其義。可謂偉丈夫矣。

王安石論　　中井履軒

安石之爲人。峭直無貪鄙之醜。元非姦邪也。然其所爲不能免乎姦邪何也。夫以爵祿賂于人。黨附於己。以官爵私于子弟。而逐不附者。能知正直君子。且排斥以除己之害。明辨姦邪小人。且援引以濟己之用。此皆姦邪之行矣。安石非姦邪而何。然豈其心也哉。唯其急於功業。其心蓋曰。吾方營大業。勢不得弗爾也。方衆議之不服。安石亦欲輟者屢矣。更爲佞邪所扼。亦激於諫官之苦言。乃一往狠戾。我之身名無所顧措。遂至于國家之禍敗亦無所顧措矣。嗟乎。剛愎之禍至于此。可憫夫。或問安石非正直君子。亦非姦邪。然則其何名也。曰小人。

論明智光秀　　川北温山

兵詭道也。不可不用奇。用奇之中。不害名教。此之爲上。苟邀功走利。蹈逆節不疑者。雖百戰百勝。君子所不取也。織田右府以不世出之材。駕馭英雄。目中無人。傲然出遊于京畿。而爲賊光秀所制。世論右府。曰驕暴速禍。夫驕暴固速禍之道也。獨右府之禍不在玆。而在知光秀能用奇。而不知其用奇中有禍心夙萠矣。史稱。秦秀治據于丹波。與右府有隙。右府使光秀攻之。獲秀治族宗長宗貞。光秀遣人招秀治。以其母質之。秀治來見。光秀擒之。丹人聞而磔其母。光秀遂擊秦氏黨。悉平之。右府賞光秀。封以丹波國。古人不云乎。求忠臣於孝子之門。天下惡有忍其父母而不忍其君者乎。爲右府者。宜明其罰而後可也。抑世教之不明。光秀不自察餌母邀功之爲逆。而右府亦不察光秀之視己猶視其母也。悲夫。右府之微。用其奇鏖駿師於桶峽。豈圖光秀亦用此術。襲右府於京畿。右府平常罵詈光秀。擊其顱爲鼓節。而任以大事。責其成功亦甚奇矣。要之自好用奇。又好用用奇之將。終蹈於奇禍。故曰。右府之禍。不特驕暴自速也。抑光秀之反。不在襲京畿之日。而在攻丹之日。坤之初六曰。履霜堅冰至。聖神垂戒遠哉。

范增論　　齊藤竹山

江河之水。滔滔流而不已者。有其本使之然也。今有治水者焉。從事下流。築堤如城壁。而水猶壞決氾濫不止。如之何則可。曰由其本而治之也已。昔者范增輔項羽而霸天下。爲之謀除沛公。羽不聽。遂爲沛公所滅。天下知羽之不用增之計。而不知增之計不足用也。凡天下之事必有本矣。苟不務其本。而唯其成功之是求。終爲白圭壑鄰之歸而已。安望禹之功哉。今增爲羽計。而置其本於不問。可乎。其本安在。曰羽欲代秦。必先知秦何以亡。然後知羽亦何以興。是謂之本矣。夫秦并呑天下。縱虎狼之威。海內人民爲之苦困憔悴亦已久矣。其有望於仁人君子。如積雨之於日月。然羽既視秦車之覆。而不知改轍換軌。猶且力戰以制天下。强暴殘虐。民奔走而避之不暇。孰歸焉。范增徒然旁觀。無一言以諫。寂若呑炭。而其所區區勸羽者。不過害沛公之計。抑亦末矣。當此時。使羽治其本。寬仁長厚。務反秦所爲。雖有沛公。亦何能爲乎。若其不然。藉令沛公死。天下豈無復沛公耶。嗚呼。羽果聽增之計。是一沛公可除也。其餘沛公相踵而興。將如之何哉。

淺井長政論

岡田鴨里

淺井亮政滅京極氏。取其國。簒奪之罪。固不容誅也。獨其勇武智略。可謂一時之雄矣。長政用兵。頗類亮政。然暗於見機。果斷不足。余嘗咎長政不覺信長欺詐。恃婚信約。導其兵。以啓西向之道。譬如開鎻鑰以納盜。夫江越脣齒之國。可相合以救。而不可離。離則勢孤。信長滅湖南。此脣齒之勢也。湖南亡。次必及越前。越前亡。則湖北安得獨全哉。此勢之必然者。長政非無疑於此。而當時將士。皆淺謀無遠圖。以其與六角氏世仇也。慫恿講和。欲倚信長以除六角氏。不知其助寇亡援也。豈非暗於見機之過耶。信長既滅湖南定京師。勢益强大。及其加兵越前。事既不可爲矣。然向使長政急發兵出敵不意。要擊其歸路。或可以逞其志。計不出於此。猶豫不斷。坐失機會。及敵還向我。而後乞救義景。已不及矣。且義景孱弱。非父祖之比也。長政不知其不足與謀。而欲借其力以擊織田氏。遷延之閒。使敵益得計。計之失莫大於是。然當是時。久政猶議軍事。多所牽掣。雖有善謀。難可得而行。則非獨長政之咎也。

浮田氏論

岡田鴨里

宇喜多直家。欺殺女婿婦翁。遂弑其君。奪其國。黠詐殘酷。曾禽獸之所不爲。而直家忍爲之者。蓋亦倣其主浦上氏滅赤松氏以奪其國也。及織田信長使豐臣秀吉伐播備。宜先誅此輩以示大義於天下。而急

於并中國。不服問其罪。秀吉亦受信長旨。納其降以
圖毛利氏。所謂春秋無義戰。同欲相濟也。秀家承直
家殘酷之後。坐襲其封。使其惴惴焉。自謙抑納諫。猶
恐不令其終。而况驕侈寵小人。功臣怨叛。欲無亡得
乎。世或謂秀家終始不負豊臣氏。可謂忠所事矣。嗚
呼。豊臣氏末路失計。無若朝鮮之役。假令秀家力不
能諫止。何忍賛其議。既賛其議。自受將師之任。而不
能統御之。諸將争功相閲。軍無成功。使海内再騷然
歸怨於豊臣氏。忠於國者。固如此耶。庚子之役。一敗
亡國。竄謫窮嶋。僅延殘喘者。得非以此之故哉。

讀項羽本紀　齋藤竹堂

項羽少時。學書不成。去學劍。曰。書足以記姓名而已。
是語足以見羽英豪氣。而羽之所以亡羽者。亦於是
見之。何也。羽前有焚書坑書之秦而亡。後有用圯上
一卷之漢而興。書之關係。不少如此。使羽學而有成。
則天下無敵者。固在是矣。萬人之敵。何足道哉。

讀讀孟嘗君傳　塩谷宕陰

王安石謂田文鷄鳴狗盜。出其門。此士之所以不至。
以予觀之。魏子馮驩之出其門。由養鷄鳴狗盜也。鷄
鳴狗盜且養之。矧非鷄鳴狗盜者乎。且有郭隗。而有
樂毅。有徐庶。則諸葛亮出。有魏馮。而未能致天下之
士者。身從北面故也。焉得以南面制秦責之。然文未
足言也。安石爲首輔。而延蔡京呂惠卿之徒。以擾天
下。非由好同惡異耶。夫好同惡異。由無養鷄鳴狗盜
之量耳。嗚呼。安石特彫蟲文士。亦鷄鳴狗盜之流哉。

說

羆說　唐　柳宗元

鹿畏貙。貙畏虎。虎畏羆。羆之狀。被髮人立。絕有力而
甚害人焉。楚之南。有獵者。能吹竹。爲百獸之音。云持
弓矢罌火。而卽之山。爲鹿鳴以感其類。伺其至。發火
而射之。貙聞其鹿也。趍而至。其人恐。因爲虎而駭之。
貙走而虎至。愈恐。則又爲羆。虎亦亡去。羆聞而求其
類。至則人也。捽搏挽裂而食之。今夫不善內而恃外
者。未有不爲羆之食也。

愛蓮說　宋　周茂叔

水陸草木之花可愛者甚蕃。晋陶淵明獨愛菊。自李唐來世人甚愛牡丹。予獨愛蓮之出於泥而不染。濯清漣而不妖。中通外直。不蔓不枝。香遠益清。亭亭淨植可遠觀而不可褻翫焉。予謂菊花之隱逸者也。牡丹花之富貴者也。蓮花之君子者也。噫菊之愛。陶後鮮有聞。蓮之愛同予者何人。牡丹之愛宜乎衆矣。

鼠說　明　胡儼

胡子夜臥。有鼠嚙于案。其聲礫礫然。胡子懼鼠之傷其書也。乃暗投一杖。不能中。鼠鼠暫止而復作。遂命童子。起而逐之。鼠稍竄去。及童子就枕。鼠復嚙不已。

時貍奴乳別室。胡子度鼠之不能去也。於是命童子取貍奴置臥內。由是向之礫礫者寂不聞矣。噫人非不靈於鼠。制鼠不能於人。而能於貍奴。貍奴非靈於人。鼠畏貍奴而不畏人。然則彼各有職也。君子居其職者亦盡其職而已矣。作鼠說。

筆說　明　童品

予一日書周易存疑。忽筆告乏不堪任。有新筆焉。泚墨試之。則鋒毫枝分。畫一成二。雖展轉矯之。其勢終不協于一。亟欲棄之。又無可代者。廼察其所以加筆工法。轉其鋒于掌。見衆毫皆柔。獨一毫獰然强梗于其間。摘而去之。則翕然服矣。遂爲善筆。嗚呼筆以一毫之剛。而衆毫皆紛然不一。强梗之人能敗乎善類。何以異乎此哉。因作筆說。

猴說　清　梁玉繩

余幼在黔中。嘗畜二猴。鎖於射堂老柱之下。躁疾善攫人。每厭苦之。一日曝虎皮于庭。故令童子蒙之前。猴驚竄上樹。既上復顛。跪地而號。自以掌揜目。蓋懼之甚。童子笑不已。猴聞笑聲而非虎也。其人也。怒而起騰踔如故。嗚呼無其實而襲其貌。又或自露其機。天下何一之能欺哉。

習說　尾藤二洲

兩兒相嬉在于閭巷之中。跨竹而走。驅犬而鬪。其所爲莫不相似也。稍長各異趨舍。日疎月遠。其所爲莫不相反也。迄其壯也。乃一猪一龍。奚啻韓子所言而已哉。嗚呼此何故也。豈非習使之然也歟。是故習可以成智。可以爲愚。可以爲賢。可以爲不肖。習之於人。所係其不大乎。吾視馬之習于火者。聞災卽嘶。見燄卽馳。與常馬慄而却走者。殆如殊其類。故君子愼乎習。習而不懈。何憂其無成焉。夫子曰。性相近也。習相遠也。習之於人。其可不愼哉。

蝸說

松崎慊堂

松子倦誦臥竹床。久雨乍晴。林庭瀟洒。地潤而苔滑。有蝸上牆而行。行而兩角觸。觸而警。警而縮。縮而首尾俱藏入殻中。松子喟然嘆曰。蝸哉蝸哉。夫得潤而行。何似夫遇時而行者邪。觸警而縮。何似夫言而當忌諱。自反而引咎者邪。縮而藏。何似夫不用而自善者邪。古之人以汝名廬。抑亦以此歟。蝸哉蝸哉。何甚似君子乎。又嘆曰。得潤而行。何似夫得幸而進者邪。觸警而縮。何似夫外剛而內荏者邪。縮而藏。何似夫緘口畏罪。而固其祿位者邪。古之人以汝為醯。抑亦

以此歟。蝸哉蝸哉。何甚似小人乎。夫君子以似汝。而為君子。小人以似汝。而為小人。故吾甚好汝。而又甚惡汝焉。好汝則但恐其不為汝。惡汝則但恐其為汝也。是以欲居汝廬而為君子。又欲食汝醢而不為小人矣。是故先作汝說。

藤說

齋藤竹堂

草木之生。區以別矣。然皆根為之本。而枝由以茂。各隨天性而足。一也。若夫根有所依。枝有所附。一立一仆。不能自主。而求助於外者。唯藤為然。藤之為物。性柔體弱。垂蔓裊娜。攀松纏柏而生。唯暮之春。紫葩艷發。嬌姿欲舞。清芬馥馥襲人。觀之儼然一佳卉也。而所攀之柯折。則從之而折。所纏之幹仆。則從之而仆。究竟依物為命。將與夫無名野草比肩。亦不可得也。余由悲世之立脚進步。莫能自主。往往依人以成立。一旦失所託。則敗亡立至。嗚呼。謂之人中之藤也亦宜。

不食河豚說

吉田松陰

世言河豚有毒矣。其嗜之者特衆。余獨不食。非懼死也。懼名也。夫死者人之所必有。固不足懼也。然死生亦大矣。苟以一魚之小。而致死生之大。顧不辱士名

哉。或謂。河豚不必有毒。然死者人之所必有。又不可豫期。且世固有無病而死者。況其萬有一毒。嗜而食之。安保其不偶死。而辱名乎哉。或謂。河豚之美。非衆魚比。不食不知其美。夫清人所惡阿片煙。其味蓋非不美也。其味愈美。則其毒愈深矣。故今日之嗜河豚者。必他日貪阿片者也。

柚說

佐久間象山

食柚有極芬芳者。有不甚芬芳者。始亦未之能揀也。後審之。圓滿滑膩。觀之甚美者。必其無香氣者也。其貌不平。礧然磈然。望之若甚不佳者。必其芬芳者也。

以是揀之。蓋百不失一焉。予謂其芬芳必不在於圓滑者。而必在於磊磈者。蓋非磊磈之能爲芬芳也。芬芳之實鬱之於中。而後發之於外。其不得不磊磈。亦必然之勢。無足怪者。世之人惟圓滑是悦。而不知磊磈之可尚。是以常失於其所取也多矣。嗚呼。是豈獨柚而已乎。

角觝説

星野著山

一觸一抵。顚而復起。疲而復奮。不憚掀投搏蹈。侵寒暑不顧。至眩暈不辭。學角觝者皆然。而吾觀其力藝過人。所謂入幕者。必勤苦過人者也。抑當其錦褌上場。鋏臂張威。虎視龍驤。正變奇化。觀者徒稱其力之大。技藝之精。而孰知其成於昔日之千苦萬勞。嗟夫角觝曲藝之最小者也。然勤苦不過人。則亦不能過人。况大焉者乎。

御馬説

安井息軒

有善騎者。駑則逸。悍則馴。終日騎而馬有餘力。當其馳駿鞭驥。倏忽百里。前無險路。而馬不喘汗。人不軒輊。鞍上平穩。安於坐席。或怪而問之。答曰。我不知也。然我正吾志。不悖其性。故駑我激之。悍我懐之。至駿與驥。任其所爲。而我不與焉。鞍我據之而已。未嘗攻

其背。轡我按之而已。未嘗攖其口。務適馬性。而不盡其力。而馬之與我相忘於轡鞍之間。如此而已。或聞而歎曰。子之言道也。進乎技矣。苟擧子道。而施之民。天下無窮民矣。

序

槐陰讀書圖序

明　劉基

槐陰讀書圖者。嘉興吳中圭所爲姑蘇王行道作也。王氏之先有植三槐于庭。而期其後必爲三公者。後果如其言。爲宋賢相。今仲圭之作此也。其將勗行道以力學而履前人之發也乎。夫盛德大業有志者成之。聖賢與我皆人也。企斯及之矣。故與人交必常有所勗者。朋友之盛心也。觀聽動息凡有所接。必使可以有所警者。進修之善道也。然則斯圖豈玩好之云乎。雖然吾願益有以勗之。夫王氏之先所以致位宰

相者抑由乎槐耶。非耶。植柏于大別。而冀似禹求南國之棠。而憩焉曰吾以繼召伯也可乎哉。晉公之行事。載在史官。若三槐者。蘇子所謂德之符也。思其人象其德。今之槐猶昔之槐也。不然彼園之檀。其下維穀而已矣。吾子朂之。使後人之慕此圖如今人之慕三槐則偉矣。於是乎言。

羅兩峰登岱詩小敘

清　朱孝純

天地靈秀爲山水。人心靈秀爲筆墨。故非筆墨不足以寫山水。曰詩曰畫。此人心之靈秀與天地之靈秀。相噴薄而與爲融洽者也。然或能詩不能畫。未足以寫泉石之精神。能畫不能詩。未足以闡林壑之幽勝。又或能詩與畫而名山大川無緣一至者有之。雖欲鏤鐫造化。又烏從而寫之。羅君兩峰擅詩畫。與余交二十年矣。余去歲由蜀守移泰安。因招至陽魯。羅君住郡廨三閱月。凡三登岱宗。圖記其勝。復得詩若干首。一日謀歸于余。并出遊草屬敘。余因擧羅君生平材藝與山水秀美相爲映發。而又能杖履巖壑不慳。所遇有如此者。快抒所論以壯其行。獨聞揚之人士。多以輿馬衣服相矜尚。而足跡憚遠遊。異日披君行篋觀之。得毋以余言爲誕耶。

也園送春詩序

清　黃石牧

歲在癸未三月之暮。同人集於也園。賦詩以送春。客酌而咨曰。送春禮乎。曰無之。聞之月令迎春東郊。春可迎也。亦可送也。堯典之命曰。寅餞納日。日可餞也。春亦可送也。客曰。其來何自。其去何之。其交代何所。何不見其回首焉。駐足焉。眷戀而跼蹐焉。何東皇之少情。而何爲乎送諸。曰吾非送天之春也。送吾之春爾。天之春。往過來續。無有窮紀。我之春。歲逝而歲減。自孩笑以至於今。其爲春也多矣。學問之未積。功業之未樹。道德不彰於身。膂力不庸於國。而分寸之陰駒馳電滅。不爲我少留。春若曰。吾之視爾。不爲不勤矣。否除而泰乘。復來而剝往。歲有長。月有進。日有益。吾一年而一至。而改觀者多矣。而爾畫然如故也。抑至者褻。習見者厭。將去恐不速。奚戀之有。嗚呼。春之去我非恝也。可因是以惕吾志而迫吾程。不則忽忽爾。芒芒爾。螗蛄爾。蜉蝣爾。客曰。思深哉。其非流連光景之謂。曰抑有進焉。夸父逐而魯陽揮。猶之無益耳。沂水舞雩之春。至今不去也。

汪樸廬聖湖詩序

清　袁枚

聖湖渟渟然。橫于杭之城西。而春而秋而昏而朝。大夫女子。儦儦俟俟。咸嬉遊焉。躑躅焉。群以爲美。而卒不能言其所以美也。樸盧先生爲詩若干。凡嘉卉襍樹。荒祠古亭。靡不以五字韻之。而又自趙宋以來一典實。一故事。必縷述焉。凡聖湖之所有者。詩靡不有也。卽聖湖之業已無者。詩則未嘗無也。今而右聖湖之美。先生言之矣。且盡之矣。惟是先生與枚同傍聖湖而生。同別聖湖而仕。當先生在家時。未始有詩。而今始追而爲之。則又未嘗不嘆人情之近則易忽。而遠則相思也。今年先生七十有六。枚亦四十有五。園田宅舍同具。白門想重到兒時釣弋處。相攜而迭謠。

知復何日。蒼蒼在鬢。烟波在天。三復斯篇。如蕩舟湖中。水色猶明紙上。然則先生之索序于余也。蓋亦越吟而使越人聽之之意也。

田山人詩序

僧　北禪

田山人居山賦詩。課一日一詩。皆限五言二韻。夫詩豈限五言二韻。詩豈可課一日一詩。必也欲充一詩於一日。必也求出一詩於五言二韻。則其詩非詩矣。吾亦好詩。所好詩之詩者。所惡詩之非詩者。乃今山人以其詩之非詩。當吾詩之詩者。求題其詩之首。抑詩之窮也。雖然山人乃以詩外之詩自適。固與鹿鳴鳥吟相和。夫情發而聲。聲永而詩。鹿鳴鳥吟。寧非詩也。況於人之詩。寧以詩與非詩相異耶。詩而非詩。詩之聲異矣。非詩而詩。詩之情同矣。山人詩外之詩。凡詩外物。莫不入詩。吾又何區區詩之詩。以外詩外之詩乎。雖然唯山人之詩。而不可以外已。

唐詩礎序

僧　北禪

蓋嘗觀夏屋之渠渠乎。雲楶藻梲。龍桷繡楹。人驚其壯麗。而目不矚其底焉。至推原其本。未嘗不以礎定也。此唐詩之所以重韻也。若乃衡茅棲遲之室。用磧礎處柱。幽奥疏散之詞。以頗僻承響。苟得其宜。則莫

不稱矣。莫不諧矣。此又唐詩之所以異宋元也。且夫礎之爲用。自柱而及梁。韻之爲用。自句而及章。今石氏所纂。止截三字。猶柱根之不及上。是豈悉其所稱且諧哉。然唐人之所以用韻。衍而不泛。整而不板。警而不陡。險而不詖。乃由此而推求。思過半矣。余少年時。嘗擬石氏纂仄韻。屬書林合刊以行。因冠斯言。以諗初學。

寧靜閣一集序

篠崎小竹

大槻士廣文詩既刊行焉。題曰寧靜閣一集。或謂予曰。先生文能發揮道義。使讀者通悟。詩能暢叙性情。

使誦者感起。是則勿論也。抑先生年猶未老。而其學造詣不測。乃遽刻其所著。得無不與寧靜之號相稱耶。予曰。嗚呼。是士廣之所以爲士廣也。士廣之西遊長崎也。齒纔弱冠。當時寸鋒已壓人。予一逢驚嘆。跋其遊草。東歸之後。自視欿然。謂才須學也。學須靜也。非寧靜無以致遠。武侯之言可師矣。寧靜之號蓋出於弦韋自警之意也。故去浮華而就沈實。舍百家之汎濫。而究六經之蘊奥。士廣今日之志。如此也已。然根之培者。枝葉自秀。源之浚者。流派自多。士廣之文詩。皆寧靜之枝葉流派。而門人珍重。不能不刊行。謀

不朽焉。而士廣猶不忘於寧靜。謂我其可止於此乎。因自題曰寧靜閣一集。然則二集三集之出。其益致遠也可知矣。會門人來。書更求予序。乃爲錄告或人之言。以釋此書題名之意。

江南竹枝序

野田笛浦

南地之勝。莫往而不可歌焉。送蝗者。拾蠣者。捕海䲡者。汲潮而煮之者。黃柑之纍纍乎摘而盈筐筥者。實一部竹枝之觀耳。不特蒼翠之色。明媚之致可玩也。余一屐遊紀南者二次。屐之所不及。輿而觀之。輿之所不及。舟而觀之。但未及歌之。亦未及觀可歌之詩而還矣。今上街志摩龜井諸人之編江南竹枝也。南海先生以下。有若霞裳溪琴冷雲霞峰。陸續賦之。賦而和之。流美新逸。亦莫不可歌焉。不意昔日之玩而不及歌之者。不假一屐輿舟之力。而盡觀之於此。嗚呼。既有如此。豈得不忘紀南之遠。而歌之於海東哉。歌了遂序。

城西遊記序

安積艮齋

予好爲山水遊。遊必有記。門下諸士倣之。若小玉伯宣房總記行。友部順正登嶽錄。河村季幹上毛游草。舟橋秋月遊豆記述之類。先後相繼。而縣晴峰城西

遊記又出焉。甚矣二三子嗜我痂也。予烟霞痼疾。非惟不能自醫。并使諸子染其毒。父兄其謂之何。然諸子才俊氣銳。如千里汗血駒。苟羈束之鞭策之。又鬱控之。欲一昂首而嘶。且不可得。則其勢將生齧踶泛駕之憂。故使之時奔逸馳騁于平原曠野之中。乃所以泄其氣而防其憂也。且諸子才筆縱橫。雲烟之氣。勃勃從十指間流出。頓成偉觀。未必不爲文學之資也。父兄視之。必將笑曰。是亦王良馭馬之術也。予其免乎。

竹外二十八字詩序

森田節齋

攝之工。詩者曰竹外。爲人踈放嗜酒。酒間快談縱橫。一日有適意。輒大嗀呼妙。蓋奇士也。甲寅春。余寓京。一日有客踵門。出迎之。乃竹外也。醉脚踉蹌。探懷出似其二十八字詩。屬序於余。曰。子之文長譬喩。我詩將以何物品之。余曰。子家瀨澱江。江之風色。即可以品子之詩矣。余嘗僦航上下者數矣。其上江也。薄暮解纜。經過數橋。兩岸空濶。月上東方。水心碎金。而雨後下江。則更有奇焉者。發伏見。未數里。回顧比叡比良諸峯。出沒隱見於烟雲杳靄中。至山崎八幡之際。天王山與丈夫山。屹然對峙。翠色欲滴。既而夕陽西沒。遠寺踈鐘。乍斷乍續。令聞者不堪情矣。今讀子之詩。其透徹玲瓏。如月上東方。水心碎金。其離合變化。如比叡比良諸峰。出沒隱見於雲煙杳靄中。其雄峻嚴整。如天王山與丈夫山。屹然對峙。而其神韻縹緲。似踈鐘斷續者。亦皆無不有焉。則子之詩卷。謂之一幅澱江圖可也。且神韻縹緲。透徹玲瓏者。固絶句之本色。而離合變化者如古風。雄峻嚴整者似律體。則此卷雖止七絶。謂之具諸體。亦豈不可哉。竹外俄大呼曰妙。遂書以與之。竹外名啓。字士開。高槻藩士也。

東海道中詩叙　　大槻磐溪

百花撩亂。禽鳥和鳴。而輿馬匆匆。只見公程。不見春。可以不作此詩。或蠅營波馳。役役逐利。而巖岳之雲。湖海之月。未曾一興乎懷。亦可不作此詩。若夫情在攬勝。志存觀風。而藻思逸韻。觸處發露。則何可無此五十三首之作哉。蓋東海一道。爲國十。爲驛五十三。爲程一千有餘里。其間不翅山川之多變態。而各國殊俗。每驛不同風。小畑詩山。乃以縱橫之筆。寫其委曲之狀。可以觀土風。可以察民情。又可以考政治之得失矣。古太史之官。陳諸國詩。以觀民風。則此詩蓋在其所采擇焉。若以爲一時遊戲之作。則非知詩山者也。

温飛卿詩集序　　林鶴梁

花樹之最高者。錦蕚瓊葩。發芳於數丈之上。可觀而不可折也。其最低者。埃壒撲條。芳衰香歇。可折而不可觀也。但其中間。芳枝橫斜。柔朶拂冠者。可觀且可折也。余於是恍然悟學詩之法焉。温飛卿之詩。雖不媲於盛唐雄渾英邁之作。然其詩綺縟可學。夫盛唐之於初學。可讀而不可學焉。猶最高之花。可觀而不可折也。元明以下。雖有作者。芳衰香歇之枝耳。獨飛卿之詩。其中間之花歟。可觀亦可折也。因與友人淳

風謀刻温詩行于世亦欲使學者從事於可觀可折焉耳

送何堅序

唐 韓愈

何於韓同姓為近堅以進士舉於吾為同業其在太學也吾為博士堅為生生博士為同道其識堅也十年為故人同姓而近也同業也同道也故人也於其不得願而歸其可以無言耶堅道州人道之守陽公賢也道於湖南為屬州湖南楊公又賢也堅為民堅又賢也湖南得道為屬道得堅為民堅歸唱其州之父老子弟服陽公之令道亦唱其縣與其比州服楊

公之令吾聞鳥有鳳者恒出於有道之國當漢時黄霸為潁川是鳥實集而鳴焉若史可信堅歸吾將賀其見鳳而聞其鳴也已

送梅聖俞歸河陽序

宋 歐陽修

至寶潛乎山川之幽而能先群物以貴於世者負其有異而已故珠潛於泥玉潛於璞不與夫蜃蛤珉石混而棄者其先膺美澤之氣輝然特見於外也士固有潛乎卑位而與夫庸庸之流俯仰上下然卒不混者其文章才貌之光氣亦有煇然而特見者矣然求珠者必之乎海求玉者必之乎藍田求賢士者必之乎通邑大都據其會就其名而擇其精焉爾洛陽天子之西都距京都不數驛搢紳仕官雜然而處其亦珠玉之淵海歟予方據是而擇之獨得於梅君聖俞其所謂輝然特見而精者耶聖俞志高而行潔氣秀而色和嶄然獨出於衆人中初為河南主簿以親嫌移佐河陽嘗喜與洛之士遊故因吏事而至於此余嘗與之徜徉於嵩洛之下每得絶崖倒壑深林古宇則必相與吟哦其間始而歡然以相得終則暢然覺乎薫蒸浸漬之為益也故久而不厭既而以吏事訖言歸余且惜其去又悲夫潛乎下邑混於庸庸然所

謂能先群物而貴於世者特其異而已則光氣之輝然者豈能掩之哉

贈林梅所序

宋 文天祥

何所無花屈擅蘭陶擅菊林擅梅乃若有定所然古者以功為地之封建後世以文為花之封建屈之騷陶之辭林之詩皆有功於花是故花托於斯文而後得其所焉噫九畹三徑今無復存林之孫義獨能世襲孤山與花周旋所謂居其所而不遷者君克拓門庭於詩道益進豈惟克有其土地抑亦光昭其先君之功懋哉懋哉

送譚舟石之官楡林序　清　李良年

楡林一邊衛也。在明爲重地。昔李自成提百萬之衆來攻。諸將在秦者。皆集於楡林。轉戰至七日夜。可謂雄矣。卒之兵盡矢竭。同時以身殉者。七十有餘人。自成得以長驅入軍都關。蓋前明之亡。實決於此。天下既定。邊陲晏安。日久而死事之臣。人或不能擧其姓氏。可歎也。舟石能文章。又負當世之略。今往佐邊郡。覽其戰處。儻亦愴焉以感。慨然以思。問三秦之父老。而紀載其遺事乎。夫闡揚節概。爲安不忘危之戒。此亦守土者所有事也。

送王進之任楊州序　清　汪琬

諸曹失之。一郡得之。此十數州縣之慶也。國家得之交遊失之。此又二三士大夫之憾也。吾友王子貽上年少而才。既擧進士於甲第。當任部主事。而用新令出爲推官楊州。將與吾黨別。吾見憾者方在燕市。而慶者已翹足企首。相望江淮之閒矣。王子勉旃。事上宜敬。接下宜誠。涖事宜愼。用刑宜寬。反是罪也。吾告王子止此矣。朔風初勁。雨雪載塗。搖策而行。努力自愛。

送廣瀨生西游序　尾藤二洲

關而東。其人知出而不知處。關而西。其人知處而不知出。出處亦大矣。何其見之相反乃爾也。出門乃高第大宅。輿馬爭途。青紫相競。耳目所接。無往非是。夫何知世復有幽雅靜適之樂。擧目乃名區勝迹。騷客前哦。漁郎後歌。氣体所慣。無往非是。夫何知世復有功名利祿之榮。則東西之相反。豈其天性也哉。風習所移。不自知其然也。廣瀨生東人也。而其交莫非東人。今歲仲夏。將西游京畿。以弘其觀聞。畿甸固多處士。其閒亦有能超然保貞。而非由風習者在焉。生其就而問其所存。交不必廣。游不必遠。得眞士而見之則生之行其不徒焉。

送久保清太郎東役序　吉田松陰

吾與清太氏有通家之義。家居又近。同學相益。自爲兒時甚馴。今已十數年矣。而未嘗見其喜慍色。吾固異之。吾常歎後世文敎日隆。士論日密。善不輕嘉。過不苟恕。是以士風漸趨刻薄。忌才害能。甚者至于善類相賊。其禍之所底。誠可寒心已。噫其能不如是者。吾有獨望于清太氏也。清太氏將役于江戸。吾曾爲清太氏道大都交遊之盛悉矣。今乃有此行。亦何啜啜行矣。清太氏往踰函嶺之背。右撫三峯之秀。左俯八州之廓。浩然長嘯。或有所自得焉。

送足代生游伊豫序　　齋藤拙堂

上古有扶桑樹。考其所在。蓋當豫之地。傳言其高不知幾百仞。其大蔭翳數州。屹然爲大八洲之鎭。西土之人尚能言之。散見淮南山海諸書。遂爲我邦別號。其爲靈可知矣。豫之產物既如此。其於人何獨不然。當南北之時。土居得能大舘諸雄。產於其土。皆魁奇英茂。倡義勤王。忠貞不渝。流芳千載之下。地靈而人傑。至是信矣。山田足代生公典從予遊。將遂徧友四方之士。丁亥之夏。將往遊豫。來詢於予。欲預識其人

物而歷抵之也。予既知豫之靈於諸州。然平生識其人不過二三故舊。不知猶有魁奇英茂。不愧古人者乎。將茂於古而枯於今。如扶桑乎。然豫之地。至今猶出扶桑之斷。沙水所泐。精髓猶存。傳寶於四方。乃知英靈之氣未斬。必有不愧古人者矣。但予不得識焉耳。聞其民求扶桑之斷。鑿土撈水。惟力之視。而後有所獲焉。生苟欲求其人。則亦鑿而撈之。不憚其勞。必與豪傑隱君子爲世所珍者相遇也。生其勉之。

引

古瓦譜引　　佐藤一齋

侍從濱松侯有好古癖。物聚其所好。古瓦之自四方湊至。蓋亦累數百片。頃者侯自揀其最佳者。印以爲譜。徵坦題言。攤而觀之。大小無慮百四十餘品。皆爲數百年外物。有年號。有標章。有寺觀堂宇之款識。古色藹然可掬也。其於古今之沿革與時俗之好尚。足以窺其一斑而已。坦嘗謂物無一定之貴賤。因時而貴賤之。珠玉金幣。舉世貴重之。而凶年饑歲。不如一握之粟。豈必謂貴重乎。敗瓦爛甓。人皆輕賤之。而以

是攷古今之沿革。徵時俗之好尚。則匪可輕賤焉。然不獨在物也。君相之用人材亦或然。寸有所長。尺有所短。苟能器使之。無不可使之人。今侯於古瓦猶且不棄。則其於人者可知矣。抑又推之。侯之尚古道。崇古人。不遺故老。不棄故舊。亦應必在其好古癖中。然則此譜之所自。豈可翫物喪志視之乎。

書畫帖引　　佐藤一齋

白川票元卿。風流雅穆人也。每訪江都諸名家。其善詩文書畫者。輒必呈一紙。丐染毫。既而以所裒爲卷軸。詣予屬小引。予炷香薰手。而後敢展之。則其詩其

文皆時所謂大家名人之製作而至其書畫殊為精妙雅絶矣予嘗謂欲看花木於栗烈冬日聽百鳥於寥落靜夜玩風月於滂沱雨朝而延友侶數十輩於矮屋鎖戸之時者其術蓋亦幾乎無矣但唯多收儲名家書畫是其一策也當夫閑居無聊獨酌望友之際乃出此軸披之則大家名人一副精神躍躍然在乎吾前微誦其詩文細觀其書蹟是不猶會稠人於一堂把臂以談乎抑夫木落山空雨暗燈青方是時也一味興致何從尋路乃又出此軸披之則花發於山鳥啼於樹風聲灑竹月影臨水種種色色宇宙景

象靡不有也故韻士閑居之娯樂孰有若是書畫者哉昔人有以漢書當下酒物者元卿自今而後靜夜獨坐左手擧太白右手披此軸則其為下酒之物奚翅豹胎熊膰是以而况肯乞一辭於班氏哉

英和字典引

大槻磐溪

宇宙萬國言語奚翅千百種其無港不通無國不行者獨英語英之强大而通商之盛可想耳抑我邦之與英國隔萬里對峙東西洋而幅員之大小廣狹約略相同蓋彼以英蘇愛三島立國我則以本四九三洲自雄而琉球蝦夷兩翼焉彼僻在五十度以外我則此立四十度以內寒暖之帶既得其正氣運之會又方旺而後乃今北海道將大闢矣海陸軍將大備矣遣歐使留學生日夜駕火輪破長風而西矣則宇内言語無港不通無國不行者何獨英語而止哉余觀知新社徒英和字典而慨然竊有期於將來焉及其乞一言遂書以為引

和漢小品文鈔卷之上終

和漢小品文鈔卷之中

北越　石原嘉太郎
東京　土屋　榮　編次

記

樂閑堂記

元　吳　澄

夫心所快悅之謂樂。身得暇逸之謂閑。而世之人但以不居位不任事爲閑者。其義未該偏也。今臺耿文叔蘊修能負清望。或筦朝政。或持邦憲。聲實俱著聞于時。蓋經濟之器。宜用不宜舍。宜行不宜藏者也。而其家闢地數畝。植菊百本。疑若有愛於花之隱。又以樂閑名其室。孰不謂公雖在官。而不忘在野之樂也。視彼繫戀於權勢而不肯脫。沒溺於利祿而不知足者。萬萬遼絕矣。予獨以爲閑之義。非專指隱退而言。何也。閑也者。安安不勞力也。綽綽有餘裕也。隱退固閑。仕進亦閑也。處繁劇而優游簡易。應紛糾而秩秩修理。非閑乎。邵子云。雖忙意自閑。斯之謂也。細務滿前。三十之罰皆親覽。大敵壓境。百萬之衆未易當。而孔明之寧靜致遠。安石之和靖鎭物。曷嘗頃刻之不閑也耶。驅馳危難之中。一如南陽躬耕之閑也。處分兵甲之際。一如東山高臥之閑也。無時而不閑。則無時而不樂。豈必隱退不仕。然後爲閑而可樂哉。仕可也。止可也。仕止不同。而閑一也。此昔之君子所以終其身而樂與。公自江西憲長。參知行省政事。其僚屬請予爲公記樂閑堂。予故推在昔君子之意。以盡閑之義。而不敢執世俗一偏之見。以擬度於公也。

友梅軒記

明　劉　基

臯亭之山有隱者焉。以友梅字其軒。環其居皆梅也。或曰。友者人倫之名也。君子以友輔仁。人求其友。必於人焉可也。梅卉木也。人得而友之乎。生於世。爲人焉。舍斯人弗友。而卉木乎取之。斯人也不旣怪矣乎。劉子曰否。彼固有所激而云也。夫彼所謂隱者也。不同乎人而隱。彼固自絕于世之人。而卉木之爲徒也。彼固以斯世爲不足乎已。而隱以爲高。彼固謂人不足與友。而卉木良我友也。彼誠有所激哉。世之如管鮑者希矣。刺于谷風。嗟于桑柔。臏于涓。賣于寄。累于灌夫。蠅營狗苟于拜塵之人。友之而不爲損者鮮矣哉。人不可以無友。彼將何所取哉。梅卉木也。有歲寒之操焉。取諸人弗得矣。舍卉木何取哉。且此物非徒取也。凌霜雪而獨秀。守潔白而不汚。人而象之。亦可以爲人矣。昔人有揖怒蛙而勇士至。氣類以感之。直諒多聞之友。不遠千里來矣。然則斯人也弗怪矣。隱者聞之曰。子知予。請書之。遂書以記于軒。隱者王其姓。昶其名。記之者。栝蒼劉基也。

橫碧樓記

明　劉基

天下之佳山水。所在有之。自有天地以迄于人。地不改作也。或久晦而始彰。其有數乎。抑亦繫於人也。故蘭亭顯于晉。盤谷顯于唐。乃與右軍之記。昌黎之序相爲不朽。物之遇也。果有待於人哉。會稽山陰之柯橋。即古之柯亭也。有寺曰靈秘。有上人曰守基。愛其山水之佳。無讓於人所稱者。而惜其不能與東山雲門。並揚于時也。乃相其南偏。作樓焉。出群室之上。憑之而覲山之峙者。蒼然。附之而矚水之流者。淵然。或挺而隆。或靡而馳。如龍。如虎。如蛟。如蛇。如烟。如雲。如藍。如苔。如帶。如屛。遠近高低。縈紆蔽虧。舉不逃於一覽。於是其地遂爲甲觀。恨未有高世之人爲發之也。至正甲午。用章師自浙西來。過而奇之。以其兼山水之美也。山與水皆以碧爲色。故命其名曰橫碧。而俾予爲之記。師今世之高人也。予於是乎喜斯樓之遇自此始也。予又聞。柯亭有美竹。可爲笛。風清月明。登樓一吹。可以來鳳凰。驚蟄龍。眞奇事也。上人能之乎。

吾將往觀焉。

無怒軒記

清　李紱

怒爲七情之一。人所不能無。事固有宜怒者。詩云。君子如怒。亂庶遄已。是已。顧情之發也。中節爲難。而怒爲甚。血氣蔽之。克伐怨欲之私乘之。如川決防。如火燎原。其爲禍也烈矣。吾年踰四十。無涵養性情之學。無變化氣質之功。因怒得過。旋悔旋犯。懼終於忿戾而已。因以無怒名軒。不必果無怒也。有怒之心。無怒之色。有怒之事。無怒之言。蓋所怒未必中節也。心藏於中。可以徐悟。色則見於面矣。事未即行。猶可中止。言則不可追矣。怒不可無。而曰無怒者。矯枉者必過其正。無怒猶恐其過怒也。軒無定在。吾所恒止之地。即以是牓之。

峽江寺飛泉亭記

清　袁枚

余年來觀瀑屢矣。至峽江寺。而意難決捨。則飛泉一亭爲之也。凡人之情。其目悅。其體不適。勢不能久留。天台之瀑。離寺百步。雁宕瀑旁無寺。他若匡盧若羅浮。若青田之石門。瀑未嘗不奇。而遊者皆暴日中。踞危厓。不得從容以觀。如傾蓋交。雖懽易別。惟粵東峽山。高不過里許。而磴級紆曲。古松張覆。驕陽不炙。過石橋。有三奇樹。鼎足立。忽至半空。凝結爲一。凡樹皆根合而枝分。此獨根分而枝合。奇已。登山大半。飛瀑雷震。從空而下。瀑旁有室。卽飛泉亭也。縱横丈餘。八窓明淨。閉窓瀑聞。開窓瀑至。人可坐可卧。可箕踞。可偃仰。可放筆研。可瀹茗置飲。以人之逸。待水之勞。取九天銀河。置几席間。作玩當時建此亭者。其仙乎。僧澄波善奕。余命霞裳與之對枰。于是水聲棋聲松聲鳥聲。參錯竝奏。頃之又有曳杖聲。從雲中來者。則老僧懷遠。抱詩集尺許。來索余序。于是吟咏之聲又復大作。天籟人籟。合同而化。不圖觀瀑之娯。一至于斯。

亭之巧大矣。坐久日落。不得已下山。宿帶玉堂。正對南山。雲樹蓊鬱。中隔長江。風帆往來。妙無一人肯泊岸來此寺者。僧告余曰。峽江寺俗名飛來寺。余笑曰。寺何能飛。惟他日余之魂夢或飛來耳。僧曰。無徵不信。公愛之何不記之。余曰諾。已遂述數行。一以自存。一以與僧。

橋西草堂記

篠崎小竹

淡州奥井生。其居在洲本城北。鹽屋板橋之西。近營一書堂而樂之。南窓宜月。北牗宜風。東西兼有海山眺望之勝。一日余過飲焉。見揭夕陽橋西廬五字於其宇。立齋賴氏之所題也。余欲使去夕陽二字。而後爲之記。主人諾焉。然如有惜色。余乃告之曰。大夫稻田君。非子所仕乎。其山亭曰夕晴。夕晴卽夕陽。宜避一也。備後儒家有菅茶山。非子所聞乎。其宅曰黄葉夕陽邨舍。宜避二也。避其所仕。謂之謙。謙者不倨傲也。不犯其上也。避其所聞。謂之立。立者不雷同也。不居人後也。君子之學。以謙爲體。以立爲用。平居接人。雖親戚僚友。恭遜卑牧。不敢爭先。非獨於所仕。所謂謙也。至其處事。則篤信所學。堅守所知。雖君長之尊。不敢詭隨。非獨於所聞。所謂立也。子讀書此堂。思余

所以欲去夕陽二字者。以成其謙與立之德。夫然後此堂之勝。清風朗月。及海山煙雲之晦明變化。皆莫非可樂。尚何獨惜乎夕陽之名也。主人喜焉。乃去其二字。改命曰橋西草堂。爲之記。

自來亭記

坂井虎山

有亭一宇。突如臨海。海之碧。山之翠。四面環擁。以集勝於此亭之間。而主之者。香洲醫師大橋氏也。余一日舟遊此地。因過焉。主人置酒亭上。乞命名。余曰。聞然幽廓然曠。宇甚小。觀甚大。請名之曰自來之亭。不求於山而山自來。不求於海而海自來。是謂之地之

勝。今夫王公之園、將相之墅、無非取於山與海以成其趣者。然地苟不勝也、則求寸海尺峰而不可得。於是伐樹木、夷民屋、起層臺、構飛閣、以始得望雲巒烟波于彷彿間。如是而曰山自來、海自來、可也乎。主人曰、有旨哉言。茂樹栖鳥、深潭集魚、清風明月、誰呼誰延。今吾新作此亭、未始請先生、而先生自來、亦此勝之所致歟。余曰、此特山海遊觀之適而已矣。我且進子以子之所能、嚮吾至子之門、醫者來乞治其目、跛者來乞治其脚。以至內熱外邪、痛心而疾首者、亦皆莫不來乞治其苦。彼其所以來者、子豈戸造家至以

請之耶。術成於此、而名施於彼、彼之來、亦自來也。嗚呼、子常觀於亭、而益精其術、則彼之自來、必有倍于今者矣。主人喜曰、敢不受教。因爲記。

蹇齋記　　藤田東湖

余以去歲甲辰五月、幽於礫川官舍。有司以爲禁錮未嚴、越明年二月、更幽於小梅官舍。舍大東西丈餘、南北不盈二丈。前竈後厠、庭除可一步、高墻接宇、晝而爲二僮僕居其一。余所居、衣架在右、書筐在左、地爐居中、而介冑槍劍、几案筆硯、陳列於其間。則余可坐臥者、僅僅不過方四五尺。余因命齋曰蹇。蹇者難也。夫遷謫流離之難、固亡論已。何必命齋、然後知之而齋之所以爲蹇者、其說自有三焉。小梅之爲村、其前則墨水湯湯、其後則林樹蓊鬱、自具山水之象。其蹇一也。余嘗墮馬折足、既覺平愈、今危坐一室者連月、舊痾復發、僅能跛步。其蹇二也。余贛愚浪不自圖、位卑而言高、志大而材疎、家計愈窘、酒量愈闊、衣食日窶、氣力日完。凡余所以處世持身者、無物不偏、無事不跛。其蹇三也。有斯三蹇、而偃蹇於五尺之間、齋之爲蹇、不亦宜乎。周易有之、曰山上有水蹇、君子以反身脩德。余雖不敏、自今而後、將從事於斯也。抑又

曰、王臣蹇蹇、匪躬之故。嗚呼、蹇之義亦大矣。余豈敢哉。聊以命吾齋。

雲煙樓記　　齋藤拙堂

備前荻野士明、嘗來訪余於津城。爲人風流文雅、余甚喜之、置酒款接。今玆秋、余祗役在江門、士明作其鄉閭圖千里寄示、乞其樓名及記。余乃名之曰雲煙、以士明工畫故也。其居在下津井吹上村、海船所湊、人煙稠密、前對塩飽諸嶋、海山之景絕佳。故自號煙浦、而滿壁畫滄洲雲煙、撲坐於是。士明之雲煙在家則坐玩其幻、出門則行玩其眞、無所往不雲煙。今卽

以爲名。誰謂不可也。余平生酷愛山水之勝。然羈官藩朝。足不得過攝播以西。飽聞三薇之勝。神爲之逝久矣。今也年已望六。不數年。欲乞骸骨。以遂平生之願。果能如此。余將首過士明之宅。併玩雲煙之眞幻。以賦海山之美。姑書此爲記。以爲他日之證。

松濤庵記　　齋藤拙堂

宮埼子讓新造庵。索余命之。余諾而宿之者經年。一日偶詣焉。欵以酒肴。甚歡。酒半。忽謂主人曰。獲一佳名。不知當子意乎否。主人曰。如何。余曰。庵臨東海。風帆煙鳥。往來几席閒。佳則佳矣。未足爲奇也。及風起

海上。濤聲洶洶。如擊鑼。如鳴鼓。如大軍吶喊赴戰。是可謂奇也。而非子之所得而有也。子之所有。環屋皆松。松得海風。則瀟然幽然。鏘鏘然。如奏笙簧。如彈琴瑟。如鳳凰和鳴。外與海濤相應和。爲奇尤甚。請以松濤名庵。但無風則不得聞此種種聲。余說或窮矣。然子好茶事。竹爐不絕火。鐺中湯聲日夜沸沸。乍細乍大。習然如急雨至。轟然如雷車過。亦一奇也。庶補松濤之缺歟。主人悅曰。善。請幸記之。卽書其言與之。主人能草書。怪怪奇奇。追醉旭狂素之迹。日觀彼海濤奔騰起伏。如鷺如鯉。如雪山之狀者。操筆寫之。籠以爲己有。在松聲茶聲之外。別出一奇。則余不復陳迹云。丁亥季春拙堂居士飲其庵中。題於酒罷茶熟之處。

樂山窩記　　鹽谷宕陰

樂水子自以樂山扁其窩。或嘲之曰。子庭無一綫之水。一拳之山。其足亦未嘗渡六合而西也。則何山水之所觀。且樂也。樂水子不能答。寢而思之。若有語者。曰。子家車轂擊於前。而馬跡交於後。而入其室。彈其琴。則有高山流水之音。讀其詩。則有雲峰烟波之思。叩其心。則巍然如山。淡然如水。其足雖未嘗渡六合。

然其心已餐蓮嶽之秀。而吸琶湖之淸矣。則所謂山水者在室。而不在庭。在心而不在物。其爲樂有可以獨會。而不可以共語者。子何必答之之爲。言終而覺。乃試把枕上之琴與詩而對之。胸襟如刷。恍然聞水音之潺湲於耳底。而看山光之蒼茫於眸中。

靜古館記　　林鶴梁

佐嘉穀堂古賀先生。新築館於其鄉金毘羅山。名之曰靜古。蓋取山靜如太古之句也。頃使其鄉人永山德夫。命長孺爲之記。而長孺未嘗履其地。奚能得而記之哉。雖然先生既名之以靜古。則其山之勝景。可

想而得焉也。因問德夫曰。山有花乎。曰有焉。有竹乎。曰有焉。有溪乎。曰有焉。苟有花。則二三月之候。風香雨紅乎。曰然。苟有竹。則流翠欲滴。清涼可掬。所謂六月秋者乎。曰然。苟有溪。則水落石出。苔碧沙明。扁舟繫灣。小橋截綠。雪於奇。而月於勝乎。曰然。人之往此山者幾多。曰無幾也。徑此山而往來者幾多。曰無幾也。然則鳥啼雲繞。泉響磬答。而伐木丁丁聞乎數里之外者有焉乎。曰然。余乃嘆曰。宜哉先生之以靜古名此館也。天下苟有花紅竹涼溪清之地。則士女遊賞。趾相錯也。此山獨寂寞如此。可謂靜矣。而先生在此。讀古書。臨古帖。慕古人。行古道。無不往而古焉。則可謂古矣。夫靜而古。靜古之名。良不誣也。因書德夫所以語余者。爲記。質之先生。

省竹圖記

清　朱彝尊

寧都魏叔子與予定交江都。時歲在辛亥。明年予將返秀水。錢塘戴蒼爲畫烟雨歸耕圖。叔子適至。題其卷。於是叔子亦返金精之山。蒼爲傳寫作省竹圖。俾予作記。予性癖好竹。甲申後。避兵田舍。凡十餘徙。必擇有竹之地。以居。其後客游大同。邊障苦寒。乃爇葦以代竹。既而留山東。見治源脩竹數百萬。狂喜不忍

去。歸買宅長水上。曰竹垞。叔子過予。言金精之峰十有二。其一曰翠微。易堂在其上。梧桐桃李橘柚皆植。獨竹不生。種之自叔子始。近乃連岡下上。無非竹者。蓋予兩人嗜好適同也。珍木之産。由兩葉至尋尺。歲久而林始成。又或萎于霜。或厄于闇。若夫竹。苟護其本。則末乃直上。匪特有君子之守而已。其勃然興起。突怒無畏。類夫豪傑之士拔泥塗而立加萬夫之上。叔子居易堂。讀書且二十年。天下無不知叔子者。一旦乘扁舟。下吳越。海内論文者。交推其能。若竹之解于籜。而驟于夫烟霄也。文章之爲道。亦猶種竹然。務去其陳根。疏而壅之。其生也柯葉必異。然則叔子毋徒恃其已學者而可矣。

土佐經隆蘇武圖記

柴野栗山

土佐權守藤原經隆所畫。蘇武圖一幀。畫博士臣藤原光貞及臣藤原廣行所審定。以爲眞蹟者。蓋南殿障子巨勢金岡所圖。建長中罹災。更敕經隆令畫云。初寛政己酉營大内。改寫障子。時命臣邦彦等。考進名臣章服。當時臣等究力搜索古圖。馬周杜如晦三數圖外。茫不見影響。是以不得已。新作圖以進。其於蘇武。則以黒幘皀袍絳緣領袖絳袴襪。雖皆據諸史

輿服志而詳定。非敢以胸臆。然非復寛平舊觀也。今此圖黒幘白衣細帶跣足斜仗長杖外。無他粧點。蓋寫其在匈奴之貌。乃金岡舊圖也。縱令庸工傳摸。亦六百年前舊物。固當寶愛也。況出於名匠手。尤宜愼藏公庫。以爲他日援證矣。

書燈記

僧　北禪

世有遠州燈者。遠江守小堀政一所創。海內莫不用也。其製圓欄張紙以籠燈。分半爲扉。開之匣轉而襲于後爲柱。凡六。左右則相重爲界。上二輪亦相重。下則圓匣以植三柱。含一抽以貯燈心。圓外爲闕。輪箍承扉可轉也。中間鐵條繫左右與後架小圈用安燈盞焉。上輪橋著鐵鉤可提也。昔者吾宇先生用爲書燈。乃去中間鐵條。立一巨柱。闕如二柱。衡短衡上下自在。衡端以架燈盞。偏重則溜止。其低昂以隨看書寫字之便也。先生爲文記之。因嘆匡衡之壁。車胤之螢。孫康之雪。江泌之月。畀誠之薪。皆不如我之有燈。而我之有燈。乃終於有燈。而不如彼輩之終立身著名哉。是其爲慷慨奚若也。太田見良嘗謂先生曰。此歳儉米貴。吾與君等所尤病也。先生曰。吁一掬之米。可以并日而不餓。抑何所病。但米貴物從之。乃使油

貴。是吾所獨病也。先生之志。於是乎可知已。

書函柳記

奥野小山

大坂城中有一柳樹。相傳加藤肥州在朝鮮日。愛柳樹。折其一枝。綰而納之書函。以寄呈豐臣公。公揷之庭中。經歳漸長爲一大樹。俗呼曰書函柳。弘化乙巳八月。大衛帥綾部侯來鎭大坂城。侯嘗欽慕肥州。因愛此樹。製作矢箙。示純且徵記。純曰。肥州剛武之人。而愛此柔婉之物。遠自海外呈其主公。是可怪也。嗚呼純得其說矣。是肥州有所諷而然歟。夫柳之爲樹隨風搖曳。其性似柔。而至大雪之時。屹然不屈。其性亦似剛。然則柳兼剛柔者也。英雄之用兵。亦猶如此。剛以展我武。柔以服彼心。剛柔並用。所以勝敵也。豐公之征雞林。剛則剛矣。但不能柔以服彼心。是以其禍結轕終不解也。肥州蓋有感於此。故有託柳以諷豐公也乎。故其奮伐敵城也。如夜叉。其憫二王子也。如菩薩。一柔一剛。各應其機。適其變。鬚虜聞肥州之名。懼且服者。非由此歟。侯之職係武備。其剛固不待言。而暇輙延純輩。與俱論聖經。温柔敦篤。如有容。如侯亦剛而柔者。宜乎其欽慕肥州并愛柳也。是可記也。且侯不以柳作玩具。而造矢箙。雖製一器猶不忘

其職。是尤可記也。

先公手澤太宰府都府樓瓦硯記

佐久間象山

先公嘗謂三村養實曰。脩理雖多疵瑕。亦英雄也。臣聞之感激流涕。以謂其多疵瑕者臣之實也。而英雄之稱。臣何敢當然。以先公之明。而目以英雄。其爲光榮果如何哉。固亦知千百其身。尚不足以報其萬一也。雖然臣豈徒感激流涕而止乎。其講究詩書六經欲以明其體也。其歷觀史子百家。以洎泰西之學。欲以達其用也。皆莫非所以圖報萬一也。然才質不敏。

其志未及償半。而先公淹捐群臣。嗚呼痛哉。嗚呼痛哉。臣無復有望於斯世矣。十月丁巳。今公忽傳命賜臣先公手澤太宰府都府樓瓦硯一枚。臣於是又感激流涕。以謂今公其亦知臣歟。舊例賜先公之遺品。閑散之臣不與焉。臣今以閑散與之。實出異數。非公能知臣之所以辱先公之知。何得有此。然則今公亦先公也已。而今而後償其所志。以盡忠於今公。乃所以報先公也已矣。嗚呼。今臣之無望於斯世者。再有望於斯世。其亦將不在先公手澤之所存也邪。

狩虎記

塩谷宕陰

征韓之役。豐公下命薩侯曰。欲得虎肉。以資藥。須獵以貢之。書以文祿四年正月至軍。時積雪滿山。不可得而獵焉。三月八日。薩侯與世子乘船於唐嶋。至昌原。明日勒隊圍山。終日無所見。其翌披荊棘。躡險阻。深入數里。列卒數千。分曹吶喊。山巒爲震。俄而雨降。烟霧濛密。有虎走出。將突圍。安田次郎兵衛者。嶋津守右衛門尉彰久之臣也。舞刀逐之。虎還顧迎噉。安田刺其口。殪之。須臾二虎跳躍飛走。直逼麾下。世子恐其迫父也。將身當之。舍人上野權右衛門揮刃迎擊。虎蜚騰咥之。牙投可五步。負嵎大嗥。帖佐六七急

鷲斫頭。刀三下。虎怒噬其股。側有老松。枝條下垂。福永助十郎捽尾纏枝。極力逆曳。永野助七郎進擊斃之。其一遂遁。六七亦病瘡死。於是薩侯狀其事。獻獲于肥前行臺。豐公大悅。下手書褒賞。世傳之以爲虎狩云。夫暴虎馮河。夫子以警子路。袒裼暴虎。詩人以危共叔。皆戒其誇力冒危也。若薩士奉君命以狩。與敵愾赴戰。無以異焉。其猛毅趫捷。足立懦振怠者。千古豈有偉于此者哉。舊有薩人所作虎狩文。余更歌之以詩。詩今略之。

記兼天寺夜遊

宋　蘇軾

元豐六年十月十二日夜解衣欲睡月色入戶欣然起行念無與爲樂者遂至承天寺尋張懷民懷民亦未寢相與步於中庭庭下如積水空明水中藻荇交横蓋竹柏影也何夜無月何處無竹柏但少閑人如吾兩人者耳

新城遊北山記

宋　晁補之

去新城之北三十里山漸深草木泉石漸幽初猶騎行石齒間傍皆大松曲者如蓋直者如幢立者如人臥者如虬松下草間有泉沮洳伏見墮石井鏘然而鳴松間藤數十尺蜿蜒如大蚖其上有鳥黑如鴝鵒

赤冠長喙俛而啄磔然有聲稍西一峰高絕有蹊介然僅可步繫馬石觜相扶攜而上篁篠仰不見日如四五里乃聞雞聲有僧布袍躡履來迎與之語瞿而顧如麋鹿不可接頂有屋數十間曲折依崖壁爲欄楯如蝸鼠繚繞乃得出門牖相値既坐山風颯然而至堂殿鈴鐸皆鳴二三子相顧而驚不知身之在何境也且暮皆宿於時九月天高露淸山空月明仰視星斗皆光大如適在人上窻間竹數十竿相摩戞聲切切不已竹間梅棕森然如鬼魅離立突鬢之狀二三子又相顧魄動而不得寐遲明皆去既還家數日猶恍惚若有遇因追記之後不復到然往往想見其事也

西山看梅記

明　馮夢禎

武林梅花最盛者法華山上下十里如雪其次西山西山數何氏園園去横春橋甚近梅數百樹根幹俱奇古余所最喜遊必至焉庚寅正月姻家包君至偶擧似之奮欲往約十八日行風雨無阻而婦翁以包君故治具相待於金沙灘僧舍戒雨具行果雨既下雪雪又甚至何園僧出應門則自靈峰移居者梅尚含蘤放者十二三燦然雪中香氣微馥乃班坐命酒

同行來生道之方戒飮而喜人飮遂與包君角戲會僧進茶具有陳餠八枚曰願以此物代酒負卽啖一枚雖互有勝負而道之啖三餠幾欲嘔衆爲大噱夜宿上天笠長生房厥明四山戴雪如萬玉峰淸寒撲面近地有大梅二株可合抱開亦未半徘徊其下久之而出一路溪流潺湲聲如戞瑟然不能如昨暮之壯矣是遊也包國子世熙來文學斯行驥兒侍返于金沙僧舍者揚大行應時返於何園者余婦翁呼而不入者余壻周孝廉紹祚也去歲何園看梅亦正月十八日其日晴兩兒俱侍因幷記之作記之日遊之

後三日也。眞實居士燈下戲筆。

遊野圃記

清　廖燕

邑西有圃。而野巷陌曲折。皆竹樹圍成。延袤可二三里。編篠爲扉。倒木成橋。無工飾而有天然之致。相傳爲明藩封別墅。今名上菓園下菓園者是也。每至春時。花雨沐衣。艸香引路。予輒與友人携酒榼遊其中。遇得意處。則藉地而飲。是日飲梅花樹下。落英隨風。飄墜酒杯中。杯未及接唇。梅香雜酒氣。從鼻入腦。心花頓開。一客後至。遍覓不得。忽從歡笑聲跡之。始知入竹林深蒨中。出圃爲野田。時方春初。田尚未墾。愛

其茸軟茁柔。則隨飲其上。於時情與境洽。賞遇心融。浮白無算。俄而西山霞起。光怪陸離。照耀林木。皆成異觀。客指曰。此亦一奇也。予曰。此吾輩文心酒氣之所結成者耳。客爲之絕倒。會童子以日暮促歸。遂罷酒。便道假綠匪山房宿焉。山房者。卽同遊彭某讀書處云。

三日集清陰亭記

古賀精里

三月三日。與諸友會于清陰亭。實爲寛政癸丑之歲。各賦詩一章。而屬記於樸。蘭亭修禊。歲在癸丑。今遡而數之。得癸丑二十有四。得歲一千四百四十。王右軍之記。嘆後之視今。猶今之視昔。知後人之有感於其文。然蘭亭之勝集。得右軍記之赫奕宇宙。苟目識一丁者。莫不寶其蹟。而群公之詩。修禊之圖。附麗摹刻。以傳于世。今閱之者。若目擊其風韻於清流激湍之次。忘其隔千歲之久。萬里之遠。何其盛也。清陰之亭在府治之下。會不過十人。庭不過數畝。又使詞翰之拙。如樸者記之。徒可以糊紙窻覆醬瓿。旣不以足追晉賢之游。亦無以備後人之覽。是爲愧已。然永和之時。中原陸沈。王室偏安於江左。故群賢流離奔竄之餘。有蘭亭之會。在蘭亭則爲奇遇。在群賢則爲不

幸。方今海內承平二百年。文化大興。翰屏之邦。士庶彬彬。佳節徵逐。不出鄉隣。而有斯勝集。一觴一咏。亦得俯仰今古。以暢襟懷。不亦幸乎。諸友摛藻刻意。多可傳者。蘭亭之詩與圖。皆賴右軍之記。以傳天下後世。今詞翰之拙若此。記者。反將託諸友之作。以免爲糊窻覆瓿之用。抑亦幸矣。於是乎書。

記舊游

長野豐山

川江之東十里。民居爲村者。曰芝芳。二大櫻樹在焉。余欲造觀。文化四年三月旣望。昧爽出邑。行三里。至天津山下。山上余之先塋在焉。遥拜而過。左右皆山。

左者低臥眠之狀。右者高仰睨之狀。日午得青龍山。有寺曰光巖。喫茶一峯當前。勢與青龍相角。又行一里。坦途極而峻坂也。攀捫喘息。坂極良久。息乃定。反顧則谿磵一大谷下數百步。路極嶮惡。且迂曲屢問山樵野老而後得前溪。聲隱隱起翁勃間。怪石當流。凸者垤如。凹者窪如。水石轇轕。溪魚乍躍。觸石自死。亦一奇矣。激泉喧嘩。我言而人不答。人呼而我不聞。若聾淲淲聒耳而已。行可二里。忽見皓然眩目。雪邪非邪。抑一團之雲邪。諦視而後知其爲花也。是仙物也。殆非人間之所有。微飃徐來。飛花飄空。忽散湍澗

溪。無言語可以狀其大都如此。噫。誠若致之三都若大邑。則游者日接踵。爲貴人名士所稱賞久已顯聞於天下。今僻在南鄙。開落於幽閑寂寞之地者幾百年矣。山樵野老之外。無見而知之者。山樵野老。雖見而知之。未嘗言也。是以如此寂寞也。唯其寂寞。是以如此能大也。是其不幸。抑亦幸也。余當時未及記其勝槩。去今十年。其清幽之境。與奇麗之狀。猶髣髴於心目。因追書之。庶幾爲好事者游觀之媒云。

觀棊記

野田笛浦

一日余赴某邸。有人對奕。就而問之。告以名姓。始知某與某也。蓋皆入品之手。而相抗者。下子僅僅乎六七八九。而爲一局之樞杻。旣而十而二十。甲下一子。則乙復一子。乙下一子。則甲復一子。或飛或尖或雙關或鎖鑰。各守其地。各堅其壘。如劃畛域。如設城府。綜理周悉。如櫛之於髮。整然一齊。如秤之有星。其下子者百有餘。而向之整者變而爲紛錯之奇。甲蹺之則乙約之。乙覷之則甲粘之。提之則撲之。勒之則刺之。甲之尾觸乙之首。乙之口衝甲之耳。衝而激。激而怒。怒而如狻。揚而如鷹。龍而爲魚。鼠而變虎。千奇百出。不可名狀。蓋整者八門之正。而紛錯者六花之奇

也。嗚呼。以三百六十一之路。下三百六十一之子。其數有窮。而其妙至無窮者無他。奇出於正也。夫君子之處世正而已。非有意乎奇也。不幸變起。則不得已。而應之以其道。天下稱以爲奇。而其奇根乎一正。故應千變而爲千奇。應萬變而爲萬奇。源源乎無窮極也。但其人雖存。其妙不可見。獨於此棊見之。

山房觀楓記

齋藤拙堂

杜樊川山行詩膾炙人口久矣。予亦自少誦之。頗知其佳。今山房之游。親涉實境。始得知其妙。旣還。衆客交來。詢勝狀。予輒擧樊川詩以答曰。山房在菰野水

澤村出北門行五里至龜山又四里其間渉阜阜盡而林林盡而原原盡而麓山房在焉樹枝鈎衣石稜嚙足小徑岐出使人迷是非所謂遠上寒山石徑斜者耶龜山以北地甚幽僻稀遇行人抵山房雲樹埋山不復見人烟但遥遥聞犬雞聲耳是非所謂白雲生處有人家者耶夫荒凉險惡如此使人毛髮盡竪竦然思歸然而至有楓處千樹飽霜景不可狀停節植立目忘勞足忘疲躊躇移晷而不能去是非所謂停車坐愛楓林晩者耶其色深紅如燃艷而不夭假使偎桃海棠同時而出必將羞形穢焉是非所謂霜

葉紅於二月花者耶蓋楓葉之色深山爲佳彼上寒山渉石徑入白雲無人之境宜其得勝花之楓也今予亦踏其地細嚼其詩語語深切莫不符合我意所欲出彼既言之矣若夫山房之爲地碧峯錯立清溪競流楓葉爛然粧點其間上下映發著人於錦屏繡障中則樊川詩之所未道今又以許仲晦紅葉青山水急流句補之庶幾得其全矣公等欲知山房之勝則誦此四句可也客皆唯唯而退乃書其所答以爲記同游者平松正慤子愿川村尚廸毅甫山下養正直介丙戌小春望後二日齋藤謙有終記

桐溪聽蛙記

藤森天山

居移氣養移體信矣哉是非止人田蛙與山蛙同類者也而田蛙聲濁山蛙聲清鴨川之山蛙特以絶異聞焉以其水清冽無比也癸丑四月遊桐生寓石原氏主人導聽山蛙於桐溪曰天下唯桐溪與鴨川同乃隨主人至溪上溪發源於根本山僅六七里源近而地下故水勢駛甚兩岸多磥石小石如拳者密布於中流是以水石相鬪湍聲淙淙如急雨得一橋長六七丈初至聞蛙聲起於上流嘒嘒如秋蟬吟清風遂與湍聲相亂既而兩岸迭發遠近相和清韻泠泠

如瑤琴繁奏如擔鐸丁東洗耳澄懷使人坐有世外之想矣因思陶元亮聞田水聲曰時剖胸襟一洗荊棘此水過吾師丈人矣設使元亮聞此聲則其激賞何如哉且元亮身雖隱矣遭逢世之危亂憂慮塞胸其喜藉田水以開棘荊亦宜矣顧余生長於清世久辭官途逍遥於山水之間莫有一事滯碍於胷中靜聽此聲以自娯豈非太平之幸民乎倚杖聽久之乃過橋沿溪而東南下數百歩列榻於湍上汲流瀹茗天已昏黑乃去返於橋頭有茅店衆尚欲飲而予與盡先歸與遊者福田良策大川欽哉松原藤介及主

人與保岡生也。藤介云。茶家秤水之輕重。品其高下。桐溪水與鴨川輕重略相如。故蛙聲輕清亦同理。或然。故併記之。

書牘

與王深父書　宋　王安石

某頓首。自與足下別。日思規箴切劘之補。甚於飢渴。足下有所聞。輒以告我。近世朋友。豈有如足下者乎。此固某所望於足下者。惜乎與足下相去遠。過失日甚而不肯傳聞於足下。誠使盡聞而盡教之。雖某之愚。其庶幾少有成乎。惟足下不以數附書爲勤。幸甚。幸甚。

寄何燕泉書　明　王守仁

其久臥山中。習成懶僻。平生故舊。音問皆疎。遥聞執事養高歸郴。越東楚西。何因一話煙水之涯。徒切瞻望而已。去歲復以兵革之役。扶病強出。殊乖始願。正如野麋入市。投足搖首。皆成駭觸。忽枉箋教。兼辱佳章。捧誦灑然。蓋安石東山之高。靖節柴桑之興。執事兼而有之矣。仰嘆可知。地方事苟幸平靖。伏枕已踰月旬。日後亦且具疏乞還。果遂所圖。雖不獲握手林泉。然郴嶺之下。瞽山之麓。聊復同此悠悠之懷也。使來値湖兵。正還。兼有討處地方之奏。冗冗乃爾。久瞽。又未能細請。臨紙悃然。伏冀照亮。不具。

與四生上人　清　廖燕

不履名刹。已二十餘歲。松風竹影。時入夢想。每欲策杖重遊。輒爲塵網所阻。悵愧如何。聞道履清勝。喜慰無量。何時冰雪洗心。煙霞染袂。與吾師了此一段世外清緣。方不負此一生耳。敝友章偉人。酷愛秋海棠。城中絶少此種。知法苑廣植。託燕轉求。但此花嬌脆可喜。然亦最難得活。幸兼宿土移栽。方可儻燕亦得沾惠。尤喜出望外也。

與高望公　清　廖燕

二十載神交。至今尚未得一晤。豈相見亦有數耶。聞先生亦知海内有燕者。先生人品詩畫。爲吾粤翹楚。

燕非其人也。然亦有微長。生平曾不以貧賤富貴動其心。他可知矣。若然則先生亦不可不一見燕也。何時駕臨省城。使燕得一瞻顔色爲幸。

與神田實甫書　　頼　山陽

敝園有絮之栟。欲插於公之園。來請一枝。速命童折兩枝。附价。陽和將動之候。實宜插扦也。但扦之之法不可不謹。其上梢剪之斜。欲其不腐於雨也。其下根亦剪之斜。欲其穿土深入而皮不揭也。餘不一一。何時見其漫漫攪天。點公書案。布公階砌也。

與上甲師父書　　齋藤竹堂

弟之至都。已一年矣。初欲修書以候起居。因循度日。實以都下卜居。拮据之勤。不意疎闊至此。幸勿爲怪。今夏安藤君期滿將歸。私意兄或祗役。聞都筑翁代之。則不能無歉然也。然弟既在此。則不出三四年必與兄相見。何以久近爲慊哉。都下先輩頗有變迁。艮齋超擢。笛浦西歸。一榮一衰。各易其處。或傳牛窪某免職。而笛浦得志東下之灰志將燃也。直學士依田先生病且革。道路皆云。一齋先生將代任之。先生八十。依然矍鑠。晩路之榮有如此者矣。昌平寮管野聖與爲舍長。他皆新進輓生。間非無老生再遊。亦未聞有甚振者。回顧都下一二老宿。固勿論已。何我輩宜相追逐者之寥寥也。俟兄出都。切劘磨勵。以自鞭策。則駑駘亦不無進歩也。今聚招童生。授句讀。講詩文。晨夕營營于其間。宛作村學究態。可愧可笑。初在鄕。苦無可讀之書。今則假借從心。亦從事營營。苦無可讀之暇。是吾生終始于苦境也。然無復公事纏身。所謂營營者。爲之可。不爲亦可。唯我所欲。似苦實不苦。不知兄近狀苦樂何如。併以爲問。

與頼山陽書　　齋藤拙堂

一別經年。適値秋風起。引領西望。悵然思大兄不置。不知大兄亦思僕否。屬者丹後野田子明至。言從大兄之所來。因詳動履安祥。大慰馳仰。子明與僕同遊古賀氏之門。少相親善。一夕抵足與談。談及文章。輒稱贊大兄不已。思大兄者。固不止僕也。去月垂賜手教。并答和鄙詩。以僕之文。比過秦論。雖不敢當。亦竊信知己之言。欣躍曷已。卽辰稍冷。統祈從時自愛。

與谷藤川二子書　　森田節齋

益再拜。谷藤川二君足下。呈一書。介一生於二君。二君幸諒之。僕頃寓岩倉山寺。寺在西山絶頂。極幽邃。僕讀書於其中。絶不與外人通。二三門生時時往來耳。每念至二君。未嘗不嘆離群索居也。頃者有阪谷生字子絢者。自東歸。訪僕於山中。留數日。生備中人也。僕知之於垂髫時。今則突而弁。慷慨可談。談及大和人物。僕擧二君。生曰。二君何如。僕曰。谷君聾於耳。而聰於心。博洽無匹。不敢輕許人。而以藤君爲一敵國。生曰。願得見之一書。容交於二君。可乎。僕曰。諾。乃裁書以呈二君。二君視生猶僕。假之半日之間。使生得聞所未聞。是僕之所以請二君也。僕別谷君後。得微疾。自入山中。專讀經。養性情。體中頗佳。幸不罣念。藤君向使令郎就僕學文。令郎妙齡。加以才敏。其文必有成矣。請莫勞慈念。生發軔在明日。匆匆布字。書不盡意。不宣。

與鹽谷毅侯　林鶴梁

昨辱寵招。趨侍領教於茗溪官舍。舍對駿臺。而茗溪在眼底。一條碧流。與駿臺雜樹黃葉。俱晻映乎煙靄飄渺之際。清曠之觀。寒澹之趣。不料獲此幽致於城市喧囂之間也。亦知其足長兄文思矣。然兄所居雖饒木枯煙寒水碧葉黃之勝。而至蜀錦呉綾之觀。則僅見一兩樹耳。此不能无遺憾也。然兄以文章名馳天下。錦繡滿腹。不知其爲幾億萬段矣。則楓葉之乏。不足爲憾也。昔崔信明有楓落一佳句。尚使後人艷稱弗已。今兄傳雄文於千載之下。不止崔家五字也。不亦快耶。因修一書以陳鄙見。謝欵待。

贊銘

韓幹畫馬贊　宋　蘇軾

韓幹之馬四。其一在陸。驤首奮鬣。若有所望。頓足而長鳴。其一欲渉。尻高首下。擇所由濟。跼蹐而未成。其二在水。前者反顧。若以鼻語。後者不應。欲飲而留行。以爲廐馬也。則前無羈絡。後無箠策。以爲野馬也。則隅目聳耳。豐臆細尾。皆中度程。蕭然如賢大夫貴公子。相與解帶脫帽。臨水而濯纓。遂欲高擧遠引。友麋鹿而終天年。則不可得矣。蓋優哉游哉。聊以卒歲而無營。

赤壁圖賛　明　方孝孺

群兒戲兵。汗此赤壁。江山無情。猶有慚色。帝命偉人。眉山之蘇。酹酒大江。以滌其汚。揮斥玄化。與造物伍。哀彼妄庸。攘敓腐鼠。明月在水。獨鶴在天。勿謂公亡。公在世間。

杭中丞雙溪像賛　明　唐順之

巋然者。其位望之隆也。而退然其有寒士之風也。黝然者。其若愚之容也。而蔚然其爲詞人之宗也。惟其呐于口而辨于文。崇于位而卑其躬也。是以海内操觚之士。惟見公逸思麗藻之不可及。而溪叟山孺。惟見公悃愊眞率之可與狎而同也。

陶淵明賛　清　趙皇梅

嗚呼。陶公。伊何人哉。以爲隱耶。而一綰彭澤之銅墨。以爲仕耶。而終老潯陽之澤國。以爲禪耶。而不入廬山緇叟之社。以爲玄耶。而不掛漆園仙吏之絏。蓋天之逸民。聖之清節。故以魁壘奇特之才。而寄之乎批抹風月。以湮鬱偪仄之襟。而寓之乎耽嗜麴蘖。此千秋乎古之士。往往與報韓之司徒。復漢之武侯。同稱爲振古之忠烈。

楠公賛　柴野碧海

曠世之才。罕古之策。出之以誠。行之以德。竭力王家。以身殉國。比之諸葛。洵無愧色。

瘞硯銘　唐　韓愈

隴西李觀元賓。好從進士。貢在京師。或貽之硯。既四年。悲歡窮泰。未嘗廢其用。凡與之試藝春官。實二年。登上第。行于褒谷。役者劉胤誤墜之地毀焉。乃匣歸。埋于京師里中。昌黎韓愈。其友人也。賛且識云。

土乎質陶乎成器。復其質非生死類。全斯用毀不忍棄。埋而識之。仁之義。硯乎硯乎。與瓦礫異。

器物銘并序　明　王禕

古之君子於凡御服之物。日用所接者。皆著銘焉。名其器。而因之以自警。則進德修業之功。無乎弗在矣。大學所載。湯之盤銘。大戴記及金匱陰謀所載武王器械諸銘是也。余因竊取古義。卽凡器物各爲之銘。非敢貽于博雅之君子。蓋庶幾動作之間。私致其警焉爾。合之得五十首。録四首

枕銘

體木而圓。于以警吾昏。體石而方。于以安吾常。

席銘

我身之逸兮。藉爾以爲偃也。我心之直兮。匪爾之可

巻也。

鏡銘

貌之妍醜。爾則辨其外。心之淑慝。爾曷鑑其内。

櫛銘

髮之亂也。可以理之。政之棼也。曷以治之。

扇銘　　明　方孝孺

用此以扇枕。孝子之行也。用此以扇暍。仁君之聖也。由孝而充之。則爲奉上之忠。由仁而廣之。則爲澤民之政也。

研銘　　僧　北禪

僧某於對州阿須濱上。拾得一石。爲櫝形。無少圭角。上面窪下。可以磨墨。質亦潤密可用也。乃以遺余。江戸嶋洪卿有研癖。廣聚名品。因送與之。爲附斯銘。

絶島窮區。風雅亦與。一拳可磨。比彼公緒。

和漢小品文鈔巻之中終

和漢小品文鈔巻之下

北越　石原嘉太郎
東京　土屋　榮　編次

書後題跋

書李百藥汎愛寺碑後　　宋　歐陽脩

李百藥字僅存。其下磨滅。而書字猶可辨。疑此碑百藥自書。字畫老勁可喜。秋暑鬱然。覽之可以忘倦。

書梅聖俞河豚魚詩後　　宋　歐陽脩

予友梅聖俞於范饒州席上。賦此河豚魚詩。余每體中不康。誦之數過輒佳。亦屢書以示人。爲奇贈。翰林

東閣書。

書戴嵩畫　　宋　蘇軾

蜀中有杜處士。好書畫。所宝以百數。有戴嵩畫牛一軸。尤所愛。錦嚢玉軸。常以自隨。一日曝書畫。有一牧童見之。拊掌大笑曰。此畫闘牛也。牛闘力在角。尾搐入兩股間。今乃掉尾而闘。謬矣。處士笑而然之。古語有云。耕當問奴。織當問婢。不可改也。

書范中立萬山積雪圖後　　長野豐山

范寬雪景山水一巻。嘗爲王晋卿賈秋壑所藏。二人皆宋時之有力者。目飽前代之奇迹。其所鑒賞。必極

天下之選。然則此卷之爲至寶可推知也。余審觀其皴法。命意用筆高妙絶俗。無一筆之覇氣。北宋畫家獨李成與寬並鑣而馳。他人莫能及也。其狀景物。霜葉未飛。薄雪已敷。萬山漁舟往來於凍雲黯淡中。妙在氣韻流動。不在形似也。明窻淨几。繙此卷展對。猶身在宋時。與宋人遊宋地矣。亦人生之一奇樂也。

書揷秧圖後　　齋藤竹堂

水田縱横。婦孺數十人。蓑笠相屬。秧針揷地。歷歷然如碁子之在局面。是圖中所有。一覽便自見之。若乃晴日射背。汗滴禾下。細雨濕衣。袖袂皆重。手已倦而拮据。足將顚且佇立。是圖中所無。非瞑目意想。不可得觀。可見之景于圖。而知不可見之情于圖外。是可謂善觀此圖者矣。

題李生壁　　唐　韓　愈

余始得李生於河中。今相遇於下邳。自始及今十四年矣。始相見。吾與之皆未冠。未通人事。追思多有可笑者。與生皆然也。今者相遇。皆有妻子。昔時無度量之心。寧復可有。是生之爲交。何其近古人也。是來也。余黜於徐州。將西居於洛陽。汎舟於淸泠池。泊於文雅臺下。西望商邱。東望修竹園。入微子廟。求鄗陽枚

叔司馬相如之故文。久立於廟階間。悲那頌之不作於是者已久。隴西李翺。太原王涯。上谷侯喜。實同與焉。貞元十六年五月四日。昌黎韓愈書。

題鳳翔東院王畫壁　　宋　蘇　軾

嘉祐癸卯上元夜。來觀王維摩詰筆。時夜已闌。殘燈耿然。畫僧踽踽欲動。恍然久之。

題燕郭尚父圖　　宋　黄庭堅

凡書畫當觀韵。往時李伯時爲予作李廣奪胡兒馬。挾兒南馳。取胡兒弓。引滿以擬追騎。觀箭鋒所直發之人馬皆應弦也。伯時難曰。使俗子爲之。當作中箭追騎矣。余因之深悟畫格。此與文章同一關紐。但難得人入神會耳。

題畫菜　　宋　黄庭堅

不可使士大夫不知此味。不可使天下之民有此色。

題宗成樹石　　宋　黄庭堅

長林巨石。風飄水激。張之墻壁。助我岑寂。

題曾無逸百帆圖　　宋　楊萬里

千山去未已。一江追之。予觀百餘舟。出沒於風濤縹緲雲烟有無之間。前者不徐。後者不居。何其勞也。而一二漁舟。往來其間。獨悠然若無見者。彼何人耶。

題竹石贈方南明六十　明　徐枋

竹之後凋與松柏同。而其孤標風致則似過之。所以古人具邁俗之韻者。往往寄託流連。或圖寫其形狀。以自娛悅。雖然此非渲繪之事也。苟非其人。豈易言之。故畫竹非子瞻與可之流不可也。倪雲林自題其畫竹云。吾畫竹聊以寫我胸中逸氣耳。寧辨其形與似哉。嘗塗抹久之。而他人視之。或以爲麻。或以爲蘆。余亦不能必名之爲竹也。余之爲此。得無似之。丁酉春。方子南明六十初度。余貧無以爲壽。乃舉所畫竹石以貽之。竹以似其人。石以似其壽耳。

題顧尊實收藏黃孝子眞蹟

明　徐枋

余題黃孝子端木氏畫三幀矣。一爲浮屠自安師所藏。一爲李于輗氏所藏。此則顧頭陀尊實所藏也。法書名畫託於筆墨楮素。本自同於烟雲之倏忽蜉蝣之旦暮。而流傳人間。語於不朽。固有物以行之。有物以持之也。故有穹碑鉅勒磨滅無餘。斷紙殘縑久而益顯。嗟乎是豈在筆墨楮素妍媸工拙閒耶。端木獨行卓絕。自擅千古。況其所圖又皆足存。宜乎知者之爭購之也。此幀則山崖詭奇。樹石突兀。而懸泉千尺。挾風雨之勢以俱來。若聞其轟豗喧㗖之聲者。亦奇矣。視自安于輗所藏。較勝顧頭陀其善藏之。

題褚遂良書唐文皇帝哀冊墨蹟

明　方孝孺

晉宋間人以風度相高。故其書如雅人勝士。蕭洒醞藉。折旋俯仰。容止姿態。自覺有出塵意。陵夷至于中唐。法度森然大備。而怒張挺勃之氣。亦已露矣。唐初諸賢去古未遠。故猶有晉宋遺風。觀褚公所書哀冊。豈後人所可髣髴哉。古人所爲常使意勝於法。而後世常法勝於意。意難識而法易知。顏柳之書。余一見

即知其美。此書八九年中凡三見矣。今始識其用意之妙。正猶有道君子泊然內運。非久與之居不足知其所蘊也。

題顏魯公書放生池石刻　明　方孝孺

肅宗之放生。煦煦小仁。無足稱者。當時池多至八十餘所。而此碑獨以魯公辭翰而傳。則夫天下之可恃者。果在乎尊榮也哉。公之書人皆知其爲可貴。至於正而不拘。莊而不險。從容法度之中。而有閑雅自得之趣。非知書者不能識之。要非言語所能喻也。

題范寬江山秋霽圖　明　文徵明

右范寬所畫江山秋霽圖卷。上有宣和御書標識。此眞蹟之尤妙者。按寬華原人。賦性落魄。尤嗜酒。繪畫早師荊關。稍後欲自成一家。乃曰。師人不若師造化。則其識見已自超越。所歷名山大川。藉以開擴胸次。故畫至中晩。愈趨高遠沖澹。脫去筆墨畦逕之習。而列於諸大家之右。大抵高人韻士。藝絕則品亦奇。故虎頭以癡。南宮以顚。中立以曠。雖資秉小異。而繪事同歸于極。無有差等。余以鼎足稱之。質諸默菴。默菴云善。今年春。命工裝潢成卷。乃爲書之。時嘉靖庚寅二月二十六日。長州文徵明識。

汪秀峰春游小詠題詞　　清　王　昶

秀峰裒其游吳越詩。爲春游小詠。索序于余。余夙好汗漫游。自乙亥春。遍歷上下沙東西兩崦。丁丑秋。居西河浹月。遂入京師。迄今二十年。其山嵐煙水竹樹花藥之勝。時時著夢寐間。惜不得傳翼飛去。今秀峰生長黄山。自武林鴛湖。以至吳會。皆有別業。春秋嘉日。挐舟而行。杖策而嬉。遇最勝地。輒以五七字寫之。且有溪農石友。吟嘯于桑藍暖翠間。趣味閒。故取景也深。意致逸。故得句也淡。其有風月緣歟。得江山助歟。秀峰小集最夥。類爲名流矜許。茲特其一斑云爾。

題學詩圖卷　　清　邵長蘅

學詩圖橫卷。絹高八寸。長可三尺許。桐蔭蕉林。蒹篁蘚石。縹天無罅。空翠欲流。桐下大石案一。陳卷帙古硏。一人坐石榻。斜倚案上。左手舒一指。右聆而微笑者。漫堂先生也。旁坐一人。魁梧微髭鬚。執卷請益者。先生仲君山言也。卷當是少陵或東坡詩。不可知。帽類古席帽。淺藍寬衫。束帶微露鞓。翛然晉人風味。偶思東坡斜川相對時。不無此好景。惜當時無好事者圖之。寂寂六七百年。遂獨讓宋家父子。寫者禹愼齋之鼎。補圖者王石谷翬。皆好手。康熙丁丑花朝後一日。

題黄鶴樓　　清　俞長城

于浙有放鶴亭。于楚有黄鶴樓。亭之設。倚危巖。俯峻壑。幽人隱士之所托而樓也。德之潛者居焉。樓之設。望高山。瞰巨川。豪人傑士之所登而快也。才之逸者遊焉。是故有崔顥而黄鶴樓傳。有林逋而放鶴亭傳。德不如逋。不可謂潛。才不如顥。不可謂逸。居於浙。遊於楚。我欲兼之。

題桃源圖　　中井履軒

天地間胡曾有桃源。世人乃羨之。畫而詩焉。抑桃源者。無爵祿可慕也。無名利可冀也。無聲色奢靡可娛也。所以黃髮垂髫怡然自樂焉耳。今之人溺心於爵祿。喪志於名利。而汩沒於聲色奢靡之塲。雖有桃源。不能一朝居也。所謂葉公之好龍者非耶。人苟去之數者。安命而守分。養老而長幼。則家家桃源。人人自樂。亦何羨乎外。

題楠公訓子圖

中井履軒

訓子勗其忠。父之慈也。繼父忠其君。子之孝也。一忠而孝慈併焉。大哉忠乎。及其和於家睦於族撫士恤民。莫非忠也。亦莫非孝也。然千歲之下。無不墮淚乎斯圖者。蓋公之訓子。非特訓其子也。亦所以訓萬世爲人臣者。

題伊達子與藏清人花卉卷

賴山陽

文化癸酉十二月六日。山陽外史與春琴居士。觀于伊達子與氏。是日日暄風和。酒光搖蕩。忘連日襏襫冒雪之苦。覺圖中蜂蝶皆欲生動也。

題富士山圖

古賀侗庵

登蓮嶽之絕巓。以四望。山如蟻垤。而海似盃。風在下。而雲霑衣袂。令人胸豁神王。翩乎有遺世之想。是亦

人生之至快樂也。人之希享斯快樂者。滔滔皆是。而克酬素志者。不過億萬中之一二。予觀世人之談富士。詳確明晰。瞭然如曾躋攀者。及考其實。彼未始夢睹。特覽丹青依描。強不知爲知。乃知言之易而其至難在於行之也。今人於聖賢之大道。未始踐行其一端。及宣之於口。則橫說竪說。流暢不窮。類踐履已熟者。又奚異於目擊畫圖之山。以資雄辨者哉。斯弊在吾儕儒生爲最甚。予展斯圖。不覺汗涔涔下。非獨嘆畢生不獲償登嶽之願而已也。

題畫

古賀侗庵

謂之蘭亭則有月。稱爲桃李園則無花。然吾觀其山水清遠。竹樹葱倩。亦自一勝境。其人瀟灑。實右軍青蓮之儔。則覽者借以滌胸襟。陶性情可矣。何必問其爲晉爲唐與否耶。

題源二位獵富士野圖

齋藤竹堂

源二位之獵富士野也。從士如雲。旌旗蔽天。驅逐數日而止。是天下之大獵也。然二位固終始於獵者。寧特此哉。其初也起伊豆。席卷八州。驅豪挫英。如捕狐兎。而義仲及平氏之在畿西。如封豕長蛇。二位一麾。乃斃於泥。沈於海。莫或逸者。是皆二位之獵也。而其

大亦非富士野之比矣。雖然、二位猶有欠一獵。二位之側、牝雞作威、豺狼當路。皆當逐者非耶。卽令其移富士野之獵、而驅其左右、移數日之力、而為項刻之區置、則吾無所憾於其獵也。獵而不及之、何怪中原之鹿既獲而失之哉。

題龜石圖　佐藤一齋

凡物之靈者、人思一覩之為快。故麟鳳龜龍得其似者、猶且愛之。况其眞乎。物之不祥者、則人皆惡之。蛇蝎吾知提挺而向之、豺狼吾將走避之不暇。是人之常情也。今此一頑石、以其似龜也、圖而傳之。嚮使之似蛇蝎豺狼、人將思一擊以碎之、焉能愛重之至此。因知君子人中之麟鳳龜龍、而小人人中之蛇蝎豺狼也。嗚呼盍觀物以知所警省乎。

題司馬温公擊甕圖　齋藤拙堂

公之論新法、痛擊不遺餘力。其改弊政、如救焚拯溺。人皆疑其不類平生。余謂天下一甕之廣也。億兆一兒之多也。熙寧之力爭、元祐之痛改、一擊一拯之大者也。當兒之未溺、嬉戲樂群、藹然可親。及兒之既溺、振袂攘臂、悍然當之。此其天性既於丱角之日見之。何必待登台鼎秉鈞軸之時、而後知其仁勇耶。

題湖帆飽風圖　藤森天山

帆腹飽滿、有一瞬千里之勢。舟人自以為快適、旁觀亦健羨之。而不知下有不測之重淵。一綷忽斷、則頃刻饜鮫鰐也。天下之事多類此者。豈特一湖舟而已矣哉。是古人所以尚知足也。

題兩岸一覽圖　鹽谷宕陰

嘗與吟友數輩、游墨水之上。一人評其景况、有唐詩之風趣。長流接天、芙蓉挿空、雄渾俊拔、李杜之格也。田園樹竹、松扃茅舍、蕭散閒逸、王孟之神也。筑嶺之晚霞、綾瀨之夕照、清遠遒美、非錢劉之調乎。至於堤上之花、路旁之妓、綺靡艷麗、乃温韓之氣韻也。同行僉粲然。今看此圖於凡墨水之勝、槩細大莫漏。令人恍想昔游。覽者以當全唐各家之集可。

題藺相如奉璧圖　安井息軒

眇然小丈夫而已矣。力不足以維雞、貌不足以加人。而英氣一發、滿堂慴伏。以秦政之暴、不得少折其節。終完璧以還。甚矣氣之能伸萬物之上也。然氣生於志、志奮於義。義苟失矣、匹夫猶且侮之。安能逞於虎狼之秦哉。相如唯知此義也。故他日屈於廉頗、如四體無骨、亦能使頗肉袒謝罪、而趙國賴以安。世之悻

悻者獨知其折秦而不知其所以能折之則別有在焉抑末矣

題華山人百花畫卷　林　鶴梁

芍藥紅矣牡丹紫矣春色之艷可觀也菊花黄矣木犀白矣秋容之美可賞也然欲一春秋以同觀賞雖造化之工所不能也今華山人描水仙于紫藤之下畫梔子于白梅之間其他四時群花寫生無遺是合春秋而一其候也且其畫法神品一一逼眞將發芳香是卽活花不比庸工之死花然則山人之畫可謂能奪天工矣余性愛花然郡齋假寓不能多栽今獲此以爲文房之友眞一適也

題某生書畫帖首　林　鶴梁

某生請余題其書畫帖首乃披而觀之紙皆白質未嘗有一人下筆者譬猶混沌世界吾因謂帖之有題跋猶世界之有天地抑混沌初開先有天而後有地有萬物今題帖首是先天之意也自是之後山嶽江海人獸草木千狀萬形穰穰而來簇簇而生也必矣然則開闢之功非余而誰乃笑而書之

跋醉翁吟　宋　歐陽修

余以至和二年奉使契丹明年改元嘉祐與聖俞作此詩後五年聖俞卒作詩迨今十有五年矣而聖俞之亡亦十年也閲其辭翰一爲泫然遂軸而藏之凞寧三年五月十三日

跋章友直草蟲　宋　楊萬里

春寒方如此新蟬飛蠅輩遽出耶細觀蓋章伯益墨戲也庚寅三月上巳日

跋李成山水　宋　楊萬里

余葺茅屋而工徒病雨擾擾不肯畢也今日偶小霽烏烏之聲樂吾友王才臣偶携李成山水一軸來展卷煙雲勃興庭戸晦冥吾廬何日可了耶

跋胡琴窗詩卷　宋　文天祥

琴窻遊吾山所爲詩凡一卷或謂遊吾山如讀少陵詩平淡奇崛無所不有或謂讀琴窻詩如行山陰道中終日應接不暇詩猶山耶山猶詩耶琴窻善鼓琴高山流水非知音不能聽然則觀琴窻詩必如琴窻琴琴窻胡氏名日宣

黄山谷墨蹟跋　清　廖　燕

此予家藏山谷道人眞蹟手卷也一日失藏爲鼠竊去惋歎不置越數日忽得之卧榻下聳然異之惟首與腹殘缺數字豈神物有所護惜抑假此以顯其靈

邪。甲寅某月日重裝潢之。忽友某某至。出此同閲碧桃花下。時春雨初霽微風一過。桃花點點落卷上。不覺喜甚。急呼酒賞之。其字畫精妍絶倫。不暇贊也。

跋富士牧獵圖扇面

柴野栗山

畑國手以所藏源大將軍富士牧獵圖扇面。因門人今枝生見示。及余於畫法。一無所解。唯見古蒼鬱然耳。不可識其何代物而何人筆也。謀之白川源侯。侯精鑒博古。家有集古圖。抄寫古名畫。以成帙。輙就此本摸取數圖。以收入。則此本乃入品之妙蹟乎。不特其鬱然而已矣也可知已。

縮本日本輿地圖跋

柴野栗山

赤水翁輿地圖。余已文而行之。未期年殆遍海內。其爲精確世固知之矣。但方幅頗濶。是以旅途學窻人病其艱于展閲焉。頃曾生應聖縮以九宮法收入尺幅內。而其方位迂直。毫不謬原圖也。夫然後馬上轎中可閲之於旅途燈前硯側。可展之於學窻。不亦便乎。勸令亦刻而與人共之。

跋月仙上人畫帖

僧　北禪

詩者畫之有聲也。畫者詩之有色也。使其深遠閒逸之趣。言乎不言。類乎不類。故善說詩者。而始可與言畫矣。月仙上人嘗誦余之詩。采其可上圖者。著意象于膚寸之幅。乃使余寫其詩在傍。欲用有聲之畫。與有色之詩。併觀交翫。以殫其趣。且上人之不善詩。其勝於余之不能畫。則夫深遠閒逸之趣。上人優爲之矣。微上人。吾誰與說詩。

跋百翁圖

僧　北禪

月仙上人於丹青。亦三昧哉。以一毫端幻出千態萬狀云。丙辰九月自五瀨至。止余後軒。一日卒然謂余曰。吾爲師作百翁圖。急接紙而展之。始不事意匠經營。口不輟談。筆隨腕移。便見蒼顏白髮之徒。似提攜

而來集。琴棋書畫以至凡狀態。靡所不有。斯須閒旣成一百矣。誠足以悅目而娛心矣。余乃喟然嘆。以爲使我與之相對。蒼顏白髮。卽眞假奚擇焉。缺減之生欻出欻沒。何必速彼而遲我也。且吾衰耗日迫四大將散。彼則在楮國上。苟不罹水火。其存未可量。是果孰眞而孰假哉。試問百之翁。寂而無答。

跋池貸成臨董文敏倪法山水

賴　山陽

董文敏倪法山水立軸。爲大雅山人臨本。平安鳩居主人所藏也。蓋元四大家中。用筆最蕭散寒遠者倪。

明諸名手中用筆最文媚鬆秀者董。以董之墨行倪之筆。山人所以為本朝南宗之最。觀此可見一幅而聚三朝絶藝。主人其寶之。皇和文政五年。歳在玄黓敦牂夏六月十三日。後學安藝賴某子成書于平安僑居。

跋福姫圖贊　　坂井虎山

峻峰善謔。故其畫筆筆皆謔。而福姫上更附寶珠。以祝之。未免於俗矣。聖山善戲。故其文字字皆戲。而末段乃以貨色為戒。儒生習氣猶存矣。然此宴主人自榮其超遷。以觴賓也。故峻峰祝之。亦情之不得於已

者。峻峰既祝之。故聖山戒之。亦理之宜然者。詩有之。善戲謔兮。不為虐兮。余於此軸亦云。

霧島紀行跋　　安積艮齋

讀未見書。遊未見山水。人生至樂。莫踰於此。然而酉洞鄴架世不多有。奇峯異嶺。必在遐陬僻鄉。人皆病焉。茲卷記霧嶋之勝。甚悉。峰巒溪谷千態萬狀。其奇古如三墳五典。其幽峭如連山歸藏。其險恠如鬼谷子黃石公諸書。神魂飛越。有入仙境想。豈不快絶。人或以國字病之。是徒評驪黃。而不知神駿者爾。

握月擔風卷跋　　齋藤拙堂

風之與月。取之無禁。用之不盡。古人已道之。而人情多不知足。取之之極。至於欲握之。用之之多。至於欲擔之。勢固當然也。張府白石醫伯。酷嗜書畫。索本地名士揮灑。以為帖。既已盈握。意猶不為足。索及四方。余亦與焉。蓋其志不至於疼奴肩汗奴背不已也。因取古語。名其卷曰握月擔風。蓋書畫之為物。清虛澹雅。雖取用之多。不傷廉。不害潔。與風月同意趣。其擇名洵為確的。故平安海屋老人為題其字於卷首。伊勢拙堂居士為書其由。以為跋。

跋赤坡別宴圖　　鹽谷宕陰

遍插茱萸少一人。此摩詰憶昆弟之句也。乃至於交

友。何獨不然。深卿邀仲平公鈦省民及予。以設留別之筵。而省民獨不來。明月在天。樹影婆娑。而蟲聲喘野池荷雖殘。猶覺天馥撲人。宴至三更。樂極哀生。一以別一人而悲。一以少一人而悲。故交不可忘。猶如蘭桂香信哉。公鈦製圖。仲平有題言。予有四韻詩。而省民賦俳歌以追書。予又為跋其尾。乙巳桂月下浣。

松影上人書畫帖跋　　大槻磐溪

酒食宴游之樂濃矣。而書畫文墨之娯則淡焉。淡中至味。不可與肉食者語。請與松影上人細談之。夫展

觀書畫於何處乎。綠樹青苔。一塵不到。巖桂池蓮。爽氣滿襟。是其處也。於何時乎。鳥鳴花落。日長如年。月白風清。燈火可親。是其時也。此時此處。會二三韻流。浮生半日。品畫評書。碗茶爐香。以助其清致。則澹然泊然。無復所嗜於世。而夫一味之禪。三昧之旨。亦將於是乎得之。不知上人聽之。果能點頭乎否。

海嶽詩囊跋　　大槻磐溪

海之浩蕩。嶽之峻秀。盡收而入諸一囊中。收山子之詩力。何其神也。今一披之。煙雲興。而紫翠迸。波濤驚。而魚龍躍。恠奇百出。使人不可端倪。則其才之奇。亦

可想也。然此囊所收。特東陬之海嶽耳。未足以盡收山之伎倆也。設使收山登蓮嶽之巓。涉鳴門之險。東西馳騁。以逞其神奇。則其詩之爲駭心驚目。何如哉。顧余半生跋涉天下。所經海嶽。比諸收山爲多矣。第綿力薄材。無一語之領其勝。寶山空手。徒然而還。則益不能無望於收山之奇才神力也。雖然。收山既以雄爲名。飛卿爲字。則其志所在。可知矣。姑贅數語于囊尾。以爲異日刮目之資云。

源廷尉收弓圖　　齋藤竹堂

愛一弓而不顧其身。甚矣。廷尉之重弓也。然廷尉獨知其所執者爲弓。而不知其身之爲弓。是可惜也。當此時。平氏禽奔兎走。廷尉驅而斃之。自二位視之。亦弓耳。獸盡弓藏。自古皆爲然。而廷尉不知自重。宜爲二位所廢也。然其棄廢之餘。猶且用於東北胡羯。而有所弋獲。則可以亡恨矣。而二位抔土未乾。其子孫已爲豺狼所齧。而莫之克驅。乃欲籍其弓以斃之。安可得哉。故吾不獨惜廷尉之不自重。而尤惜右府之不重其弓也。

紀傳

紀輪囤之戰　　明　馮夢龍

政和中。晏州夷酋卜漏反。漏據輪囤。其山崛起數百仞。林箐深密。疊石爲城。外樹木柵。當道穿坑穽。仆巨枿。布渠荅。夾以守障。官軍不能進。時趙遹爲招討使。環按其旁。有崖壁峭絶處。賊恃險不設備。又山多生猱。乃遣壯丁。捕猱數千頭。束麻作炬。灌以膏蠟。縛之猱背。于是身率正兵。攻其前。且夕戰。羈縻之。而夜遣奇兵。從險絶處。負梯銜枚。引猱上。既及賊柵。出火然炬。猱熱狂跳。賊廬舍皆茅竹。猱竄其上。輒發火。賊號

呼奔撲猻。益驚。火益熾。官軍鼓噪破柵。遥望見火。直
前迫之。前後夾攻。賊赴火墮崖。死者無算。卜漏宊圍
走。追獲之。

紀青砥左衛門事　　中井履軒

北條時頼嘗擧青砥左衛門於野。寘于贊畫列。藤綱
好學剛直。食不重味。刀劍不飾。布袍以朝。好賑恤貧
乏。時頼之邑嘗有訟。其對爲公文。賤士也。政人皆阿
附抑公文。獨藤綱公平爲獄。以故公文竟獲直。乃深
德之。苞錢三百緡。宵從後山投于青砥氏之圃。藤綱
忿曰。吾爲主替否。主有慶可也。我烏取獄之貨焉。使

人負擔數十里。送公文之鄉。嘗夕焉。遺錢十枚于水。
卽出數十錢。就市買炬。以撈遺錢。人或嗤其不償於
喪。藤綱蹙額曰。十箇錢弗取。遂喪買炬之錢。出於我
而入于人。何喪之有。時頼夢有神告之曰。願治者善
視藤綱。旦日書邑而賜焉。辭。乃語之故。藤綱曰。卽有
神言斬藤綱之頭。則如之何。請固辭焉。以免于死。時
頼儉勤率下。而風俗日媮。姦宄横發。訟獄益繁。時頼
憂之。一夜召藤綱而咨焉。藤綱對以政人不公下情
弗達。其所陳列。悉切中時弊。時頼歎息久之。潛廉訪
都下。一如其言。乃籍政人以下有罪三百人。一時斷
決。號令一新之。分遣使者。按諸道守令。又斷二百人。
然後老于家。謝絶世故。不視人者三年矣。蓋自此時
也。發間使數十人。裝爲行脚僧。分巡諸道。以故發擿
隱伏如神。後至貞時之時。間使爲姦利。而罷之。世傳
以爲時頼貞時皆親出也。

紀川中嶋之戰　　中井履軒

天文川中之役。武田信玄以牙軍擊越牙軍于原町。
越師却。宇佐美定行以偏師横衝甲師。甲師崩入御
幣川。信玄立馬于岍上。以殿焉。上杉謙信單騎馳入
索信玄。白氈裹頭。緑渾脫。乗驄馬。揮刀長三尺。呼曰。

信玄安在。甲人或罵之曰。信玄將軍何在于此。奮矟
刺之。不中。於是信玄馳赴水。謙信追及焉。斫之三刀。
信玄惶急。擧麾扇禦之。一刀斷扇柄入腕。一刀中肩。
時水急而湲。甲人環視。不能相救。有二人擧矟擊謙
信中馬。馬驚而逸。信玄馬躍沒于深水。人救之乃脫。

紀楠正成守赤坂事　　賴山陽

笠置既陷。北條貞直等諸軍欲攻楠氏。經赴赤坂城。
城纔成。取農粟充糧焉。兵厪五百人。正成分其三百。
以弟正季族和田正遠將之。出城萆山而蔟東軍。東
軍至望見其城。可方百餘歩。乃憪笑曰。此可隻手掀

耳。爭下馬肉薄攻之。正成令士卒齊射。立斃千餘人。東兵沮郤。卽甲且息。而伏兵自左右起。正成以二百騎開門突出。三面合擊。東軍大驚擾亂。棄械器而走。且日東軍分爲二。一備伏。一圍城。正成豫築複垣。繩懸其外垣。敵蟻附焉。乃斷繩。敵與垣俱墜。乃投大石巨材。殺七百餘人。居四五日東軍脩攻具。蒙楯而進。鍥鈎鈎垣。垣殆崩。正成令城兵人執長柄杓沃沸湯。敵焦爛而退。東兵於是築營環城。爲持久計。而城內餘五日食。正成謂衆曰。吾先天下擧大事。固不圖生。雖然天子在焉。吾未可以死也。吾今佯死。敵則去。去

則復起。使彼疲奔命。是全軀以亡敵之術也。衆曰善。乃鑿坑塡尸。以薪蔽之。乘風雨夜稍稍逃出入金剛山。留一人誡曰。度我遠而擧火。火起敵爭上城。見坑中積尸。謂正成既死也。引兵東去。

紀貞婦某氏事　林鶴梁

貞婦者荻藩士某氏女也。名某。面貌醜黑。眉眼如鬼。及笄。人不娶之。父兄憫之曰。苟有娶之。雖賤人可許之。而某則自選遇。常語人曰。妾得如瀧鶴臺先生者。爲夫足矣。時鶴臺學德高于一世。故人皆笑之。鶴臺聞之曰。此我知己也。必善治內矣。遂娶之。某既歸瀧氏。旦夕執事。靡弗婉順。然其識亦高。鶴臺與客語。某常坐屛外聽之。談或及國政。則諫止之。居數年。一日周旋間。忽有赤絲團。自其袖中出墜。怪問之。某赧然曰。妾愚。平日行事多可悔者。意欲少其過。因嘗製赤白二絲團。恒藏之袖中。若有惡念則結赤絲。有善念則結白絲。一二年間。赤團益大。白團自若也。於是惕然自反。更加脩省工夫。今致赤白二團其大相埒。此亦薰陶良人之所致也。但羞未見白團大於赤團耳。言畢又出一白團于袖中以示之。嗚呼古今婦女以貞淑稱者亦多矣。未嘗聞識見高邁克治精功如此

婦者也。奇哉。

蝜蝂傳　唐　柳宗元

蝜蝂者。善負小蟲也。行遇物。輒持取。卬其首負之。背愈重。雖困劇不止也。其背甚澀。物積因不散。其躓仆不能起。人或憐之。爲去其負。苟能行。又持取如故。又好上高。極其力不已。至墜地死。今世之嗜取者。遇貨不避。以厚其室。不知爲己累也。唯恐其不積。及其怠而躓也。黜棄之。遷徙之。亦以病矣。苟能起又不艾。日思高其位。大其祿。而貪取滋甚。以近於危墜。觀前死亡不知戒。雖其形魁然大者也。其名人也。而智則小

蟲也。亦足哀矣。

東昌孝傳

清　李良年

孝子者失其姓名。父母並老而疾。業賈以養。既娶婦生一子。所居有樓。舉家屯宿其中。一夕隣人不戒于火。及孝子宅。孝子急起脫其父。復冒火入曰。吾救母。父止之。不顧。會大風起。火驟甚。竟不得出。母及妻子無免者。火絕驗之。孝子猶兩手抱持母不解云。康熙六年。予客東昌。海寧査日葊。述其事。

李氏曰。夫人當倉卒之際。而至性乃見。母雖不得生。孝子無愧矣。患難人所時有。吾見彼妻若子。未有不

先脫者也。嗚呼。是以賢孝子。孝子非求名。郡之人從而略焉。不聞于有司。可慨也夫。

程婆傳

中井履軒

傳稱。匹夫不可奪志。夫志之所專。弗恇於威。弗撓於欲。雖拘以死生。而不悔。蓋有自得焉者。是故玄冥死於水。程婆死於程。矧君子志於仁乎。程婆備中之婺婦也。無子而獨處。紡績自給。而不置贏。性易良。順乎人。而不竭人之歡。鄰里相傭。受直止於自給。多予則辭焉。其雅言曰。物自有程。踰程禍也。程謂節限也。於是衣服飲食寢處作息。莫不爲之程。而其與人言。莫不稱程者。里人皆愛之。呼之爲程婆。婆亦以自號云。

一日忽自經而死。鄰里駭異。爲病風者。及驗屍。有書一緘。衆共發之。其書稱。程婆無子。久荷鄰里之恩。無饑無寒。年七十。康强無病。不負人一錢。人世之事足矣。衣衾足裹手足。而所餘可以買棺。鬴鬷臼椹。粥爲粟。可以飯誦經之僧。一篋績苧。沽爲酒。可以謝築埋之勞。生踰程則病矣。寢褥而無食。糜粥累鄰里。然而死。衣棺累鄰里。無粟可飯僧。無酒可謝勞。我豈容貪生重累鄰里哉。程婆今死。程婆之程也。永訣永訣。衆相視瞿然。爲之經營。悉如其言。而所遺正罄矣。履軒

幽人曰。程婆之死果矣哉。我未知其是與非也。而獨取乎其志之專。且將以喻于學者之立志也。故記。

金衣公子傳

齋藤竹堂

金衣公子。幽都人也。厥先出自黃帝。黃帝八世孫嬰。輔周宣王有功。其於友道爲盡善。故一時賢士大夫皆與之交。其孫居衛曰睍睆。以善事父母聞。七子之孝猶爲不及。其後隱而不見者數世。至唐天寶中。公子始以聲音著。其初明皇嘗幸上林。張酒筵。設聲音以樂。時方暮春。紅紫絢爛。聞花外有唱歌者。其聲琅琅然。上心美之。召而延之宴。使其奏歌。宛轉流暢。韻

如笙簧上大喜曰是天下之至聲也因封之丘隅縣自此之後待遇日渥上以其服黄衣故呼爲金衣公子黄衣即黄帝所製之遺也公子爲人美風姿善媚文雅其於世間繁華榮利之事無一所嗜但當嬌春軟節芳豔競秀便生凌虚意千里獨遊朝北暮南飄然無定蹤及是時上寵益厚公子亦一意奉承謹愼尤至居亡何上愛楊妃政刑日懈唯宴遊淫媟之務大臣慢乎上小民怨乎下敗亂危亡之兆成矣公子奮然興曰吾寧可以貪榮利而苟容於亂世哉遂振金衣翩蹮凌風而去莫知所終

太史公曰可仕則仕可止則止古人所難公子有焉夫子嘗歎曰於止知其所止寔其然乎

忘却先生傳　齋藤拙堂

忘却先生者吾津人也性善忘故人號曰忘却先生先生曰善哉名我也因亦自稱焉嘗赴一貴人讌遺夾袋於坐袋中有金經數日不往取貴人遣其人還之先生茫然不省認以爲他人物辭之再三既悟乃受嘗歳終自往乞假道上覩嘉魚美酒便揮擲所獲金以買之垂槖而歸催僕竢於門持帖索償先生大悔予與先生善予年未三十先生已六十忘年而交先生爲人仁厚長者家世士人祿食本豐惟以好客樂施之故或至貧困塵甑罄室處之晏如蓋忘其貧也人有以窘乏自陳者先生輒憫然百方拮据以賑給之未嘗付之忘却此其天性也四方之客來於吾津者必主先生先生樂然不之拒因得以與海内名士交交道日廣而忘却之名日盛大窪天民之來一見如舊約觀月於某莊及期忘之莊主人爲陳酒肴與天民竢至半夜竟不至天民乃賦忘却先生歌以贈先生尾張秦滄浪亦與先生有舊其來宿先生家留連旬餘贈答唱和率以忘却命題於是四隣文雅

士爭識先生恐後先生工書奇奇怪怪如走蛇驚虺方其落筆心忘手手忘管妙在不用意詩則瀟灑閒雅忘其巧與拙如其爲人先生姓小川氏名經固字子明號天保呈文刺謁之外一以忘却先生行久之人或忘其名字云

谿達子曰忘履足之適也忘帶腰之適也蓋人之適莫如忘却者先生於世事紛華脱然遺棄未嘗存諸胸中其適何如哉重華欣然忘天下宣尼樂以忘憂先生實學之淵源之正與彼忘言坐忘之徒不同故其爲心仁恕温厚合於古道雖有善忘之名又能有

不忘者存。而人謂之忘却。豈非誣哉。莊周曰。人不忘其所忘。而忘其所不忘。此謂誠忘。今世之人。於富貴利達不能忘。至若仁義忠信擧委之地。嗚噱。此眞忘却而已矣。

墓表誌銘

伊藤孟翼墓表　　賴　山陽

豐後舘林万里來謁襄曰。吾友伊藤生名宜。字孟翼。通稱三英。爲筑前秋月醫員。好學善詩。與吾同寓廣嶋。以文化四年丁卯四月二十二日病終焉。年二十四。葬於城南妙慶院。今建其墓。君爲我題之。使佗日其國人來問者可識之也。襄聞万里貧生。傭書自給。而其周歲所得。盡捐以爲斯擧云。非生之平素有信乎朋友者。則豈能致之哉。戊辰四月。阿岐賴襄識。

藤田翁墓表　　柴野碧海

古人以盗石之壽。孔顏之厄。爲天之未定。松栢之閲千歲。爲天之已定。未定者一時也。定者萬世也。小人爲惡。乘時據勢。逞志一時。其終也未嘗禍敗不隨之也。近者及其身。遠者發其子孫。君子爲善。亦猶如是。故安富顯榮久遠不衰者。非躬行善之所致。乃是餘澤之使然。決非偶然也。古川邑藤田翁。初以次子析產貿易爲業。數十年間。致財鉅萬。得壽九十一。一男三女。內外孫十八人。曾孫十四人。夫居而致富者有矣。未必有壽也。富而壽者有矣。未必有後也。翁併難致者三。而有之。行善之報耶。將祖先之澤耶。翁勤儉

治生。性又寛厚。於人多所救濟。固有致之之道。使子孫奉而不墜。福澤亦應不止。是翁名吉久。稱幸次。父庄右衞門。母某氏。娶渡邊氏。享保十六年辛亥。其生歲。文政三年七月廿三日。其卒日也。

豐山長野先生墓表　　林　鶴梁

先生諱確。字孟確。豐山其號。長野氏。積芳君諱祐清長子也。母平田氏。以天明三年癸卯七月二十有八日。生於伊豫川江。以天保八年丁酉八月二十有二日。卒於江戶。享年五十有五。娶平田氏。生二子。曰瑋嗣。曰阜天。先生以績學紡文。名噪於海內。性狷介不

能媚世。不得志歿。吁哀夫。瑋與門生謀、以八月二十有四日葬於江戸二本榎廣岳禪院中。立石表其墓以告後人。

呉省曾墓誌銘

清　袁枚

無錫呉省曾字身三。善貌人。行篋中畫稿如梵夾。皆今之士大夫也。顧之不相識則已。有相識者其人紙上可呼爲。予作隨園雅集圖。沈文慤公年九十餘。陳生熙年十七。隨其老少。謦咳宛然。其用筆如勇將追敵。不獲不休。又如神巫招亡。專攝魂魄。踔絕之能生與性俱。弟子數十。皆莫能及。爲人朴而靜。短小面多瘢。鄉音喃喃。不伐其伎。人多昵之。年未五十卒。予哀夫世之人不能不死。其身可以不死。其形能使之不死者省曾也。省曾死則天下之人之形皆死。故方其瘞也哀之以銘。

銘曰。天卑人容。人各不同。故曰化工。君奪天巧。其胡能老。

女瑟墓誌銘

林　鶴梁

余奉職遠州。擧二女子。冀其及成立得歸室家和諧也。名之以琴與瑟。後携歸江戸。瑟聰慧能事兄順親。最與琴睦。甫五歲。頗誦詩賦。一朝罹病遂不起。時文

久紀元七月三日也。人靡弗爲之揮涙。而琴哭之最悲。余也哀其未張之絃先斷矣。爲之銘曰。維瑟之材。厥質維堅。瑟之未張。先斷厥絃。嗚呼哀哉。松栢擁墓其音鏗然。父林長孺。母中井氏。葬于江戸溜池澄泉寺之域。從先壠也。浮屠氏追號曰善照院覺道妙玄云。

亡友能見子矯墓碣

川北温山

淺草之原。龍寶古刹。零露濃濃。暗虫咽咽。兀然立其中者。緊亡友子矯之碣也。子矯受學予先府君。才思明敏。器宇異人。予與子矯及佐復卿。同案聯業。酒食遊戲。亦復相俱。復卿最長。子矯少余三歲。嘗相謔謂。吾儕三人。後死者須誌前死者。余曰。吁予則將煩子矯。而子矯溘焉逝矣。復卿狀其行。使予銘。予慵懶稽緩。歷歲。子矯謂之何。子矯諱勝强。能見爲氏。世仕島原。生寛政丁巳。歿文政己卯八月廿五日。配笹田氏。生友藏。所著有松濤園稿。銘曰。

幽之與明。一朝離隔。浩浩之天。千古同席。

女孟墓碣銘

森田節齋

女孟方父講孟子於備中倉敷村之日生。因名焉。文久三年四月念四日。以病夭。葬于村東清江山。父嘗

疑性善。女生而十月。父自外歸。女在母懷。輒呼阿爺。於是信性善不疑矣。又嘗以妖壽不貳爲無難。及女死不堪悲哀。乃知知命之難矣。嗚呼天欲警發父所以授女奪女歟。女父大和人森田益。母小倉氏。女死年僅三歲。浮屠謚曰孟荅童女。銘曰。

清江之山。山綠水清。埋汝于茲。以安其靈。

祭文

合祭先考妣文　清　廖燕

嗚呼我父棄世二載。我母繼之。時不肖糊口在外。二喪俱不能舉。嗚呼痛哉。今雖五鼎以祭。已不如生前之一臠矣。況不能耶。嗚呼。貧賤如不肖。尚何言哉。尚何言哉。尚饗。

祭忠烈藤堂君文　齋藤拙堂

維嘉永三年夏四月二日。國校督學齋藤正謙謹以清酌庶羞之奠。祭故騎士隊將藤堂忠烈君之靈曰。忠以奉公。仁以撫士。文武其材。英烈其志。君在焉。何患外侮。君亡矣。民將安恃。嗚呼。哀哉尚饗。

祭坂井虎山文　奥野小山

夫人有日交其膝而不知其心。有未見其面而能識其人。遇合之難預料。豈可以常理論。君之爲人。磊落開豁。如青天白日。君之學殖渟蓄泓涵。如長江深淵。其才能斷。如干莫之劍。其文難敵。如韓岳之軍。夫身旣具此數者。宜兒童視我輩。而屢稱我文章。以老友待焉。使其門生在塾者。命寫我文。使其友人游東者。必訪我門。余亦當與君往復論辨。益明其道。而砥礪切磋。不特其文也。而一疾奄逝。豈不痛哉。豈不痛哉。

嗚呼君爲藝之儒臣。與故賴子同其藩。君壽五十有三。亦與賴子同。其年宜其文名電發。與賴子並驅爭先。而君不欲以彫蟲小技顯名。其志存經世濟民。其臨歿也。感慨激昂。憾事其君而無寸功。又傷先其母而入黃泉。命其門人焚其所作文稿。而不屑以文人而傳。嗚呼。如君志氣踔厲。可謂與古豪傑比肩矣。余幸與君同世。雖未知其面。爲方爲圓。而能了其人爲彥爲賢。及聞其訃。西望悵然。作文代庶羞之奠。以供其靈床前。嗚呼哀哉尚饗。

雜著

三戒

唐　柳宗元

吾恒惡世之人不推己之本而乘物以逞或依勢以干非其類出技以怒強竊時以肆暴然卒迨于禍有客譚麋驢鼠三物似其事作三戒

臨江之麋

臨江之人畋得麋麑畜之入門群犬垂涎揚尾皆來其人怒怛之自是日抱就犬習示之使勿動稍使與之戲積久犬皆如人意麋麑稍大忘己之麋也以爲犬良我友抵觸偃仆益狎犬畏主人與之俯仰甚善

然時啖其舌三年麋出門見外犬在道甚衆走欲與戲外犬見而喜且怒共殺食之狼籍道上麋至死不悟

黔之驢

黔無驢有好事者船載以入至則無可用放之山下虎見之尨然大物也以爲神蔽林閒窺之稍出近之慭慭然莫相知他日驢一鳴虎大駭遠遁以爲且噬己也甚恐然往來視之覺無異能者益習其聲又近出前後終不敢搏稍近益狎蕩倚衝冒驢不勝怒蹄之虎因喜計之曰技止此耳因跳踉大㘚斷其喉盡其肉乃去噫形之尨也類有德聲之宏也類有能向不出其技虎雖猛疑畏卒不敢取今若是焉悲夫

永之鼠

永有某氏者畏日拘忌異甚以爲己生歲直子鼠子神也因愛鼠不畜猫犬禁僮勿擊鼠倉廩庖廚悉以恣鼠不問由是鼠相告皆來某氏飽食而無禍某氏室無完器椸無完衣飲食大率鼠之餘也晝累累與人兼行夜則竊齧鬭暴其聲萬狀不可以寢終不厭數歲某氏徙居他州後人來居鼠爲態如故其人曰是陰類惡物也盜暴尤甚且何以至是乎哉假五六

猫闔門撤瓦灌穴購僮羅捕之殺鼠如丘棄之隱處臭數月乃已嗚呼彼以其飽食無禍爲可恒也哉

考祥文

明　方孝孺

孰爲祥乎匪物由人子孝臣順父正君仁是之謂祥數者咸備雖星殞地裂不足以爲殃苟失其道上下易職尊卑乖序雖芝生宮寢麟鳳在郊於祥何取世之人弗思求祥於物不知己之躬有祥攸出爲善于家祥實基之不勉己而循物禍之所隨

戒妖文

明　方孝孺

人知物之妖而不知人之妖知人之妖而不知妖自

己招。山崩川竭。雖爲可畏。嬖庸賢適。尤爲可懼。牝晨雊乳。人以爲異。斁倫敗俗。其禍尤著。嗟乎今之人樂妖爲祥。行如跖蹻。喜色揚揚。哲夫旁觀。股栗心掉。彼謂無憂。酣喜譁笑。天縱汝爲妖。吾則莫知。苟自人與汝寧不思。

雲喩　　齋藤竹堂

物之往來聚散。漠然無心者。莫雲若也。雲縷縷然出岫。而紛紜彌漫。爲人物。爲鳥魚。爲屋宇樓閣。凡百諸狀。及其散也。蕩然無迹。不復知其所之也。見者亦曰。是雲之恒耳。而不以爲怪焉。雖然雲亦有時乎不若此而已。不見夫五六月之交乎。天旱無雨。田如龜背。民咸引領而望曰。何雲之不起也。將使吾苗槁矣。於是油然之雲。倏忽彌天。沛雨從至。苗則興矣。民乃相與抃於野曰。噫是雲之賜也。而雲不自以爲功。飄然一散。至於不知其所之而止。等是雲也。或者澎湃於山林泉石之間。而或者光被乎城野衆庶之上。亦時則然也。雲豈有心于其間哉。嗚呼。吾出處進退之道。於雲乎得之矣。

潮喩　　齋藤拙堂

潮之來也。沸沸焉涌。徐徐焉進。俄而沌沌焉。渾渾焉。若萬馬馳驟。若連山奔騰。其聲訇訇焉。殷殷焉。百雷俱至。一瀉千里。不知其所止。其去也。肅肅歛退。寂然無聲。如良將按兵收衆而去。怪奇變幻。莫此爲甚。是孰作之。孰止之。孰驅之。孰卻之。將一來一去。不能自止邪。其來有候。其去有信。孰操而主張之。鐵研子應之曰。機動而進。時至而退。潮不自知。是天主張之也。古之文人。唯蘇子瞻似之。方其下筆也。蕩蕩然來。混混然去。行其所當行。止其所不可不止。應於機而聽於天。無所造作。故曰蘇文如潮。

福神盜　　鹽谷宕陰

有奴。日來一酒店。醉飽暗投錢貨。大率三五倍。如此數旬。主人異之。問其名居。不告。一日延奴深室。盛饌宴之。既酣問曰。君每使予得厚利。何賜加旃。抑君姓字爲何。所仕爲某君。奴笑曰。吾主翁金穴也。旋用旋湧。吾所以視貨併瓦礫然。其名則吾不敢言。雖言子將不信。主人曰。懇款至此。願君勿隱。吾矢不以告人。奴曰。然則言之。吾所居曰七福街。主曰大黑天。常執金槌。揮之出貨。靡有罄竭。於是主人憮然爲間曰。吾禱大黑天久矣。以爲異邦隔世神。今乃並世同國乎。因謂曰。予願一拜之。不知可得乎。奴有難色。良久曰。

吾試圖之後數日來謂曰吾得請於主翁然非信之深者不可得而見子欲必見之盡屏家人奴婢則得矣主人欣然曰謹如教乃刻期以去期之夕奴來言曰主翁將以寅夜來宜開藏以待俱者七叟所謂七福神大黑天將賜汝福壽老人將賜汝齡其餘將各有賚主人大悅鷄初鳴星斗爛然遥見行燭數點自遠至稍近履聲鏗鏘乃出戸膜拜擡頭視之皆衣錦繡躡珠履儀容肅然既入主人先導七神倐然猛奮縛主人於楹悉奪貨物以去臚子曰予幼時聽老人説是事蓋在安永間云今觀明清諸儒説耶徒瞞人其爲計甚於福神盗古今妖教多矣大卒簧煽以攫金耶徒乃散金以誘民非其術之巧乃信之者愚也夫漢土稱文明之邦至田叟賈兒或有讀書知字者而猶受欺矇況施諸褊小如呂宋僻陋如亞弗利加者乎孔子曰冶容誨淫慢藏誨盗老子曰將欲取之必姑與之守國者不啗其姑與而謹勿慢其藏哉

和漢小品文鈔卷之下終

版權免許明治十八年七月廿三日

仝　年十月出版

編輯人　新潟縣士族　石原嘉太郎　越後国中魚沼郡外丸村二百廿三番地

仝　東京府平民　土屋榮　糀町區飯田町四丁目十六番地

出版人　長野縣平民　西澤喜太郎　信濃国上水内郡長野町八百六十四番地

仝　東京府平民　小林喜右衛門　日本橋區新大阪町十番地

資料3

清欽差大臣何如璋閲

續日本文章軌範

日本 石川鴻齋批撰
姚江 沈文熒
嶺南 黄錫銓 合
浙東 王治本 評

東京 王沽書堂發售

續日本文章規範序

我国有我国之文章古来未嘗
廃之今之朝廷祭祝所用之文
是也中古傳漢土文法而文章
之体一変蓋漢文者始於隋唐
交際之間而朝廷施之于
官府用于是官則亦謂之我
国之文章可也雖然法既出
於彼則抑揚頓挫用国之所
遂不及乎彼人国也全寄特
此論以評文章須觀石川
鴻齋日本文章規範私怪

秋月種樹序

續日本文章軌範序

一

夫漢文者漢土人之所長也故山陽雖純文不及東坡〻〻雖大家不及六一居士自然之勢也鴻齋伯不棄我諸儒之文與謝伯得民之僻及愚思之然後得之之夫文章雖日東墨其意者本於性情而以氣行之我國人自有我國人之性情氣質文之体則漢文而文章則我國人之文章也我國人之於文章固不無軒輊不可一種

特得之於天者彼國人之所不及亦未可知也則鴻齋之此擧亦將有所用焉哉使漢人用我文則彼將取諸於我也昔者豐公之征韓也或語以善漢文者從公矣曰安用漢文為夫豐公此擧非論文章也然世之人流涎於外國役〻以極日夜之力從事於漢文而嘆其不及者亦將為豐公所笑矣余生平每感

北山取題卷端而還之

明治十三年十月　秋月種樹

日本文章軌範續選序

石川鴻齋先生東國名士也少擅才華鞭驅繡虎鳳雄翰墨高視霊虵紹石大夫之遺崴別饒逸趣溯源將軍之華冑尚有雄風一時踪寄都中譽騰日下文章司命著作等身史纂山陽為訂千秋之謬吟聯海客聿留一笑之緣羨仙骨之翩々書室曾題其額想英姿之颯々畫家亦擅其奇固已極文苑能才亦可謂騷壇盛事矣日本文章軌範曩時先生所手編也今復纂脩續集採選佳篇仁喜之間波海皆江多傑作元和而後羅山白石盡態文物茂卿文足書碑疑賢於寛政三博士室師禮筆堪扛鼎可総夫唐宋八大家蓋初編則多取近今而茲集則並收往古為嗟乎操選政者固非易々

寶臣不録原道之篇。殊懸挂漏。伯恭未登岳陽之記。難語精詳。魏氏大全。徒以冗煩交惑。賀徵藝體。綜繼珠礫兼收。推之江湖後編。未分其例。正宗續刻。各判其時。補文選者。難合一書。續文粹者已成兩手。而先生則辟易千人。獨精萬選。据華斲簡。縹帙念珍。標美前修。縮繩待續編。採崑山之玉。敲徹聲聲。頓羅滄海之珠。穿成了了。徵村不置門雞。登王勃之檄文。取精既多。由庾載呂溫之辭賦。僕學慙茅塞。跡等蓬飄。文字有緣。曾擬三都之序。琴樽与共。並分四韻之吟。茲乃得讀名文。信欽精選。覺揚開選佛。重揭名經。國補梯仙。再題蕊籍。效藤原之續華。仍枋湯之舊名。垂先正之典型。示後儒之津筏。追芳雅頌。我曾百讀而弥

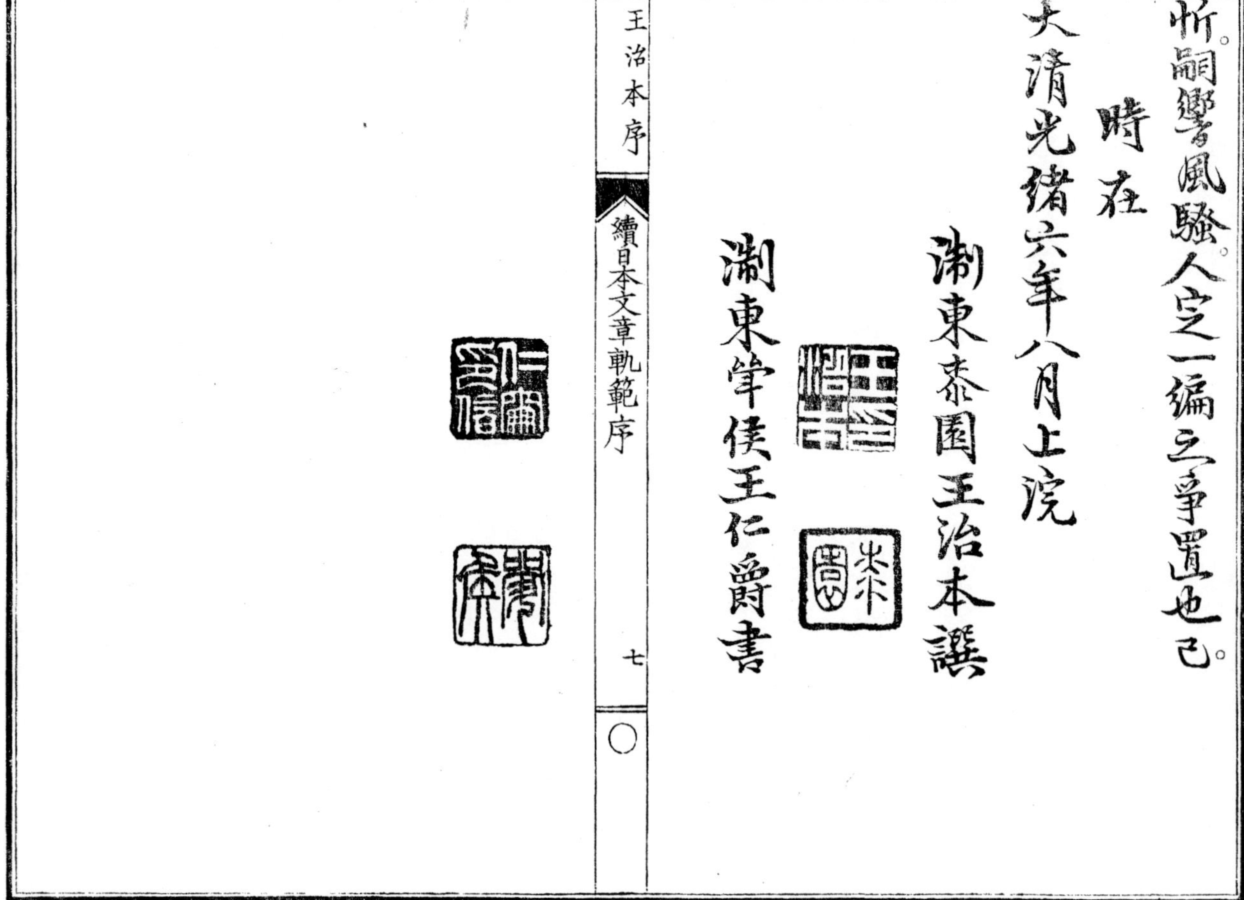
忻嗣響風騷。人定一編之争買也已。

時在

大清光緒六年八月上浣

淛東恭園王治本譔

淛東笑儂王仁爵書

凡例

一前編寛永三博士以來。至幕府遺民。撰二十有二家。猶謝氏軌範多取唐宋。斯編自寛平延喜之搢紳。迨維新以後草莽之庶士。撰五十有餘家。猶鄒氏續編自秦漢及有明取四十餘家。故文有諸體。以今古不同也。讀者勿訝其錯雜。

一元和偃武之後。以詩文自名者。不可勝數。至化政之際。諸儒輩出。極一時之盛。然有文與名不並馳者。欲撰其完璧者。爲太難。姑讓後人。竢續斯編者。

一斯編多收近人之文。蓋文章之學。日隆月盛。況華人客寓於我。古所未有。乃就而乞評。相互研究。以張擴斯文。世常說古今人不相及。不知今之不若古耶。抑亦古之不若今耶。讀者自了解焉。

一近世學者。作一篇靡爛之文。漫上梨棗。以誇江湖。王荊公所謂如拾奇花之英。雖芳馨可愛。而根柢蔑如矣。茲編初載古今人駢儷之文。凡學文者。不可不知諸體。況如四六比偶。非學有淵源。不能也。初學之徒自繁入簡。自難入易。則庶乎其不差矣。

鴻齋石川英誌

續日本文章軌範目録

續日本文章軌範卷之一

日本　石川鴻齋批撰

清欽差大臣何如璋閲　姚江　沈文熒　合
嶺南　黃錫銓　評
浙東　王治本

賦類

詩序六義次二曰賦謂直陳其事爾古人謂賦者古詩之流也漢書云不歌而頌曰賦釋名敷布其義曰賦陸子衡文賦云體物而瀏亮案今之賦者始於屈原宋玉輩演爲別體

○未旦求衣賦　菅原道真

道真參議是善子任右大臣貶于筑紫謚曰天滿大自在威德天神贈太政大臣正一位

閣茂之歲（案寛平庚戌歲）後九月十二日天子召見文章士十有二人於殿上有勅曰賦古詩之流也詩蓋志之所之各獻一篇具言汝志詩云賦云一文一字不可風雲其興不可河漢其詞未旦求衣欲陳人主思政之道寒霜晩菊欲叙人臣履貞之情（周易履九二履道坦坦幽人貞吉）臣等謹奉勅旨避席議曰穆穆焉煌煌焉濟濟焉鏘鏘焉古之所謂謀于芻蕘訪于臺隸之議也臣某南郡罷官北闕通籍忝隨大夫登高之後敢上小子狂簡之章其詞曰

鴻齋曰典麗古雅有西漢之風

運之逾遠者淳德明之至遲者凉秋乖衣弗及昧旦相求隨步驟而比蹤無爲無事顧澆醨以明目雖休勿休此焉廢寢宜矣冥搜原夫君馭黎元下

長短得宜句中用助字不煩而

妙。

簡嚴和厚。可續漢人。

風格清擧。夐出於二陸之上。

王治本曰。眞字疑訛。

下從造化。挾纊如與。問千里於寒温。潄流不遑。兼萬機於晨夜。神能降祉。道可高謝。仰玄鑒以來祇。望黃軒之往駕。於是庶幾至人之無夜夢。（列子古之眞人其覺自忘其寢不夢）髣髴君子之有調飢。（詩未見君子怒如調飢）容光正襟。推赤心於微隱。暗室嬰帶。懷黔首於不欺。業乃勤也。天維顯思。當其時也。曉氛觸兮蕙帳芬。霜月低兮蘭燈映。褰裳以禮。悦其松柏有心。引領於賢。賤彼珠玉無脛。知人則哲。從諫惟聖。風雲咸自四方。繩墨施于庶政。況復王臣蹇蹇。國老皤々。戴星者不期而會。藏輝者其道自和。監寐去奢。則虎魄碎床頭之枕。悟言慎罰。則鷄鳴絶闕下之歌。義之可必。事無奈何。故能嫌曳地於掖庭。警朝天於馳道。綺羅色薄。環珮聲早。次山龍而璀粲。能辨緝熙。分藻火以飄揚。孰疑顛倒。懿乎四三皇。六五帝。紫宮高敞。乃心下以知歸。蒼海淼茫。方面於焉既濟。取諸行迹。眞之治世。其如岩廊垂拱。水陸輸珍。國可以爲花胥之國。民可以爲堯舜之民者也。

王治本評古樸。

石川鴻齋評　寛平延喜之際。文事盛行。而所傳僅論孟五經及文選而已。故文章亦有東漢及魏晉之風。四六儷偶。動剽竊經文。然其勉勵刻苦之功。較之今人。其勝霄矣。唐宋以來。學者尚古文。擬韓柳歐蘇。專用散文平文。而傳於我者。如眞西山正宗。呂東萊關鍵。沈德潛八家。滿戸充棟。苟作文者。莫不由正宗關鍵八家等。而如四六儷比。以爲迂拙。無敢摸擬者。然質其學業。不逮寛平延喜之諸公。遠矣。試使今人作四六儷比。用力十倍。遂不得佳者。顧不步大路。而走捷徑故也。中古及第之士。以四六課之。所以試其學殖。然則文士而不能作四六者。猶儒生而不能解老莊者。可謂固陋矣乎。菅公以博士登三公。其文亦冠當時。而其所讀文書不甚多。今人涉獵諸家。不至於此何也。徒剪裁枝葉。不培養根抵故也。

温雅。

疊東西字。以周公魯聖取譬。句法嚴律。

初冬於都督大王書齋同賦唯以詩爲友應教　大江匡衡

後一條帝時人。任博士。婦赤染。善和歌。

已亥之歳。十月之初。落葉未盡。散春錦於林風。寒菊猶殘。映冬螢於池水。爰都督大王。賞以物色。命以芳遊。嫌俗客而會仙郎。擬勝躅于句曲。酒允鑠而肴樂胥。引高情于潁陽。良宴之趣。誠有以焉。方今以詩爲友。以道許友。六義互鋪。同心之中。衆藝皆置。異類之外。携文林而代芝蘭之室。伐木聲明。挹詞江而爲朝夕之池。淡水景暮。至夫吹螢玉句。必風月於造次。經緯綿篇。寫龍鳳於襟懷。見三百篇之披陳。遇新知而結綬。聽十九首之昇晉。憑舊契而彈冠者也。于時日已暮。夜又良。座上識者或相語曰。昔東平蒼之開東閤。只傳周公之風。今西海王之宴西園。盛弘魯聖之道。匡衡隔賢路千萬里。疲驂殆黃焉。遊詩境四十年。學鹿未白矣。猥記

天真爛熳該備古今

勝事。心顔罔厝云爾。

石川鴻齋評　句々正整、無一字冗言。應教之作、席上操筆、古人憂々乎難之。況鏤金錯采、茹古吐今。非老於文學長於詞章、不能得而賦。

○錫春秋園賦　　藤森弘菴

錫春秋園者、祭酒林公之別墅也。庚戌桂月之吉。其臣黒田子友邀同社吟賞。大雅偕群賢游焉。遂援筆而賦之。韻用且看黄花晩節香句、揷

間所揭也。

粤有巣鳥之幽莊、實棲真之奥厦。茅堂八九間、綴爲涼臺燠室、脩弄曲房。草圃百千頃、栽有異卉奇花、矮梅高檟。法鎌倉之經營。堂室結構、傚源二位富士野陣營圖式。擬温國而秀野。乃遡覽前編、流觀昔者。驕奢常與禍相媒、華麗動將患是惹。芸煇之室、茫茫殘香、銅雀之臺、寂寂片瓦。乃虧德望、終累儒雅。誰羨王根之邸第、翡翠千重照映堂中。寧效石尉之園亭、珊瑚七尺煒煌宇下。因地勢以坦迤、遠囂塵而瀟灑。實志澹寧、非安苟且。祭酒林公、羅山先生後裔、弘文學士長官。天上麟子、人中寶璠。早歳服家庭詩禮之訓、妙齡主海內文獻之壇。奕葉冠裳、聯蟬乎廊廟。一門桃李、輝映於宇寰。志尚敦素、意適閑寛。既知徃事之堪鑒戒、乃喜茲園之可盤桓。時退食而遊息、或擧杯以靜看。原夫園池之剏造、祖考之

駢白娩紅、陳錦敷繡、恍如入百貨之肆

不減王勃滕王閣序

餘慶。蓋述齋太史、維翰苑元良。夙標間世真儒之譽、久負中興名輔之望。獻箴經幄、視草玉堂。爰錫負郭之域、以應卜鄰之祥。南眄雞聲之埭、北臨水翻之梁。田因鶴著、欽仰千秋仙駕之蹟。鶴田因大猷公放鶴獲名。水以氷名、緬想萬里韵人之鄉。乃榮恩遇、將示寵光。授諸梓匠、建此山房。致麗慮其過侈、長守傳家之白。増華或至踰分、故效飾下之黄。於是觀四時之氣象、攬萬類之風華。弱柳青歸、春帶一池之雨。良苗綠漲、夏翻四境之波。秋逕露曉、蟲語與月華齊淨。寒林雪晨、市囂兼人迹並賖。狀列古鼎、塢藏名花。良辰美景、竭吟懷猶未厭。明月清風、窮遊賞豈爲奢。皆是君上賜、孰非寵靈加。乃存古人不忘之誠、題署示志。據魯史迭擧之義、命名同科。既傳而世、而彌固。將歷千祀以無差。僕本螢光燐微、蟻線材短。媿稟生之太迂、悼聞道之最晩。守鮒轍嘔濡、望龍門旋反。詎料學士夙慕、偕衆樂之風。常懷借馬乘之悃、俯容寒微。靡隔疎遠、乃從群賢。叨賞名苑。是日也、金飈應時、丹桂届節。蘭沼煙澄、鳧汀氣洌。千疊機上之紋迷離、一奩鏡中之色爽澈。乃遵脩蕪之逶迤、而降邃蹊之曲折。撫奇石而躑躅、臨斷崖而蹩躠。雁齒傍排、鼇梁横截。枯栢十畝、腹豁全僵。怪松千章、皮皴半裂。地有丘壑窅窱之勝、客

秀氣衝星斗光焔萬丈

王治本曰典麗

無利名奔競之熱然而攝齊升堂携手就列珍羞方陳清酒已設有約必來喜社盟之不寒抽毫即賦知詩興之愈傑騁懐遊目何讓古人之高卜晝辭宵嘗悲敬仲之謫少焉疎林月升碧宇晴徹空氣若水瀉竹栢兮蕭騷秋煙飄緲敷階除兮皎潔逸思欲飛遙情如茁商量風月將騁俯仰之懐判斷煙霞詎須平仄之決乃歌曰

白露降兮生夜涼月揚輝兮桂吐香斟芳樽兮湛華觴歌烏烏兮樂未央與群賢兮偕徜徉思古人兮不可望仰儉德兮堪悠長聊延佇兮以慨慷

石川鴻齋評 中古以來作賦者甚少故規矱亦失宜淳風氏以博覽之質兼工詞章若斯賦與平生所作大異其種而温雅高妙冨贍擅工不古不今依然淳風氏之文也有明及第之士未観一篇若此者假使淳風氏在於科擧之場其取青紫如拾地芥耳

○卜居賦　　春田九皐

和風動地韶景承天花綴紅綃而繡野柳抽緑縷以縫煙羨蝶兒之眠細草観燕子之上華椽久厭簿書堆未能辭斗米空抱泉石癖聊欲頼奚肩名宜市隠意類喬遷懿夫此都之殷阜是俗之麗華萬竈炊珠簇油雲於昕夕高樓接瓦吞巨浪於幽遐雷未闘雲車破康衢之曉蜺何管霽橋截遠水之霞化土成金不待神仙手高門邀福寧唯積善家爰

王治本曰疾風驟雨飄忽而來

王治本曰樹也人也夾寫故佳

有一曲疏籬三間小院容膝易安計生因便僮僕卸擔竹窓安硯松清細雨鬖鬖遅邃輕烟蒨蒨星言夙駕觀東市載春蔬富以其隣喜西家漏酋若夫雨滴前檐煙籠後圃烱烱孤燈依依茂樹唔咿拂曉頻課兒曹蘿蔔饗朝頗存野趣拂龜端策悲屈子之流離屈原卜居賦端筴拂亀曰君將何以教之采菊撫松愛陶家之雅素陶淵明故事市沽堪醉嬾歎車魚簞食足娯何充府庫乃鼓腹而歌曰數椽茅蕝兮草萋萋霄雨朝霞兮夢不迷依稀風度兮落花蹊蹊上新霽兮彩蜺低一片茶煙兮畫橋西

王治本評 風雅宜人

小野湖山評 本朝學者無擧業之用故大家先生善騈文者甚少九皐詩文兼長而餘力所及猶且如此何等才藻

○弔櫻賦 大石良雄遺宅櫻　　土井聱牙

名有恪伊勢人洞津藩臣

夫何此花之芬芳跨五洲而特秀壓梅李垢桃杏荷皇神之靈佑昔太夫之無恙指大石良雄陪春風於永晝所欣根枝之日滋人事孰料其大謬咄風雨作惡致社樹之不壽撐一劍以出門招舊旅而尋遺恩志願酬而長瞑留花樹於此園維茲樹之初栽實大夫之手植垂千絲以成蔭含淡紅而爲色洵心血之所染流遺愛其何極引清泉於遙郊綴

鼇頭

王治本曰韡誤疑華

重野成齋曰此段感慨所寓即一篇旨趣所存

王治本曰撫樹感懷頗得情景

王治本曰古趣

山花于阜側朋松篁之晩羣伴委蛇之退食追馮公之謙讓補仲氏之袞職幸朝中之暇豫方遲日之載陽嘉賓進而𢦒麗動讌筵肆而觴政張花迎醉以展錦月吐輝而奪燈春尚明於故國夢竟空于武江何日月之健馳忽甲子之雙改幹半枯而根在花抽芽而再韡揚孤芳於暮途感篇咏於遠邇嗟丑寅之不虞犬羊飲我神海强弓引滿而不發衆惶惶若有駭瞻彼蕞爾之赤城赤城養士效收千指況大蜻之全形豈曰乏貔虎與犀兕念故主之撫愛緊大夫之濟美覔大夫兮何處繞花樹兮技渉樹昏昏兮日曛花蔓蔓兮風迷禽唏唏兮群鳴英飄飄兮亂飛香黯黯兮來襲天窕窕其銜哀攪出月之新光慨投筆而心摧亂曰我思古人古人不可見我豈不思令人令人更不得見憂何憂樂何樂見夫令人之心難於見古人之面誠遺愛之在物音容髣髴其一半鐵山之陽鹽海之濵有邸有樹人古花新我終思古人

王治本評古奥沉鬱激昂感慨

重野成齋評邦人不解作賦偶有作者斌媚繁縟没意義没氣力此篇一氣斡旋能行其議論而節族徐急得宜如此然後可以入六義追二京

續日本文章軌範卷之一　畢

鼇頭

王治本曰境曲而深室幽而靜文之妙亦如之

想像沈白石梧桐避暑圖

王治本曰有典有則落落大方

續日本文章軌範卷之二

日本　石川鴻齋批撰

清欽差大臣何如璋閲

姚江　沈文熒
嶺南　黄錫銓　合評
浙東　王治本

記類 于解前見

○梧月軒記　室鳩巢

名直清字師禮一字汝玉號滄浪通稱新助仕加州侯

賀城之西林薄環焉清泉激流而如玉緑竹叢生而若簀有一衡宇隆然而臨其上者余友濟之之宅也入其門環堵蕭然入其室寂若無人軒楹虛而敞牕户疎以達朝于斯夕于斯可以絃可以誦乃所謂梧月軒者也自濟之始宅于茲嘗手植梧桐一株於庭曰唯植此足矣未幾根大幹長樹陰滿庭濟之乃日掃除其下以爲杖屨徜徉之所遂以名燕居之室而使余記之嗚呼濟之之有愛於梧也至矣然觀其意非特梧之愛也愛月之在梧也蓋梧桐月向懷中照邵子堯夫之詩云爾濟之豈在取於斯乎吾聞岐山之梧植于朝陽鳳凰巢之鸞鷟翔之可以應和氣調律呂而鳴文明之盛鬱鬱乎太平之象王者之瑞也龍門之梧生于寒谷班匠斲焉牙曠絙焉可以操雲門奏咸池饗祀

鼇頭

以月易鳳奇巧精妙偃師弄幻手段

王治本曰新入月字靈空

又曰一落萬丈筆勢奇特

濟之之家與岐山龍門相並

王治本曰此段嫌泛衍

又曰回映上段惜少精意

王治本曰此句字或有訛

又曰淡淡着筆

又曰結亦有趣

天地上下鬼神渢渢乎中和之音郊廟之器也自周之衰王澤竭而禮樂廢鸞鳳一去牙曠逝矣梧影委地千載誰侶夫惟月乎共古今之變同盛衰之運嘗照於岐山之陽嘗照於龍門之谷而復照於濟之之家今夫梧月之相遭乎階庭之際也彷徨徘徊紆餘綢繆佇而相望降而相從其漸而進進而追若相揖而周旋若相顧而容語若見故舊於逆旅而追宿昔之歡若遇知己於曠世而許平生之窮嗚咽而露滴者若泣散渙而風生者若笑交柯扶疏烏雀來宿恍若鸞鳳之舊儀枯葉飄零秋聲肅瑟漱若郊廟之遺音此梧月之極觀而天下之至感也非濟之其誰知之往者不可追來者吾不聞〔猶有待〕戀鸞鳳於千古俟知音於百世孰知濟之之深愛於梧者所以深悲於梧也濟之洛之産也長學於武不事於章句其爲人也寛簡自養常不欲與俗齒以故不遇於世而濟之亦不求遇於是退而疏猷納之言次學聚之編上之不負其君下之不負其師而濟之志亦足矣今乃眷眷不能忘情於梧月之遊如有不及者然豈其爲時事相感發有托而逃焉者耶豈其超然與世相忘而梧月之與歸者耶余與濟之交一十餘年其知濟之不讓於人而濟之亦莫余厭也方俟月夕載酒過梧樹之下從濟之遊將必有日矣

王治本評前數段筆情幽奧着想新奇後段稍遜

石川鴻齋評前半與後半如出於兩手而氣脈一貫末段曲盡友愛之情蓋中古文體

鼇頭

先作輪廓皴點隨而成烟雲隨而生

亭無所記故以一議論冠之是亦記文一格

○樂山亭記　新井白石

名璵字君美初稱勘解由後任筑後守武州人

苟有求而得之於彼者非我固有之也同氣相求同類相應其所同者物皆有焉非取之於彼也知者於水仁者於山亦是已水流而動知之類也山止而靜仁之類也故知者而樂水仁者而樂山若彼山之與水非能使人仁且知者也樵者日與山居漁者日與水遊而不可與之共語仁知者非其類也伯牙鼓琴志在高山其聲則峩々乎志在流水則其聲洋洋乎其志之所在者非手非指非絲非桐得之心應之手以形其聲是則精之至也雖然譬之犀牛望月月形入角其爲之形有所由以生非其固有之也是以其為之效唯止絃聲之洋々峩々而已安在彼樂與壽哉古之聖人知周萬物而道濟天下故樂天知命安土敦乎仁富貴不能淫貧賤不能移行之夷狄患難無不入而自得焉況於其氣與類一者合乎由是觀之仁者見之謂之仁知者見之謂之知百姓日用而不知豈不然歟吾友山順之官於泉州其燕息之居名曰樂

固有之字應於此

言自坤軸出。盤礴宇宙。

山之亭。蓋其起居飲食。與東南諸山。相接于几席之上。因請美為之記。泉爲州當西南之水會。治所在其海口。古之時海外諸舶輻湊所至。所謂沙界之津者。民物富庶。百貨旁午。而風俗之美。於今亦都也。其西則與大海接。孤嶼長洲。出没於波濤滄茫之間。東南諸山。若遠若近。峙而爲嶽。峻而爲嶺。層巒疊嶂。聯亘數十百里之外。號爲山水清遠。而若其諸山。非州之所有也。順之取之於彼。而不取於此。或疑其有求於外焉。美與順之結交。幾三十年矣。嘗試其在乎貧賤患難者。而未始見其貧賤患難也。苟非有所得。豈其然乎。既而從仕。雖不足展其才。比之前日。官亦達矣。而其心所樂。果復如此。且夫學也者。所以始乎爲士。終乎為聖人。而仁且知者。其自少所志也。孔子曰。知及之。仁不能守之。雖得之。必失之。宜乎其取類於山之深矣。嗟乎吾衰已甚。不及見其德之效也。至若彼樂而壽。則我望順之也久矣。順之其勉哉。

王治本評 賓主淆亂。

石川鴻齋評 有規矱。有淵源。首尾照應。如常山之蛇。樂山二字。以及仁智。立意壯大。一字不苟。真名儒之文也。君美氏一代所著。多以國字。若漢文甚尠。固非以文章自名者。偶作一篇之文。將驚後世。余於寛政以前之文。獨取君美氏。比之古人。徂徠似王弇州。鳩巢似劉誠意。而君美氏類魏叔子。雖法古文。各有所樹立矣。

清淡有味

右軍既盡金碧之功斯文又極水墨之妙

〇三日集清陰亭記　古賀精里

三月三日。與諸友。會于清陰亭。實爲寛政癸丑之歳。各賦詩一章。而屬記於撲。蘭亭脩禊。歳在癸丑。今遡而數之。得癸丑二十有四。得歳一千四百四十。王右軍之記。嘆後之視今。猶今之視昔。知後人之有感於其文。然蘭亭之勝集。得右軍記之赫奕宇宙。苟目識一丁者。莫不寶其蹟。而群公之詩。脩禊之圖。附麗摹刻。以傳于世。今閲之者。若目擊其風韻於清流激湍之次。忘其隔千歳之久。萬里之遠。何其盛也。清陰之亭。在府治之下。會不過十人。庭不過數畝。又使詞翰之拙如撲者記之。徒可以糊紙窓覆醬瓿。既不足以追晉賢之游。亦無以備後人之覽。是爲愧已。然永和之時。中原陸沈。王室偏安於江左。故群賢流離奔竄之餘。有蘭亭之會。在蘭亭則爲奇遇。在群賢則爲不幸。方今海内承平二百年。文化大興。翰屏之邦。士庶彬彬。佳節徵逐。不出鄉隣。而有斯勝集。一觴一咏。亦得俯仰今古。以暢襟懷。不亦幸乎。諸友摛藻刻意。多可傳者。蘭亭之詩與圖。皆賴右軍之記。以傳天下後世。今詞翰之拙若此記者。又將託諸友之作。以免爲糊窓覆瓿之用。抑亦幸矣。於是乎書。

黄錫銓評 高雅絶倫。

石川鴻齋評小品文體。延及四百言。首尾完全。一字不苟。渟風氏博識多通。想不出於右軍之下。而其謙抑如斯。令人剽竊一篇之文。極口罵古人。吁亦不思之甚也。

釣遊記　中井履軒

名積德字處叔竹山弟

不好釣弋故也。蓋有所含。

履軒幽人性不喜釣弋。壬辰之秋。有京客投宿其居數日。阪之都。除漁釣外。無足賞。幽人乃爲客買舟。泛于三津之浦。酒一壺。飯一簋。鹽豉稱之。幽人素貧。外無所儲。其門前即港水矣。下港數里。闤闠剌目。經橋十有餘。漸離市廛之喧。洲渚皆蒹葭淒淒焉。白露蓋已下。日方午。客下鉤。輙獲者爲鯊魚。人各數十。幽人則不能獲也。舟人曰。潮方可宜出海門。乃乘潮而逝。四望浩浩。右望珠浦赤石。左瞰淡島。飄然若浮波濤上。顧則泉州諸津界浦墨江。環列其後。幽人稱詩曰。攜壺三斗芳酒。傾囊半緡青錢。買得萬項烟波。漁釣一日閒身。於是客復下鉤。有獲比目者。有獲棘鬣者。皆小不中食。客乃始覩其活者。盆水蓄之。樂觀其潑潑。若河豚亦未有毒。若怒。釣者其腹益張。鯊魚則多矣。幽人獨提榼傾壺。陶然自適。又歌曰。鉤之曲兮餌之詐。獲如丘兮吾奚顧。山光兮爲畫。潮音兮爲歌。我醉卧兮其中。萬物兮如我何。既而白日將沒。半天潑紅。閃閃礫礫。波濤變色。晻映遠接。客斂竿而揖曰。今而後

歌調古雅

我知子之所樂哉。樂莫大焉。幽人攝衣而起曰。善哉。吾所不言。而子先獲乎。乃又歌曰。斜陽兮冉冉。彩雲兮晻晻。我其追乎虞之淵乎。客乃大喜。於是洗盞命殺。醉歌相屬。不知舵轉而上。舟艤門前。

石川鴻齋評脱六朝幣習。免王李窠窟。割據一方。操一時文柄。處叔氏之業。可謂勤矣。

陸奥國盤水天工橋記　松﨑慊堂

名復字明復肥後人

奥中盤水之勝概。曰五串之溪。溪中之石。拔地爲崖壁。爲壑谷。爲坻爲礁。爲巖洞。殊形異態。奇詭歷落。布置之妙。雖有能者。殆不可狀。而盤水之來。淙流箭疾。顛蹶而入。悍然而瀑。洦然而潭。沉碧拋白。層疊而下。力能壁萬石以出。東西三百歩。南北居十之一。此余老友大槻翁之所甚樂而自號。而其族子汝弼君。實肇而橋之。其水出州之栗駒山。東流爲是溪。又東行與北上之川合。巔委凡六七十里。獨官道之當一關治者。嘗橋焉。其他則湍激險潤。雖有梁舟。一遇潦漲奔會。漂蕩盡矣。是以沿河之民。迂途往來。自古病渉焉。君之繼爲郡正也。陰相黙度久之。以爲是溪下距一關十有三里。峽高而水窄。可架飛橋而濟之。亦恤民之急務也。乃與溪南猪岡里正佐藤時茂。聚里民商議。里民皆踊躍。各出財力。代木於山。召匠他郡。胥處崖岍。鑿孔

實地實見。無一字虛飾。平坦之中有氣力。不可料者。

兩峽之巔。納大木而梁之。憑虛而起。架搆駢版。翼以欄楯。其長二十餘弓。出水匹有半。下無隻柱。以利暴漲。肇工文化紀元。告成於三年十二月。於是昔之病涉者。馬牛負擔。如行坦途。雖有淫潦。萬不可犯。而水石之奇。大小高深。無有遯隱。悉聚一矚之內。民皆額其手曰。此豈神之所營耶。遂名曰天工之橋。君之理行久服郡中。而便民之功。歷歷可數。其見於橋梁者殆百數。或木易艸。或石易木。皆期於悠久。而斯橋之造最其大者。猶未有記也。後十餘年。余始東遊。與晤君之弟子繩於仙臺府。因觀松島。樂其大而偉麗。遂北訪君於盤井之中里。偕遊是溪。又喜其小而奇壯。而惜未甚顯於世也。爲敘其造橋始末與翁之所甚樂。以附里正時茂令刻之溪水上。又藉以告夫世之樂松島之偉麗者。併獲津逮焉。如其奇壯。則遊者自領之。余固不能狀已。五串舊名嚴美。嚴美。伊都玖志美。栗駒山蓋有嚴美之神。溪與村因名。後訛爲五串。以其國語同。故吏牘獨用五串。令從之。大槻氏盤井郡舊族。君名清臣。稱丈作。以族之宗子世襲盤井郡正。好學有古循吏風。翁名茂質。字子煥。號盤水。爲本藩侍醫。今居仙府。精歐邏巴之學。事聞朝。奉旨飜譯其書。遂得以曾臣奉朝請。講其說者皆從受業。學者稱

續日本文章軌範卷之二 八

曰玄澤先生。子繩名清準。稱民治。少與余同學昌平國庠。亦以名儒擢任其府學頭。異才績學。同時咸萃一門。又可尚也。仍獲聯綴而書

石川鴻齋評 明復氏以經學而鳴。博覽強記。壓倒一世。出於其門者。皆當時巨擘。如文章蓋緒餘耳。然求之今日。不得其匹儔。

〇猪神童挑郎傳記　長野豐山

奇兒著奇傳。奇士作奇記。文亦最奇也。

猪氏之子有奇才。名良堅。以其奇也。人不復童視之。比於冠者。因字曰子駿。初子駿生三歲。便能誦周興嗣千字文朱子章句大學。即在他兒。才孩笑之可辨。而子駿唔咿之聲。宛轉可愛。一座傾聽。莫不驚愕歎異。六歲能詩。八歲能文。自四子五經至

續日本文章軌範卷之二 九

宛轉反覆。縱横不滞。一奇字成文。至變幻不可測。所謂鞭風霆而走龍蛇者耶。

余輩子駿指以爲奇者。可愧可愧。

左氏國語國策遷固之史及諸子百家之言。黙識在心。誦讀如流。觀者訖以爲奇。子駿乃曰。我所能者。能人之所能耳。非能驅逐鬼神。役使風雨也。惡在其爲奇哉。豐山子聞之笑曰。夫將自不奇而視之。則以奇爲奇。自奇者而視之。則以不奇爲奇。宜乎子駿不自知其奇也。然則世之白首挾策妄竊虛名。其實瞶瞶不能辨黑白者。子駿指以爲奇歟。子駿今年十歲。戯著挑郎傳。文辭粲然斯奇矣。自此以往。猶能養其才殖其學。則愈出愈奇。鬼神出沒。風雨變幻之奇。他日余於其文見之矣。而余碌碌不能奇者。然子駿信余之篤。故不得不爲之一

言而說其奇也。

黃錫銓評 中段妙悟。筆亦絕佳。

○○後園栽梅記　安井息軒

武岡處於山海之中。其地隱然而起四顧而眺。凡一州之勝。皆可坐而收矣。而閒曠閴寂。與世阻隔。於以讀書養生宜也。余家於其巓五世。意甚樂之。今茲夏歸自東都。事間氣暢。乃益拓後園。誅棘除穢。鋤而理之。栽梅十數株。以爲游息之處。日涉於其中。灌漑焉培植焉。而梅之欣欣生動。若有與余期者。意益樂之。噫我之疎乎學也。七年于外。五彩奪其目。八音奪其耳。利祿聲譽奪其心。當是之時。

自謂其游未能期月也。今觀乎吾樹。曩之抱者拱。尺者丈。凡園之物蓋一變矣。而省吾所獲。無有也。草木而有知。我其可以入乎吾園乎哉。距今如東游之年。今之所栽。亦可以花而實矣。而余也問學孜孜。能若梅之長茂不止邪。德音制行。不可汚衊。能若其花之潔清邪。苦節自持。能若其發於寒邪。安命樂天。不爲諛媚之體。能若其技之枯瘦勁拔邪。其或遭遇明時。其調和萬民。能若其實之於羹邪。果能如此。我之於是梅也。可以無愧矣。而園之爲樂益大也。姑記以自勉焉。

黃錫銓評 胸次不凡。於此想見一斑。近代根抵之厚。文章之工。無出此公右者。著述最富。

重野成齋曰。往者不可諫。來者猶可追。君子自修之功。當如是。

每一展覽。輒恨來遲。書此以誌景慕。

重野成齋評 此蓋息軒氏少壯之作。見其所自期之遠。可推後來之事業。文亦雅贍而腴。頗肖朱竹坨。

○葆光亭記　曾我耐軒

岡崎擁平曠之野。控巨川之水。城堞鴟吻。掩映乎官道列樹閒。過者望知其爲山水之區。而居人顧不之省何也。頓好 蓋城東雖地居爽塏。而人家擳比。列肆爲市。以故其人營營役役。汩沒乎飛塵浮埃中。不能自拔。頓再 獨西北地稍平衍。又近巨川。可作亭觀以覘風景也。然每夏秋久雨不止。水輒大漲。決防潰堤。氾濫數里。坊市之間。舟楫相交。人但幸

不爲魚鼈。豈暇及之哉。頓三 渡邊貞幹士固居當其衝。水及半扉者屢矣。人或勸徙其居。士固不能自決。謀之嚴君溫卿。溫卿笑曰。高岸爲谷。深谷爲陵。變遷無常。未知其所窮止。鑿井得枯朽木葉。鏟山見螺殼蠣房者。往往有之。意祖先卜居之初。地未必不爽塏也。豈逆料數世之後。變爲沮洳如今哉。然物極則變。理數之常。方今水患已極。豈知數十世之後。不又變爲爽塏哉。余將夷然守其故。以覘無窮之變。況余居傳數十世。世固有百年之居一旦轉售他姓者焉。余家中微。及余父子。得復先業於余多矣。祖先之居。豈可輕易哉。士固乃作葆光

陳列勝概。先卜地步。好頓。

藉溫卿之言。說世之變遷。無限感慨。

胎於坡公凌虛臺記。不見痕跡。

亭於其後圃寛間之地。壘石爲基。高約十有五尺。一旦水至。可擧家避諸上。以待水退。推士固父子之心。蓋思先人之居。終不可易。姑作此亭。以備後急耳。詎意亭成之後。山容水態。爭呈奇獻勝乎其下哉。城之東北。坡陁起伏。有地名燕岡。頗爲勝境。然四山皆童。又無水以映發之。蕭疎枯淡。其南爲蟹澤。水石稍佳。亦但殘山剩水。唯此葆光之亭。一望千里。已極山水之遐觀。夫是邑之山川。光華久已葆藏。至士固作亭乃發之。而仍以葆光名之。豈非以築亭之初。意不在遊觀哉。士固家世業醫。頗臻其妙。而五言近體。清穩雅淡。冷然如其爲人。而退然自謙。不欲衒市於世。則所謂葆光者。非專以名其亭也。

沈文熒評　與衍暢茂。中間述温卿之言。尤古氣蓬勃。温卿固先正典型。而作者亦古文妙手。

石川鴻齋評　余與士固交久矣。又能知其地。聞屢遭水害。竊以爲紇于山頭凍死雀。何不飛去生處樂。令讀斯文。始知温卿素意。嗚呼。知余千里汗漫。不能守祖先之廬者。實愧於温卿。如温卿所謂卿先生可祭於社者歟。

○○紀松木某復讐事　芳野金陵

名育。字叔果。號金陵。又匏菴。下總人。爲幕府儒臣。

松木内匠仕朝倉義景。任左衛門督越前守護。天正元年。爲信長所滅。與同僚相軋。遂見害。有孤。母懷而逃竄。仇多方物色

野田笛浦曰。此文筆花煥爍。自有古色。事奇而筆亦奇。

罵字再出

瀨川小峯曰。一時乞憐之意。有情有理。雖然乞豎口角。決不能爲此等之語。是乃所以招主人諦視。

又曰。宿世深讐。而委之僕隷之手。天已奪其魄。

懸金購之不獲。及稍長。其母嘗時。旁無人。揮涙具語其斬害狀。孤憤慨切齒曰。兒必報讐矣。乃刻木爲仗。日夕刺擊。殆忘寢食。居數年。一日改容拜跪曰。技粗熟。將從事。母喜曰。善。往欽哉。時仇築室采邑而老。環以深濠。吊橋通之。橋背植釘。晨架夕吊。戒備不怠。孤鶉衣索帶。擎梧乞食。廚下注目諦視。井上有窓。梁身懸綆。心竊自慶。謂有釁焉可以乘矣。乃夜半游濠。踰牆。飜身乘屋。縋而下。綆斷而墜。家人駭呼曰。井有人焉。必偷兒矣。搶捉圍井。罵詈聒如。孤乞哀。皆曰。偷兒必報怨。不若殺也。石可墜。搶可鏦。主人曰。何太早計。則是棄一井也。姑出之。

乃縛。乃刺。唯其所欲爲。乃下繩出縛之。衆環而罵孤。意色慘然。俯伏厥角謝曰。有母病。糟糠不下咽。方午牌。來乞食。視肥甘積庋。心動。放膽至此。屠醢固其宜。噬臍何及。唯悲視疾無人。繼將餓死。與吾殳之何擇。幸察苦情。置之寛典。令得終養。乃是二人者。死而再生也。無量慈悲。吾將畢生爲何主祈福于神佛。因指天而矢。袖面而泣。衆爲惻然。主人諦視久之。勃然叱曰。乞豎骨相音吐。宛然内匠。必其孤矣。欲爲復讐耳。而揑造巧騙。吾豈喫欺。吾欲視爾頭顱久矣。今自來獻首。奚吾奇幸。顧命衆斬諸播間也。播冢也 時雨霽天黒。捉炬而去。護者凡十餘

鼇頭

又曰何等勇何等智。

塩谷宕陰曰智勇字點得妙。尋常見其勇不見其智。所謂待識者揄揚。

人往小半里歩道一線夤縁深溪遥聞水聲孤熟慮謂死一而已膏仇之刄何若肥魚腹心唱父法謚佯躓倒輾而隨岍峭石聳絶而復蘇仰見爝火螢散群議鴉噪復自慶曰已出虎口又入蛇頷萬無活理而得無恙豈非先考在天冥賛而暗祐之哉乃背而磨縄巖稜縛斷懸解自奮謂毀傷幸免要害乘機復讐是爲時矣於是神王氣奮手藤蘿足岩牙摸索而登趨往尾從渾衆入門竊竄床下衆具状報之且曰乞豎粉虀膏虫蛇之吻必矣明日縋而下將撿其屍仇曰快矣而今而後吾得高枕卧置酒勞之巨觥數回蹌踉入寢衆相枕藉而睡鼾聲成雷孤徐出四顧闃家寂然群鶏晨乃撰刀奪之鷺歩而進排戸入室仇昏睡如尸枕畔置刀挑撥殘燈拔而照之電光燦爍鋒鍔吹霜喜謂是惡知往年無非刃我考者哉踢蹴起之大聲鳴恨斷其頭侍妾偷眼衾隙不寒而慄乃提血刀去時室内閧然各手兵來逐孤大喝勇鬭撃數人走之遂得脱後不知所終嗟乎世之復讐者誰不蹈危嘗辛而如松本氏之孤危之又危艱之又艱所未嘗聞使人膽寒體顫雖天之孚精誠乎何其智勇雄長也用焉以旋功謀偉畧必有烜灼人目者矣而埋没不顯者何也神螭顯首而不顯尾信哉

鼇頭

起筆巍然亦擁三州之勢

一日炳然風景如畫。

院外十二勝僅以數十言斷筆力老練。

黄錫銓評 屬事直書極精細。又極沈鬱。事與文皆卓然不朽。

塩谷宕陰評 可以發人孝志。可以厲人勇氣。亦可以助人神智。寫得凜凜有生氣。

又評 若斯人者。一念在報讐。志遂乃止。無復留名之意。此乃拜人之本色。所以不可無此傳。神螭一贊尤中肯綮。

○椿原書院記　大槻磐溪

名清崇字士廣仙臺人

賀藩位天下侯伯之上擁賀能越三州之地以管北門鎖鑰儼然一大重鎮也而金澤之治尾屋朱門巨室連第城市十萬人煙接天白山之脉自正南來磅礴千里殘山剩峯迤邐綿亘而其青繞了處是爲西坂先生椿原書院焉今據先生所寄圖卷畧叙其勝状育王之山曉暾吐而春靄散椿原之郷桃花成林落江繽紛與鈴見之野菜黄花遠近相映阡陌縱横怳有武陵源上之想也雲溶溶以出戸室之岫泉涓涓以趨梅溪之流及至護國新緑之候則杜鵑叫雲滿目蒼然遠望大洋千帆歸入大野之灣一痕夕照掛卧龍之松梢欲落未落若夫霜葉紅飛露長谷之塔尖賓雁聲落宿清湖之蘆花則一天秋月度麻川之長橋人影上下夜色如畫既而千山木落昨雪新霽爾望一白寒江拖藍使人想山陰王戴之興焉是院外所見十二勝之大畧也而院内則明窻淨几縹帙滿架先

叙事得法。胚胎東坡表忠觀碑。

生端坐其中。究經研史。鉛槧終日。樂而不知倦。是所謂受上界仙人之福。而不假南面百城之樂者。不知先生有何功德。而能致乎此耶。蓋聞先生久已木鐸於北海之表。而教育英才。循循有法。前後成德達材者數十百人。可謂桃李滿公門矣。及其爲侍講。陳善於國侯。則奬順匡救。務引諸道。春風之和。秋霜之肅。君藥籠中。何曾少一物乎。夫言行即道行也。先生之言。行於國侯。而其道達於士大夫。施及封内三州之民。則功德之加於上下者。溥溥洋洋。寧有窮極乎。然則育王之山。椿原之鄉。與彼五老峰白鹿洞之勝。東西並峙。而書院之存。亦

將同卜其不朽矣。若夫白山之勝。不下帶而挹嵐光翠色於机案前者。余雖老矣。尚能北遊。揖先生於椿原。執簡進而賦之。

石川鴻齋評　雙欒老健。氣力不衰。年過七十。將北遊。再作賦。何等豪氣。

高山仲繩祠堂記　川田甕江

名剛。字毅卿。備中人。住東京。

今上登極之元年。幕府奉還政權。二年。王師戡亂于伏水。于甲野。越奥。五年秋。列侯納封土。乃廢二百六十二藩。更置三府七十二縣。是冬。前岡山藩大隊長水原君久雄。擢任三豬縣參事。初下車。首訪高山仲繩墓。曰。國家中興。雖由君明臣良。諸藩

仲繩不徒死。證非病風喪心之所致。

効力。抑亦草莽義徒。講明名分。振起士氣之功居多。而仲繩實爲首唱。向者官餼其子孫。旌表其閭。令此藏魄之地。而無所表勵崇飾。可乎。於是君與其僚屬。及管内好義者。措財鳩工。前久留米藩知事有馬侯。亦出金若干圓。資其費。以建祠堂於旗崎。介權少史金井君。請余文記之。夫仲繩曠世偉人。而先儒録其事者。前則淇園栗山石梁茶山。後則幽谷復堂山陽拙堂。有序有傳。有祭文碑銘。多且備矣。顧獨未推究其所以死。或目爲病風喪心之所致。余竊憾焉。蓋仲繩忠義。根乎天性。而其先又殉節南朝。嘗讀太平記。大有所感憤。當是時。光

格天皇在位。妙齡英發。佐以九條中山諸公。而幕府則大將軍俊明公。罷任田沼意次。群小弄柄。綱紀大紊。仲繩謂此可以復王權矣。乃託名文事。周遊四方。觀地形。察民情。每遇人。輒論正閏王覇。以陰募同志者。既而公甍。文恭公繼立。黜意次。用松平定信。衆賢茅茹。百弊頓革。德川氏之業復興。於是仲繩自知其時機未至。殺身以滅其跡。昔者後鳥羽上皇。遣善走者押松。歷説東國。後醍醐帝。藏人頭藤原俊基。佯爲修驗者。巡察諸州。令仲繩之所爲。殆有類焉。向使其遲疑偷生。爲府吏所逮捕。則承久元弘之變。可立而待。何其見幾之早且明

也或議其不受勅而妄動是亦過矣何者事成則功歸朝廷不成亦害止一身又安問乎其受勅與否焉且夫九重深嚴尊卑懸隔而仲繩以東鄙一匹夫納交公卿嘗得竊窺天顏則奉其密旨以募義故亦未可知不然其將死寸裂手記以投水中者何也其東向遥拜帝都者何也其寄語海内豪傑好在者何也嗚呼仲繩之死上救公卿流竄之禍於當時下啓志士勤王之端於後日其忠不愧藤原公而其智勇果決萬非押松輩之所企及也記不云乎以死勤事則祀之余既韙仲繩之功又喜是擧之合乎禮故據其跡推其心以表章其成

仁取義之美如此三潴縣者舊久留米藩而旗崎在縣治東一里先是有馬侯祀仲繩於此又築招魂塲以合祀癸丑以降其藩士死王事者三十八人吁此三十八人東西馳驅蹈白刃冒銃丸知有國而不知有身亦安知非聞仲繩之風而興起也

黄錫詮評　掃除枝葉英英露爽

石川鴻齋評　世傳仲繩者或爲佯狂或爲喪心未知其所以死斯文始出可謂能獲仲繩之心矣波瀾縱横具說顚末非老手不能也

〇木魚菴記　藤野海南

名正啓字伯廸號海南伊豫人住東京

河子雪巖以畫爲業頗愛文雅入其室壁幅聯扁燦然滿目而文房器具之外別置木魚六七署曰木魚菴河子曰余稟性卞急婢妾輩有少不副意輒振拳擊之事去乃悔一日觀乎骨董獲木魚擊之奇其響自茲厥後苟有不平於心即擊此以散忿忿之氣忿甚則擊數十下不傷夫人之子而忿亦釋且無悔余私以爲得計請先生憫而誨之予擊節曰學從性難克處克將去儒者之方也今一畫師而能用心於是學者有愧焉夫七情之發其尤易過而難制者莫怒若焉喜而過無害於事怒而過有損於德聖賢最慎乎此故曰賞疑維重罰疑維輕顔淵不遷怒孔子稱爲好學之徵且夫克

木魚覺睡之具河子藉以釋恚亦足持一戒佛之用意雖一器不苟。

擊節二字應木魚妙。

自小及大議論崇高得昌黎骨髓。

己改過制之幾微者大賢亞聖之事也其次則藉物以矯其性佩弦佩韋是也怒氣之動也脉亢血張如火始燃泉始達焰焰滔滔莫之能遏方斯際忽爾回首向木魚以殺其勢則河子克己之功亦多矣況河子已悟一轉思之訣能制焰滔之勢於轉瞬之頃則積功之後不須復藉乎物而心氣可以得而平是亦防諸幾微之漸也昔者張旭善草書喜怒窘窮無聊不平有動於心必於草書焉發之今河子善畫喜而繪花鳥怒而寫雷雨風濤猛獸則旭之術可幾也嗚呼河子緩則寓喜怒於繪事急則藉木魚以殺其勢於矯性制情之具可謂

木魚與蛙鼓固不合律而為矯性制情之具如此況鄭聲之於人誘邪心鼓動淫情可不慎哉

備矣且河子始藉焉以治已終則以供愛玩不必擊之也則木魚亦文房之一具與書畫珍器無異語曰得魚忘筌又曰人相忘於道術魚相忘於江湖河子其庶幾矣乎

重野成齋評 題奇而論正勁氣悍色藤兄之擅長

石川鴻齋評 藉一木魚為一篇文蚡縕蟠紆傳之千古音尚不斷使讀者擊節稱讚何等奇筆

續日本文章軌範卷之二 終

一字不苟見其苦彫鏤

續日本文章軌範卷之三

日本 石川鴻齋批撰
清欽差大臣何如璋閲
姚江 沈文熒
嶺南 黃錫銓 合評
浙東 王治本

序類 解見于前

陪左丞相東閤聽源皇子初學周易 都良香

任越前權介叙從五位拜翰林學士元慶二年卒

涒灘之歲二月晦日源氏第一皇子初學周易入學也皇子岐嶷其心老成其性排甘羅而高視拉陽烏而獨飛聖上諸子之中尤所鍾愛也遂以此皇子屬我丞相丞相奉詔之後視之猶子令日開重色之一閤屈朱紱之大儒便勸皇子從其受業是則丞相篤厚之至也於是命翰林學士都良香令記其事良香謹奉高命不敢違之聊染跡毫上其鄙序云爾

王治本評 簡潔

石川鴻齋評 有氣力有光燄依然唐代之文加以西漢都公不負翰林之任者求之近代不可多得也

○廣陵問槎録序 荻生徂徠

名雙松字茂卿一號蘐園通稱惣左衛門柳澤侯藩臣

鼇頭

鴻毛應鳳翼

煥采陸離如入珠宮貝闕是亦徠翁口吻

廣陵問槎録者藝文學味君允明與其門人寺鳳翼氏所爲應酬查客者詩書牘筆語具是允明於東都鳳翼於西都而一繫之廣陵者所事之國治在是頃味君因岡生謁予一言有以標目之夫予於世一鴻毛庸何能取二君子之重乎且味君者今國子先生高第弟子早歳蜚譽應聘大國其文章學術業已經伯樂一顧者是固亡論已雖然予獨愛鳳翼氏之業清綺整贍出瀛入奎寒水青藍駸駸乎未已可謂不易得之才矣有才若斯何問調之同不方今文明燭運多士炳蔚而求其能洗鴆滌侏卓犖乎衆楚之咻者千百人中無一人也予經營斯文十有餘年厪獲吾滕縣二子（安藤東野山縣周南）以自喜之令而覩之子則又愕然异之夫深山大澤實生龍蛇是知廣陵之爲大藩哉吾聞之廣陵瀕大海其怪異詭觀豈多讓於枚叔七發中者邪夫潮汐之所廻環波濤之所激盪若其澎湃洶湧噏雷噴雨誠奮厥武如振如怒横暴之極山嶽爲崩上擊下律決勝乃罷者其勇爲然必焉風息寂寥若窈皓魄浮彩青蘋不動灝灝溰溰練縈素暎乎洲嶋汀渚之間則清而如淺揭厲狐疑文貝斑石粲然見底細淪若織小漪似縠海松石帆纖悉可翫者是鳳翼氏之所資歟毋乃遠人修聘所

鼇頭

縱横馳突下筆不可遏

倒句法用得妙

涂由西諸侯之供是役舟楫之戒利涉之險是其所慮耶以故柔其色孫其言惟眞宰之愁是懼耳不者以彼其才而張以大之何勇不可賈乎吾聞之昔有皇靈之女降居藝汭者善鼓瑟其和象鳳皇之鳴其變中帝軒轅之律呂希音髣髴玄感鬼神風雨初歇夜深人靜髣髴乎庶幾一擧之鳳翼氏歸其學諸則和以濟清變以化整寓綺于玄約贍于希以翻飛開天之上翺翔漢魏之際鏘鏘秋秋其調卒可以弗畔矣乎夫然後燁然成五色以被其身是眞鳳翼哉是眞鳳翼哉當其時海内覩鳳之望亦何在韓人邪則安用是編爲也予老矣後死斯文之托吾視猶吾滕縣二子已是足以見味君育英之樂也遂叙

沈文熒評　三代古鼎雖令不用究量法物

黄錫銓評　波譎雲詭摛藻揚華韓子云詞不足不以成文信哉既贊之復勉之立意尤厚

石川鴻齋評　亭亭千丈松鬱鬱欲凌空但見藤蘿纏全身蓋深山尤物素非園庭之觀

○嵐山樵唱集序　　服部南郭

（名元喬字子遷通稱小右衛門京師人後住江戸）

古之號稱逸民者岩於耕野於食其居桑樞其服襤褸無異於編户之氓而衆庶億兆螘羣草腐澌盡於邑屋而莫之知者天下蠢蠢焉皆是也彼獨何以稱焉豪傑之士有所爲而不可爲則耿介伊

取譬過大。獅獅擊狡兎。用全身之力也。

鬱之懷。勃動於中也。亦已。逸乎不可止。登彼西山饑。且死何以作歌。商山之僻。與木石居。唯恐虎狼之政。及之。采芝爲詠。執令聽之。接輿之狂。沮溺之耕。其文辭固以。槪見則得孔子而名益彰。介子推身將隱矣焉用文之。亦云激矣。而其言已立。惡在其不用乎。況且生於太平之衢。遊於帝堯之野。陶陶乎往。閑閑乎來。擊壤鼓腹。含哺而飽。飽斯樂。樂斯歌。歌斯爲節。節爲韻。爲詩。至夫名山大川。足跡無所不至。觀魚鳥。吟林澤。即所友。率以文會者。既已異於衆庶之撰。雖無意乎求顯。亦倜儻非常之奇。焉可止哉。江山人隱于嵐山十年矣。以詩稱焉。蓋

其爲人。天眞橫出。蟬蛻方之外。故其詩也。身與之化。觸機立應。不啻承蜩。其幽也。道流僧侶。無乃友之所輔乎。其奇也。大嶽巨川。無乃神之所助乎。其觀物寄巧也。草木風雲之變。鳥獸魚鼈之態。其將奪造化之蘊乎。夫詩志也。山人固惡夫飾智沽名者。則其詩也。以隱隱而其興不可以止。則其隱也以詩。此其眞也。未易引繩墨而論。今年乙巳。山人雲遊東。東都搢紳莫不欲見山人者。先是余已通問。稍稍稱其詩。及見其人。果如其詩。山人已以詩聞。又以詩而世知其隱。隱固不可聞。而人獨稱山人者。則斯集也。言之不可以已也。如是集名曰樵

叙事古澹

鴻儒之文。非文人之文。

唱。

黃錫銓評　認題生發。絕不夾雜。是一篇簡淨文字。

石川鴻齋評　子遷氏爲黌門冠冕。而其文稍脫譾圈藩籬。至出入經史。捃摭故事。諸子所不及。雖非醇粹者。足以爲一家。

○贈三谷恂甫序　　佐藤一齋

三谷恂甫奥人也。往年其來江都也。入司成公社籍。就學於余。數年既而歸。與取妻得一女。有所志多抵牾。一旦奮然自謂丈夫豈可安於小成。老於鄕閭乎。乃托其妻子於其友。再趨都。投於余。居又數年則學有進益焉。遂築書堂於城南。以其所得教授生徒。諸侯大夫亦往往有請業者。頗能成一

家。今年癸酉。女齡十三。妻則既故矣。恂甫將暫言旋。挈其女復來。而告別於余。余於恂甫厚也。能無一言乎。乃諗之曰。人有云。富貴不歸故鄕。如衣繡夜行。余以爲鄙說也。夫鄕黨之間。父兄宗族之所居。祖塋先窀之所在。固將益聳其敬。益篤其恭。以寡約入之。以卑遜從之。而乃颺颺然徒盛其騶從。飾其富榮。以夸衒鄕人。惡能不爲識者所鄙乎。且夫君子自有文繡焉。人弗思耳。孟子不云乎。令聞廣譽施於身。所以不願人之文繡也。夫非黼黻而人敬之。非華袞而人尊之。賁育不能奪之。趙孟不能賤之。惟聞譽爲然。而其所以致之者。在於躬能

自韓文公送高閑上人序脫化來而異意殊巧

踐行之也已歟其華而實乃著去其飾而素乃文詩曰衣錦尚絅不著之著也易曰白賁无咎無文之文也此則君子之所被服以享其美名者歟若夫以文繡爲文繡者謂之徒聞虛譽豈令聞廣譽之謂哉恂甫蓋類乎堂堂者余欲其去外華而充內美也故於茲行特言之

黃錫銓評以翻案爲切題雖涉淺薄而善於進規

石川鴻齋評知病莫良醫若識弟子莫師若一條金鍼以刺其病根蓋亦嚴師諷箴文法蒼老

送古岳師序

藤森弘菴

高野古岳師抱琴來訪余谷口靜居清瘦如野鶴昂然攝衣升堂未及敘寒暄卒然語余曰吾素好琴請爲子鼓之乃坐而鼓一再行悠然自樂其聲和而適靜而怨若鳴鳳在朝陽若唳鶴警秋露余乃喟然歎曰美哉音也是非有虞氏與孝子伯奇之遺音歟師曰然曰夫琴者禁也所以禁邪養正也古者士無故不徹琴瑟亦將養其正也有虞氏生知之聖故姑舍之若夫伯奇則遭逢人倫之至變負罪自傷能不失靜婉哀慕之誠非養得正則豈能至於此邪然則其有得於琴蓋可知耳今師學浮屠者吾聞浮屠之爲道絕欲袪情宗澹泊求寂滅能使身若槁木心若死灰也是宜若無求於

觱觱貴泉繞溪奔壑是亦漆園一脉。

滑滑將不已此翁腹中應釀萬斛泉

養者然而反有好於琴何也師曰吁余之少也學於高野既而有幽憂之疾厭其喧雜退而居於藤崎無人之地結茅蓋頭唯有一衣一鉢一琴而已時往村里而募化有所得則托近里民家爲飧以餉焉盡則復出募以爲常歸則坐禪禪餘仰對龍門之危峰俯臨紀川之清流栽梅竹蒔花艸逍遥其間于朝于夕于月于雪意有所適則必援琴而鼓焉値寒暑風雨陰陽晦明凡天地之變則亦必寓之於琴於是乎精發靈飛飄若鴻翥矯若霞擧怳乎若失已充乎若有獲洒然不覺疾之去體欲弗絕而自虛焉情弗袪而自無焉澹也泊也寂也滅也不求而自得焉無論於槁木與死灰當此時吾不復知琴之爲吾吾之爲琴是吾之所得於琴也若夫聖人孝子之事固吾之所不知也況於其所養乎余曰善師之於琴道也進於技矣然師業已知好於琴夫好亦情也而觀於其所自得則養之得正亦不異乎聖人孝子之道也余因是竊有感焉蓋聖人之道其大無外人雖欲自異不可得而已矣今師又以所得於龍門與紀川者爲未足乃東遊觀於富嶽又來東都納交於文雅之士又將探松島之勝而廣其所自得乃請余一言余未知富嶽之於龍門紀川之於松島東都文雅之士

錯雜

起於一微物而發壯大之言。恐不入古岳師之耳。

於藤崎之梅竹花草朝夕雪月寒暑風雨等得失何如也。然使天下一日聖人之道不行人倫之義不明則所謂弱之肉強之食而人之類幾於滅矣。雖欲援琴自樂不可得也。今師從容於龍門紀川之間又觀乎冨嶽游於松島納交於東都文雅好琴而終焉者豈非明良弗悄於位自養其正聖人之道行於上人倫之義明乎下治平二百餘年霑澤洋溢乎四海之故乎。然則借使師能自異於聖人孝子之道寧可不知其樂之所自邪。於是乎言。

沈文熒評 惜古岳之才欲引之入儒。苦心讜論。借琴發之。文有色澤。尚嫌其肉多。

黄錫銓評 力仿韓文。頗傷繁冗。

竹外二十八字詩序

森田節齋

状其人語簡有味。

一幅南宮畫寸楮之中摹寫江山。

攝之工詩者曰竹外。爲人踈放嗜酒。酒間快談縱横有適意輙大聲呼妙。蓋奇士也。今春余寓京。一日有客踵門醉脚踉蹌出迎之乃竹外也。探懷出似其二十八字詩屬序於余曰子之文長譬喩將何物以品我詩。余曰子家瀕澱江。江之風色即可以品子之詩矣。余嘗僦舡上下江者數矣。其上江也薄暮解纜轉艫之際已過數橋少焉月上東方水碎金心可掬不可捉。而雨後下江則有更奇焉者。舡發伏見未數里回顧比叡比良諸峰出没隱見烟雲杳靄中。至山崎八幡之際。天王山與丈夫

山屹然對峙。翠色欲滴。既而夕陽西没遠寺踈鐘乍斷乍續亦足令聞者發深省矣。今讀子之詩其透徹玲瓏有如月上東方水心碎金者。其曲折變化有如比叡比良諸峰出没隱見於雲烟杳靄中者。其雄峻嚴整有如天王山與丈夫山屹然對峙者。而其神韻縹渺似遠寺踈鐘乍斷乍續者亦無不有焉。則子之詩卷謂之一幅澱江圖可也。且神韻縹渺透徹玲瓏者固絶句之本色。而曲折變化者如古風。雄峻嚴整者似律体。則子之詩雖止七絶謂之具諸体亦可也。竹外俄大呼曰妙。遂書以與之。竹外姓藤井名啓字子開高槻藩士也。

石川鴻齋評 一幅白描之畫。不施丹青。五彩自備矣。若夫五石十水。畫嘉陵三百里。恐非謙藏氏所長。讀坡公赤壁。詈爲狗賦者。不足與論文。

○○北條氏跋

賴山陽

壯語驚人。

引藤原氏聲北條氏不阿時勢。筆力凜然。

外史氏曰北條氏之於源氏則藤原氏之於王家也。皆不用寸兵尺鐵而簒其國於衽席之上。何其易也。蓋人情莫不知親其宗而顧謂不如妻黨之可倚也。於是削弱兄弟疏斥親族以爲子孫除患害而不悟其自剪伐以資異姓。可不哀哉。源氏之成國也固懸殊王家。而其謬計出王家所未爲。故其取禍有更烈者。而北條氏之陰謀狡智乃非藤原氏所及也。斸其骨肉剪其手足潛收黙竊其權

華力透紙背

鐵浮圖臨軍。猛氣無當者。

黄遵憲曰。褒貶皆當。要言不煩。

曷足責。責之極者。

而如已未嘗措手。及其得權。亦有所翼戴。而不敢自居。辭其名而取其實。舍其利而操其柄。使天下不能議。已子孫守其遺謀。而加以周密。終使帝王之廢立。攝籙之進退。盡取決於已。而如已無所關不得已而爲之措置。是北條氏家法。所以能長持天下權衡焉。而至於盡心民事。前後武族所罕覩也。蓋自知其悖逆人神所不容。惴惴焉計以此贖之。而泰時其最者矣。世之論者。於泰時無所間然已。余謂承久之事。泰時其罪之魁也。何哉。使泰時之賢果如所傳乎。則既定禍難。擁大兵於輦下。諸大處分。莫不由已。其於朝廷與幕府。往復之際。豈無所以善處之。已可以理導。又可以勢禁。是之不思。而陷其父於大惡。雖有善政。寧贖其罪邪。是知舊史所稱泰時勸其父詣闕納降。不聽。臨發問遇親征則何爲。曰降之。否則決前。皆史氏爲之文過耳。不足信也。至其立後嵯峨。亦出恩仇之私。論者謂之天命正理。亦過褒矣。然北條氏七世。其可以人理論者。獨有泰時。其他如義時。皆蛇虺鬼蜮。又曷足責。歟或傳義時誅深見某者。而近其子卒爲所殺。噫是其或然也。昔平清盛源義仲。並稱兵抗上皇。皆除讒人而已。不敢遂其幽囚之計也。然猶不免誅滅。如義時者。眞無前逆賊。而得脫叛名。於

黄遵憲曰。張皇太甚八字。唯山陽見得到說得出。比之青山氏之論豐臣。懸若霄壤。

又曰。以守爲戰。度德量力。足以自强而禦侮。彼啓貪心勤遠畧。自貽困敝者。不思之甚也。

世。天其假手其臣僕。斃之也。及其子孫。遇新田氏之斧鉞。抉其巢穴。殲其醜類。天網恢恢。踈而不漏。豈不信哉。外史氏曰。時宗之禦元虜。保我天子之國。足以償父祖之罪矣。虜蓋以其所以恫喝趙宋者。來擬於我。我卻其使不納。未有曲直也。及彼以兵來脅。剪屠我邊疆。則曲在於彼。彼使再來。不可不執而戮之。折彼凶威。定我民志。奪其所挾而決死待之。可謂深中機宜矣。否則我幾何而不爲趙宋也。其後唯菊池氏之待明。庶幾接武。足利氏屈膝外嚮。不足言已。豐臣氏能不辱國體。勝足利氏萬萬。然至與明戰。張皇太甚。内自困敝。雖攻守勢異。不及北條氏遠矣。北條氏之策。守則土著。不煩徵發。軍須不擾。輕費委任將帥。不自中掣之。其戰則憑陸誘寇。走舸逆戰。短兵急接。皆可以爲後世之法也。吾嘗觀鎮西士人所傳元寇圖卷。虜盛以砲礮臨我。而我兵揮刀奪前。虜不暇發焉。蓋是時我未有火器相敵。吾是以知兵之勝敗在人。不在器。我長技自有在焉。可恃也。

黄遵憲評　勝敗在人。不在器。推之天下皆然。徒效人之器。而人材不足。國帑空虛。自守且不足。安能勝人。山陽一代偉人。其識議非尋常所能夢見。後數行所論。雖世世由之可也。

石川鴻齋評　一氏九世。所論義時泰時而已。其他爲不可以人理論者。識見卓偉。筆鋒

議論確實通儒之言不可磨滅

透紙背。末段論時宗代元寇之事。主意與前論不同。故分局。枝葉井然。老嫩異彩。叙記事者。宜為規矩矣。

○○贈黒澤元正叙　　鹽谷宕陰

黒澤元正羽之窪田人也。歳之季夏初訪余廬。坐定談及古今制度。云僕篤信周官。其法度不可行于後世者。而先儒多疑其書何也。予曰。形者末也。意者本也。原其大本而觀之。則周官之法意已行於今世矣。何況漢土乎。世之疑周官者。以有其用之而敗者疑之也。王莽一用之而覆漢室。王安石再用之而擾趙氏。方孝孺三用之而誤建文。皆泥于形而暗于意者也。泥于形者。不切於實。不切於實。惡能通其變。暗乎意者。不達於情。不達於情。惡能適其俗。如是者安得為用周官哉。以予觀之。善用周官者。莫如唐太宗焉。六部之倣六典。其僚佐承掾之分職掌。大率淵源于周官三百六十官。而損益之。府兵之原於農兵。租庸調之原於井田。因時制宜。通其變而適其俗。切於實而達於情。非法乎意而不泥乎形者。焉能如此。蓋房玄齡魏徵等。明達時務。孔穎達等精深禮學。相與倶詳議審論。以定一代之制。於是乎周官之法。得其變通。而秦漢之陋弊大革矣。清世祖問陳名夏。漢高光唐太宗宋藝祖明太祖。孰優。名夏對曰。唐太宗似優之。

字簡事達。如霄夜望星宿。

世祖曰。不然。明太祖立法周詳。可垂永久。歴代之君皆不及也。予則謂明之律令。有失於狹隘苛刻者。立法周詳。而不失三代忠厚之意者。唯唐太宗寔當之。故宋元明清之法。皆不能出其範圍也。及我發遣唐使。遴才俊以就學。明王賢相。善法彼以定律令格式。審國俗之同異。民志之向背。適時以立文。稱情以裁宜。遡而考之。則八省之官。即冢宰司徒六典之遺意也。大綱立而條目隨之。及鎌倉立府。戎馬倥傯。大率武斷為政。然大江廣元畧取於天朝之法意。以定幕府之制。北條泰時造貞永式目。蓋亦原於廣元之議。室町氏大抵沿之。東照大君修鎌倉室町之法。斟酌而増損之。遡而原之。即不離乎李唐六部之官制。而亦自與周官六典之法意合。況諸侯封建。厚往薄來。士世祿。民有租税而無力役。士衛民。民奉於士。弊其廉恥。優其恒産。仁義之旨。藹然行于其間。豈非周官之法意隱然行乎當今也哉。元正聞予言。而如有會乎其心焉。既而從其君。如京師。留數月。屢致書以問經國之務。皆切於實用者。昔者桓温入蜀。諸葛武侯時小史尚存。年百七十歳。温問諸葛公有何過人。史曰。亦未有過人者。但公没以後。未見有妥當如公者。所謂妥當者。非智識精明。揣摩沈練。老世故。深

鼇頭
躬在學職。用意於政理。先輩厚於業可知矣。

人情者不能也。元正意氣果鋭有才思。世仕巨藩。而身居學職。巨藩足以有為。學職得以進言。其於周官之書。研鑽有年。他日學益進。識益老。能通於法意。而不泥於形。施為妥當之旨。有得乎心。而應乎手者。則可出以有為矣。其歸藩也。乞予一言。乃敍嘗所共言以申之。

黄錫銓評 不泥形。不暗意。真善於讀書者。東國建官。上沿秦漢。後彷李唐。多得周官之法意。時世變遷。制度改革。頼有此等文。使後世考古之儒。庶知先代規模不等。王方之流。得以究其得失。是有關係文字。

石川鴻齋評 徳川氏時。有學者用意於周官。問對者。粗悉其詳。若近時書生。不知周官之為何物。動輙曰歐法。曰米律。雖未知其可否。學風之變遷。可以斯文知耳。

鼇頭
簡重嚴整。如名將臨軍。旗幟翻風。矛戟耀日。金鼓一起。山河震動。
黄錫銓曰。絶大眼光。絶大議論。

○○書海國圖志後　安井息軒

元氣浩浩。盪於無垠。大地懸於中。旋轉以行。環焉而國者。無慮數百千。大則瀛海隔之。小則山川限之。寒暑異候。肥瘠殊宜。民生其間。衣服飲食。俗尚之區以別。邈焉如異物。言語不通。嗜欲不同。生焉而習。不顧其外。此天之所以使斯民各遂其生也。聖人仰而奉之。各帝一方。以育其民。凡與我異俗者。棄而絶之。豈其仁有所不足哉。謂我仁吾民。彼愛其民。普天之下。莫不蒙其澤。必欲推其愛於殊俗。我仁未暇以洽於彼。而我所愛者先受其害。故棄而不收。各全其天。是以偏地之民。皡皡熙熙。生

鼇頭
毫尖穎脱。欲破嚢。
能洞察夷情。眼光如火

死於膏澤之中者。蓋數千年矣。世運漸降。好名貪利之徒興焉。於是狡焉思以闢其境。南北相撃。東西相并。仇怨所結。牢不可解。民之死於鋒鏑。動輙數十萬。慘痛楚毒之狀。不可勝言焉。然其禍猶止隣近。未有踰瀛海渡絶險以盗人國者。其有之自歐羅巴諸夷始矣。夫歐夷之於利。無遠不捜。堅其艦。巨其礮。以周流地球。逢愚則誘而取之。見弱則攻而奪之。智不能誘。力不能攻。則詭譎百端以通互市。攫其材。奴其人。必盈壑谷之慾而止。而其尤甚者。欲統大地而帝之。而聖人奉天仁民之道荒。此亦天地之一大變矣哉。清國魏源。懲阿片之亂。

鼇頭
結末一轉。言盡萬世規箴。真儒之言。不可易

嘗著聖武紀。以溯富強之源。又譯此書。増以聞見所及。而四方之國。粗無遁形。其於内治外攘。可謂盡心矣。夫聖人之道至矣。物莫以尚焉。然彼既極其智巧以窺我。我亦不得不悉其情形以備之。則若此書者。雖聖人復興。其必有所取焉。嗚呼。物無常盛。富強之勢。一彼一此。而各欲求其所利而有之。天下之亂。寧有窮已乎。誰與創此禍者。視天夢夢。有國者其可不思所以自安乎哉。

黄錫銓評 攫財奴人。及不得不悉其情形以備之。物無常盛等語。真洞見癥結。大聲疾呼之言。此才若為世用。必能斟酌治道。去取適宜。魏君默識經術。湛深洞達治體。其言皆可見諸施行。説經之書尤多。考據精博。掃除俗見。文章亦卓然大家。此

堂堂整整。如名將臨軍。

文力摹魏氏。如出一手。

東湖遺稿序

林鶴梁

水戸藤田君東湖。學識高邁。才略卓拔。遇忠孝大義事。輙感奮激勵。常欽諸葛武侯岳武穆之爲人。烈公奇君才。擢用勿貳。其明良相遇。世稱蛟龍之得雲雨也。既而烈公以嫌疑得罪。君坐此幽囚。雖再起復職。不得大施以終。可謂不幸矣。天之報善人何如耶。頃者令嗣彊卿。鈔君遺文。將繡梓公於世。以余與君交誼最厚。來徵叙言。固辭不可。乃曰。士之幸不幸天也。然天與之而復奪之。或奪之而復與之。其剥復乘除。皆有成數。而幸不幸之運。一定不易者。天實命之。人莫能得而前知焉。抑先主於武侯。委國託孤。孝宗於武穆。寢閣召命。若二公者。皆可謂遭遇希匹。然武侯中道不得志而沒。武穆冤死於莫須有之獄。不能無疑於天報之嗇也。則於東湖亦何怪之。雖然天之命二公。豈偶然哉。昔人云。武侯出師表與伊訓說命相表裡。武穆奏表諸文。亦與出師表相上下。由是觀之。其文與聖經並。而有功人心世道。赫奕於千萬世之下。可謂幸矣。其抑鬱於一代者。是天欲與之而先奪之耳。孰謂天命出偶然哉。今東湖之文章。雖未知果與伊訓說命相表裡乎否。然忠義之心。與浩然之氣。相

儁傑廉悍。如狀東湖容貌。蓋長孺氏本色。

脉絡貫通。不煩而妙。

觸成文。凌厲雄健。悲壯淋漓。所謂龍蛇虎豹變現而出沒者。使人一讀感奮興起。視之二公之文。豈有慙色。然則天之所以報東湖者。可謂厚且幸矣。其志雖屈乎當時。其文章垂乎不朽者。卽一時之奪。而萬世之與。天算無違。人皆不能前知也。予以其遭遇終始與二公相似也。併論以爲序。

沈文熒評　偏師出奇。未知當大敵。

黃錫銓評　序其文而表其爲人。即從其素所景慕之人生出波瀾。從昌黎公送楊少尹序奪胎。規矩秩然。文情尤佳。悟此則文無窮境。

重野成齋評　看他文字穩妥。議論平世。與世之競輕俊夸纖巧者夐別。乃是文章正脈。後學模範。

瓊矛餘滴序

重野成齋

名安繹。字士德。號成齋。鹿兒島人。住東京。一等編修官。

瓊矛一滴。凝爲殷馭盧嶋。八十五洲國列焉。三千萬生靈育焉。微眇之至昭著。蒙昧之爲明顯。教國子之法。亦猶是歟。古者學師教人。諷誦爲先。誦一句識一事。以至千萬言之多。所謂多識前言往行以畜德者。循是道也已。易曰。山下出泉蒙。君子以育德。夫泉水之出山。其始涓滴耳。至乎注爲河海匯爲澤沼。天象涵焉。貨財殖焉。故君子取象以發蒙養之義。童蒙求我。我告之以前言往行。其文則詩。其事則書。兼詩書之義。而便于諷誦。唯李瀚蒙

好結

求一書爲然。橋本靜甫倣瀚書、摭我橿原以後之事、得四言若干韻、名曰瓊矛餘滴。將上梓、來問序。吾知此書之行、戶誦家習、遍于八十餘州、使三千萬子弟識二千年事蹟、其利于世也、譬諸河水之灌漑。豈徒餘滴云乎哉。抑靜甫齡纔踰而立、而文才富贍如此。自今以遑著作之出、將源源乎無窮。此蓋其一滴而已。見微知著、余於此書亦云。

黃錫銓評　高以下基洪由纖始、眼前道理、經妙悟人指出、知範末亦具無窮之蘊。此文之最有意理者、不獨引易作証、爲確也。

龜谷省軒評　書名已屬微妙、故以易象闡其義。此其所寄於文。

石川鴻齋評　一滴之水、及三千萬子弟、猶維摩在十笏之坐、設一萬二千獅子坐。筆力變幻、神通不可測。

酒史新編序　青山鐵槍

名延壽、號鐵槍、常陸水戶人。青山延于子、住東京。

起句自天邊來。

堪輿之間、物皆有所待。虎豹之待爪牙、草木之待雨露、金鐵之待冶鑄、人才之待教育、無不皆然。人之於一身、寒而待絮、暖而待絺、飢而待食、渴而待水。唯酒者獨若無所待者。而人之待於酒也尤居多焉。久客來歸、親故聚首、團欒話舊、此際待酒而舒其怡。兀坐開卷、通覽古今、忠邪顚倒、此際待酒而平其憤。南浦愴別、再會無期、黯然消魂、此際待酒而忘其悲。風物清朗、良朋盍簪、信眉抵掌、此際待酒而適其樂。溪梅數株、新月映流、清香襲衣、此際待酒而寄其興。江雲驀然、夜雨扣蓬、孤坐無聊、此際待酒而排其鬱。是我伯兄之所以待於酒、而有是編之著也。若夫粉白黛綠、嬌笑獻媚、歌聲繞梁、待酒而助其快。搤腕瞋目、生殺相誓、睚眦必報、待酒而結其歡。口語相仇、頃刻反目、讙呶叫號、待酒而解其紛。則王公大人烈士豪客之所爲、而非我輩之所知也。抑亦流連耽溺、靡晝靡夜、勇者爲之亡身、智者爲之失慮、賢者爲之喪德。此書之所以誡也。伯兄天資不勝桮酌、花晨月夕、傾二三爵、滿顏生頳然。其胷中灑落、風度脩然、性亦常愛酒。

陳列有法、不厭多。

又愛酒器、集藏吾邦磁栝、至百餘品。嘗命陶工作舭舩、爲之記。其意云、酒能樂人、亦能覆人。蓋寓箴誡之意也。世之讀此編者、能以伯兄言爲意、則酒語警誡之語、亦不外於是。是爲序。

以餘波結篇、猶宿醉未醒、又傾一盃。

黃錫銓評　鋪排設色、如讀送孟東野序。

石川鴻齋評　一篇遊戲之文、反寓警誡之意、似和解酒語。末章載伯兄之語、覺一段光采。吁世人醉酒、鐵槍氏獨醉文者。

〇國史紀事本末後序　青山鐵槍

史有二體、曰紀傳、曰編年。夫考一代之治亂盛衰、及人物之邪正臧否、莫詳於紀傳。然一事而或係異世、或屬數人、讀者殆不能得其綱領焉。包括歷詳紀傳編年之體。簡而明亮。

世事蹟。提綱絜要。使易循覽。莫善於編年。然序事拉雜。或刑政或吏事文學見者殆不能晳其頭緒焉。於是又有紀事本末一體。能極其偏重。通其脉絡。事係異世。或屬數人者。合為一篇。刑政文物雜然並陳者。皆分就其緒。譬諸人身。紀傳猶身首手足毛髮之微。無所不具。編年猶骨骼肺腑。紀事本末猶脉絡氣血也。故史必待此三體而始全矣。古者王室之盛。世有勅撰。其體皆用編年。所謂六部國史是也。水戸義公撰大日本史。始用紀傳之體。其書雖非勅撰。義正例嚴。與六史並立。足稱正史。獨紀事本末一體。世未聞有撰述者。我兄伯卿業紹箕裘。刻意史學。上攝六史。下據義公紀傳。旁捜百家紀録。彷宋袁樞之書。著國史紀事本末。前後編勒成七十四卷。上自神武創業垂統之烈。列聖繼述守成之美。神功之遠征三韓之朝貢。天智之中興。桓武之撻伐。下至外戚之驕恣。源平二家之傾軋。群國之割裂。織豐二氏之勃興。德川氏之致治。其間文物典章之盛。吏治之得失。文學之汙隆。名臣碩輔之勲業。皆區別門目。以類排纂。經緯分明。節目詳具。前後始末。一覽了然。遂使編年紀傳貫通為一。其功殆不在袁樞下也。而其序事典雅。質而不俚。簡而有法。吾知其與正史並立無愧色。

數年鴻業。鍾此一史。序以表先人偉績也。嗚呼有此兄而有此弟。文章與家法而嚴肅

也。袁樞一書。雖體屬創剏。其文則因通鑑。如是書。雖本六史及日本史。至其行文。必蒐採原書。別自出機軸。會萃衆説。首尾貫串。實為一家言。且如漢土。異姓更興。世異其撰。故紀事率止一代。吾邦則百王一姓。萬古不易。故紀一事。動有跨數十世者。若歷朝崇文及民政外戚秉權。朝政寛弛諸篇。包括數百年之事。語意貫通。有條不紊。自非胸網羅全史。左右逢其原。則誰能至於此。今也王室中興。百度維張。若夫取法前代。貽誨來世。此書又曷可少哉。伯卿名延光。號佩絃。初仕水戸藩。為弘道館總教。後徵為大學中博士。特賞其用力於國史之功。賜綿五把。平生所著書數十百卷。其上梓者若干部。今茲丙子。此編刻成。其子勇授簡於予。予因書之。俾置諸卷後。

重野成齋評　文雖若無太奇。而條鬯穩秀。所謂啓寤看山者。

石川鴻齋評　不修不飾。一意貫串。以詳其勲功。猶百尺老杉。雖枝幹無屈曲。自為梁柱之材。

○○書茗䕺書生寮名簿後　岡鹿門

名千仞。字振衣。號鹿門。仙臺人。住東京。

余獲茗䕺書生寮名簿。手寫一本書其後曰。余從事於交遊之間三十年。識面之士遍海內。而其於茗䕺諸子。夢寐聲容。愈久而愈不能忘者。豈以同

何如璋曰書生悲憤之情狀躍然紙上

又曰叙次簡淨

又曰沈鬱頓挫奕奕有神

學情誼不減兄弟骨肉之親耶將以幕府末運喪亂茂資今昔之懷存歿之故觸物興感無自解釋之故耶余年甫弱冠入茗黌時方無虞學者尚行實或以文章或以經術循循雅飭不敢爲大過既而米國使艦來浦賀要請貿易事在不測學者爭論國事漸涉矯激而茗黌此風尤盛作爲文字譏切時事痛言極論取快一時每出飲酒醉則抵掌縱談出肝膽誓日月拔劍起舞悲歌淋漓繼以泣涕及水戸烈公負國家重望得嚴譴此輩憤惋奔走東西煽動朝野刀鋸在前奮進不避令舉其致死于此者説公卿拒絶幕府上請以是受刑有若賴醇以攘夷大義逼幕府以是死刺有若清川八郎匡合義故四受大兵力盡就死有若松本衡高橋祐次改革宿弊振幕府衰替以是速怨死刺有若原仲寧攻薩邸爲其所砲殺有若金子與三同志據國疆抗幕軍勞悴致死有若高杉晋作變革藩政振作士氣爲怨家所斃有若松林漸此皆卓卓在人耳目者其他家里衡死京師與平小太幽死亀山森喜右死膳所田中直進死伏見殿内大二死壬生西恕一死筑波佐藤百輔死白川其志雖不同亦皆死國事者也嗚呼當其翺翔一堂慷慨談論固已知此生不足惜而諸子不食其言

又曰拍塞牢落之懷流溢言表

叙事整頓簡而有力

挺身甘就犠牲何其壯也顧余處天下鼎沸君臣失措之時不能有一所措畫喪亂以後齒髮牢騒無復意當世常思仿元遺山故事掇拾舊友逸事編成一書供史官之採而當日名簿輾轉歸余手亦殆非偶然矣名簿越前人關義臣所藏義臣文久年間入茗黌爲舍長今爲司法判事

何如璋評　記及節義事便覺下筆有神念舊之篤風義之高當於古人中求之文章之佳猶其餘事也

黄遵憲評　遒整高潔如龍門之桐百尺無枝而偃條覆葉復具有神龍欲飛之概

黄錫銓評　沈鬱頓挫筆筆有神非具真血性者斷不能作

○地山堂詩集序　岡鹿門

下野黒羽地山三田翁年七十携其平生所獲詩稿及雜著來東京詣余廬請序其首余未悉翁平生因延翁上座與之語翁曰戊辰之歳余聞九條公以奥羽鎮撫使東下館于仙臺奉藩命往候至則伊達上杉二氏召列藩重臣會盟於白石城要余與盟余以大義論爭二氏不能强乃辭歸贊藩論屬官軍從事東征余聞之始知翁爲大節之士肅然改容乃取其集讀之爲卷若干古今体若干觸景感物直叙胷臆不事修飾深獲古風人之旨戊辰前後諸作一篇中三致意者慷慨悱憤皆發于憂國傷時之誠與世之嘲弄風月徒釀浮華者大

一篇不足四百字。能詳翁之大義。又叙己意。末段引躬菴負氣節之事。筆力千鈞。所謂百尺竿頭進一步者。

異其撰。蓋黒羽以蕞爾小藩。孤立賊衝。効力王室。亂平之後。賞祚土之褒。此雖由藩主重勤王大義。蓋亦翁之贊襄得其道也。嗚呼翁所樹立如斯。顧余齡垂半白。聲名不立。而翁乃以余文爲可冠其集。豈非以余當時在奥羽。大義論争。遂以是觸奇禍。僅余性命之故耶。昔者彭躬菴撰定其文。曰。令世可叙我文者。獨有寧都魏叔子耳。躬菴負氣節。不輕許可。其取于叔子。固不止區區文辭之末也。遂不辭而序。

何如璋評 作者敦品力學。好立名義。故每一涉筆。輒自有眞氣。貫注其中。古人立言之道如是。

黄錫銓評 極有法度之文。

○近世日本外史序 南摩羽峯

名綱紀。字士張。號羽峯。青森縣人。住東京。

論世之治亂沿革。不可不先論其時與勢。論時與勢。不可不先論其人。蓋時與勢天也。成時與勢者人也。善明之。是爲讀史法焉。我國體或爲郡縣。或爲封建。政權或落相家。或歸將門。一治一亂。一隆一替。其變遷沿革不一而足也。而皆以時與勢成。成必由其人矣。余嘗謂近世武將。撥亂反正。尊王室。安天下者。若織田氏之戰略。豊臣氏之雄才。皆爲不世出之豪傑。而或半途而躓。或一傳而滅者。

三島中洲曰。時勢人三字。一篇眼目。而人字又爲眼目中眼目。

又曰。時論刻薄。此則公論。感服敬服。

何。蓋恃末而忽本也。何謂末。才智勇力是也。何謂本。仁義忠信是也。獨德川氏兼備其本末。子孫亦善守成。以成三百年驩虞之治。其善政偉蹟。夐超越於鎌倉以來諸將軍矣。然而自今回顧之。則上者張威福。下者甘卑屈。不能免擅制抑壓。吁是亦其時與勢不得不然也。嚮當慶長元和之際。俄改封建爲郡縣。使諸侯去其國而住東京。臣民離其君而留里閭。則皆能首肯乎否。減禄廢刀。解其所職。則皆能首肯乎否。與海外萬國。通信互市。雇彼爲教師。或遊學彼國。自政體法律軍法學規。至服制百工技藝。大率摸倣彼。則皆能首肯乎否。余斷

知其不首肯。不啻不首肯。尋之用干戈也必矣。安政以還。始解外國通信互市之禁。至慶應明治之際。大将軍辭職。政權復歸朝廷。諸侯争奉還封土。爾後駸駸乎進而不止。以至今日之隆。其變遷沿革。亦皆由其時與勢。而成其時與勢。則由人智開達。廣知宇内之狀勢也。豈得以今日之開明。譏往時之朴陋乎。而時論或譏德川氏之擅制抑壓。而不措。是猶求菓實於未花。望時夜於鷄卵。何其不思之甚也。關杏宇著近世日本外史。肇慶長八年德川氏爲征夷大将軍。訖明治元年王師平定函館。叙事簡明。條理井整。所謂時勢由人成者。可以

南摩羽峯曰。僅僅四百言。而無限變化。無限恣態。

觀矣。刻已成。余乃叙讀史法。使讀者知治亂沿革之非偶然。

中村確堂評　兩兩對擧。忽歸一而又分爲數派。猶泉水之繞沿崖而流。無限曲折。無限韻致。使人愛玩不止。

石川鴻齋評　議論痛快。能言難言。杜詩所謂似倩麻姑癢處搔。斯文充之。時勢由人成一句。最覺莊重。

○湖山近稿序　三嶋中洲

名毅。字遠叔。備中人。住東京。

湖山小野翁。夙以詩聞于世。方明治中興之初。登庸在清顯。亡何辭官。逍遥于江湖之間。余在僻陬聞之。竊疑焉。頃翁在覇府末造。憤時政委靡。慷慨論議。無所忌憚。終爲俗吏所構。禁錮多年。今也皇政一振。百廢悉興。翁得時行志。猶何有所不平而然也。既而上京。屢與翁來往。一日翁出示其詩稿曰。是明治紀元後所得也。請弁一言。余受而讀之。上贊頌皇猷休美。下記述風俗開明。其餘閑適應酬諸作。亦皆皞皞熙熙。莫非表章太平氣象者。則謂之一部中興頌亦可也。於是宿疑釋然。翁意蓋謂中興業既成矣。濟濟多士。豈乏守成之才。獨至頌中興盛事以傳之後世。則捨吾而誰。是其所以超然退隱。從事操觚。有此盛著也。抑翁詩在往昔。多激烈悲憤之詞。比之今日雍容和樂之音。殆如出

別手。蓋非其人之異也。其時之異也。是故時異政變。則翁詩復變爲激烈悲憤。亦不可知。而方今當守成之任者。黽勉勵精。必不至變中興政。則翁詩亦將長不變其雍容和樂之音也。

鷲津毅堂評　從舒公進退出處。説及時政之變。極有味。此篇一出。舒公亦足以增聲價。

○○評本文章軌範序　龜谷省軒

名行。字子藏。對馬人。住東京。

謝君直軌範。行于我邦久矣。頼子成好讀之。子成門人牧信侯。記其記。信侯歿。中村鼎五得之。鼎五信侯門人也。頃者將付梓。屬叙於予。受而讀之。其評精審。別出手眼。顧君直寓微意於選評間。而後人不察。妄增益篇什。今悉指摘之。君直之真始見矣。嗟乎君直之意。待子成而明。子成之説。藉信侯鼎五而傳。二代之功。豈淺鮮哉。夫文之爲物大矣。日星並輝。山岳共峙。嚴者如寒霜。壯者如秋濤。可以傳後而行遠。或有罪其人毀其集。如唐憲宗於韓。宋哲宗於蘇。而其文終不可滅。蓋以有其氣在也。韓子有言。氣之盛者。聲之高下。與言之短長皆宜。蘇子曰。其氣充乎其中。而見乎其文。乃其所見者。爲俊逸。爲簡遠。爲雄渾深醇。各與其氣小大稱。煌煌乎萬世不可磨滅。如此編所載是也。若華辭彫句以求巧。繁引旁證以衒博。抑末也。何足以言文

島田篁村曰。以文章十分張皇。以此爲下文地。巧甚。

重野成齋曰。此篇理正氣靜。不着浮辭冗語。至結末。鏗爾而止。尤不可及。

鼇頭

沈文熒曰。上下千年。意識甚遠。筆致亦佳。

又曰。叙次古蔚。

又曰。開拓文境。有山窮水盡。柳暗花明之妙。

乎。夫君直以身殉國。氣節崢嶸。子成隱居不仕。著史自娯。其論王室陵替。感慨淋漓。使人興起。可謂偉矣。故有君直之氣節。可以選文。有子成之氣槪。可以論文。不獨作文之資於氣也。

何如璋評 格律嚴潔。識議簡老。非深於此道者。未易到此。

沈文熒評 以氣字爲骨。披窾導郤。皆中肯綮。筆力亦清挺。

黄錫銓評 此纔是序。評本軌範。他人皆序軌範耳。單提氣字。亦因選者評者而言。非專以此論文也。氣有所由生。讀者善悟可矣。

○○送吉嗣拜山序　龜谷省軒

太宰府人吉嗣拜山。曾仕於朝。遇災畸其右手。乃罷官。專力于文藝。能左手作書畫。又好探山川之奇。北抵賀越。西極對馬。又將遊禹域千里。修書求余一言。余素昧六法。請姑論書以贈。昔者王室之盛。遣唐之使。舳艫相接。故當時士君子。耳濡目涂。皆邃于書。若菅原相公。空海上人。幾與歐虞輩。東西並馳。爾後干戈騷擾。驍悍相競。窮日夜以講習鈐韜。未暇論筆墨也。慶元以來。文教漸起。操觚之士輩出。然航海有禁。不復得如昔人與唐室名士相周旋。唯就石本求影響於彷彿耳。嗚呼書法荒矣。今王室中興。禹域之交復通。於是載筆航海者。往往有之。而未見其邃於法如古人者。何也。夫探勝於湖山。歌嘯漸江姑胥間。漫漫往。揚揚歸。是徒

鼇頭

又曰。別生一波。結得不盡。妙極。

起筆雄壯。使人戰慄。

如親覩戰狀。筆力壯快。

遊耳。善遊者則不然。其自視欲然。求賢士大夫。親炙之。乃謂吾筆蕩矣。吾書詭矣。豈非由吾氣躁而心粗乎。恍然有悟。返諸沈著痛快。以追逸軌乎千載。果能如是。則遊不徒遊也。拜山勉之。拜山之鄕古鎭府也。菅原公曾帥焉。流風餘韻。藹然尚存。意必有藏公真蹟者。歸之日。謁公祠。而試觀其書。或不河漢余言也。

沈文熒評 疎鬯條達。而筋節遒勁。非名手不辨。

黄遵憲評 爽猶頓宕。神味無窮。

黄錫銓評 作者胸次。全無俗氣。故其文淡而遠。宛而有神。駸駸乎登古作者之堂矣。

明治鐵壁集序　阪谷朗廬

名素。字子絢。備中人。任東京。

去歲肥薩之變。豪兇二萬。有餘積忿。蓄鋭傲然。暴發咆哮于數十里。我大總督以下。三參軍十八將率數萬兵。轉鬪二十有餘旬。蓋砲戰之劇。吾邦所未曾有也。士周旋其間。横筆代矛戟。亦壯矣。友人末松青萍。以書記從山縣參軍。日肥薩隅四州山河。莫不跋涉焉。其所得之詩。號曰明治鐵壁集。雖間有過奔放者。而要之無凡作。才思勃發。奇句坌湧。豪宕之氣。蓬蓬漲行間。且其題記。皆其所目擊。又可當一部戰記。吟誦之餘。想見峻峰激湍。砲聲如雷霆。肉飛骨翻。流丸啾啾。掠鬢邊過。而青萍自

若楯鼻草檄賦詩使余輩伏櫪老駑復躍然思千里也青萍今年齡僅二十有二又能通歐學凱旋後襟懸六等勲章以公使館書記赴英國已航海其門人以遺囑來請序余聞魯土和議畧成英墺有違言歐洲大戰將起果然以青萍之豪才逸氣立倫頓府將復爲何狀也執筆西望慨然者久之

重野成齋評悲壯奔放正與題相稱

石川鴻齋評青萍氏在腥塵之中有此流風子絢氏坐閒窓之下縦横奔筆於戲此二氏所爲與行相反可謂奇矣哉

譚古書餘序　岡松甕谷

名辰吾豊後人住東京

仁義忠孝之存乎人心其猶火之於燧乎今夫平居無事其心澹然無倚也其氣油然無動也一旦見忠臣孝子超世拔俗之擧與夫慷慨憂憤履危冒險捐棄軀命濟於一時者罔不攘臂扼腕欲起而輔之譬之鑽燧而得火非人固蓄是心何以如此哉若夫奔走於市井之間汨沒乎名利之途者吾恐是心熸焉而熄焉孟子所謂牿亡之者非耶是以古之君子苟見有拔乎流俗之中足驚視聽者不以布衣韋帯之微負販乞丐之賤咨嗟稱揚之不遑從筆之書傳之於天下後世欲以翼輔世教涵養民德設其心豈非忠厚之至乎吾友金陵

重野成齋曰推本聖意特爲得體裁

又曰諷規當世語亦有斟酌

芳野叔果有譚故書餘之撰蓋亦以是也嗚呼自聖天子御極慨我邦威武之少遜於往昔首詔群臣講富强之術欲以張雄乎四海雜取西人之方可以利裨民者麾天下而趨之於是乎火輪之舶電信之機徧於通國而才俊之士往往致力於陶朱猗頓之業稍饒於財輙崇飾黌庠修夷道途以利濟斯民者相踵而求夫砥行抗節以身徇世道民彜者葢未易多得也吾聞古之張武震左傳君若能以玉帛綏晋不然則武震以攝威之爭强於一世者非獨賴貨賄之富兵甲之利要在人人重義尚勇以壯敵愾之威焉則是書也毗國家治化之隆豈不至大矣乎叔

又曰掉尾一振語意乃完

果齒益邵學益博翕然爲當世宿儒而文章之美亦足以感發人心余豈得不亟稱揚之以勸後進子弟之勵風節慎行義者哉但至夫忿狷之餘遑志乎一擊自以殺身成仁藉口者君子之所不與而余之與叔果復何取於斯

黄錫銓評意理周匝議論平正

重野成齋評今之說仁義忠孝者不歸迂腐則流詭激其言往往與當世背馳獨此篇推聖朝施設之本意以及其末失思所以矯救之者結末又戒仁義忠孝之至忿狷既不阿於世又不詭乎俗文至此始有裨于政教矣

政學概論序　菊池三溪

名純字子顯東京人住西京

龜谷省軒曰。起得俊拔。

昔者方有周之始興。箕子敍洪範九疇。曰庶民如星。星有好風。星有好雨。月之從星。則以風雨。洵哉政治之不可不以合乎天理。原乎人情也。夫四海之大。萬國之繁。星羅雲布。國各異其俗。人各殊其風。令設欲比而同之。則雖有智者。吾知其扞格弗行也。是以古先聖王之明道立教也。平易明白。如日月麗天。如四時錯行。亘古今。弗問華夷。即至愚無智匹夫匹婦。使皆可踐履而擧行也。豈復以扞格不可行之說。强之邪。然則其道云教云者何也。曰爲人君止於仁。爲人臣止於敬。爲人子止於孝。爲人父止於慈。與國人交止於信。是也。令也四海一家。萬國比隣。車書軌文。凡同其類者。皆如同胞骨肉。莫不相愛而相親也。嗟呼。豈有君而不仁者耶。明治戢戈。百廢畢擧。庶績咸凞。禮樂征伐。自天子出。嗟呼。豈有臣而不敬者耶。國有學。爲以育其才俊。家有塾。焉以教其子弟。父子夫婦長幼之序備矣。嗟呼。豈有子而不孝。父而不慈者耶。各國交際日盛。各港貿易月開。息壤之言。不可不踐也。從木之信。不可不立也。嗟呼。豈有與國民交而不信者耶。凡此五者。靡國弗有。靡人弗存。則自然之道也。自然之教也。由自然之道。施自然之教。雖國異其俗。人殊其風。皆可以相通用矣。豈復有扞格

不可行之理邪。此令日當牧民宣教之任者。所不可不以深致思也。東派眞宗寺務局長石川氏。夙有見於此。使其友人中金某譯述泰西各國政治所由。名曰政學概論。凡其所著五種之政。三權之治。區別條貫。弗遺餘力。雖村童野叟不甚讀書解文者。劉讀一過。悉獲其要領。其補苴政治。翼贊休明。豈細小乎哉。石川氏之用意。可謂篤切也。抑眞宗一派。恩浹民心。澤淪翔走。是以半日說教。能令其君子犂然中心。以知遷善改過家國之不可不愛也。一紙贊文。能令其小人油然感悟。以解父慈子孝神佛之不可不敬也。其功豈小補云乎哉。加之令歲更設立教師育英二校。以養成四方俊秀士。如其教師校。成課有限。期以三裘葛。行將差遣各國中小校。以教化人民。恢張宗派。夫教化人民。則不可不通萬國政體也。恢張宗派。則不可不察各國人情也。此書雖僅僅冊子。簡而弗疏。容而弗煩。古今之理亂。政治之沿革。如揭秦銅照之。其合乎天理。原乎人情。如日月麗天。如四時錯行。如月之從星。星好風則風。星好雨則雨。庶幾其足以立教明道。翼贊右文之丕績歟。令課丙子十二月稿成。上梓。予悅其裨益乎風教也。不辭而書其端。

石川鴻齋評 星羅布置。如披雲霧望天漢。使人一讀通曉。關政學者。豈須修飾以艱澁

之辭。文淺易之說。君子所不取。世之作文者。其鑒之。

續日本文章軌範卷之三終

續日本文章軌範卷之四

日本　石川鴻齋批撰
清欽差大臣何如璋閱
姚江　沈文熒
嶺南　黃錫銓　合評
浙東　王治本

碑類　解見于前

○陳雲漳墓誌銘　野田笛浦

前身日域之人

龍虎飛徠自然妝飾。

皇國文政丙戌春。清舶漂到我遠江榛原郡。余奉官諭護送到長崎。船中客凡一百十有六人。而其風調洒脫可喜者。雲漳陳君一人。嚮本舩之漂到也。風怒浪躍。性命殆在呼吸。衆舉棹栗。君獨立舩上。望冨岳於雲表曰。茲行吾獲見東海名山。死亦無憾也。余心竊謂死生亦大矣。渠務為大耳。其中未必然也。旋舩到紀伊。君罹疾不起。方絕之際。命推舩窓。矚目曰。美哉海山。吾觀之而斃。則勿有悔焉耳。余始信向者之非覺言也。君諱某字某。雲漳其號。遠祖諱定生。明季以達士聞忤姦臣阮大鋮削官。世系缺焉。父諱順。為閩縣令。有治聲。君性豪爽。喜聲伎。耽勝槩。少遊蘇福之地。遂上龍虎山。飛猱岑乘槖而歸。歸則家道窘罄。不能自存。會浙江劉景筠赴我崎港。幹辦銅金。君為副總管。齎玳瑁珊瑚象犀大小呢諸貨。將來貿易。屬海颶作。投貨詞語明粹。使人大息。

恍如覩其人。文字溫雅。

於水者。凡十有餘件。路中惡風一蹶。以終實其道光六年三月二十一日也。葬於大日本紀伊二木浦海福山最明寺。享年四十三。君儀狀清挺。風骨珊然。脩幹岑立。髮垂抵地。望而見其洒脫。負出於尋常。夫貨者人之所好也。失而不恨。生者人之所欲也。死而勿悔。蓋有足以易之者矣。嗚呼。如斯之人。而余表之。亦所以表國家柔遠之意也。娶戴氏生一男一女。男發祥。女未字。銘曰。

日出之邦。南紀之地。浦有和歌。瀑有那智。厥水厥山。秀且美矣。魂而安耶。何問海內外。

黃錫銓評 簡而明。銘亦不俗。

石川鴻齋評 清新華潤。壯快有力。結末又關國典。眞儒生之文也。銘亦簡澹。憾不得疊山評語。

一句描寫其人。依然伯弘氏小照。

○○丹羽伯弘墓碣銘　安井息軒

文政丙戌。訪慊堂松崎先生於羽皐之莊。有闊面巨眼。嚴然對卷者。客至。一拜復讀。其容益肅。異而問之。先生曰。是爲越人丹羽伯弘。子求良友。乃其人也。時予學術未殖。不能究其所造。但見其年長氣焰逼人。特貌敬之而已。越十七年。北遊於奥。途拜日光廟。適伯弘登嶽而還。見於廟壖。遂與俱行止者。兩晝夜。聽其言談。察其擧動。始服先生知人之明也。從是書疏往來不絕。方恃爲百里神交。既

宛轉委蛇。至此初爲眞死。友愛之情淋漓溢紙。

而書往而不來者一年。或云伯弘死矣。予不信曰。伯弘畜於遇。必將豐於年。是猶未死也。又數月。其孤讓寄遺稿及行狀書。謂予曰。先人逝矣。北地僻陋。無以文窀穸。而四方知先人者。莫吾子若焉。願吾子之叙其志行。以終交誼也。敢哀哭以請。嗚呼。伯弘果死矣。予雖不文。安忍辭而不銘焉哉。案狀君姓丹羽。諱惪。號思亭。伯弘其字也。其先加人。慶長中。七世祖長右衛門君。始仕溝口侯。從移於越之芝田。遂爲越人。考諱滿矩。妣橫山氏。君幼好學。岐嶷夙成。年甫一章。自遊倅。擢爲郡屬吏。遷郡廻。加賜口俸。旋以孝而勤學。賜金幣之命。學於江戸。

萬世龜鑑。宜諷執政者。

執贄松崎氏。學識益進。既歸復官。兼公邑墾田使。增俸一口。初長右衛門君之釋褐於芝田也。祿秩頗優。後世遞減。至君位不出下士。以故其所從事。常在府史之間。在上者方向用之。而非其好也。遂請散地。遷典府。君爲人嚴正。而厚於親舊。禀祿既少。僅以自給。然撫存弟妹。備極恩意。親姻仰之如父母。人或以災患告。雖力所不及。必爲營救之。視猶於已。資以居官。細大必盡心。而不敢枉已以苟合。嘗與當路者。論政體曰。治國家之道。以崇尚廉恥。維持風教爲本。苟趁利害之末而已。雖治必亂。雖安必危。又謂一行修於身。百順皆從。孝之謂也。

學有淵源。證佛氏論不妄作。

先經學而後技藝。讀者宜斟酌其意。

陽假伯弘氏陰自慨。

上疏請行養老之禮。雖言皆不聽。而識者偉之。治經宗洛閩。有理未晰者。必根究之。雖小事不捨。而旁考訓詁於漢唐諸家史子群籍。有可以證義應務者。亦必取之。必質之六經。獨甚惡釋氏。嘗上書樫宇林公極論之。并進佛氏論三篇。公極稱之。既居散地。將有所論著。弘化丙午閏五月八日病沒。享年五十有二。葬於芝田城東某山先塋之次。娶山中氏。生二男四女。長讓襲俸。亦好學。一女未嫁。餘皆夭。君多技藝。詩歌琴書皆能入境。又解繪事。尤善文章。嘗有蠻舶遊奕於洋中。外蕃筆語舊掌於學館。侯特以命君。君感知遇。益肆力於辭藻。或斥爲外馳。而不少顧焉。性淡無他嗜好。官事稍間。則放浪於江山。自冨嶽松嶼。凡東北之名勝之區。足跡略印。每逢會意之境。輙寫而題之。又從而紀之。裒然成帙。及他詩文十餘卷。皆藏于家。嗚呼人生五十。不以爲夭。然以君之才之志。天假之年。雖仕途未必達。而北地文學。必能彬彬也。而終身困於簿書間。不能少展其志。齎憾以沒。是可悲也已。銘曰。

天道福善禍淫。我久疑也。斯人而窮且阨。終何辭也。衣服炫耀。車騎如雲。適自疵也。不朽者文。不磨者名。噫又何悲也。

叙法粲然。若晴夜望星辰。字々皆放光輝。

沈文熒評　辯士遊說。言皆動人。惜乎太多。

黄錫銓評　看似隨手撮序。實則法律最嚴。此等文非淺學所能辨。近代作者。應推巨擘。

佐瀨得所翁遺德碑　　重野成齋

遺德之碑。爲佐瀨得所翁建也。翁書師耳。何曰遺德。翁有師道焉。既歿而人不能諼故也。翁會津人。幼嗜書。嘗赴長崎。與清客錢少虎江元曦等論書法。後遂航清國。遍訪名家。質正研鑽。二年而還。寓東京。名曰振。弟子益進。其所書脩齊廉節四字。曾經御覽。賜描金梅花筆一。畫金龍墨兩笏。蓋異數也。翁於是命其居曰梅龍書屋。張宴于河東一樓。大會賓客。拜觀御賜。席上作鸞龍二字。方一丈有餘。腕力輕健。潑墨淋漓。觀者驚歎。翁於書無所不學。而尤喜歐陽率更趙松雪。迨與清人遊。遂大有所悟。能成一家。爲人樂易眞率。未嘗毀譽人及可否時事。常以揮灑自娯。忘榮枯得喪。故其書亦冲澹幽雅。無怒張之氣。修飾之態。官左院。無幾罷去。專以教授爲業。及門殆二千人。縑素摺帖。滿堂堆案。翁起臥其間。日夜不停筆。持摸本來者。一一指正。眼暈腕痺。猶不肯休。蓋篤嗜所存。不自知其爲勞。然終以此獲疾。至不起。明治十一年一月二日也。年五十七。翁既不誇技能。誨人諄諄偲偲。俯就泛應。終始弗渝。以故門人親愛之。如父母。及歿謀建碑於三縁山内。以予與翁有舊。來乞碑文。師道之廢也。爲師者不知所以教。弟子不知所以學。既學矣。又不知所以報。朝則師弟。夕爲路人。背憎陰詆。往往操戈入室。嗚呼甚矣。風俗之趣汚下。凡百學藝。莫不皆然。惟翁至性所感。門人小子。没世不忘。幾乎有廬冢服喪之思。語云。誨人不倦。翁近之。詩云。無德不報。門人有焉。然則翁之與門人。道也進乎技矣。

何如璋評　其規摸頗似桐城派。蓋根柢亦八家來。而尤近歐陽公。

黄遵憲評　雍容閒雅。其光黯然。其味油然。非寢饋古人。何以有此。

沈文熒評　醇雅而以研錬出之。如奏素琴朱瑟。緩節安歌。其聲和平而善感。

鼇頭　語約意溢

黄錫銓評　研錬而出於從容。堅栗而饒有色澤。天姿學力。兩臻其美。

紀恩碑

中村正直　號敬宇。静岡人。住東京。

伊賀國阿拜郡。今屬三重縣第九區。天嶽直其南。日長川界其西東北則服部柘植二川環之。至于郡西。三川會合。是爲木津川上流。當其匯流之衝。巨巖横焉。水不能順流而奔注也。每遭霖潦。逆浪汎濫。安政地震以後。其害更甚。津藩主藤堂氏。以郡屬其封内。卹念民瘼。屢濬淤塞。起隄防。鑿巨巖。竭力糜財。百方施功。而水害猶未已也。至明治三年九月。水大溢。流屍蔽野。邑市田廬。蕭條一空。於是始有徙民之議。會藩廢爲縣令縣令岩村君始至。首察民害。聽衆庶請。遂以舊城址一萬二千餘歩。爲徙居之地。又請于官。金四千圓。給其費。民歡愉趨功。小田村人村田順造。奉命董役。十年七月功竣。自是厥後。罹被災之諸村。如上野市。小田木與。浅宇田。與市。幸阪。馬苦勞。清水。盡皆化爲良田。收穫數倍。而城址之新邑。比屋連棟。煙火蕃盛。鷄犬相聞。民得聊其生。較諸曩時蕩産失財。死亡且不能救。其苦樂災祥之相去。奚啻霄壤。宜乎闔郡人民之頌道恩德而不能已也。順造與衆謀。欲立碑以録其事。傳之無窮。請余作銘。其辭曰

鼇頭　脱辛苦。就安樂。文亦豁然。

惟昔之災。水浸阡陌。下民昏墊。毎葬魚腹。
惟今之祥。安居聚族。孝弟力田。天降豊熟。
粒我育我。緊誰之力。令我不録。終忘恩德。
藩政惻怛。疏濬盡策。縣治忠厚。遷徙相宅。
轉災爲祥。易苦以樂。厥謀允臧。厥恩罔極。

黄錫銓評　盡洗浮佻之氣。質而不俚。

石川鴻齋評　叙事詳明。布置得宜。銘文典雅。能稱厥功。譬之浴後美人。雖不施粉黛。天然麗質。自備。学表忠觀者

續日本文章軌範卷之四終

續日本文章軌範卷之五

日本　石川鴻齋批撰

姚江　沈文熒
淸欽差大臣何如璋閱　嶺南　黄錫銓　合評
浙東　王治本

書類（解見于前）

丶、示春齋（名春勝後改名恕字之道一字春齋羅山長子）　林　羅山（名信勝號道春叙式部卿法印仕德川氏爲祭酒明曆三年卒）

聖人之爲詩也豈徒哉黄鳥止于丘隅則知其所止蓋言止於至善也伐柯其則不遠則知以人治人妻子好合如鼓瑟琴則知父母其順矣蒸民有物有則則知其知道也上帝既命侯于周服則知夫仁不可爲衆也迨天之未陰雨徹彼桑土則知其能治國家也賜也言詩而進于講學商也問詩而至于禮後鯉也聞詩而訓可以言子思援鳶飛魚躍以見道之費隱据無聲無臭以表天命之性聖門之論詩如此孟子亦表示多矣季子於鄶以下無譏焉卲子以爲刪後無詩然則其餘子奚論焉齊魯韓有名而不備唯毛鄭訓詁于漢頴達義疏于唐教授於世逮朱子集傳出而后群言廢矣可謂得比興之本旨合詩人之原志而其間讓訓詁委曲于漢唐註疏者往往不能無之則有不盡

鼇頭：父之示子言不苟說詩引聖經證之雖無驚人之語學有根抵可自知

釋之者是以解人頤者不可不以并考也往日春齋講詩本之于集傳參之于毛鄭頴達之說窺六義之源折諸家之衷要之欲使言者聞者共歸諸思無邪不亦舒乎是兩歳會官事靡盬校讎氏族而不遑退而私講今玆正月公私隨例賀禮紛冗氏族之事未督也暇日起廢開講坐來聽者稍多吁黄鳥之綿蠻睍睆與唔伊相暢山林之花在六經之中正而葩者不在玆乎翌日所讀漸至小雅末篇而不已商魯頌何遠哉嗚呼文武周召之道永言而歌之其所歌在于音聲音聲何外求乎其所說在于詞句詞句亦無他也皆在一心而已千歳聖賢之心青春白日昭晰矣哉修之身齊之家則所謂父母其順矣乎余亦云

鼇頭：叙次明亮說而至此林氏篤於學可知

鼇頭：羅山子說詩想躋周商之堂窺聖賢之牆者恨余不同時不列其講筵

石川鴻齋評（羅山子一代所作詩文又數十卷而大約匆卒之作似不經推敲者雖道德之高記覧之博超越前古恨文章猶屬草昧間有不入格者無瑕者不佳佳者未嘗無微瑕然今之作文者以文爲業古之作文者以儒爲業文則緒餘耳是以不拘泥字義章句之間發於不得已止於不可行大家氣象亦自見矣）

又評（寛政天明之際若北山錦城寛齋因是善菴下帷幕府梟名一時其博識該通非近世庸儒所企及也然至文章似未受嚴師束縛者而縱横馳騁動輙出於繩墨之外不可爲後人之模範故不收焉令知羅山徂徠一二撰之所以使讀者知時勢變遷也）

丶、答木村希顯　太宰春臺

姓平。名純。字徳夫。號紫芝園。通稱彌右衛門。信州人。

十月廿五日。純白。客自浪華至。得足下去歲秋春之書。問其所由。蓋再三傳焉。開緘墨色淋漓。宛見半采。就審足下壯健彌加勤學不怠。僕於是乎曷勝雀躍。京師一別之後。音容疎闊。非夢寐何能復得見足下。俠氣勃勃。劇談抵掌之狀哉。昔與足下飲酒於湖中。來醉各言爾志。因相與握手悲歌慷慨泣數行下。今而憶之。髣髴乎如有如亡。恍若異世。非以年歲久故乎。雖然。純每飲酒而醉。意未嘗不在湖中也。余惟足下亦如此邪。足下惇樸質行。好學修業。不墜先緒。恬澹寂寞。不求名譽。可謂善士而高士者也。達觀一世。如足下者。豈易得哉。此純所以平日傾心欽慕也。今讀足下書。知其志操彌堅。不見異物而遷焉。此乃得學之本也。純尚何言哉。然足下恭謹。不敢自是。千里之外質諸予。純雖不敏。敢不效愚欵。以答十一乎。夫足下醫者也。足下之爲醫。其家學也。常人纘其先業者。多不好之。而足下乃好之。足下之好醫。其天性也。昔者淳于意漢太倉令也。張仲景長沙太守也。是二人者。皆古之所謂良醫也。二人皆爲官而有其祿。彼其爲醫。豈爲利哉。好之也。李明之東垣冨家也。其爲醫也。亦好之也。惟其好之。是以其道如彼明。其技

鼇頭

厚情慇勤。不覺煩。

友誼懇篤。愈見其深。恨如老婆絮談耳。

好字爲骨子。

如彼工。今足下山陰舊族。而家有三年之蓄。男女二十口。未始知飢寒。何故自乃祖乃父。以醫爲名也。我誠知其不爲衣食也。足下又好先人之所好。而志在明其術。善哉足下。而不能爲良醫。誰能爲良醫。純嘗謂醫道難明。醫書難讀。宜乎世乏良醫。雖然明道在善學。苟能專心學之。則無古今。良醫豈不可企乎。今之人惟不善學。是以其道不明。其技不及古人已。何謂善學。善讀書之謂也。夫醫書固難讀。非老於儒者。不能達其辭義。且況自本草以下。至素靈難經。皆先秦古文也。故雖有聰明之人。非多讀古書以參考之。未有能得其旨者也。此醫之所以必本乎儒也。惟今之爲醫者。多不讀書。執局方以待人需。此則所謂膠柱調瑟之徒。不足道者也。其有能讀書者。但讀儒書。不好醫書。聽其與人尚論。則儒也。觀其所事。則醫也。問醫道焉。則不知也。如此者。世俗命之曰儒醫。予甚惡之。嘗著儒醫論。以示同志。今足下乞予文。因以是爲贈。足下其反覆之。夫蟲有蝙蝠。人有儒醫。蝙蝠猶可。儒醫則不可。蝙蝠天賦也。不可奈何。儒醫人爲也。知其非則可改矣。世之爲儒醫者。率能讀書。豈不自知其非哉。知而弗能改者。爲利欲所牽也。鄙哉鄙哉。足下素好讀書。足下之讀書。爲明醫道也。我誠知

鼇頭

一針後進。

非惡用力於儒。惡不用於醫也。

仁齋亦有此論。想是時勢之談。以儒醫譬蝙蝠。必有可比之人。故作斯語。

足下之不為儒醫也。今乃為足下言此者。冀其愈益用力明其道。精其業。而不朽其名於永世耳。此亦虞廷君臣交相警誡之意也。嗟呼希黷相別十餘年。雲山千餘里、欲銜杯暫叙平生、將以何時乎。近日純行止略定。雖貧可以終身。幸四體無恙。善飲食。勿以為念。惟足下自愛。來書懇懇。不能一二奉答。諒察幸甚。純白。

黃錫銓評。醫必本儒。語極得宗旨。及覆伸論。能達所見。

石川鴻齋評。德夫氏後年從於物氏。文章浸淫蘐園。如斯篇。雖冗長緩漫。似可厭。而親友交情。自見紙上。余取斯書。世之作尺牘者。戒拘泥章句。不盡言也。

○擬與留學生仲麻呂書　劉穀堂

仲麻呂。中務大輔船守子也。靈亀二年。從遣唐西遊。唐玄宗厚遇之。更姓名曰朝衡。仕至秘書監。歷左補闕。既而將歸。王維李白之徒。以詩送之。遇颶不果。再仕為左散騎常侍安南都護。累遷北海郡開國公。卒年七十。朝或作晁。名熹。字博卿。號穀堂。一作谷。通稱東馬。本姓古賀。精里男。

仲麻呂足下無恙。溟渤萬里、鼉作鯨呑、鱗信寥闊。孰訴寸衷。竊聞足下留學之久。芳譽四馳。唐朝天子多其才能。特拜秘書監。以異域之人。驟擢清要。實曠代之所未覩。主上聞之抵掌咨嗟。滿朝薦紳大夫以至鄉黨朋友。亦莫不動色艷異。是足下非獨榮其身。足以華我大東。謦古之力。何待揄揚。雖然僕區區之婆心。竊有所陳願。足下聽而裁其可否。夫狐死而丘首。不忘本也。況於讀聖賢之書。而講仁義者乎。夫西那之大。文物之盛。域中之所未有。儒生文人之所竭蹷而奔赴。況於天子親試其才。公卿百執事與共周旋。而推轂之乎。足下之樂焉而忘歸。固其宜也。然而仕而受祿。不歸本朝。恐悖不事二君之義。親戚鵠望。朋友企予。而恝然不省。又違不遺故舊之教。夫留學之命。本出於主上之特旨。豐其資斧。寬其期程。將收以供廊廟之用。其恩至渥矣。故自足下之一髮一指一衣一食。舉皆君上之物。而不可有所私。安得狃乎宴安。且遷乎異物。以俄忘其所天乎哉。側聞唐朝天子穎異非常。初政清明。倚任姚宋。開元之治。不讓貞觀。朝廷之上。群賢茅茹。燕許之大手筆。李杜之詩才。其他以材藝顯者。猋飛景附。雲煜其間。傳播四裔。其晚年倦勤、荒色、姦相、枋國、艷妻、壯晨、胡兒、跳梁、直言、路塞、將士、解體。孰察人事。遙揣時勢。庸詎識不有異日北邊之鼓鼙動地而來、乘輿蒙塵、百僚嬰禍者乎。當此時。足下走乎。萬國戎馬。百無一生。留乎。降賊稱臣。生不若死。進退維谷。可醜可惡。易曰。君子見幾而作。不待終日。足下盍深思乎。我礉礚之邦。天統綿綿。神道御國。朝野晏然。無狗吠之警。主上仁聖。覃思文雅。選舉之格。詩歌之賞。詔令淑

足以規後之遊學生。

紆餘波瀾。文勢雄健。

數轉斡旋。收拾得宜。

懿。負邁前古。又能側席渇賢。不厭咄握。是在足下。方鴻漸羽儀之秋。而況芳野之嶺。花堆白雲。三笠之山月挂玉鏡。皆若以待足下之詩之歌之者。假而雖有慈恩浮圖之遊。長安酒肆之倡。既非吾土之臭味不同。足下安能忍以此易此哉。嗚呼朋友之義。不可緘默。情思之殷。深於海水。臨風裁寄。鬱悒曷勝。唯速囘首以報去留。不一。

黄錫銓評　清而腴。留學之命一段尤警。

〇答牧信侯論道德氣節書　齋藤拙堂

謙白。辱惠書。推奬鄙文甚過。不敢當不敢當。獨以贈某大夫序。不滿高意。詳加辨駁。足下與僕一面

之識耳。乃不相外棄。有此切偲之言。何幸如之。然私心有所未解。不敢不問也。來示云。道德内也。氣節外也。無生熟深淺之分。不當置階級於其間。僕以為凡言有詳略。語有輕重。未可執一而論。夫道德氣節之分。有以内外言者。有以等級言者。以内外言之。則處常之善者。概為道德。處變之善者。概為氣節。足下之説是也。以等級言之。則不必論常變。以聖賢之所行為道德。志士之所行為氣節。僕之説是也。如大節死生存亡之所係。不可常見。如小節。一取與。一授受耳。何必待變而後見哉。又謂道德者必有氣節。氣節者必有道德。以僕為見

一句星然。千古不拔之論。

一議論生許多支流。猶澗水一脈分派萬頃之田。

其形而不見其實。然僕亦非謂道德者無氣節氣節者無道德。特言其所主耳。譬之仁者非無智。智者非無仁。而孔孟以動靜樂畏之分。置階級於其間。又疑其見形而不見實乎。又謂安流激怒夷險殊勢。水本無二等。僕亦謂同一安流也。溪澗淺狹可一覽而盡。江海深廣不見其所極。同一激怒也溪澗之怒。不過漂石。人見而侮之。江海之怒撼天地蔽日星。掀萬斛舟。不啻一葉。雖萬人棹子習風波者。畏懼戰慄。不敢以舟揖自任。見其外而察其内。循其形而求其實。則小大淺深之分。不可以一二數也。故誠齋自有誠齋之氣節。澹菴自有澹菴

之氣節。明道諸人自有明道諸人之氣節。明道諸人道德盛。而非氣節可盡。故為道德之士。澹菴誠齋道德不及氣節。故為氣節之士。僕序中以悦義樂義言其分是也。今足下以澹菴誠齋與明道諸人無異。果然謂溪澗之怒同於江海歟。謂子夏之勇同於曾子。荀息之死同於比干歟。左氏許荀息以信。夫子稱比干為仁。是所謂道德氣節之分也程子曰。慷慨就死易。從容就義難。是所謂悦樂之分也。至於明王文成。乃謂忠義之降。激而為氣節。氣節之弊。流而為客氣。是僕所本也。然僕本非抑氣節之士。特言其不及道德耳。故序中亦言氣節

明亮。

歷歷證古人。愈説愈明。

鼇頭

一碎盡再完之。如手中弄丸。

之可貴。勤勤如彼。若望之一世之人。則一氣節而足。不必以道德强之。但如某大夫。意氣慷慨。平生以氣節自處。今又以氣節勸之。非添薪止沸則以水濟水也。在大夫無切磋之益。在僕有附和之譏。僕之不肖。所不肯爲也。然僕所慮在一人。足下所憂在一世。當今士風衰苶。職無氣節之由。雖聽僕説。悠悠忽略。必無所益。使聽足下説。庶幾憤然激發。其爲益也必矣。雖我大夫。或使誤認道德。黙黙苟容。温愿順世。進不能爲上。退失其故歩。非僕所望。故亦不可不使聽足下説也。今將并贈足下説。使大夫擇焉。幸無以僕爲護前者可矣。

沈文熒評　堂堂正人。器宇亦大。

石川鴻齋評　離奇惝怳。變化難狀。所謂本深而末茂。形大而聲宏者。余於今人之文。獨推有終氏。以其自責不飾。不使華没實也。非深於文者。未能曉其意。

又

評　辯難攻擊。引證説破。似韓公争臣論欧公上范司諫書。然彼粉飾而不收拾。是碎斷而完全之。一擒一縱。如明將施謀。非知進不知止者之比也。末段一轉。以示大度。老儒容人如是。宜以誡諸生之誇激論者矣。

雙峰屹立

○對世子策問　青山拙齋

名延于。字子世。水戸人。弘道館總裁。

臣延于不肖。自幼讀書。頗通古今興廢之事。無辛毗傅咸之節。而有批鱗犯顔之心。無龍泉太阿之利。而有斬蛟斷犀之志。然官非近侍。職無言責。徒

鼇頭

存献芹之誠。常懷越俎之慮。狂瞽之言。無由上聞。恭惟閤下以英明之姿。天縱之才。正位儲闈。開東閤以延賢。虚襟懷以納諫。聰明日躋。學術日進。然而謙冲自牧。不以英明自恃。一事有未究。必廣詢博識。盡群言極輿論而後已。臣伏讀明教。乃知篤志政事。庶幾太宗之治。質以其所疑。而不恥下問。此尤足以見閤下不留心於狗馬聲色。而用心於治道。不留心於華藻無用之文。而求効於實用。寔國家之大慶。臣等何幸。覩斯盛事。敢不竭愚以對。然臣性疎野。不識國家忌諱。伏惟閤下少賜優容幸甚。謹昧死以對。夫太宗以不世出之姿。芟除群雄。平定四海。其才略功烈。實三代已後之所未有也。其任賢納諫。去讒黜邪。君臣協力。上下同心。故貞觀之治。幾致刑措。至斗米三錢。外戸不閉。治道之隆。亦三代以後之所未覩也。然其崩也。陵土未乾。曌后臨朝。唐祚弗絶如綫。以太宗之功德在民。陵遅至此。豈非深可慨哉。臣嘗讀唐書。原其所由。具知其所以致之者。夫太宗躬致太平。在位已久。頗有驕心。故魏徴疏十事。以杜其漸。可見其晩歳怠荒。不如初政。故不納房褚之諫。而征高麗。非拒諫邪。罷叔王之婚。而踣其父碑。非疑賢邪。知宇文士及之佞。而不黜之。非悦佞邪。忌李君羨以疑似

縷縷數十言。陳太宗之過失無所遁逃。

誅之。怒張蘊古以小故殺之。非濫刑邪。惡劉洎之剛果。不究讒誣而遽賜自盡。非信讒邪。知高宗之柔懦而遂立之。非溺愛邪。此太宗失德之大者。而皆足以釀禍階亂。唐祚之衰不亦宜乎。故觀其初也。任賢納諫。惡佞遠讒。則知貞觀致治之隆。觀其終也。疑賢拒諫。信讒悅諛。則知紀綱陵夷之漸。詩曰。靡不有始。鮮克有終。由是觀之。非愼初之難。克終惟難。臣請極論之。夫人當年少氣盛之時。莫不奮激刻勵。此其所以克成事業也。及志倦氣衰。則頽靡汨沒。喪其初心者。往往皆然。非特人君也。然在人君。其所關係最大。故兢愼惕勵。憂勤政事。則

千古確論。眞老儒之言

國家治安。百姓逸樂矣。宴安佚豫。驕泰自恣。則國家危亾。百姓流離矣。故古之聖帝明王。有生知之資。加以恭謙之德。戰戰兢兢。日愼一日。何嘗滿假。又何嘗逸豫哉。然皐陶之告禹曰。愼厥身脩思永。仲虺之告湯曰。愼厥終惟其初。伊尹之告太甲曰。無安厥位惟危。愼終于始。夫以禹湯之聖太甲之賢。無待儆戒。然其告之如此。則其所以愼終者。可謂難矣。夫太宗雖明睿絶人。聖人之學無講。其所留心者。不過筆硯之技文辭之末而已。其輔相雖有房杜諸賢。其才畧素不及太宗。太宗雖外示尊重。內有輕侮之心。然當其勵精圖治。屈己以委任

之。及一旦得志。矜伐其功。蔑視群臣。故紀綱日弛。馴致禍亂。此無他。學無本源。玩物喪志。其極終至于如此。豈可不懼哉。策曰。大王聖而後有武王。太宗賢而無餘慶。臣竊以爲不然。夫太宗初政之美。庶幾三代。其德澤固已浹洽人心。故雖唐祚中絶。中宗遂得復位。傳祚二十歷紀三百。非太宗之餘慶安能至此哉。然其貽孫謀不及大王者。何哉。太王知文王之聖。傳國季歷。以基王業。太宗知高宗之柔弱。而傳之天下。以胎禍亂。臣故曰。太宗之治。不如三代者。由聖學無講。大本無立故也。何謂大本。夫聖人之學。必正其心。心正而后身脩。推而至

是亦一篇大寶箴

平治天下。猶運諸掌。孟子曰。天下之本在國。國之本在家。家之本在身。此之謂也。故大本一立。邪正明白。無惑他岐。則姦邪之臣。欲蔽聰明。不可得也。若大本無立。則雖英明過人。刻勵自率。欲竇一開。衆邪並進。卒之聰明壅蔽。德業無成。夫陳後主。隋煬帝。宋徽宗。皆才藝絶倫。群臣莫能及。然聰明自恃。無聞其過。其所以才藝過人者。適足以亡天下。故人主之德。不以聰明爲貴。而以好問爲貴。不以才藝爲美。而以脩德爲美。故書曰。能自得師者王。謂人莫已若者亾。且臣聞之。人主之務。以知人爲要。夫世之人君孰不曰我知人。然觀其所任者。未

盡賢。而其所舉者。未盡忠。故賢愚雜糅。皂白無辨。卒之至紀綱陵遲而不可復救也。嚮之所謂知人者。非果能知之。今夫人君好鷹隼。則必擇其搏擊者。而畜之。愛狗馬則必擇其馴良者而養之。至於用人則不然。可謂本末顛倒矣。此無他。不以知人爲務也。且人主之一心。攻之者百端。好聲色則群下必進聲伎以導之。好財貨則群下聚斂以悦之。迎合容悦以求寵幸者。大抵皆然。人君苟不正己以率下。則其不爲姦邪所誤者幾希。昔唐仇士良教其黨曰。天子不可令常閑。宜以奢靡娛其耳目。使日新月盛無暇更及他事。然後吾輩可以得志。愼勿使之讀書親近儒生。彼見前代興亡。心知憂懼。則吾輩疎斥矣。夫姦臣之所以惑主心蔽聰明者。古今一轍。方今閣下以特達之資。天縱之才。講究聖學。既窺本源。則臣所謂大本者可謂立矣。又何壅蔽之足憂哉。然臣所過慮者。閣下大資已高。文學夙成。若書畫玩好之具。一有所好焉。則群臣因此以爲迎合。夫以太宗之賢。其德業不及三代者。蓋由宇文士及之徒。諂諛阿匼以逢其欲也。伏願閣下以貞觀之初政爲法。以魏徵之十漸爲戒。則三代之治可庶幾。而德業之戒可刻日而待矣。

謹對

四字一篇濫觴。渾浩。流轉。以棲吞舟之魚。蓋穀侯之長技。

沈文熒評如富翁。雖肥笨。而福澤自厚。

黃錫銓評圖終愼始。親賢遠佞。對世子說命意。尤警。詞稍繁耳。

〇與山田琳卿書　鹽谷宕陰

琳卿足下。僕生於醫師氏。於軒岐之書。雖未曾目渉。然得頗耳其說。醫之察病。以問切望聞爲四訣。而問居其先也。問其說則曰。病之爲品萬不同。而受之之源亦不啻萬殊。非令其人自言其狀。何由知之。此問證之所以居其先也。僕聽此言而有怪於吾問學之道焉。人之異稟。猶病之有萬品。自非上哲之資。必有偏處。則非一大病乎。身之有病。尚必使其人自言其證而後知之。而況於心之病乎。先覺者良醫也。後覺者病夫也。則宜自悉其病證而請之良法。而世之講學者曾無以是道相藥石者。何也。一日翻然而悟曰。吁王政隳而教道變。古之學者在國制。而今之學者在私業。古之學者在實行。而今之學者在徒說。私業建而大道爲曲藝。徒說盛而六藝爲弁髦。宜矣學者之無意於實踐也。雖然古之人不曰華佗不世出。天下未嘗廢醫乎。顧在病夫之擇而求之耳。自是之後。每訪明師良友。必自陳其病狀。而求投之藥。而足下則爲所求之人矣。語云。眉睫之微。接而形于色。聲音之風。感而動于心。人之相知也。不待試而識矣。向者獲先陳四段。至五段。稱琳卿重於九鼎大呂。

不舍醫而乞療。問字應此。

今之學者。非漢後書不讀。與毅卿相反。宜乎其不達也。但修李王辭。毅卿初喜徠翁之學。故言及之。

足下於川澄氏。及接芝眉而聽緒論。僕雖不敏固已有動於心者焉。僕交天下人亦不少。見文章煥發者矣。炫才衒技。不見于言。則見于色矣。見博聞多識者矣。誇多鬪靡。不見于言。則見于色矣。見頴悟俊秀氣燄可畏者矣。不輕於言。則躁於氣矣。見淳茂好古介然有守者矣。非偏陋寡聞。則詭激悖俗矣。如是者僕初見則喜之。再則已厭矣。若足下者。可謂人所當有者皆有。人所當無者皆無者矣。是豈非良友哉。豈非良醫哉。則孰不欲獻其病狀。而求之方劑。況在僕乎。僕賦性昏懦。百病無不在。加之以中間迷多岐。轉轉變移。病無定狀。請陳其

詳。僕年十五六時。欲以經學文章名世。以爲求道在知古言。知古言在讀古書。目則瞽不見漢後書。而手則修李王氏辭。既而入昌平學。漸與四方俊髦交。磨礱切礪。始知文章小技不足修。章句腐儒不足爲。妄意自斷曰。學者將以有用於世也。諸葛武侯讀書觀大畧。桓彦範不甚喜讀書。所志忠孝。大畧有用之學。必如是而足矣。廢作文。後研經專以知經國之務爲念。視性命之說爲迂腐。聞理學之言。則掩耳而走。當時客氣甚盛。勝心如燃。斷然自以爲是。而不恤人言。如是者數年。年二十餘。周遊關西。僑寓京坂之間。頗嘗辛艱。其後丁父憂。始

眞良藥

躬家事。漸接世路。齟齬扞格。百不如意。乃嘆曰。學者將以爲用也。而所學與所爲。每相負。豈非學之失其道乎。嘗爲之深思長慮。以謂天下之事。有難爲者。獨以有私而已。苟無私矣。則事無足爲者焉。於是一切排功利之學。復闇然自修也已。然而仍有一大沈痾。僕膽薄而善怯。材疎而鈍於機。量小而不能大受。常悲學者大患三焉。曰弱。曰昏。曰狹。有一于斯。良醫將無處投其方。而我皆兼有之。思治之之方。而未獲焉。則慨然以悲。茶然以沮。開宵清晨。時自環顧其中。尚有一點清明之靈。耿耿如存。如以治而養之。似其才不遂止於此者。即復奮

然猛省。以愼獨爲補方。以集義爲恒藥。百事不苟。念念克已。日月不怠。戞戞乎其難哉。足下者吾黨之扁倉也。嚮約會讀禮記及中庸章句。幸見允諾。望自今以後會論之次。經中要義。有中僕病者。切告痛論。不遺餘力。以下對證之劑。不冀尋常講訓詁者之比也。沈確士有句曰。諸病自心生。心間始可醫。僕心已間矣。他人有所言。不敢不虛納也。況在足下歟。足下怜其一片悃愊之心。而辱誨之。幸甚幸甚。

沈文熒評　寒士仕至顯官。間有田野氣。

黃錫銓評　少年之作。既已清徹。到底尤多警到語。

頭批

警誡之語。千古不磨滅。

〻〇與西坂夢錫書　安積艮齋

信再拜。世事紛龐。不奉尺牘久矣。想亦左圖右書。清適如舊。深用浣慰。吾兄歸鄉以來。從學者益盛。未幾擢爲助教。推其所得以及人。斯道之興。有日矣。朋友聞之相賀。僕亦喜而不寐。然竊謂此未足爲吾兄賀也。何則吾兄經學文章。皆既精深宏博。而加之以操行之純篤。交遊中所不易遇。必應統雄藩之學政。振木鐸於一方。道行于上。澤被于下。然後爲可賀也。翹企半歲。邈無音問。僕竊疑焉。既而仄聞吾兄罷官家居。未詳其故。朋友皆大駭。僕亦惶惑憂慮者累日。因復熟思此。未足爲吾兄憂

也。何則以吾兄學門文章之美。操行之端。而一朝罷職。蓋非其罪矣。苟非其罪。則雖刀鋸鼎鑊。君子有所不屑。況區區得喪之間乎。且君子之所以用力者。尤在患難。患難之至。非惟不怨天尤人。即取以爲砥礪切磋之地。精神益加奮迅。志氣益加堅凝。或反躬修省。可以驗其所詣。動心忍性。可以增益其所不能。荊山之璧。非磨之以礱厲之石。不足以發光彩。大阿之劍。非鍛之以水火之力。不足以斷犀甲。君子之於患難。亦有類此者。又何足憂哉。第所爲吾兄憂。則有之矣。古之君子。德器温粹。如良金美玉。見者藹然在春風和氣之中。雖其平日

發揮讀書蘊奧。夢錫氏得此語。豈不勝千金之賜乎。

議論不相合者。亦猶推服歎美。以爲忠信人。若明堂程子。乃其人也。吾兄之德。果至此乎。未至則日夜求不如明堂者。而責諸己。德器益要純粹。涵養益要精密。是吾兄之所當憂也。古之君子。折中諸儒之同異。剖析義理之精微。靡鉅不擧。靡細不函。而其發之文章也。光明俊偉。炳如日月。粹然莫非翼聖經明道義。若晦庵朱子。乃其人也。吾兄之學。果至此乎。未至則日夜求不如晦菴者。而責諸己。益以沈涵于六經。精研乎文章。是吾兄之所宜憂也。若夫毀譽得喪之自外而儻來。豈守道者之所置欣戚哉。易云雲從龍。風從虎。其氣類之相感。有

不期然而然者。況貴藩爲天下諸侯之冠冕。政事精明。德化洋溢。海内之士。所顒顒然引領而欽仰者。決不使才學文章之士。汨沒于閭里。而不獲伸也。蓋古之明君賢相。其用人之妙。固有不可以常情而測度者。宋英宗自藩邸聞蘇子瞻名。欲召入翰林。韓魏公曰。軾之才遠大器也。他日自當爲天下用。要在朝廷培養之。使天下之人。莫不畏慕降服。然後取而用之。則人人無復異詞矣。今驟用之。天下之士。未必爲然。適足以累之也。子瞻聞之曰。公可謂愛人以德矣。明太祖召見方正學。謂太子曰。此壯士當老其才。禮遣還。後又以薦召至。太祖

縷縷數百言。為一書生說。且待以子瞻孝孺。不知其人至其地否。

亀谷省軒曰。侯雪苑與呉駿公書。生氣勃勃。膾炙人口。此篇可以並傳。

曰。令非用孝孺時。除漢中教授。古之人用人。其意思深遠如此。令吾兄之不得志也。又安知明君賢相非老其才。崇其德。使一藩之士。莫不畏慕降服然後大用之乎。吾兄惟當刻苦淬勵。勉其所未至。勿遽以此為戚戚也。僕雖不肖。辱吾兄之知愛久矣。故敢以此勉吾兄。并以自勉。不恭之罪。幸賜諒炤。時下新寒。千萬為道自重。不宣。

石川鴻齋評　胚胎韓文公上宰相書。而亹亹懇懇。泄其所蘊蓄。西阪氏得斯書。培養其根柢一否。真儒之文。不特為西阪氏。可以警後世躁進之者。

○○○與小松生論出處書　林鶴梁

七月十日。麻溪隱士林長孺啓小松君足下。昨來過見諭以僕當為道出仕。而伯夷之窮餓。淵明之歸田。當不必傚。二日一夜。反復示諭。誠感足下情義摯篤。非復尋常世人之交。而僕頑然不敬服者。蓋有說焉。但私心不欲與人顯言。故然耳。然足下之歸。曰將復來言。果然僕不得不吐露心腹腎腸也。僕家世仕德川氏。祖宗以來。祿雖微。食之七世。況以僕頑鈍。一朝擢卒伍。累進列布衣班。賜千石祿。而尸位素餐。可恥之甚。所以致仕也。及王室維新之時。又憫其饑寒。欲請朝廷使為祿仕。衰老雖不從之。其德厚矣。感泣銘骨。不啻七世沾祿之恩也。然僕退休以來。老羸日甚。非當復出之人矣。且

又曰。光芒發越。千古不磨。

又曰。冷語使人恥死。

欲一躍翔天。非常鱗凡介匹儔。

出處進退。士之大節也。前以德川氏則退。後以王朝則進。是去卑而就尊也。不啻失節於德川氏。又恐獲罪於朝廷。朝廷幸宥之。豈可不亦恥于心哉。且廟堂諸公。不乏其人。何必起一山澤之癯為哉。夫伯夷淵明之事。僕固感其出處之節義。然彼二子者。特異域革命之臣也。如我赫赫日出之邦。則皇統一定。萬古自若。雖有二子。豈可復苦其節義哉。僕之所以不敬服於足下者。固非傚二子也。抑國變之際。臣子之分。蓋有難言者。僕竊不自量。欲養一片廉恥之心耳。所以不欲與人顯言之也。然足下反復諭告。懇懇不已。故僕心腹腎腸。徹底罄竭。不遺分寸。以是也。足下苐憐僕頑鈍老羸。使自今至死之年。堅臥不起。以期於一瞑蓋棺。顧不可乎。僕死又不欲為異域之鬼。他日國家有續大日本史之撰也。幸得列名于其將軍家臣傳之末。則足矣。幸足下亮之。

黃鍚銓評　感念舊恩。性真語激。彼藉尊王以圖富貴者。讀之應愧死。

石川鴻齋評　一篇放膽之文。似韓子口吻。而筆力壯快。光燄徹天。至若一瞑蓋棺一句。尤為人所難言。德川氏二百五十年間。不多見如斯文字。後之為文者。復可以為矜式。

○答某文學書　鷲津毅堂

名宣。字重光。號毅堂。又泉橋外史。尾張人。

鼇頭

川田甕江曰。鷙鳥將擊。先斂其爪。溫言中。既含攻擊之意

又曰。詞鋒凜々。光焰萬丈。

又曰。馬班云々

辱書。足下不以僕駑下。懇懇慮生計之或不給。方令人情偷薄日甚。朋友故舊相振相恤之道。蕩然掃地。僕何幸得之足下。然其中有不能受命者。乃縷陳以吐情實。來示曰。僕去本土。而羈官他邦。既失利義。亦未為得。竊謂足下未詳僕家世。故有此說。僕先幽林翁。嘗在京師。游事聖護妙法二王府。會貴藩先公造立明倫堂。延列生員。而非翁志。未幾託病而去。松隱翁。益齋翁。亦皆不列仕籍。其君臣之義絕已久矣。禮所謂爵祿三世。無列於朝。出入無詔於國者也。然則僕去留進退之際。綽綽有餘裕。東侯西伯。唯意所向。其於義何所失。而足下責之曰。失義。不亦過乎。若夫失利之誚。僕之所甘受而不辭。僕游學為日久矣。老親憂念。不安寢食。故就聘於來里。以慰其心。則祿之大小厚薄。固非所計較。然明於見義。而暗於擇利。僕之所以不見棄於明師良友者。全在於此。而足下又云。僕設出入其執政家。有所請求。則侍講教授之職可僥倖。嗚呼僕祿雖薄。君臣之分既定矣。義不當有他志。今又朶頤於大國。躁動不能安處。則何以異於女子既許嫁。又見金夫。欲奔而就之。其失義也大矣。夫人之所貴於讀書者。以其能顧義理。有所不為也。苟狗利忘義。則大本既失。雖有馬班之才。不足

鼇頭

暗合後段文章二字

又曰。忘義狗利。畢竟從生計上立見。故首尾說之。

觀。況如僕惷愚。一失步陷於不義。明師絕之。良友鳴鼓攻之。有何面目立天下乎。足下與僕忝同道。而先進。宜扶翼之。使向義。而反誘以勢利。何也。且足下以為鑽刺捷徑。他人不及知。此亦大惑矣。詩云。潛雖伏矣。亦孔之昭。今足下與我既知之。豈有他人不及知之理哉。假使他人不及知。昏夜哀求。白晝訑人。少有丈夫之氣槩者。所不屑焉。而足下欲使僕出於此。尤非相悉之辭也。抑天下以儒為業者。森布羅列。不暇指數。若論爵與祿。則莫踰三宗藩之儒。然而節義文章兼備。四海仰之。如泰山北斗者。未必在三藩。而或在列藩。未必在大藩。而或在小藩。則知儒之可重者。在節義文章。而爵祿則不與焉。今僕俸雖不多。可以食十人。其餘束脩潤筆之入。歲得七八十（若干）金。油墨之資。略有所取給焉。則其所可重者。行將安坐而勉之。足下勿以僕生計為念。餘付面罄。不宣。

川田甕江評　辨難攻擊。不遺餘力。而義正詞直。所謂正正之陣。堂堂之旗。敵人奔避逃遁。不能相抗。可知矣。愚讀之。深服重光出處進退之不苟。文章之妙。固不待贊揚。

續日本文章軌範卷之五終

鼇頭：洞察古今，眼光如炬。

續日本文章軌範卷之六

日本　石川鴻齋批撰
姚江　沈文熒
嶺南　黃錫銓　合
浙東　王治本　評

清欽差大臣何如璋閱

論類 解見于前

〇時宜論　貝原篤信

字子誠，號益軒，又損軒，通稱久兵衛，筑前福岡侯臣。

中國戎夷五方之民，皆各有性也，不可推移。故君子修其教，不易其俗，齊其政，不易其宜。蓋古今之變不同，而華夷之俗亦異，不可通行。故君子視其時而通其變，順其土而行其宜。若夫綱常倫理，是古今華夷之常經也，雖萬世之久，四夷之遠，不可變易矣。如禮法制度，固有宜古今通行者，亦有宜行於前古，而不宜行於後今者。故古法固不可廢，而不可必拘。苟執守乎古法，而不合時宜，可謂之知乎。夫禮法制度，有華夷古今之異宜，隨時隨處而不相同者，自然之理也。故爲禮者，其始固莫不宜於當世，其後久而不能無弊者，勢固然也。是以雖三代聖王之制，迭相爲沿革損益，而不必因循者，順時世之遷替，民俗之便習，而變改之也。如子丑寅之建正，周建子，殷建丑，夏建寅。忠質文之更尚，夏尚忠，殷尚質，周尚文。易服色，殊徽號之類可見。況我邦之距中國，幾千里。今世之去往聖，幾千載。其俗絕異，其時懸隔。今之學者，往往不察方俗時變，執中華上世之禮，無所斟酌去取，槩爲可行之本邦，是不知順天應時之道。雖欲倣古之迹，亦私意妄爲而已。譬如不知舟車之異宜於水陸，裘葛之異用於冬夏，豈可爲識時宜乎。所謂生乎今之世，反古之道，如此者，裁及其身者也。是世俗之所以誹惡於儒術，而聖學之益湮晦也。

黃遵憲評：本因禮損益之義，而伸言之。體近疏箋，語多警中，可以警泥古者，亦可以警慭效新法者。

鼇頭：看破上下，議論嚴確。

石川鴻齋評：子誠氏著述等身，而大約係國字，要使讀者易知易曉也。比世之儷青駢白，徒炫燿文字，無益乎世者，其功幾何也。如斯篇，所謂肺腑中流出者，後進之士，熟讀玩味，其得益不亦少云。

又評：當時以文名家者，林立角峙，不遑屈指。如子誠氏，不以文名，余所觀亦不過數篇，而比之物服諸氏，其優遠矣。非學有淵源，安得至此哉。

論學弊　柴野栗山

近世立新說，凡有數途焉。其上者，資質聰明，厭舊學之固陋纏縛；其次局量卑狹，苦古說之有所窒礙；其次驕傲僭越，尊太自處；最下者，怠惰自便。其厭固陋纏縛者，不能通觀周覽，以救弊誘正，欲并大中至正之道廢之，別立平俗鄙近之說，以爲孔

鼇頭：發於不得已，止於不可行，彥輔氏得文之大意者，而不拘泥字

鼇頭

句固非文人之文也

令之以儒名家者。大率此種。稍加空詩浮文耳。

孟之血脈以自喜。是猶惡周末曲儒瑣節繁文。并廢文武周召之大典。以從老莊申韓之放誕名實也。豈可乎。其局量卑狹者。不能開濶眼境。放寬胸次。平心易氣。以讀書視理。欲以天下古今事理必一律之。儻遇滯礙不通。則謂古人皆非矣。不復徐思古人所以立說之旨。欲通一二處。或窒而遂窒百千之所通。以朱均疑性善。以朱均亦復性。猶以夏雹冬雷疑陰陽焉。其驕傲者。見先輩創新意立門戶。被小兒輩謂豪傑士。謂循守古說則似曲陋。不能成家而出其下者。是以欲亦別開宗派。祖師自作。鑿空杜撰。務拗古說。叨以豪傑自喜焉。其怠惰自便者。本不能勤苦讀六經傳註。其平生所事。皆召歌呼酒。其所緣飾。皆詞曲小說易讀書。然愧以此自處。亦竊倚經學以立門戶。而士子入學于京者。於六經傳註。固幼習熟復。本欲以其所疑滯就質之。而其先生者乃不能當之。一例抹却。以白本從事。以縱其妄臆。故謬忍其說。令人不得詰問。以掩其短。亦術之巧者也。近世之弊。大抵不出此數端。而展轉反覆。日新月異。怪妄詭誕。論語解至于有二十餘家。道術無紀之甚。言之傷心。善哉鳩巣室氏曰。如與醇人言。不可與辯是矣。

王治本評 識見精卓。惜筆力稍弱。不足以達之。

鼇頭

尋常書生之談。施之實地。不得無膠柱守株之弊。

以四郡之故。損千百之命。如彼輸鹽悼死等。非固有舊怨。爲戲二字尤妙。

石川鴻齋評 近世尚有一種。少學西洋窮理之書。才知天文地理器械藥品之瑣事。是彼非此。不知脩身齊家之爲何物。仁義道德爲固陋。以謀利射財爲開化。而讀書不過數十卷。極口罵世人。若使彦輔氏聞世有如是人。必謂乘桴浮于海乎。

○甲越論

古賀精里

信玄謙信。虎爭甲越。而不相下。後之談兵者。分左右袒。各詑其長。護其短。區區較尺寸。於翕張前郤倨遜之間。以定其優劣。故一戰勝負。而彼此之論。有纍世未判者焉。夫戰何爲者耶。湯武有仁義之師。桓文有節制之兵。衰世諸侯。有爭奪之戰。順逆強弱。雖相懸絶。其用皆在克敵。未聞以頰舌爲勝負之數者。項羽欲與漢祖挑戰以決雌雄。漢祖答以吾唯鬪智。不能鬪力。漢祖鬪智。故百敗而終有天下。項羽鬪力。故百勝而終滅其身。若以楚之常勝。漢之常敗。定其優劣。則兒童之見。若二家不足與論仁義節制之兵矣。其在爭奪之兵。爲知剛而不知柔。知勇而不知謀。亦何所取。是以積年纍月。兵連禍結。而不能決。相持相斃。竟爲寇敵之資矣。夫兵凶戰危。二家豈以此爲戲乎。但其知剛而不知柔。知勇而不知謀。適然遇地醜德齊之敵。無可奈何以至此耳。後之論者。隨而左右之。不悟其小黠而大癡。山谷詩。小黠大癡。螳捕蟬。本于莊子。不亦惑乎。蓋越尚銳果。甲務持重。越近義俠。甲專貪詐。是以世多軒越。

三家狃戰鬪而行兵者固非孫吳之比也以威力吞數州一句盡矣

用不用一篇主意。

如長蛇入春艸。

而輕甲是猶五十歩笑百歩雖有彼善於此君子不貴也至沾沾自喜而無深遠之圖爲織田氏所豢而不自省覺死肉未寒國隨而削滅如一邱貉不亦哀哉然則二家兵法無復可取者耶曰足利氏之失柄也天下靡爛殆將百年其蜂屯蟻結曰尋干戈者概乎無練制之可言二家崛起於其間將士厲而紀律嚴各以威力吞數州可不謂一時之俊哉世之言兵者多矣其論形勢器械之利便進退攻守之機宜無出二家之右二家之言兵其所嘗試有宜於今者非刻舩索劍者比然依託之談亦復不少運用之妙存於心兵法之本也形勢器械進退攻守兵法之末也學者立其本而不妨兼講其末則二家之言亦何可廢也要察其所蔽而辨其依託之虛談耳

王治本評按切時勢直抉二家情弊不作左右袒論極平允惜少斷制

石川鴻齋評二家兵法傳於後世者大率係僞選淳風氏豁眼看破以爲無庭徑議論

精確筆端生風。

○大江廣元論　　賴　山陽

抱濟天下之才而不之用是士之所謂不幸也雖然用而不得其當不如不用之爲幸也夫吾才不可自用矣則必求天下有力之人借其力以濟天下是之謂用人以成吾事夫苟用人以成吾事而

賴朝陽用廣元。廣元陰用賴朝。猶漢高之於良平先主之於孔明帷幄之臣不得皆不然。

曲盡情態意到筆隨。

突騎出柵外猛勢不可當

賴朝碌碌亦因人成事者歟

不暇擇其人之善惡遇善人可也遇惡人勢不可中止則其所成無往不惡惡之大小隨才之高下才下則其惡小才高則其惡大以蓋世之才濟滔天之惡不爲天下之戮者幾希吾於大江廣元乎見之保平以還天下大亂廣元爲源賴朝所收進其計畫以致平定也以爲賴朝之用廣元吾以爲廣元之用賴朝也承久之變北條泰時由廣元之策以靖其難亦廣元之用泰時也夫賴朝之起事不過欲撫父祖之舊據有一方而其下皆粗猛椎朴知效力戰鬪而已及廣元持大計往而教之始說而從之北條氏遇京師檄至欲退守八州非廣元決策天下之亂何所底止非廣元用此輩而何乎蓋廣元之才足以濟天下而不爲朝廷所知也則不得不借關東之力以展之夫苟借其力以濟天下吾事成矣彼源氏北條氏一起一仆於吾何有哉是以賴家失行而不肎諫實朝陷禍而不肎救時政義時之謀簒竊而不肎齟齬泛然中立自免於禍世不原其志所在而咎其不忠過矣吾獨惜其所用以展其才者非其人也廣元獨非王朝世臣乎莫已知則斯已急於借人之力而不知其助盜賊也微廣元則賴朝亦一桀黠將帥而止耳何至坐攘王權如此哉承久之變流竄帝王敢行

鼇頭

王治本曰。爲廣元惜。亦爲朝廷惜。廣元有知。聞此言更當自悔。

大逆。亦非泰時輩所能辨。待廣元附會故例處分裁決。然後奉而行之爾。夫業已用是人以成吾事。是人之敗。敗將及己。故不能不竭力扶之。是勢之必至。無足怪者。其罪遂出源氏北條氏之上。廣元初念或不及於此。豈不可惜也。且吾又有爲廣元惜焉者。夫管仲用小白。桓公一匡天下。九合諸侯。皆管仲之力。使之扶周。王猛用符堅。使之無侵晉。王猛臨終。謂符堅曰。晉雖僻處江南。然正朔相承。上下安和。臣沒之後。願勿以晉爲圖。廣元之才。足以用賴朝泰時矣。所以駕馭箝制之。使不能肆其噬搏以陰報於朝廷者。豈爲無計哉。嗚呼。豈爲無計哉。

黄遵憲評　縱横馳驟。能達所見。斷制尤極平允。

王治本評　有議論。有斷制。氣勢浩瀚。故言之高下皆宜。

石川鴻齋評　賴朝天縱之材。微一廣元。何得不霸於天下哉。賴氏曰。廣元罪出源北之上。予以爲不然。夫源氏三傳而亡。北條氏九世而滅。大江氏子孫蕃殖。遂食十餘州。至今連綿血食以列朝班。豈非祖先有高德。安得餘慶至此哉。

、蒲生氏郷論　青山延光

天下之雄。天下所慕也。天下之所不敢爲者。有英雄奮然而爲之。則天下欲效之者多矣。後之英雄非不欲不襲前人之軌轍。顧勢有所不可。而積習已久。有不可得而變者矣。源右府乘王室之衰弱。據鎌倉以制天下。而北條氏剪其子孫。鋤其豪傑而奪之柄。於是天下以爲不據鎌倉。則天下不可得而圖也。故當時之欲有爲者。唯鎌倉是圖。及後醍醐帝平鎌倉。足利氏乘帝之宴安。擁立新主。據京師以制天下。於是天下以爲不據京師。則天下不可得而圖也。故當時之欲有爲者。唯京師是圖。積習之久。以武田信玄之權譎。猶欲觀兵京師。以蒲生氏郷之雄邁。終身所願。唯挾天子以號令天下。其事固偉矣。然終身所願惟此一事。必將居近畿之地。伺天下之釁。而遂平生之志。外此則天下無可爲之業。故在近畿則獲小國而不憂。在邊陲則獲大國而不喜。無乃知遵足利氏之轍。而不知所以制天下歟。今夫獲百萬之封。跨肥饒千里之地。而擁海内勁鷙之兵。秀衡之所恃以抗鎌倉。中院氏之所恃以推尊氏。一旦在我。然猶且愀然。不樂其志。固不可謂不壯矣。惜哉其爲積習所移。而不知改足利氏之轍也。雖然氏郷之所以爲此者。亦有由矣。夫織田氏曠世之雄也。業雖不成。而其所驅策任使者。皆一時之人傑。而所以待之者。亦已厚矣。故織田氏滅而諸將不能忘。豊臣氏陵蔑其子孫。而諸將不能堪。丹羽長秀以此憤激而自屠。佐佐成政以此見忌而罹戮。而氏郷乃織田氏之女婿。其不欲受豊臣氏之籠絡。亦明矣。不然。以氏郷之才。於成政何所慕。而用其徽識。安知非惆

鼇頭

如富人開宴。何其多陪客也。

其不忘織田氏。而表其遺物哉。則其所以欲必爭京師者。亦安知非其欲爲織田氏雪恥哉。唯其志氣猛鋭。不爲後圖。徒知京師之可爭。而不知韜匿以待天下之變。徒知陸奥之不可以爭京師。而不知足利氏之轍不足襲。惜哉。

王治本評　欲抑先揚。欲揚先抑。文情跌宕。而其人之臧否。亦於抑揚中見之。

石川鴻齋評　欲立一論。宜引確證。以不多不少爲妙。過於多者。要一意貫徹。猶百足之蟲首所向。足從之。斯論得之。

鼇頭　仁不仁一篇骨子

○野見宿禰論　　齋藤竹堂

生人仁也。殺人不仁也。殺無罪之人于初。而生當死之人于後。吾未知野見宿禰之仁不仁之所定也。宿禰當垂仁皇后之將葬。進議曰。山陵殉人。不仁也。不若以便宜襄事。乃召土師自督。以埴作人物象。用此易人。以爲後世之法。然則垂仁以後。天下臣子。得免於惴惴臨穴之死。皆宿禰致之也。宿禰一搏土。而千百當死之人。皆不死矣。豈可不謂仁耶。而其受帝命。與當麻蹶速角力也。吾以爲一旦之戲耳。目之觀耳。力能勝之。則推而倒之。笑而慰之可也。今宿禰足蹴其腰。折骨而斃之。事出于戲。而至於殺人。帝將取適於耳目。而謀觀于一笑。轉見糜骨濺血之慘於堂廡之下。必且掩目而起矣。是市井狂妄之夫且不爲。而宿禰爲之。何也。頓挫

鼇頭　仁字至此重矣

仁與不仁。不並行。異日止殉之宿禰。今日不宜以戲殺人。苟今日殺人而不悔。則異日止殉之心。又何從生。再頓吾嘗思其故矣。宿禰之殺蹶速之心。即止殉之心也。天下有殉久矣。今葬皇后而無殉。是非薄於皇后耶。薄於皇后。而有功于天下。故斷而行之。然則殺蹶速。亦不仁於蹶速。而有功于天下。此所以殺此而不疑也。殺蹶速何以有功于天下。曰蹶速生於當麻。而勇悍多力。恒大言曰。方今之之世。有能與我抗力者乎。斯言也。蹶速倨傲暴慢。茂如一世之志見矣。以勇悍之資。抱茂世之志。而徘徊于帝都郊畿之地。無爲則已。有爲則一旦輦轂之蒙塵。是必然之勢也。宿禰知之。故殺之於纖微之日。戲玩之際。而天下之禍患。消滅不存。弭禍於既發。不若制於將萠之初。垂仁之不以殺人爲怒。而遽賜其地。留爲廷臣者。此也。是則宿禰之止殉。而仁固仁也。殺蹶速而不仁。亦仁也。以仁概之。而宿禰之論定矣。

鼇頭　絶物命而爲仁。斡旋之妙。如蒸砂石成飯。

黃遵憲評　筆有辯端。

王治本評　正大議論。而以諧出之。尤爲警目。

坂井虎山評　抑揚之妙。勝于東萊頡考叔之議。

○○豐太閤論　　松林飯山

名漸。字伯鴻。肥前人。舊大村藩教授。沒年二十九。

鼇頭

籠絡二字。見豊公雅量。遂爲一篇骨子。

鹽谷宕陰曰。句調有響。

一量字變爲籠絡二字。籠絡二字變爲數百言。如優師弄幻。

再見量字。

英雄之取天下。豈有他哉。必先籠絡豪傑之心。使弱者俯首聽命。强者不敢抗我。而我乘機以定天下。是覇者之微權。英雄之妙機。豪傑之士陷其術中。而不自知也。何以致之。曰量。苟其量不足以容群雄。而欲爭輸贏於錙銖之間。天下紛紛。吾未知其何所底止也。當室町之季。海內裂爲八九。如藝之毛利。越之上杉。奥之伊達。其尤大者。其人皆負不世之才。據有爲之資。龍驤虎視。不相下。而豊太閤乃起人奴。徒手戡定禍亂。向之爲龍爲虎者。俛首搖尾。以就其條鏇。無他。以其量之大耳。何則。高松之役。前有强敵。而變起乎內。使恒人處之。必狼

狽喪膽。乘夜以遁。而令乃明告以情。無一毫驚懼之色。於是毛利氏果爲其所籠絡而與之平矣。其征佐佐氏也。率十餘騎。踰險入越。夫一使之往來未足以知其情僞。而遠度險阻。使景勝伏兵禽之。則一力士之事耳。太閤單騎深入其境。出彼不意。於是上杉氏亦爲其所籠絡而盟始成矣。政宗之桀黠。素輕太閤。不從其命。及小田原之役。始執謁軍門。其意以爲太閤必喜見己。而太閤使人詰之。然後引見。指示邑營用兵之要。放遣歸其國。有請留之者。而不聽。而政宗亦已陷其籠絡矣。夫能籠絡豪傑之士。於籠絡天下乎何有。能籠絡天下。於

鼇頭

鹽谷宕陰曰。將或問說照公。立局佳甚。

三見量字

定天下乎何有。或曰。太閤之量。能籠絡三氏。而至吾東照公。則不能少加焉。至質母而招之。安得謂籠絡天下耶。曰。噫是以不籠絡籠絡之也。公文武智勇。材德之隆。資望之重。冠天下。太閤以爲苟得其心。天下不足定也。而知其天質英毅。不可以聲勢屈致。故首之以玉帛。次之以婚姻。終之以質母。公始往見。然後天下翕然歸之。是乃太閤之術。所以不籠絡而籠絡之也。而公亦安能脫其籠絡哉。嗚呼。太閤之爲量。天地未足爲大也。江河未足爲廣也。其起人奴。以能鼓舞顛倒一世之豪傑。而使甘爲之役者。抑以此也夫。

沈文熒評 能見其大。具如此識。方許作史論。

黄遵憲評 不籠絡而迴護之論。甚妙。大閤之懷。文心之靈。皆可想見。

安積艮齋評 才華坌涌。一瀉千里。

續日本文章軌範卷之六 終

鼇頭

續日本文章軌範卷之七

日本　石川鴻齋批撰

清欽差大臣何如璋閲　姚江　沈文熒　嶺南　黄錫銓　浙東　王治本　合評

雜類

○詰眼文　三善清行

字耀淡路守氏吉之子。昌泰三年。爲文章博士。延喜十七年。任參議。兼宮内卿。

延喜十三年冬。余年六十七。心朮耄亂。眼已昏矇。雖文有所屬。而筆不能書。遂作詰眼文。抽叙其志云爾。

有心神詰眼神曰。夫心者身之王也。眼者心之佐也。王事靡盬。佐職宜勤。而卿踈慵多睡。闇蔽無光。如膏燈之隔紗。似塵埃之黠鏡。年未艾服。不能見小字之書。齡未杖鄉。殆無辨大陽之耀。豈卿之惰嬾厭此公勤乎。將孤之愚庸。不足輔弼乎。孤雖頑嚚。嘗窺典籍。伊尹求致君於堯舜。陶唐樂得臣夔龍。蕭相乾辭。漢皇失手臂之便。孔明盡節。蜀主成魚水之功。大猶有此。小亦宜然。矧乎孤齡及貳膳。卿老迫懸車。昔與卿同胞而生育。今與卿合體而行藏。相共周旋。漸六十餘歲。（延喜十八年以七十有二歲卒）同欲歸老。近二三許年。義雖君臣。思猶兄弟。誠宜競餘

鼇頭

論語中下皆有矣字。令省之文體不同故也。

雄麗宕逸。駸駸入二陸之堂。

鉤章棘句。掐擢胃腎。

日而盡精。何更矯衰暮而曠職。夫以孤之所業者文也。文之所資者眼也。非文何達。非眼孰憑。然則令孤懷積薪之歎者。豈非卿之不明乎。令孤含轉蓬之悲者。皆是卿之不忠也。所結如此。其說焉在。於是眼神聽命。涙下數行。即頓首謝曰。吁何君言之過也。昔者君始弱冠。深相約勵。語臣曰。吾有志研精。亦思干祿。願假汝耀。用汝明。深究縑緗之幽。終期青雲之上。孔子曰。耕也餒在其中。學也祿在其中。古語云明經取青紫。如俯拾地芥。（漢書夏侯勝傳）斯言吾所服膺也。汝其從我乎。臣隨其綢繆。執其勤役。既忘窺園。無見流麥。度三冬而不暫休。終十舍以未假寐。對燭照帙。忘煙火之熏眸。堆雪讀書。忍冰凍之凝睫。内積飢險。則精氣自銷。外犯寒飆。則光明易謝。然而臣猶守其久要。勸其勞來。自謂暫勞永逸。先屈後伸。若身致富貴。則翫好之觀自臻。若肝得歡娯。則矇瞽之患必愈。而君性懷敦龐。志乖功宦。進不能移卿相之舘。衒其才名。退不能媚奥竈之人。求其推薦。徒居白屋之中。守素王之餘業。嘗以簞瓢之食。翫糟粕之遺文。而今君既朽邁。臣亦困窮。空廢南畝之勤。永流北門之詠。揚子雲之玄草。遂招客嘲。杜伯山之古文。不合時務。於是觸物發感。見樂爲哀。庾樓夜月。君翫之而添愁。矧

薄暮之悲風乎河陽春華臣覩之而增歎矧窮秋之落葉乎憂火常熱則君之方寸成灰悲泣雙流則臣之兩瞳永溺君之圖身拙焉臣之隨謬愚矣獨只強荒耄之性希四科之相兼責矇昧之明求五行之雙照縱令能爲而無益況乎雖企而不及者乎亦夫輔佐非一司存區分官須其用務適其才而今自臨君老莫不尸居手振而不能持足痿而不能步耳聾而不能聽齒蠹而不能食庶尹皆不堪其任何獨臣一人之咎乎君其念之於是心神惝怳失度逡巡思過謝曰爾爲之將如何眼神進曰當今之謀無若辭六藝之圃入三歸之門魏書釋老志脩心則依佛法僧謂之三歸君能澄情淨如來之國土臣常合瞼觀實智之光輝孰與夫生前懷惑遂蹉跎於劫塵之間老後失明重匍匐於長夜之裏哉語未終心神起拜昌言曰敬承箴誨請以書紳

鼇頭　六藝與三歸取對儒生所不言

王治本評　用意諷諸選詞宏富

石川鴻齋評　清行明法律精算術博涉經史旁搜百家強記治聞爲一時之宗初學菅原是善後師巨勢文雄時右大臣菅原道實權寵隆盛清行勸之退避又以書諫不聽遂遭貶謫是時醍醐即位藤氏益擅權清行作詰眼文蓋托諷諸以泄鬱悶也後任參議兼宮内卿

二〇擬家大連檄　荻生徂徠

月日大連物部守屋檄中外維天皇俄爾殂落皐人未獲皇嗣未立人心洶洶焉莫知所底止百爾有司大夫國造縣主千夫長敬聽我言我曩祖美摩治味島治命乃在皇磐余神武帝之世而有大勳勞于皇室爲開國元臣越子孫世世毗翼乎朝廷以統率中外則暨乎守屋之躬耿焉以承先世之餘烈忝位大連夫諒闇三年百官總已以聽冢宰況此弗靖而皐在大臣也爾輩乃不守屋是聽其誰與從維皇子惟孔穗穴穗皇子部賢最長叙當嗣故守屋敬奉而立焉則神明之宗大行天皇之嗣也爾輩其共奉之弑大行天皇者駒東漢直駒大臣馬子實使焉則臣子不共戴天之讎也爾輩其共討之皇子豊聰以其猥巧小慧蚤竊輿誦而覬覦於天位挾以左道譸張爲幻以扇乎齊民寔繁有徒馬子乃推其母太后將以奉之也則縱賊弗討誘以因果是其心必謂其次者我也端本探始幾乎爲主爾輩盍共討之夫弑君者殺無赦與其謀者皐鈞以左道惑於民者殺無赦婦人不得踐天位寶訓之言藏在王府我物部氏之世守也惟守屋及二三大臣暨天皇得發焉爾輩或弗知弗知者無皐馬子豊聰乃與有聞知而故犯皐莫大焉昔者熊襲弑仲哀帝者眉輪弑安康帝者誅不旋踵而息長氏神功皇后之威服三韓猶且奉其腹胎内天皇以號令乎海内三韓

鼇頭　極口罵豊聰議論激烈

攻擊古史誕妄。筆力壯快。

之貢。惟不及佛像書與其人者。自皇焦鷯仁德帝以來。數百年矣。刑典所遏。豈不揭焉乎著明哉。爾輩盍思諸。且我大碬。碬馭盧。華言倭奴國。此言丈夫島。建號曰丈夫之邦。赫赫皇祖。左璽右劍。以照臨於天下。其德蓋象諸日。日者太陽也。劍者丈夫之服也。而豐聰使史太作書。而謂皇祖女子也。以誣我皇祖。以雌我大駿。姦之所自。蓋非一朝一夕之故也。今而弗遏。其禍必將絕我神明之祀。爲虜磯城而降民離其樸以趨乎僞也。爾輩而惑左道。而黨豐聰。或謂豐聰聖矣。聖而干國大紀。乃君之雠。是惱焉用其聖哉。爾輩猶乃有迷大頑。蠢乎弗悛。皇祖其殛爾。我其弩僇爾。爾輩其能洗乃心。革乃慮。幡然自奮。俊其鏃。倒其戈。以斬馬子。以馘豐聰。以慰大行天皇在上之神。則皇祖其賚爾以祿。皇子孔穗爾君也。其告爾功。胙爾以茅土之封。爾輩其思之哉。此檄

王治本評　古奥樸茂。得湯誥泰誓之遺。非近手所能髣髴。至其義憤凜凜。直能爲前人吐氣。奸雄破膽矣。

石川鴻齋評　一篇原周書。遊戲之文。誅姦賊於既死。茂卿氏爲大連氏之裔。千歲之下。扼腕切齒。以筆墨泄鬱勃之氣。所以慰遠祖寃魂也。

○奇童説　伊藤東涯

名長胤。字原藏。一號糙々齋。又古義堂。謚紹述先生。仁齋長子。

世之夙敏穎悟者多矣。而其卒也未必皆賢者也。

穎悟不可恃。戇愚非可棄。

溺於愛者。宜爲警戒。

而古之賢者。其始也未必皆夙敏穎悟也。夙敏穎悟者。其果不可爲賢者歟。世之所謂幼而聰敏者。吾知之矣。五歲而誦詩書。則曰奇童也。十五而能焉則凡人也。十五而講經屬文。則曰奇童也。三十而能焉則凡人也。世之人唯見其五歲而誦詩書。十五而講經屬文。以爲異乎衆。而望其終身之異乎衆也者過矣。終身之異乎衆者。豈慧俊才辨者之所能遽得乎哉。必也真積力久。仁漸義漬。薰蒸乎德行之化。浸漬乎禮法之場。而後始可得也已。故世之慧俊才辨者。其卒也未必皆賢者也。昔者張童子九歲而擧于禮部。韓文公贈之言曰。少之與長也異觀。少之時。人惟童子之異。及其長也。將責成人之禮焉。成人之禮。非盡於童子所能而已也。善哉言乎。世之人不知出此。徒覩其篇章敏富。酬答辨利。目爲神童也。則父兄之無識者。亦從誇詡呶呶。惛惛溢美過譽。不嚴規誨。唯聲價馳騰之悦。希得升斗之祿焉。其既得也。其人亦自以爲吾事既畢矣。恃材陵衆之意滋。輕儇浮躁之態肆。氣滿志得。學殖荒廢。經史圖書。束之高閣。二十而所得。無異十歲。三十而所成。無異於十五也。不翅弗得就其器。亦且斲摧之。并其嘗所粗得者而喪之矣。欲爲鄉人不可得也。噫天下之奇材何限也哉。

能養有成則皆可以爲賢者矣而爲父兄所責乎師友所譸張賊其美質吾甚惜之故書以爲戒

黃錫銓評　日本多聰慧之士童年以詞翰著譽者尤多然德業文章卓然可傳者知非此輩殆所謂不善養歟東涯先生得賢父之善養卓然成一代偉人此文法戒照然益人不少

石川鴻齋評　原藏氏以仁齋爲父事父至孝他勉强學事而已幼時有奇童之目父不爲奇之晚暮始發其奇非學問有根柢安得爲奇哉

〇〇雲喩　齋藤拙堂

屬者余糾合同志創文會衆索題目余乃以雲喩應之且謂之曰雲可以喩文蓋物莫切焉吾嘗登山巓而覽觀其狀因有所發悟焉請爲諸君言之

以一莖草現丈六金身變幻無量神通不可思議

其始起也浮浮焉如蒸炁縷縷焉如吐絲散而如綿出筐鎔而如銀在冶繚樹而行抱石而憩徘徊顧望躊躇不前洎乎騰至於天際俯仰百變掩者若練張者若幔行者若水蹙者若鱗突怒者若峰猙獰者若坡若馬奔若虎蹲若龍躍若鳳翔翻爲旌旗聯爲瓔珞覆爲蓋旋爲輪亘爲樓閣城闕峙爲山嶽種種異狀弗可殫述俄而洸然潰然洶洶然如浪駭如濤舂如陂塘之决紛紜擾亂如大軍之移動圍既合戰既酣則雨霈然至不終朝而徧於天下矣烏虖是可謂天下之至奇至變者也然皆一氣之變非有意爲之故曰雲無心而出岫文

宜僚弄丸手段

能如是亦非其至者歟請與諸君學之雖然雲而不致雨文而不濟用雖奇而無益也易曰雲上於天需人之需於雲非爲雨故歟方夫旱魃作虐也百苗稿百物痡人人引領望雲猶疲民之於天吏是非望雲也望雨也雲而無雨將何所望焉唯其油然載雨行之於下土使稿者勃然以興病者霍然以起此其所以爲人物所需也文能如此而後有用於天下矣請與諸君勉之衆唯唯而退遂書其言以塞課責

黃錫銓評　變幻百端歸於有用可知文無定體唯有裨於世乃不妄作文人動言家法學力至者猶可也否則浮靡不實雖神似班馬亦何取乎此文前路馳驟後路紆徐長於譬喩理足氣充

石川鴻齋評　以一微物説文章秘訣雄麗奇恣如爛然卿雲想當文運隆盛之時天亦呈此祥瑞也

〇〇原儒　安積艮齋

起筆巍然如太華聳雲表

嗚呼宇宙安適而非儒者之道乎哉五帝帝而儒三王王而儒伊傅周召臣而儒孔孟亦儒老莊亦儒瞿曇亦儒管商申韓百家九流莫非儒也嗚呼宇宙安適而非儒者之道乎哉儒者之道奚自而出非出乎天地也耶天穹然覆乎上地隤然載乎下陰陽之氣絪縕交錯化生萬物人乃萬物之靈天地之心而道斯具焉其大要五曰父子也君臣

鼇頭

虛字斡旋處。大約胚胎韓文。

說及草木鳥獸。滔滔汨汨。如大河奔放。有不可遏之勢。

也。夫婦也。長幼也。朋友之交也。斯道也。非堯舜禹湯文武所得而作也。非周公孔子孟軻所得而私也。天地之道也。四海萬國之所共有也。惟震旦疆場最大。人民最稠。而群聖人出焉。故能先萬國而明爾。堯舜三代之上。斯道粹然。出乎一。故風俗醇而天下平矣。堯舜三代之下。乃始四分五裂。而爲老莊。爲管商。爲申韓。群起角立。相爲雄長。而天下洶洶然不知所適從矣。然而皆有父子焉。有君臣焉。有夫婦焉。有長幼焉。有朋友焉。其學亦講脩己治人之道。未有顯然以篡弑立教者也。若瞿曇則雖無君臣父子夫婦之倫。亦有長幼焉。有朋友焉

其教莫非勸善而懲惡也。夫脩己治人。勸善懲惡非儒者之道而何。設使此數子立於天地之外。夏不葛。冬不裘。不食五穀而絶滅人倫。則誠非儒者之道也。苟戴天履地。夏葛而冬裘。食五穀而不離乎人倫矣。莫非儒者之道也。等而上之。自士而大夫而卿。而公以至於天子。遞而下之。自士而農而工。以至於商。凡立乎兩間。而不離乎人倫者。孰非儒者之道。推而衍之。草木果蓏。鳥獸魚鼈之屬。涵育蕃息。總總林林。又孰非儒者之道邪。儒者之道。徹上下。亘古今。放乎四海而皆準。可以盡人之性。可以盡物之性。可以贊天地之化育矣。百姓日用

鼇頭

不惡而哀之。過於惡也。

起句自天邊墜。

焉而不知。習焉而不察。哀哉。彼老莊瞿曇管商之徒。皆賢者。不幸而不遇堯舜三代之盛。故或過或不及。偏陂駁雜。不能適於大中至正之理。尤更可哀矣。然不可謂之非道也。嗚呼宇宙安適而非儒者之道乎哉。然則我通老佛管商爲儒。彼亦以我爲老。爲佛。爲管商。可乎曰奚可。大可以兼小。小不可以兼大。昭景屈楚之支族也。指昭氏而曰楚可也。指楚而曰昭氏。可乎哉。堯舜禹湯文武周公孔子。儒之大中至正者也。老佛管商申韓。儒之舛駁者也。荒唐者也。慘礉者也。

黃錫銓評　通天地人。則爲儒。此則合釋老刑法百家九流。亦以儒名之。論奇而理確。意本

原道。體仿原人。筆有斷制。辭皆爽豁。

石川鴻齋評　通篇一意本於韓文公原道。而筆法銳利勝於原道一等。末段引喻辨證

又評　正邪。朗月出雲山河明亮。世之稱儒者不一。有君子儒。有小人儒。有鴻儒。有碩儒。有腐儒。有俗儒。若子順氏可謂名儒矣。

○題擲冕服圖　川田甕江

既敗李如松矣。何懼而受冊封。既受冊封矣。何怒而擲冕服。豈其不學無術。不知冊封爲何物耶。將欲解兵結好。而至於此。而意遽變耶。不然。一懼一怒。何其擧動之狂且妄也。是有說焉。昔者孫權拒曹操。將士往往有懷疑懼者。權乃拔劍斫案曰。敢言迎操者。有如此案。豊公之擲冕服。實類於是矣。

依田百川曰。大綱既掲。妙在不說破處。

又曰。一段點睛之筆。斷以豐公之語妙甚

詞法高簡使歐

何則公之征朝鮮。意不在朝鮮。而在明氏。抑明之與朝鮮。土地兵馬。固相倍蓰焉。而又其國遠在鴨緑江外。我提羈旅無繼之兵。入萬里不測之域。其難爲有甚於呉之抗魏者。是以碧亭一捷。敵師膽落。而我將士亦不能無歸思。公知其然矣。故夫行長等之請事也。姑曲從其意。和云則和。冊封云則冊封。及一朝冊使至。大會天下牧伯。見諸伏見城。侍衛叱咤。黃幄方開。使者股慄膝行。捧金印而進。當是時。公氣已呑全明矣。雖無封日本國王之語。冕服固不免毀擲。然且待讀冊而後敢發怒者。特欲聳動諸將耳目。以示其志不可屈耳。不然。彼自避位。而王我其國。世固無此理。公雖不學。獨有不之知者哉。或曰子說有所據乎。曰有。曰何據。曰據豐公之言。初公之出師也。或請以善漢文者從。公曰。吾直使彼用我文耳。惡用漢文爲。文且不用。況冕服乎。況冊封乎。嗚呼世之論者。以千古無前之快擧。與一恭獻所爲。同日視之。公而聞之。即笑而謂之狂且妄耳。

橫山叔遠評文鋒犀利。金鐵可斷。肯其縱筆論破處。真有生龍活虎之勢。

依田百川評千古快擧。將快筆寫出。豐公而有知。則可以呼快百回。

〇吊菅公文　係墨水謫居作　藤田東湖

嗚呼。抱曠世之才。受聖主之知。出處進退實關乎

公避三舍。

皇道之盛衰。吁喩密勿。豈非天下之大機。其在上下無虞之日。猶宜明哲保身以護鴻基。況當藤氏之蔓延。國勢漸就陵遲。椒房擁坐。龍斷是私。聖主慨然欲振乾綱而肅坤維。輔弼之任。舍公而誰。乃起身於文苑。直致位于台司。魚水遭遇。千載一時。大化之隆。可數日而期。曷圖讒人罔極。爲梟爲鴟。君門九重。嘆雲霧之蔽曦。關山千里。身落西州之陲。智者察禍於未萠。達人撝謙而守雌。以公之聰明。何慮之不及斯。既已遺佚阨究矣。亦宜超然物外。比壽於神龜。顧何壹鬱憤懣。白玉碎。幽蘭萎。抑成敗之機。就其跡而論之。何術不可施。而禍福之理或可推。或不可推。獨不見夫盜跖與伯夷。且使公患得患失。雖有曠世之才。亦奚以爲。去廟堂而不憂其君。又安在乎以身爲社稷安危。嗚呼盛衰之變。猶朝暮相隨。古聖賢亦皆然。何於公獨疑。唯天不福皇室。公而如此。孰扶民彝。遂使延喜以降。徒以粉飾爲治。綱紀上壞。威權下移。大化之隆極天下不可復追。此千載之大遺憾。而志士仁人之永所歔欷。若公之一身。日月爭輝。遐陬僻壤。或廟或祠。天下後世。爲神爲師。英靈赫赫。復何悲。

石川鴻齋評一意一韻。長短得宜。而文字清淡。似殆讀散體之文。猶王良造父馭驊騮。而奔廣野。有銜轡之制鞭策之威。而縱橫如意。

沈文熒曰有氣骨有詞采酷似柳柳州雅

黃錫銓曰波瀾意度不讓古人

○○上野臨幸雅頌并序

石川鴻齋

名英字君華三河人住東京

皇帝卽位之明年定鼎東京乃命六師徂征不共奥羽肥薩諸土或歸命或伏誅於是大駕臨巡七道始徧于群神百廢悉修勤求民瘼時天下文安符瑞咸至四方萬國薄海內外輻輳輦下以貿易貨物東京士女感戴恩澤之洽欲請臨幸呈百技以奉慰聖慮天皇許之十二年秋八月二十有五日天皇臨御上野百僚群臣及海外公使皆從焉蓋上野在帝城艮位山綺水麗景物雍和遊觀之勝四時皆備是日天朗氣清殘炎漸退菡萏競艷

紫薇呈嬌籬菊汀葭各有幽趣乃清道路張帷幕百萬人家户樹祝旗老幼男女攜手參觀擧欣欣然有喜色所謂吾王不遊吾何以休豈獨夏諺云然哉天皇乃召耆老親加慰問賜以酒饌田野遺叟初得拜天顏各呈歌頌而退實千載一時前古所未有也草莽賤臣英會此盛儀遂拜鳳輦與衆同樂竊以爲生不能徇國家之難猶享昇平之賜英之幸大矣但彫蟲篆刻僅以末技誘後進耳遂不揣醯雞之微叨作臨幸雅歌聊伸鄙忱豈敢望吉甫穆公施諸後代耶其辭曰

四方既定始罷六軍茲迎皇駕敬饗大君干戚

黃錫銓曰雍容揄容盛世之音

羽籥舞武舞文太平有象王臣之勳干戈既戢弓矢既櫜廼買牛犢廼賣劍刀四民就業各忘厥勞維耘維耔以爲春醪鳳駕臨矣于彼東台梧桐葉茂佳菊華開揚風扢雅臣民群來嘉樂歡燕以酌金罍彭彭鏘鏘八鸞維煌群臣百僚峩冠繡裳廼列翠幕黼黻文章肆設大牢式樂我皇皇曰噫民視爾如子務營厥業永享福祉衆拜稽首乃欣乃喜惟冀我皇天地同齒鐘鼓協奏衆樂具列庭燎旅陳斧扆是設嘉賓戾止盟約既結維弟維兄殫極歡悅載開壽筵載召耆老籩豆罍斝爰醉爰飽賦詩

咏歌各任嗜好高文典册以達八表六龍還闕車騎殷轔華炬億萬光赫城闉乃啓府庫乃賑四民百禮既洽以告群神

沈文熒評肅肅雝雝盛世之音也

王治本評一片承平雅頌聲宛然三百篇遺響

王桀仙評臨幸上野太典也石先生製大文以記之可謂事文相稱其筆力之雄建識見之高超非爛熟古名家曷克臻此

○○孔廟頌

德川光圀

常陸水戸藩主叙從三位任中納言既老居于西山世稱西山公諡義公

元祿改元之仲冬二十一日大樹源公齋戒潔誠詣忍岡孔廟威儀棣棣禮敬肅肅誠希世之

鼇頭

巍巍堂堂。無一句怠慢。無一句塵埃。眞孔廟頌。非此公不能也。

辭意清簡。頌序得宜。

盛事也。光罔不勝感喜。才頌其盛德文化之美。

以似弘文院林學士。頌曰。

上天不言。道奚自傳。聖聖相繼。大成文宣。遞代報德。加爵襃封。大牢于漢。展拜于宋。惟我皇朝。臨雍親躬。益虔益愼。是尊是崇。中古以來。天下屢變。國郡學校。盡毀兵燹。東照神君。致治重儒。仁漸義摩。惡紫奪朱。淳和辨學。嘆院無遺。將建庠序。宿志不遂。幕下之士。有林道春。博聞強記。一代席珍。講經解惑。悵道不行。卜地建廟。仰止宜聖。春秋上丁。祀事無違。異端横起。世知者希。懿矣源公。制節謹度。承統連枝。振德大樹。夙夜不安。於單厥心。握髮吐哺。右規左箴。崇道移風。起廢繼絶。粤詣孔堂。祭具陳設。再拜就位。三獻趨蹌。來歆來享。若覩羹墻。公有此擧。惟萬世則。儒林增輝。是誰之力。羅山梅藥。得時發榮。忍岡杏花。向陽吐英。海內波靜。日新富有。文物丕熾。永垂不朽。聖祀欽只。神威儼然。木鐸餘音。千斯萬年

王治本評 凝重端莊。雅與題稱。

石川鴻齋評 威儀沈重。如正士坐朝。使人戰栗。通篇無虛飾。文體兼古今。作頌者宜以爲法則。

續日本文章軌範卷之七 大尾

鼇頭

跋

右文興化。致治之所先。雕蟲篆刻。壯夫所不爲。皇甫謐曰。昔之爲文者。非苟辭而已。將紐之王教。本乎勸戒也。唐宋以來。以文名者。不下數千家。擷其言。金玉其辭。咀英嚼華。各出機軸。而謝枋得選軌範。僅取六十九篇。謂之軌範。不特爲文之軌範。復以爲世之軌範也。鄒守益續之。自戰國迄有明。復裒六十八篇。論者或曰。瑉玉相錯。冠屨相淆。此其所以選文而不擇人也。其他眞西山正宗。呂東萊關鍵。及文鑑。文髓。文訣等諸編。所選各不同。讀者不能無愛憎焉。至於明清作者如林。然有剽襲綺靡使人厭惡者。有瑰譎新奇眩耀心目者。其重於當時。傳於後世。可以爲世之矩矱者。亦不過正學。荊川。匀庵。弇州十餘家。而欲求其醇乎醇者。亦難矣哉。我元和櫜鞬之後。大宗文教。諸侯爭聘儒生。於是羅山。仁齋。徂徠。鳩巢之徒。各樹旗幟。以

輝燿於一世。尋至寛政三博士。專唱八家。務洗六朝靡曼之習。爾來拙堂山陽宕陰息軒諸子。接踵繼起。或有主理義者。或有主文字者。有主考據者。有主策論者。藻繢精華。擬藻飛蔚乎極斯文之盛。竊以爲馬融皆東之歎。果及我國也。當幕府末運之際。七道囂然。腥羶四起。人文寥落。殆如晨星。至若科斗鳥跡之文。一旦將爲蟹字而抹却。以爲天之將喪斯文也。不得復興焉。

明治鼎新之後。勃然興起。挽回衰勢。於是人才輩出。十倍前世。自峩冠長裾諸公。至布衣韋帶之士。扶策弄翰。傑然拔群者。星羅碁布。充溢海内。鬱亦何其盛也。林行已曰。天將祚其國。祚其國君子。觀其國君子衆多。則爲其國之寶。由此觀之。千歳復古之際。文運亦從而循環也。夫天之所興。斯文之久矣。然或爲左道所妨。或爲衰亂而阻。與茲湮沒。遂不得發揚。和璧韞于荊石。隨

珠藏于蜯蛤。不遇其時。不得其人。不能吐景曜放清輝也。方今逢聖明之世。遭致治之時。於是多年所蘊蓄。與茲偕興。光彩煥發。以照宇内。可謂洵古文隆盛之秋矣。余曩傚謝氏軌範。選粟山精里以下二十餘家之文。名曰日本文章軌範。今又傚鄒氏續選。中古以還至近世。擢數十家。以爲續集。想諸家名篇。盡搜輯之。雖亮其搜擇。尚有餘恨。卷帙有限。不能登録也。天尚不棄斯文。後之同志者。復將有選。安有埋沒於茲。使人無識乎哉。

明治十四年冬嘉平月

後學　鴻齋石川英撰并書

明治十五年九月十六日版權免許
同　年十一月　出版

編輯者　愛知縣平民　石川鴻齋　芝區片門前貳丁目十四番地

出版者　東京府平民　稲田佐吉　京橋區三十間堀貳丁目四番地

鼇頭續日本文章軌範卷之七

賣捌書肆

清國上海新北門外興聖街　周虎臣老舗
同　廣東省城雙門底下　文選樓老舗
同　所　金谷園老舗
日本大坂心齋橋北久太郎町　柳原喜兵衛
同　大坂心齋橋南久宝寺町　前川善兵衛
同　東京日本橋通壹丁目　北畠茂兵衛
同　東京芝太神宮前　山中市兵衛
同　東京日本橋通二丁目　稲田佐兵衛

文部省御檢定濟

甕江川田剛先生序

龍洲馬場健先生編輯　訂正

本朝名家文範

版權免許　教育書屋藏

敘

謝氏文章軌範。取古文之近於時文者。標揭篇法章法句法字法。以資於場屋。我邦無場屋舉業之制。學者唯讀古文。乃奉此爲金條玉律。何哉。

王若霖曰。方望溪以古文爲時文。卻以時文爲古文。此雖出於一時諧謔之口。亦可以見古文時文家法之各別也。大坂中學教員馬場君強甫著本邦名家文範。非謂邦人文章倣於唐宋諸家。於由麤入細。由俗入雅。於是初學可脫時文習氣矣。方今文士爭趨新奇。或主一二而觀。亦是說選獲焉。今範家記能。不與射於此。洵可質文範之名。因題一語於卷首云。

乙酉晩夏

甕江川田剛撰并書

本朝名家文範

例言

一斯編所收。余嘗所手寫以備誦閲者。今采擇其短簡者。以供子弟作文之模範。

一所收無慮五十有餘家。文體不一。雖王李古文字遺流。亦各收一二篇。以徵近代之文獻。

一學漢文者。不如讀漢人之文。然文理深奧。風俗亦異。初學未遽易曉。故今輯本朝諸家之文。以爲初學階梯者。所謂自踈入精者。

一分門列諸家。亦皆以難易長短爲次序。不必拘文之巧拙。

一近世文抄。故施批圏評語。以成文繆。而好尚異趣。評論隨殊。余不敢傚顰。以妄軒輊先賢。

馬場健撰

本朝名家文範目次

○卷之中

序

目次終

目次終

本朝名家文範卷之上

大阪　馬場健疆甫編

○紀事

炊烟知民富　　德川西山

仁德天皇登臺見烟氣多起。謂皇后曰。朕既富矣。復何憂乎。皇后曰。今宮室朽壞不免暴露。何謂富乎。天皇曰。天之立君。本爲百姓。故君以百姓爲本。古昔聖王。一人饑寒。顧之責身。百姓貧則曰朕貧也。百姓富則曰朕富也。未有百姓富而君貧者矣。

儉薄率物　　服部南郭

平宣時老後。謂人曰。昔者相州（相模守時賴）一夕見邀。尋使再至。曰。既夜。不必裝束。願疾見臨。乃著故直垂去。至則相州自挈酒出。曰。偶有此物。不可獨酌。聊復迎爾。恨無下物。厨下或有餘食。既已中夜人靜。煩君唯所自得。余乃秉燭入厨。徧索無肴。僅見皮上土器。豆豉箸餘。棄在其中。試且舉至。相州曰。亦足矣。乃暢然對酌。遂至歡醉。其時率如此。

觀舞妓流涕　　安積艮齋

京師有名娼。曰阿國。歌舞精妙。冠絕一世。德川秀康。在伏見。召而觀之。娼掛水晶念珠於領。秀康曰。念珠猶粗。未足副絕藝。命侍臣。取鎧上所掛珊瑚念珠。賜之。舞畢。秀康嗟賞流涕曰。妙哉技。至此乎。真天下第一流女子也。而我未能爲天下第一流男子。豈不大可恥哉。

竹股兼光　　中井履軒

越有三寶刀。其一曰竹股兼光。初老津農夫佩此刀。沽豆市還。囊鑄漏粒。輒中鞘而破。視之鞘破而刀露也。竹股三河守聞而取之。後納于謙信。弘治川中嶋之役。甲人或持銃狙謙信。馳而斬之。并斷銃爲兩段。即此刀也。景勝之時。命京工裝刀。期年而成。衆咸賛

稱。三河視之曰。贋也。詰之。曰。真刀鐔上槽中有小孔可以貫馬尾。臣之外莫知也。景勝愕。遣三河訪求焉。三河微服扮西州旅客。入京。募良刀。果獲於清水南阪。後獻于太閤秀吉。浪華之役。喪其所在。

武夫自薦　　尾藤二洲

加藤清正。嘗選保呂騎二十人。令部下舉其可用者。有坂川者。而自薦。清正及老臣皆怪問之。坂川曰。臣父爲君執銳摧堅。非不善戰者。而臣不能識其果堪保呂否。知人之難。父子猶然。況敢薦他人耶。若我身則知之熟。信之厚。此臣所以自薦也。其言從容。其色

自若。清正歎稱用之

七戰七魁　　藪　孤山

班平次。適肥求仕。清正問之祿。對曰臣嘗有勞於越故有饘粥之米。今未功於君。敢言祿者。請與下執事約一槍五百石。可乎。清正曰諾。未累歲。而七戰七魁矣。祿至三千五百石。

風流宥罪　　德川西山

高倉帝幼時。有獻紅樹者。帝極愛之。命藤原信成守之。一日仕丁。乘信成不在。斫枝爲薪以煖酒。信成歸見而大驚。縛仕丁。會帝使信成上其樹。信成具奏其

狀。叩頭謝罪。帝從容曰。唐詩有云林間煖酒燒紅葉誰教仕丁作此風流。無復所問。

元將先遁　　大橋訥庵

范文虎。以船艦三千五百艘。蠻軍十餘萬。至次能古志賀二嶋。忻都洪茶丘。軍乃來會焉。於是肥筑海上舳艫相銜。我軍防戰屢敗之。斬招討使忽都哈思等。賊以累失利。乃移據肥前鷹嶋。見山影浮波。疑暗礁在海口。不敢近。會青龍見於海中。硫黃氣盈乎虛空怪異百出。賊帥見之大懼。單艇先遁。

茶山寬厚　　廣瀨旭莊

菅茶山先生疾病。余座側。先生呼藥。竈下無火。家人徐徐吹之。余不堪其遲。將起而趣之。先生曰止。其既命矣。孥輩不敢遲之。若再彼將惶愕失措。然則更遲矣。其待家人。寬厚如此。余雖無疾時。不能少忍。爾後宜想古人所以書百忍字也。

教而刑之　　安積艮齋

水戶封內。有弑父者。吏捕而鞫之。將處極刑。民性愚生長山谷。未嘗知倫理。乃不承曰。我若殺人之父。則當受刑。今我殺吾父。而刑之。何冤也。吏以聞。光國召儒臣曰。以此頑民付汝。三年受業。宜竭力教導。懈將

罪汝也。儒臣教督甚至。未三歲。民稍解讀書。始知弑逆之爲大罪。甚懟自請就刑。然後誅之。

寉羹戲謔　　大槻盤溪

幕府有饗禮。進寉羹。適大窪彥左謁焉。照公命賜之羹。彥左退坐外廳。換幾椀。喫之。復入謝曰。小人飽嘗君之羹。爲賜多矣。然臣家亦自不少此物。公曰。汝薄祿之家。安得有之。彥左曰。且勿疑。臣將以明日獻之翌日盛青菘於白板盤。堆積如山。自捧以獻焉。曰。昨日所賜臣。卽此是也。但此物臣家呼做菘。君之朝。則特謂之鶴耳。公笑而納之。乃命左右。讓廚人。

蝘蜓感節婦　　賴山陽

浪華有夫婦與居者。夫罹惡疾。而妻事之甚謹。夫勸其他適。未肯也。一日觀於屋後。其壁腰蔽以杉皮。皮裡有一蝘蜓。貫於釘。猶蠢蠢然。怪之。數就驗視。其雌往來哺之。故久而不死也。妻爲悽然。以告夫曰。蟲豸且護其儷。況人乎。良人未死。妾將何之。夫猶不自安。因計速死。聞河豚殺人。買而食之。敗血數升。而其疾立愈。終身爲夫妻。外史氏曰。是豈非天乎。妻之節。激於蟲。而全夫之疾。激於魚而愈。夫妻皆善人也。天與善人。猶信

烈女挺身蔽母　　安井息軒

蛭子神者。商賈稱爲福神。年以十月十日祭之。戸極盛宴。都下淺草鄉。富商葛見氏。既老。與妻及二女居小梅村之莊。畜奴婢各一人。戊申十月。跟奴赴其子蛭子祭之宴。夜參半。賊時主翁之亡。來劫其家。排戸直入。擬刀於妻腹。以責呈金。少女年十四。挺身蔽母而罵賊。賊怒揮刀擊之。傷肩及指。勢方危急。婢走進自後攫賊陰。極力拉之。賊捉婢。投於庭。既而旋轉頓蹐。不能自主。遺其刀而逃。舉家因以得全。女傷亦淺。但兩指欲落。請醫治之。拜跪如禮。毫無酸痛之狀。亦奇女子也。

取鯉死諫　　中井履軒

照后在參。嘗獲巨鯉三。長各數尺。命畜之。以備天使之饗也。已而喪其一。詰守者曰。頃鈴木久三。稱受賜取而適廚。煮而食之。亦饌傍人。并織田氏所餽酒。啓緘竭之。質之廚吏。信。照后大怒。召久三。抽長刀。立而竢焉。久三投刀。袒而入。瞋目大罵曰。愚哉將也。以魚鳥比於人命。焉能濟大業。照后愕。捨長刀。入而坐。熟思久之。是時卒繫獄者二人。其一捕鳥于獵節。其一罟魚于城湟。照后謂久三爲此死諫於我也。乃釋二卒。而謝久三。

騎士獻蠟書　　廣瀨旭莊

豐臣公陣於名護屋。以濟伐朝鮮之師。一日在樓。有帽掩其面者。騎而過前。公勃然曰。奴何爲者。不脫帽。不下馬。而過我前。命軍吏殺之。吏走馬追之。公復召軍吏曰。無禮則有之。然敢無禮於廼公。其膽可嘉。聽彼自刃。亦鞭馬出。公又召軍吏曰。奇男子。唯問其名。勿問其罪。亦出。先者及焉。呼曰。我公有命。戮汝。次者將及呼曰。公聽汝自刃。後者遙呼曰。問名而已。騎士聞之回。探懷出蠟書曰。上之公。名亦在焉。遂去。吏歸

獻之。公視而火之。無知其故者。

丹釀男山　　賴　春水

有鴻池苑道者。以風流知名。嘗傾家產。新開酒肆。其酒本係伊丹釀。名曰山井。苑道更曰男山。用其故里名云。男山大售。釀主遂欲運諸江戶。海運之酒。每桶以藁席苞之。烙印名號於苞上。苑道請諸善書者十餘家。余一日過鳴門。鳴門使余書男山二字。余始不知何由。率然應之。苑道寄諸釀主。使其擇而用之。獨取余所書爲印。後男山大售於江戶矣。苑道因鳴門。饋一苞桶。爲潤筆。余柬諸友。取數十日醉。諸酤戶。傳聞之。以余書爲吉兆。來乞者接踵。余盡辭之。

公判無私　長野豐山

防州板倉公尹京。一日出行。雖嬰兒皆避匿屏息竢其過。有一兒。可十歲。獨不避。且從而罵之。公聞之。命問其父姓名里居。還謂府吏曰。民某嘗訟乎。吏撿之。嘗訟而弗克者。於是再召而按之。果寃。乃賜金謝之。嗚呼公判無私。官吏之所難。知過能改。聖人之所貴。今防州一擧而兩美具焉。豈不賢哉。

沈南蘋畫法　田能村竹田

時史花卉翎毛。多從沒骨法。蓋沈南蘋後始盛。南蘋名銓。字衡齋。呉興人。享保中。應徵到長崎。進畫數幅。賞賚甚夥。銓畫句染工整。賦色濃艷。時昇平日久。人厭雪舟狩野二派。故一時悉稱南蘋。翕然爭趨矣。銓傳法崎人熊斐。斐傳諸江戶人宋紫石。紫石子紫山世其業矣。

一語鼓舞士心　齋藤竹堂

福嶋正則嘗謂東照公曰。井伊。本多。榊原。三傑士之名天下莫不聞而畏之。洵公家干城之臣也。公曰。吾家勇士頗多。今併此三士。而爲十人也。論者曰。公擧十士。而不明指其爲誰。暗使人皆陳力就其列。可謂英雄一語鼓舞士心矣。

英雄罵碩儒　鹽谷宕陰

高山正之嘗至一士人之家。見案上駿臺雜話。披而讀之。至幷論楠公與諸葛亮。謂孔明待三顧而出。其進重。故受任專。楠公則不然。所以委任不重。而自速戰死也。怒髮逆衝。直擲書於前庭。主人驚問故。正之曰。腐儒不解事矣。亮之於劉備。素非有君臣之分也。則其重也宜。我延元帝則萬代一統之主。不幸有出狩之變。此天下之人。苟食斯土者。將疾走勤王之不暇。況楠氏邑。在封畿之內。其待王命而出。吾尚以爲晩。若之何。其與亮同出處哉。聞者服其至論。

奇士出杓收錢　安積澹泊

大津追分。有一數奇者。曰道觀。極貧窶。家貯一鍋三足有喙。呼曰手取鍋。每燒松毬。爲薪。湘泉作茶湯。或煮骨董飯。充晨夕。自詠狂歌一首。以述其趣。太閤秀吉。聞而奇之。將給月俸。道觀固辭曰。貧賤嗜茶湯外無所求。而不累于物。一仰廩食。則身餘饒而心不閑曠。與其富而屈志。不如貧而待死也。大閤不奪其志。乃點大津驛馬往來京師者。使征其什一。以資生活。道觀又欲辭之。人或勸而受之。於是。出杓於窻外。每馬一匹。收錢一文。盈杓則納之。錢未盡杓不出。及盡出之。率以爲常。

勇士辭殉　中井履軒

浮田直家。疾病。曰我死在近。嗟誰可從我者。侍臣皆請殉焉。喜而觴之。記而寘于棺下。召戶川肥後。而問焉。肥後曰。人各有能。有不能。夫陷堅挫銳。守節效死。是臣之所能也。若殉則臣不能焉。君若求殉者。莫若沙門也。幽顯塗異。沙門火下之誦。猶言能引導迷者。而成佛。況親殉而導焉。必能引君到善處矣。臣等戰塲殺人多矣。必墜修羅道者。焉能導君。且沙門無汗馬之勞。矢石之危。而君之尊敬寵賜。十倍于臣等。則以恩遇渥。而殉焉。亦沙門宜在第一。

鶯雛學音　柴野栗山

籠養小鳥者。捕獲鶯雛。患其聲澁濁。就老鶯善鳴者。使學其聲。俗謂之附子。雛初在籠。遷躍上下。蹙然無少頃靜。忽聞老鶯一哢。便戢翼凝立。如諦聽者。越時始能動身。既而低弄。如學之者。又如羞澁怕人聞者。如此一兩日。乃能放喉縱囀。音響劉亮可愛云。嗚呼微彼小禽。尚思好其聲。而知希賢。可以人而不如鳥乎。癸卯二月十三日。聞之神川生。書以示塾生。

烈婦蓮月　林鶴梁

烈婦蓮月。未詳其姓氏。京師賈人某妻也。美姿儀。性聰慧。習文墨。能和歌。又善陶。家貧夫病。不能自給。烈婦別開小店。煮茶供客。以養。夫死寡居。自守。恐年尚少有人挑之者。薙髮爲尼。然天然美容。故態尚存。佼佻少年。或投艷書。送慇懃。烈婦乃引千斤秤。自拔其齒。每拔一齒。蕭蕭有聲。滴滴迸血。觀者大驚皆曰烈婦烈婦。自是莫敢挑之者。嗚呼古之貞婦。有斷耳截鼻。以自誓者。烈婦之操。比之無復所恥矣。曩者土井存奄。還自京師。贈予以蓮月所製磁碗。碗書其自詠和歌一首。甚有風致。予時出啜茶。特覺茶味之清芳矣。

陽坡之狐　　伊藤東涯

野有狐。將數子。曝于陽坡。有一健夫。過而礫之。狐嗥而逸。耕者耦于側而睊之。及晡。休而舍焉。猝發狂。爲狐言曰。吾携兒遊嬉。何爾妨也。而我礫詈而不已。傍人解曰。傷狐者夫夫也。非汝。耕者亦爲狐言曰。夫也可畏。何能得魅。君子曰。不祟其人。而祟非其人。妖因人興。邪必乘虛。精魄强者。邪不能魅。非不能魅。孽自已作。

片山北海　　賴春水

片山猷。字孝秩。號北海。稱中藏。越後新潟人。爲人耿介精悍。處已以謙。不修邊幅。初從宇士新於京師。一兩年。士新沒。後住浪華。不以師道自居。從遊之士。皆朋友待之。詩文皆腹稿。二者蓋士新家法云。詩社曰混沌。人皆歸之。雖竹山。恕齋。英邁卓越。皆以北海爲一日長。性不飲酒。善吹横笛。又好茶儀。無子。墓在浪華梅松院。僧大典爲誌。盡其梗槪。

觀花識其爲人　　齋藤拙堂

濱松侯。水野忠邦嘗西上。在京尹邸。與傳奏使某公對飮。酒間。聞笙聲嘹喨。隨風而至。問其爲誰。曰。是上皇之所戲弄也。侯色勃然。乃避坐。而低頭抵地。以聽者久之。弄畢。始復坐擧杯。聞者相傳。以爲侯能知大體。非從前東人之比。文恭公徳川家齊。須賜菊種於閣老。翌秋問曰。客歲之菊能花焉乎。盍供吾一觀。諸老卽各剪一莖以呈覽。皆絢爛富麗。眩耀人目。獨侯所呈。花容萎苶不揚。遜儕輩一等。公熟視。乃曰。富麗者。必役園丁培植之。所以能致其美。而越前之不能然者。是手親養之耳。侯之寵遇愈厚矣。

紀侯護瘢　　安積艮齋

公徳川賴宣少時。近臣有不稱旨。卽擧佩刀。不脫鞘而扶之。傅安藤直次聞之。卽時入城。徑造公所。兩手搯公袴諫曰。公於臣士。有不稱旨。何不命臣等罰之。而親加楚撻。其傲如此。烏得保五十萬石封。宜愼之。若不能愼。則自裁可也。直次素多力。公不能少動。謝曰。敢不從敎。直次大悅。縱之則衣袴俱破裂。兩股生赤瘢。公晩年入浴。護瘢不濕。侍豎以爲發痛。問之。公不應。出浴披衣。匡坐而語曰。此直次遺物。所使我保五十萬石者。豈可洗而滅之。

魚商止茶毗　　蒲生君臧

後光明帝以疱瘡崩時朝議依舊將火葬有一民鬻魚爲業者呼八兵衛常聽命於宰夫出入宮門聞之大悲慟歎曰嗚呼聖天子何天命之薄也可奈之何且夫火葬者非聖人之道也況今大行在天之靈蓋嘗疾浮屠之虛誕斥異端最甚而其送終尚猶從事於其所斥邪吾小人苟目不瞑不肯從朝議敢諫爭止之不能則身死之於是奔走於仙洞及執政之門所至號哭悲泣敢請止火葬以從大行之志朝議輒爲之改而火葬止焉蓋感八兵衛忠誠也

滑稽止微行　　藪　孤山

豐臣將微行近臣諫不聽相謀曰非曾呂利不能止公也迺命之曾呂利以滑稽寵於公於是曾呂利入見公面覆于地咯咯作聲公怪問焉曾呂利曰臣適食怪物心甚惡焉故欲嘔耳公曰何食昔者臣遊北山逢一鬼長丈餘人形而翼鼻長數扶即世所傳天狗也將攫噉臣無脫足乃試問曰我聞子有翻術請一觀而就死天狗曰唯爾所欲臣曰子既魁然我欲觀子眇然耳於是倏乎一翻飛止臣掌則惴惴如蟻矣臣因一口呑之以歸天狗神獸也一失其威則爲臣食矣不然臣葬乎其腸胃之間也久矣公笑曰善孰使女說遂止微行

紀貞婦某事　　林　鶴梁

貞婦者萩藩士某氏女也名某面貌醜黑眉眼如鬼及笄人不娶之父兄憫之曰苟有娶之雖賤人可許之而其則自選遇常語人曰妾得如瀧鶴臺先生者爲夫足矣時鶴臺學德高于一世故人皆笑之鶴臺聞之曰此我知己也必善治内矣遂娶之某既歸瀧氏旦夕執事靡弗婉順然其識亦高鶴臺與客語某常坐屏外聽之談或及國政則諫止之居數年一日周旋閒忽有赤絲團自其袖中出墜怪問之某赧然曰妾愚平日行事多可悔者意欲少其過因嘗製赤白二絲團恒藏之袖中若有惡念則結赤絲有善念則結白絲一二年閒赤團益大白團自若也於是惕然自反更加脩省工夫今致赤白二團其大相埒此亦薰陶良人之所致也但羞未見白團大於赤團耳言畢又出一白團于袖中以示之嗚呼古今婦女以貞淑稱者亦多矣未嘗聞識見高邁克治精功如此婦者也奇哉

○記

遊攝州記　　伊藤仁齋

庚午四月六日赴攝州翌午詣高津神祠及四天王寺觀其規制四天王寺堂宇門廊最爲巨麗龍楹螭桷金碧焜燿極天下之壯觀寺下居民輻湊殆千餘

家矣而高津神祠甚隘陋纔四五宇而已蓋仁德天皇吾國之聖主而厩戸皇子縱蘇我馬子之逆崇峻蔑棄人倫之教其可議者固多矣然高津神祠其衰如此而四天王寺其盛如彼崇否顚倒隆替易地孔子曰邦有道貧且賤焉恥也邦無道富且貴焉恥也蓋小人之所榮乃君子之所恥古今同轍華夷共貫悲矣哉攝人誇人必以天王寺壯麗雖京師諸大刹無有故聊書之以解其惑云

遊月波樓記　阪井虎山

聞月波樓之勝久矣每遊音門舟中遙指未嘗不欲登而一覽而未能也今玆辛卯復遊音門乃始果焉樓在呉村小丘上林徑縈迂林盡樓出翼然枕海海中嶋嶼歷歷可數其當西偃然橫翠者爲江田江田之後爲能美能美之北孤峰突出者爲嚴洲其南杳靄一髮有不可交者爲防長之山時日落煙合四顧茫然唯見漁火數點明滅于波際耳乃與主人挑燈靜話少時就眠眠醒天曉開軒矚望水天相涵千里一碧風帆之走沙鳥之翔皆在衽席之下實可謂勝美地雖勝而得人益勝主人義之素嗜詩好文頗有騷人之趣而余輩亦遺名忘利絕无世人之態皆

无愧此勝也於是主客相得懽甚獨以前夜无月不能見月波之景爲憾則他日再遊之興亦未盡也乃掉舟而去

遊館山寺記　林鶴梁

今切江之勝以館山寺爲第一甲寅晩秋余撿田乎和地村宿一夕聞村距寺不遠翌晨西過里餘入寺寺依山巒而構筠篁夾植雜樹蒙密寺後石壁峭立壁盡即江周回數十里水光滉漾與天一碧時秋深煙澄天清氣爽日光與波光相射璀璨奪目利木瓶割諸山蜿蜒起伏如在掌上嵐光滴滴山影倒浸天然圖畫雖董巨妙筆非所得而彷彿也而江北最秀者爲奧山山有一古刹曰方廣寺寺舊宗良親王行殿所在雅藻留題使江山永增光輝矣因憶南北騷擾之際親王崎嶇兵間潛居于玆結集義勇以圖恢復今星霜殆六百年遺蹤舊躅蕩然附之寒煙渺茫然而漁人樵夫尚能日夕謳歌況於讀書慕古聞知大義者安得不慨然哉游畢出寺余令于斯州江山諸勝面背縱觀未足稱絕勝及至此寺則一望驚奇較諸前所觀奚徒天壤哉加之以懷古之感而官事纏懷當時未及記今追記之以告後之遊者

遊須磨記　　賴　春水

韓退之詩云。對日猶分勢。騰天漸吐靈。未高蒸遠氣。半上霽孤形。詠海月也。古人下語。一何痛切。予歸觀于藝。途宿須磨。得恣斯觀。時九月十三日也。日之未落。月既在天。蒼色始定。光瑩注射。是分勢吐靈也。既而遠氣外蒸。以劃海面。明輝內湧。粼粼然滄海之空濶無際。烟霏與皓華。如有向背者。未高蒸遠氣是也。時見舟帆。來也如無因而至前。去也如不知所之。自幽徂顯。自顯徂幽。乍得乍失。奇亦已甚。蓋以其向背故也。至其到天心。烟霏潛銷。皓華冲融。莫有向背。莫

有內外。半上霽孤形是也。余嘗陪家君。賞月于松嶋于石山。地皆名區。月亦幸佳。然未有如今夜之望者。地勢為然。余恨不使家君賞玩之也。則將寫之以歌詩。陳之膝下。而余之拙陋。不足以彷彿萬一。顧得韓公詩先余寫眞。叙實於千歲前。因敷衍其意。充諸旅囊。備歸獻之一物。我心樂焉。不知我者。必謂此遊其自娛耳。嗚呼豈其然乎。吾持悅親之心。而得佳月於勝地。而心樂之。豈私之云乎哉。饒使私之。其究歸于公。謂吾不信。有如明月。

狸穴觀菊記　　柴野碧海

戊辰余在鄉。聞人言。江戶有植菊者。一根大至數尺。多至數十莖。安藝賴文學千祺。有詩紀之。已已在役。秋九月。省堤氏妹于二本榎。時方爛晴彌日。歸途偶思曩者之言。左而入狸穴。觀所謂大作者。至則二種樹家。牓門招人。其一為舟。張而帆。仄而舷。揆而柁。皆菊矣。其一為鶴。顧而頸。翔而翅。昂而尾。皆菊矣。竹以為體。體之所在。枝隨附之。葉罅花補。花罅葉補。舳艫共色。腹背連彩。微風觸之。毿毿然也。飄飄然也。余觀畢。顧而咲曰。烘秋陽。而傲風霜。非菊之性乎。而今如是。性者安在。既而思之。蓋有由焉。今夫種樹者之於

菊。培糞壤。以蕩其性。沃泔水。以適其欲。植竹而持之。剪紙而承之。砌而排之。障而覆之。排之欲其行之正。覆之欲其等之齊。而為之菊者。享蕩性之養。甘適欲之奉。居於紙竹之閒。長乎砌障之內。所謂傲霜之性。為之澌盡磨滅而不自知也。故及一旦使之為舟為鶴。縱橫曲直。唯其所使。而若恐不能當意者也。今之享官祿之糞壤。甘子女之泔水。居於文法之紙竹。長乎勢利之砌障。而丈夫之性。不為之澌盡磨滅者。幾何。及使之任大事。踏大節。其不為舟為鶴者幾何。余輩不深自省。將為菊之所咲。何遑咲菊乎。遂為之記。

釣遊記

中井履軒

履軒幽人性不喜釣弋壬辰之秋有京客投宿其居數日阪之都除漁釣外無足賞幽人則爲客買舟泛于三津之浦酒一壺飯一簋鹽豉稱之幽人素貧外無所儲其門前卽港水矣下港數里圜闠刺目經橋十有餘漸離市塵之喧洲渚皆蒹葭淒淒焉白露蓋已下日方午客下釣輒獲獲皆爲鯊魚人各數十幽人則不能獲也舟人曰潮方可宜出海門乃乘潮而遊四望浩浩右望珠浦赤石左瞰淡路飄飄然若浮波濤上顧則泉州諸津界浦墨江環列其後幽人乃稱詩曰携壺三斗芳酒傾囊半緡青錢買得萬頃人波漁釣一日閑身於是客復下釣有獲比目者有獲棘鬣者皆小不中食客乃始覩其活者盆水畜之樂覩其潑潑若河豚亦未有毒若怒釣者其腹益張鯊魚則多矣幽人獨提榼傾壺陶然自適又歌曰釣之曲兮餌之詐獲如丘兮吾奚顧山光兮爲畫潮音兮爲歌我醉臥兮其中萬物兮如我何既而白日將沒半天潑紅閃閃皪皪波濤變色晻映遠接客斂竿而揖曰今而後我知子之所樂哉樂莫大焉幽人攝衣而起曰善哉吾所不言而子先獲乎乃又歌曰斜陽兮冉冉彩雲兮晻晻我其追乎虞之淵乎客乃大喜於是洗盞命歠醉歌相屬不知舵轉而上舟艤門前

小鶴丘觀月記

齋藤竹堂

小鶴丘在鳴瀨川上距三株驛南數百步自青虹館望之若一拳石之在眉上古昔大崎氏臣澀谷相模所據歷年二百鞠爲茂草欲復求其斷礎零瓦而不可得也丙午十月之望余與備人坂谷子絢赤石與民將弔節婦墓以館主之嗣子伊東休榮爲導既酹其墓歸子絢曰盍枉一步而賞丘上之月皆曰可也乃相競而進樹林陰翳細草蒙茸逕詰曲而登月從樹間漏出乍陰乍見若人之執燭行墻外既得坦處是爲古壘之址藉草而坐四望無翳所謂大崎五郡之地田野蒼茫不見涯際但恨夜烟迷離不可辨其山某水而已顧則月當天半餘彩落于崖下之水鎔銀萬道破碎欲流清曠之觀極矣余謂同人曰今夕豈非東坡赤壁後遊之夕耶而此丘斷岸江流并與風月之勝有之乃謂小赤壁何不可哉然東坡有二客之相從而其姓名皆不傳於世意其人物碌碌不足傳故已今子絢藝學絕人而與民亦妙齡才敏其他日所成就咸未易量是東坡之遊所未曾有則赤

壁之大。殆不在彼。而在此矣。休榮笑曰。不特此也。吾有瓢酒。足以供諸公一醉。不必待其歸與婦謀。則此大解事人。亦東坡之所無。乃足愈小視赤壁耳。皆爲之絶倒。遂酒數行。婆娑蹈月而下。

桐溪聽蛙記　　藤森弘庵

居移氣。養移體。信矣哉。是非止人。田蛙與山蛙。同類者也。而田蛙聲濁。山蛙聲清。鴨川之山蛙。特以絶異聞焉。以其水清洌無比也。癸丑四月。遊桐生。寓石原氏。主人導聽山蛙於桐溪。曰。天下唯桐溪與鴨川同。乃隨主人至溪上。溪發源於根本山。僅六七里。源近

而地下。故水勢駛甚。兩岸多磥石。小石如拳者。密布於中流。是以水石相鬭。湍聲淙淙。如急雨。得一橋。長六七丈。初至。聞蛙聲起於上流。嘒嘒如秋蟬吟清風。遥與湍聲相亂。既而兩岸迭發。遠近相和。清韵泠泠。如瑤琴繁奏。如檐鐸丁東。洗耳澄懷。使人坐有世外之想矣。因思陶元亮聞田水聲曰。時剖胸襟。一洗荊棘。此水過吾師丈人矣。設使元亮聞此聲。則其激賞何如哉。且元亮身雖隱矣。遭逢世之危亂。憂慮塞胸。其喜藉田水以開棘荊。亦宜矣。顧余生長於清世。久辭官途。逍遥於山水之間。莫有一事滯碍於胸中。靜聽此聲。以自娯。豈非太平之幸民乎。倚杖聽久之。乃過橋沿溪。而東南下數百步。列榻於湍上。汲流瀹茗。天已昏黑。乃去。返於橋頭。有茅店。衆尚欲飲。而予與盡先歸。與遊者。福田良策。大川欽哉。松原藤介。及主人與保岡生也。藤介云。茶家秤水之輕重。品其高下。桐溪水與鴨川輕重略相如。故蛙聲輕清亦同。理或然。故併記之。

古處書房記　　尾藤二洲

今之不如古。不唯道德爲然也。秦漢之文。今豈有之邪。晋唐之字。今豈有之邪。以至於百工雜技之流。皆

與時降。其能超然進古者。吾未之見也。風氣之醨乃爾乎。將求合於今。而不求合於古也。與人言之輒未嘗不一慨焉。備前儒士野田子。以古處名其書齋。屬余作記。余素重其人。又偉其不自足焉而求諸古。於是書其所慨以贈之。詩云。以似以續。續古之人。能思其所以似續者以脩焉。古人豈不可期邪。所謂古處蓋以古之道德自期也。

樂山窩記　　塩谷宕陰

樂水子。以樂山扁其窩。或嘲之曰。子庭無一綫之水。一拳之山。其足亦未嘗渡六合而西也。則何山水之

所觀且樂也樂水子不能答寢而思之若有語者曰子家車轂擊於前而馬跡交於後而入其室彈其琴則有高山流水之音讀其詩則有雲峰烟波之思叩其心則巍然如山淡然如水其足雖未嘗渡六合然其心已餐蓮岳之秀而吸琵湖之清矣則所謂山水者在室而不在庭在心而不在物其爲樂有可以獨會而不可以共語者子何必答之之爲言終而覺乃試把枕上之琴與詩而對之胸襟如刷恍然聞水音之潺湲於耳底而看山光之蒼茫於眸中

皆可園記　　齋藤拙堂

廣岡某別號石牛住上野城下爲閭里望族積而能散供上下之用以其餘財規城南之地數畝爲園築亭於其中以爲偃息處今春余祇役伊賀暇日出遊過憩其園主人設茶糕款待以記文爲請余方從京師還猶夢想叡宕之勝焉而伊賀之爲國環以山巒一川貫注其中髣髴洛下地勢其西山温籍似洛之東山余已詩之其東山雄峻似洛之西山不可不著一語今遊此園攬其勝狀有鎧嶽曳布峰小芙蓉諸勝羅列東面其下一帶水西流者實爲服部川蓋春秋朝夕之景萬變於其間坐亭上翫之風花雪月之觀皆無不可名曰皆可園信不誣也余既已顧眄樂之欲著一語適主人有請乃書其所覩以爲記畀之

別春居記　　林　鶴梁

袋井驛賈人孤瑟窶甚平居困於生業今茲之春就其宅隙地植梅構小屋於樹間鬻茶酒而地極狭矣梅極少矣然孤瑟素喜樹藝故栽培位置自然得宜而水洒之第入之入門則覺清楚之氣自有韻趣亦足以一適也然孤瑟之意則不過以此留過客鬻茶酒以作生業而已頃乞予名其居且爲之記予乃名

以別春且記曰夫東海五十三驛行旅之衆最於諸道酒樓妓館騈屋相望諂言媚聲百方留客甚者至把人臂而引之是可厭也故行客欲求一清地借一雅榻以駐笻脱笠逍遥自適爲頃刻之憩者苦其無境幸而有之所謂天到梅邊別有春者非邪亦奚暇問其梅之多少與地之廣狹乎然則孤瑟此舉非徒然也此余之所以名其居也

惠美堂記　　山縣周南

海爲萬寶藏萬貨出焉而惠美子所資不過一釣竿之利然世則有福神之名是何説乎古之善處富者

陶朱為首。而猶不保其子。富之難處哉。故厚積若坻出焉如泉。可謂諸富。未足以為福者。人各自適所居。自樂其天。則寧而壽考矣。苟繇斯道也。富貴有以行。貧賤有以處。天下無不可者。是可以為福矣。余覩惠美子像。豐肥寬裕。猶然而笑。嘗叟曰。除病瘦憂患。開口而笑者。一月之中。不過四五日而已矣。夫笑也者。人身之和氣祥風也。惠美子身有祥風和氣。雖有憂患疾病。莫之能侵。故能終日開口而笑。真福神哉。或曰。惠美子之笑也。則有意焉。蓋笑世之專心壹力。唯富是務。不復知財物之累。已耳。

皎月亭記　太宰春臺

亭為月而作。亭得月多。何多爾。蓋以月之明也。大月者。無所不照。而下土受之者。大有山嶽錯峙。小有樹林鬱茂。殿閣嶇起。時礙其明。人在其處。而欲取月。不亦難乎。先君工部公。嘗蒙國恩。賜地於墨水之東柳原里。以為別業。及懸車因老焉。是地也。西去都城。且十里。東北連下總。平野莽蕩。無他奇觀。唯墨水之注漕渠者。縱橫于西南。無晝夜款乃盈耳。斯為勝已。於是鑿地築園。以為游觀之所。池不甚廣。可以泛小舟也。樹不甚高。可以引清風也。先君既以終焉。後罹災。所存者池。他皆成灰矣。予深悼之。順先君之遺意。稍稍修之。因作亭焉。予素好月。是地本平坦。四面廓然無一物以礙其光明。所以多得月也。予惟先君之思。且得吾所好。故不能已也。詩曰。月出皎兮。佼人僚兮。舒窈糾兮。勞心悄兮。亭成。因命以皎月云。

漱玉園記　龜田鵬齋

武州幡羅郡玉井邑。鯨井勝喜。邑之豪富也。其父別營室于宅後。築丘植樹。以為莵裘之園。郡有圳焉。自荒川而引水。以灌于一郡之田。乃欲引其水。以達于園。以地勢之不便。遂止不果。常謂。吾園無漱玉觀。為

憾焉。勝喜於是凝思殫心。攷其水理。遂疏圳水。而引之。其水自丘之西。繞其尾而南。匯而為池。環洄渟滀。如招而來。蔓衍轉注。為瀰者大小凡三。泠淙可以清耳。瑩徹可以澄心。又植蓮蓄魚。架橋置石。以寓濠濮間之想。園中幽清者。皆得之於此水云。其父大喜。謂是足以樂吾餘年矣。因自名曰漱玉園。池成。徵記于余。余感其養志之孝。於是乎記。

禺梅軒記　齋藤拙堂

津山井口子勇。祇役在江門。來訪余於邸舍。請記其家園禺梅軒。余未嘗渉其園。登其軒。而觀其所謂禺

梅者。將如何措語。如何起筆。辭之不可。乃為之記曰。古人不云乎。不識其人。則視其友。蓋其人聖善則其取友必端。孔子之三益。是資於人之可法者也。其他資於物。亦未嘗無益。香山有窻間三友。東坡有歳寒三友。尤其清且雅者也。其必限三者。孔子又不云乎。三人行。必有我師。雖千萬人之衆。亦皆三人之推也。今子勇之梅。為偶足。亦已多矣。且子勇之友梅也。梅之友子勇也。余不識子勇之梅。而知子勇之為人清癯好文。蘊藉可愛。乃知子勇之梅。亦猶如此。余得復諉於之不識耶。柳老杜云。江邊一樹垂垂發。逋仙曰。

雪後園林纔半樹。夫僅僅一樹。若半樹耳。猶且使古人遣懷排悶。以成吟咏。況三株之多。子勇之獲益如何哉。此可以記歟。遂書。

材木巖記　林　鶴梁

己未十月。余自羽州還。過奥州下戸澤。觀所謂材木巖。巖矗矗聳立。高數千仞。上摩霄漢。幅數百間。下有一溪。清冽如鏡。石根入水。深又不知其幾千仞。蓋其全形一石。壁立削成。而有直坼者。如攢棟梁。有横裂者。如列桷榱。所以有材木之稱也。余得其石片。崩墜在地上者。細觀之。其質堅緻。類豆州御影石。而石或四角或六角。皆如琢磨成之者。澤澤可以鑑焉。甚乎天巧之奇。至此也。巖固骨立無膚。然石之崩墜者。其迹欲然成罅。而松生長其間。蒼髯黛色。浸影溪流。又有小鳥數百。翱翔和鳴於巖樹中。粧點以添其景致。實天下之奇觀也。屬吏杉立某在側。謂余曰。某嘗游松嶋。松嶋之勝冠天下。其境彼此異觀。而今較論其勝。不易優劣也。余因慨然起歎曰。彼名大顯。而此則寥寥無情頑石。尚然。況於人耶。安政六年冬十月三日。屬藁於福嶋客館。

隣花樓記　室　鳩巣

有客來告余曰。春將半。而花向盛。吾子無意於觀花乎。若欲待爛熳之時。則其後開者獨盛。而先開者將半謝枝矣。況冠風賊雨。有不可計者乎。請與子出遊以取一日之樂。不亦可乎。余曰。諾。遂與客游歷鄉曲。觀人家花。殆乎遍矣。既而造一茅屋。而登其樓。則四隣之花。猶在庭中。自樓上下視之。其美而艶也。如少年之人頭著縞巾。飄飄于春風之中。曳曳如雲。皎皎如雪。於是。酌酒賦詩。而樂之久。乃知造化之妙。使人忘勢利消鄙吝。悠然優游自得于塵世之外。雖所謂春風沂水之樂。亦庶幾乎。因名其樓曰隣花之樓。夫以四隣之花爲家庭之花。隣家之花則我花矣。其在彼與在我。亦何擇乎。苟推此義而充之。則君子取人之善。以爲己之善者如此爾。吾於是得大益矣。斯義也吾將表而出之。以附大舜取善於人之遺意。豈唯一時名樓云爾哉。遂爲之記。

松濤庵記　　齋藤拙堂

宮埼子讓新造庵。索余命之。余諾而宿之者經年。一日偶詣焉。欵以酒肴。甚歡。酒半忽謂主人曰。獲一佳名。不知當子意乎否。主人曰。如何。余曰。庵臨東海。風帆煙鳥往來几席間。佳則佳矣。未足爲奇也。及風起

海上。濤聲洶洶。如擊鑼。如鳴鼓。如大軍吶喊赴戰。是可謂奇也。而非子之所得而有也。子之所有。環屋皆松。松得海風。則瀟然幽然鏘鏘然。如奏笙簧。如彈琴瑟。如鳳凰和鳴。外與海濤相應和。爲奇尤甚。請以松濤名庵。但無風則不得聞此種種聲。余說或窮矣。然子好茶事。竹爐不絕火。鐺中湯聲。日夜沸沸。乍細乍大。習然如急雨至。轟然如雷車過。亦一奇也。庶補松濤之缺歟。主人悅曰。善。請幸記之。卽書其事與之。主人能草書。怪怪奇奇。追醉旭狂素之迹。日觀彼海濤奔騰起伏。如鷺如鯉。如雪山之狀者。操筆寫之。寵以爲己有。在松聲茶聲之外。別出一奇。則余不復陳述云。丁亥季春。拙堂居士飲其庵中。題於酒罷茶熟之處。

種龍園記　　森田節齋

園何以名種龍。所種松。皆作老龍鱗也。種之者誰。門人井上子靜之祖善充翁也。自翁至子靜三世。八十有餘年。家與松榮。所以名也。一日子靜招余置酒園中。酒酣屬筆曰。此松僕朝夕所撫而盤桓也。願先生記之。余肅然正色曰。子家之松。不可不敬愛也。何翫而狎之乎。夫松之爲物。當衆木摧殘之時。逞後凋之

色。使人敬而畏之。其節義如此。當其迎素月引清風。使人愛而慕之。其韻致如此。夫兼有節義韻致。唯松爲然。余不及知翁。然以其種松察之。其人必尚節義而有韻致者也。詩曰。維其有之。是以似之。翁之於松之謂也。則此松謂之翁之肖像可也。余知尊考甚熟。其人亦尚節義而有韻致者也。然則此松不獨翁之肖像。謂之尊考之肖像亦可也。昔者召伯聽訟於甘棠之下。民愛之不敢剪拜。況此松可翫而狎之乎。子靜再拜曰。僕過矣。自今而後。將敬之愛之終身焉。請書賜之。余乃援筆於松影婆娑之下。爲種龍園記。

三計塾記

安井息軒

三計者何。一日之計在朝。一年之計在春。一生之計在少壯之時也。何以名吾塾。慮諸生之晏起。與春嬉也。凡遊吾塾者。皆有志於此道者也。何爲過慮其晏起與春嬉也。人少則恃於年。氣盛則動於物。恃於年。而動於物。情嬉之所由生也。情嬉既生。則一生之計亦荒矣。物之生於天地間。唯人爲貴。而我得爲人。人以男爲貴。而我得爲男。男以士爲貴。而我得爲士。天之與我厚矣。而君父資我。使我學至大至高之道。則又士中之最厚者也。而終不能自標異於世。蠢蠢乎

遊嬉於走尸行肉之中。以爲得計。與虱捿褌何擇。故入吾塾者。不可不思三者之計也。思之有術焉。一生之計在一年。一年之計在一日。日復一日。心與習化。見夫情嬉者。邈焉不接于心。然後天與君父之恩。皆可得而報。而我之所以爲貴者伸矣。此三計之本也。

蘿徑記

羽倉簡堂

何山無蔦楓之徑。而此特著於後世者。豈非以在五中將之詞藻故哉。按其傳曰。中將體貌閑麗。好和歌。其嘗勅東下。命曰。求歌枕而還。而勢語亦載。既到駿河國。將入宇都山。道幽昧而細。蔦楓翳密。其和歌亦託哀怨。勅采入新古今集。後人艷稱。取其語。名曰蔦細道。其蘿徑云者。齡人所脩云爾。今不必改也。山南小路。即爲蘿徑口。北行崎嶇。穿穴一千餘步。始達於嶺。左草橋側。而山楸正見。不盡峰於東南。則與僧宗祇所記。方合焉。徑當時官道。親王宗尊。參議雅經諸公。皆有佳什。然豐公之征相州。路從今道。則古道之廢久矣。中將東下。或云遊賞。或云貶謫。依其傳云蓋陰謫之矣。後說近是。今茲八月望前一日。有公事。過宇都山。因訪所謂蘿徑者。有歎焉。曰。詞藻之微。猶能存古道於千歲之下。況其大於詞藻者乎。後之過是

徑而與余同斯心者。孰也。乃樹一石。以表其口云。

寒秀瘦壽書房記

佐藤一齋

蘇東坡贊梅竹石有云。梅寒而秀。言其標格清高也。竹瘦而壽。言其瀟洒久存也。石文而醜。言其蒼古獰然也。是爲三益之友。言三者相得而莫逆也。杉浦總仲。愛梅竹。環其書房。惟梅與竹。乃取坡公之語。名曰寒秀瘦壽。若以梅竹爲友。相得而莫逆者。何以遺文而醜邪。非遺也。蓋自擬也。總仲狀貌奇偉。其顱隆然高。其色赭而黝。其肩癯而聳。殆所謂醜者也。及聞其言。則商榷古今。品題人物。廟廊臺閣。山林江湖。綜雅

俗。混清濁。有抑揚。有擒縱。其卷舒如雲霞。其圓轉如珠走於盤。其滾滾來。如黃河東注於海。誠所謂文者矣。總仲欲以此友於梅竹爾也。雖然吾有一疑焉。總仲之醜在於貌。而文在於言。石則不能言。而其醜即文也。使總仲之不能言如石者。其文何繇見之。此則其與石不相似者矣。夫梅竹之與石友也。不以相得於清閑泯默之際。而相忘於喧譁騷遝之外邪。總仲既文於言矣。乃今欲以梅竹爲友。而梅竹能肯之歟。試舉此問於總仲矣。又問諸寒秀之梅。瘦壽之竹。

青虹館記　大槻盤溪

館之西北。連山蜿蜒。蛇岳最高。其紫翠煙嵐。朝暮來入戶牖者。變幻陸離。不可方物焉。一水自西而來。若曳白練。沈沈無聲。直抵館之下。觸石激瀨。鏘然若鳴佩環。又折而南。流入平曠之野。是爲鳴瀨川。川之上有橋。架焉。橋勢穹窿。若青虹之跨乎半空然。是斯館之所取而名云。館之主人。曰東文叔。瀟洒脫落。嗜酒善談。每慕賴山陽爲人。其書滿家。今試取文叔生平。擬之。殆有彷彿焉者。夫山陽寓洛之三樹里。而山紫水明之美。如彼。文叔住奧之三株驛。而剌嵐夕翠之奇如此。而一則隱于儒。一則隱于醫。放浪自肆。以遂山林之性焉。抑山陽抱奇偉之志。奮健筆。以成一部之史。誅姦骨於既死。雪冤魂於久沒。是文叔之所不可幾及。而文叔執一匕。以濟闔鄉之民。其興發痼肉死骨之功。何必減於山陽哉。雖然。才有長短。業有大小。非可槪論也。特其閒雲野鶴。超然高擧。不以軒冕累其心。則不失爲同一丈夫而已耳。嗚乎山陽逝矣。舍文叔。吾誰與歸。

古岳庵記　森田節齋

乙丑之冬十二月望。山外節翁乘扁舟。從橋本驛下紀川。舟至不二崎。乍聞琴音。翁異之。捨舟上岸。蹤其

音。則在松林草庵中。翁高吟王摩詰之詩曰。深林人不知。明月來相照。一道人開戶大聲呼曰。吟詩者非森田先生乎。衲古岳也。待先生久矣。遂强留宿。明日。道人再拜請曰。衲近感異夢。夢神告衲曰。當有天下文人至。記汝庵矣。先生果至。願記之。翁曰。記者記也。無可記者。何以記之。道人展海內諸名家書畫曰。是皆衲親謁所獲。可以記乎。翁曰。書畫雖可觀。不足記也。可記者。其在風景乎。乃置酒憑檻而望焉。飯盛龍門諸峰。出沒隱見於雲煙中。翁文思動欲援筆記之。須臾煙消雲散。黛色欲滴。翁擲筆顧道人歎曰。如此

奇絶。僕不能記也。道人頻侑巨觥曰。先生不醉。則文不成。請盡數杯。遂大醉就眠。半夜夢覺。寒月窺檐。松影婆娑。溪流觸石。清音徹耳。翁文思復動。欲援筆記之。忽然有叫於水煙中者。響如裂帛。山谷皆應。翁曰。是何聲也。道人曰。老猿也。翁又擲筆顧道人歎曰。如此清絶。僕不能記也。道人曰。不足記者。無如之何。有可記者。而不記。先生遂不記乎。翁默然不語。道人乍拍膝曰。衲知之矣。衲知之矣。先生之不記者。乃所以記之也歟。於是援琴而彈。翁破顏微笑。復棹扁舟而去。

水月樓記　　佐藤一齋

樓在墨水之涘。四時景物。皆無不佳。而其殊佳者月也。以其有水也。成嶋學士東岳君。居焉。一日邀余飯樓上。時適仲春。花木靚深。禽聲上下。一帶長流洋洋。拖藍隔崖而峙。爲東江禪寺。祇林蓊鬱。樓閣映帶。日已沒而月出乎林端。則花影水光。滉漾閃爍。余對之。心甚樂。君乃授簡曰。蘇東坡有句云。心兼水月涼。我將名吾樓也。子能記乎。余既樂之。不復辭也。曰凡人之所樂。不能兼而有之。有貴顯者。其求宜無不獲。而山林之逸。則不及樵夫。江湖之適。則不及漁夫。夫漁樵。天下之至賤也。然亦有貴顯者之所羨而不得者矣。故遯世之流。往往寄跡漁樵。以終其身不厭。顧其中所樂。不以此易彼也。然則賤未必爲無得。而貴亦未必爲無喪也。是古之高士通人。所以能混貴賤。齊得喪。捋欣戚。一寵辱。冥然與世相忘者歟。今君儼然一學士矣。則山林江湖。宜所羨而不得也。然而吾見君之胸襟。秀聳浩蕩。有若巒峰矣。有若烟波矣。噫嘻君於是乎。不可測也。非擧夫貴賤得喪欣戚寵辱。歸之冥然者。惡能至於此乎。殆所謂隱於朝者之徒歟。抑夫世之據亨衢者。鬱然熱其中。而赫然餙其外。君

則泊乎其澹也。皓乎其潔也。今以其所契乎心者。雖無水月之可觀。猶將取以名焉。而況有水月乎。君謝曰。子言則不敢當。雖然我之志也。於是乎記。享和壬戌二月望。屬藁於水月樓。

至樂窩記　　齋藤拙堂

竹馬紙鷂。兒童之樂也。成人不與焉。珠翠錦綺。婦女之樂也。丈夫不屑焉。游閒公子。牽黃臂蒼。馳追原野。以爲樂。達者笑之。豪户富人。擁美姬。聆絲肉。飫芻豢。酗醇醪。以爲樂。高士鄙之。皆非其至者。高士所樂則巖棲谷飲。釆於山。釣於水。洋洋乎。浮游埃壒之外。惟

意所適庶幾夫至者矣然是枯槁澹泊無身家之憂者所爲非名教中樂地也歐陽永叔有詩云至哉天下樂終日在几案此獨士大夫之所宜樂者爾夫几案之大不過尋常游於斯處於斯對古人於斯不出戶而知天下不窺園而識宇宙自從聖經賢傳以至古今英雄之蹟海外詭異瑰奇之事從所求而在焉豈可以娩世俗之樂哉宜乎永叔以爲天下至樂也然非知此樂者不能作此言非享此樂者不能信此言苟知而享之雖聚螢映雪之貧而不厭焉雖刺股焠掌之苦而不辭焉雖南面百城之富而不換焉彼

淫富貴以換此樂者勿論已怵迫貧窶而不終此樂者亦未爲至也吾友平松子愿嘗任顯職退而閒居好讀書常悅永叔之言家益貧晏如也嘗請豬飼敬所命其書齋扁曰至樂窩養源藤君亦與子愿同樂者也家舊藏那波活所所書至樂窩記及是輟以贈子愿子愿大喜以爲奇奉置之座右又請余記其由余謂未入其門而論堂上之美未嚌其腴而說其中之味雖終日言之人人不得不殊既入焉而論之既嚌焉而說之雖累千百人其言莫不吻合者然則記之與書贈之與受皆不相謀而出於一何足怪歟余雖不敏亦窺其門者也嘗其腴者也故嘗試言之而不嫌重複亦欲驗其合先賢與否爾

竹化石記　　後藤松陰

長嘯館主辻氏世爲播州中富里長清愼性愛竹而所以有此號蓋取諸王輞川竹里館詩也頃獲石之肖竹連理者其一長三尺强其一減之五寸許而其圍皆一尺四寸許聞之其隣村有石工掘石壙而得之俗謂之脫石豈化石之謂乎主人大喜如獲拱璧乃置之於庭下不啻朝夕袍笏拜之又請余記之促之再四余未得其說且爲蒙叟之語以聞焉曰嗚呼

汝石之梦爲竹歟竹之梦爲石歟石固不言竹亦不笑豈主人之心淸虛堅實所以感而致之也乎

江月琴記　　藤澤東畡

其式仲尼樣長三尺八寸濶六寸三分金徽而玉足斷成蛇腹卽淸僧竺菴所齎來者竺菴傳之泉南飯氏其書副之曰唐高宗時之物天保癸巳香雪野村君購得之寶愛特深號曰江月取諸老杜句也和州法隆寺開元琴夙聞于四方丙申夏君親負江月琴與琴友數輩偕往而比觀之予亦預焉其式不同彼小於此彼腹中有雷氏題識而此則副書已彼岳有

欽縣有剝而此不見微瑕獨漆色之潤聲音之温不差毫芒是可以證書之不虛矣非彼則不足爲此証非是則不足取彼証一彼一此誠良耦也抑海內之廣無有能參焉者乎嗟來江月亦將爲之証

靈芝記　　齋藤竹堂

靈芝三枚劈石而生玉蕋紫筍濯濯如也蓋金華之所産而舊爲大塲山城之物尼橋道人一見遂欲得之至於夢寐囈語且發之而不已至誠所致遂歸厥手道人喜而以爲非偶然也因自號芝仙使余記之余曰如斯乎芝之與道人相類也雖欲不發於夢寐

囈語得乎古者孔子夢見周公無他周公與孔子相類所謂一體而分身者也故其默契冥合有不期然而然矣夫芝烏乎生豈非朽腐之餘鬱蒸之氣相化而生此濯濯之物耶今道人製印經營慘憺用心良苦實與朽腐鬱蒸之氣無異而其成也雲驚煙卷龍躍鳳鶱天下之巧極矣是亦玉蕋紫筍之濯濯也乃可謂芝與道人一體分身矣而其發於夢寐囈語曷足怪哉雖然天下之事亦孰不然專心致志然後學有進境厲精自奮故成維新之政皆無異於朽腐之生芝焉吾於是見芝之分身將遍天下也苟有志者何不自極朽腐鬱蒸之思而遂分靈芝之一支半節耶道人可以揭此芝而鼓舞天下之學士大夫矣

古杯記　　長野豐山

天保五年夏六月余積鬱成疾至十月有起色時米澤藩士土肥某贈我以一酒杯曰永祿四年秋九月吾先公爲村上氏起兵與甲主大戰於河中嶋其將戰也黄霧四塞秋氣肅烈公乃酌此杯徧贈於軍中然後進軍將士已被酒勇氣百倍靡不一以當百遂得大勝今先生病新愈恐志氣萎薾謹進此杯以潤其枯腸振厲其文思余聞之驚喜交集起捧虛杯洞

洞屬屬如奉玉盞之盈既而告其曰永祿河嶋之役距今二百七十餘年英雄鏖戰之迹邈然不可覩而此杯獨存豈非希世之珍器耶誠可貴重焉然余之所以貴重非特貴其爲古器也思夫甲主者逐父簒國天地之所不覆載匪亂賊之魁耶當時四鄰諸侯無一人聲其罪而伐之者竟使蠭蠆肆其毒螫獨子之先公雖爲村上氏起兵其志在必誅甲主可謂出群拔萃傑然英主矣特惜不能唱大義以糺其亂賊之罪耳然其用兵風起煙飛變化不測使甲主神泣膽墜狼狽殆斃嗚呼此杯一小物耳而足使後之英

雄觀者。慨然淚下也。則豈啻貴其爲古器而已哉。且余諦視此杯塗朱殷然大可盛數合。想見當時將士。引滿傾數杯酒氣勃勃顏如渥丹。與此杯色相映發。震天大呼。進破强敵猶疾風之掃霜葉也。余雖老病且不能飲。左手提巨螯右手持此杯誦子之先公之所作霜降軍營秋氣清之詩以開我胸中多日之鬱塞矣。若所謂振厲文思者。余拙陋惡乎敢。

香禪師詩題覽古記　荻生徂徠

香禪師在奥。奥侯延享城中。師作城中覽古詩。人或議。覽古字涉不祥矣。師在享筵宜有所避忌也。師質

諸子。予曰庸何傷乎。昔人懷古。覽古詩。誠多悲慨者。如越中覽古。悲句踐。蘇臺悼闔閭。蓋其地其事。有可悲者故也。若夫奥城中古迹。迺侯之祖宗。建勳開國。子孫世世守之弗替。祚胤靈長民物蕃廡。爲一方大鎭。本無可悲者。則作詩頌焉。是其周覽古迹者一。而所遇有悲喜之殊矣。詎謂覽古字涉不祥哉。且思懷周覽。有何悲傷。或譏或頌。亦在所遇如何耳。或曰。不然。凡言古者。謂異代也。以唐視隋。以宋視唐。故懷古。覽古。所以有悲慨之意者。異代故也。是亦不深考之失矣。伯夷叔齊古之賢人。豈非周代之人邪。易之作。其於中古乎。豈非周代之王邪。孔子皆以古稱之。則其不必異代者審矣。且文選所載盧諶覽古詩一首。在詠史部。其詩全贊藺相如。更無援古以慨今之意也。文粋載呉筠覽古詩五首。其詩或譏或頌。篇篇皆殊也。語曰。少所見多所怪。迺或人之謂歟。師喜。使予記之。

本朝名家文範卷之上終

本朝名家文範卷之中

大阪　馬場健蘊甫編

○序

紫文製錦序　　賴　山陽

吾所衣和之衣也。吾所食和之食也。和衣食而漢言語。問之和言語則曰。不知。不知本哉若人。予持此說未有合焉。今得橋本子。蓋從伊勢本居子。而學和言語云。乃抵掌而語。恨相得晚。一日謂我曰。源語。和言語之尤美者。吾製而撮之。將資彼學和言語者。子爲

我序焉。吁襄也。有志於和言語。而未能也。負於和衣食久矣。今安序焉哉。特喜橋本子之勤於和言語也。乃復以漢言語言其志之合者。而應之。

江南竹枝序　　野田笛浦

南地之勝。莫往而不可歌焉。送蝗者。拾蠣者。捕海鰌者。汲潮而煮之者。黃柑之纍纍乎。摘而盈筐筥者。實一部竹枝之觀耳。不特蒼翠之色明媚之致可玩也。余一嵗遊紀南者。二次。嵗之所不及。輿而觀之。輿之所不及。舟而觀之。但未及歌之。亦未及觀可歌之詩。而還矣。今上街志摩龜井諸人之編江南竹枝也。南海先生以下。有若霞裳溪琴冷雲霞峰陸績賦之賦而和之。流美新逸。亦莫不可歌焉。不意昔日之玩而不及歌之者。不假一嵗輿舟之力。而盡觀之於此。嗚呼既有如此。豈得不忘紀南之遠。而歌之於海東哉。歌了。遂序。

魏批孟子牽牛章序　　森田節齋

余之寓洛西岩倉山寺也。寺僧爲余構亭於山上。將以賞月也。適山口義方來。促其所託魏批孟子牽牛章序。余曰。且看月。乃相携至山亭。少焉月出。與山水相掩映。千態萬狀。使人應接不暇。余顧義方謂曰。均

是月也。望之平地。不覺甚異。山上望之。其奇如此。豈非從地異觀乎。不獨月也。古文亦從解異觀。均是孟子之文也。據諸家說。猶平地望月也。得叔子評。奇幻百出。猶山上望月也。嗚呼孟文之奇。豈易知乎。知之叔子之賜也。今子刻之。其有功于學者。亦大矣。義方曰。善。此可以爲序。遂書與之。實弘化丁未仲秋也。

芙蓉私印譜序　　柴野栗山

余與孺皮。相知二十年。自山水風月之遊娛。金石書畫之鑒賞。相與留連耽翫。以至于米鹽薪芻之需。典衣鬻書之謀。亦必相與計畫營度。通如一家。有時乎。

迂策僻好。爲家人子女所嗤咲。而後始能自曉。亦相視絶倒。蓋耽古之癖。迂拙之性。相投無間者乃爾。嗚呼孺皮逝。而既一年矣。每遇會心之境困乏之時。孺皮之高風逸韻。未嘗不往來於余懷也。輙爲之泫然。不覺涙下之。孺皮門人知故。思孺皮不能忘者。謀輯其私印若干顆。爲譜。人藏一部。以洩其情。源顯哉實首而成之。夫古人傷逝攀慕之誠。雖玩好衣帶之微。猶且戀戀不能舍焉。況印章。孺皮所嘗注精神。尤宜寶而愛之也。若夫清風朗月。對山臨水。出此譜。與法書古畫雜陳。則未必不如孺皮之在坐也。余之每逼

薪米之需于旦夕。衣箱書簏。動爲之一空。但典賣此譜則。雖千金不顧也。雖爲家人咲。不辭也。孺皮地下聞此言則絶倒也。亦爲之法然也。

中葉集叙　齋藤拙堂

名越國手持其所唱和。俳歌一卷來。請余序。嚮者余內人之病危也。國手能以一匕起之。余深德之。於其請焉。義不得辭。乃受而閱之。驚曰。國手能暇及此乎。國手號稱良醫。名喧吾津。目不絶閱方書。手不停執刀圭。來乞治者。相踵於戶。其不能來者。輙飛轎赴之。東西奔走。每迨日昃。還就寢則。叩戶者又至矣。宜食不下咽。而臥不帖席也。而國手處之。恢恢有餘地。能與間人。相唱和。裒然積成卷冊。余安得不驚乎。蓋國手身雖甚忙。而其心甚閒。故胸中曠然。有悠悠日月。而爲此消閒計已。不然。如國手者。豈可暇及此耶。國手今年五十。故其集名中葉。謂百年之半也。國手既以一匕之任。全人之百年。則其享壽。亦當不止於半百也。然則。如此集者。又將屢出。而余亦將屢驚焉。

克庵紀行序　藤森弘庵

忽而山。忽而水。忽而輿。忽而舟。忽而接士人。忽而參緇徒。忽而從野老。忽而對女流。忽而醉飽流連。忽而

饑渴奔馳。境遇百變。而遊者之適。未嘗不在其間也。忽而莊語。忽而嘲謔。忽而嬉笑。忽而怒罵。忽而長歎深慨。忽而游戲三昧。結想千態。而文人之適。未嘗不在其間也。克庵子既適於游。又適於文。於是乎。著此編。人讀之見其若此也。或罵以爲狂。爲癡爲醉呶。爲孟浪。克庵子輒夷然不顧。猶然笑之曰。罵任汝罵。適我適耳。且今天下廣矣。學者夥矣。安知不有讀之而適我適者乎。就使不得之於今日。亦安知五百歲之後。不有讀之而適我適者乎。苟五百歲之後而遇讀之而適我適者。是旦暮遇之也。不知者之罵以爲狂

爲癡爲醉敗爲孟浪於我適何傷也弘庵居士聞而奇之乃書以爲之序

東溪畫譜序

柴野栗山

蘇子瞻曰評畫以似是兒童之見也然則畫虎類犬畫鵠類鶩可乎嗚呼豈其是之謂哉昔有工人刻木作蠅頭尾脚翼細分毫髪亂之蠅群不可辨焉客有詣門求觀曰似則似矣恐蟢子不攫也乃就筋端作一蠅數刀而成頭脚不甚明糢糊木塊耳既置之座則蟢子乃踊躍赴之工人大愧投刀再拜爲弟子由此觀之數翮而畫鳥照瓣而寫花雖云似矣我知其

非至者也余於畫事不能援筆作一竹葉而好談之人謬謂我有所知矣每相就問畫余時昂然抗顏放論慢言以答之亦一場醉戲自娯焉而已偶有一二或不悖則好事者相傳以放賞有時聞之雖我亦抱腹也龜生宇子伯余鄉人也幼耽畫事刻意西人沈銓之法讚之畫手鮮出於其右者亦襲向諸人之謬以其所作花鳥譜三册見問亦好事之痼可咲也但余以同鄉之故既不能斥之又不知所以答之則復慢論如此余言之悖與不悖生之畫似不似與至未至則有知者而知而有見者而見也

擬雲根志序

中井履軒

小繁氏之癖於石也猶王濟之馬杜元凱之左傳也臥起行止必與之俱夜夢亦不他之其所裒聚蓋數千種而搜索未息是故名聲大興而天下愛石者皆宗之云嗟乎嗜好之篤如彼其何事不成蓋志專則事必精武夫之於擊刺商賈之於征利吹彈之末藝茶香之幽趣曆算奕棋之數苟由斯道而之焉莫不至其極也推而言之有國者之勤政憂民士君子之立身履道及經學也文章也醫術也百工也以至于歌詩書畫之小技其揆一也由之觀之德藝之美疵

豈弗由志尚之厚薄乎哉及小繁氏編雲根志也遠馳人請序於余余乃爲天下學士大夫道之

夜航詩話序

齋藤拙堂

余嘗夜遡澱江舟中雜載四方之客各操鄉音嘵嘵滿耳加之蕩槳者曳縴者嗟來賣食者繞舟讙呼使人煩冤不能寐以爲天下不韻之地蓋莫此爲甚矣故督學東陽先生博覽洽聞尤深於詩學嘗有所論著名曰夜航詩話夫詩話爲天下韻事而取天下不韻之甚者冒之何也蓋其書旁引博證苟有關風騷者雜然臚列故名有託於此而其實在於津逮後進

亦平生經濟之志也。憶先生在時。聚徒話詩。諄諄然導窾批郤。每能度人到于彼岸。有古人所云。共君一夕話。勝讀十年書之想。夫一夕之話。猶勝十年書。況其數十年所用力之書乎。謂之藝海慈航。又何不可也。頃者。令嗣有功。謀貞之梓。以畢先志。屬余校訂。且序之。會余東征期迫。亦不敢辭。乃携上途。行航宮港。出而讀之於柁艣間。脩然引人著勝地。殆忘身爲旅泊人也。然先生墓木已拱矣。獨有著書存而已。欲復從聽一夕之話。其可得耶。其可得耶。乃書此爲序。而歸之。潸歎者久之。

咏岳集序

後藤松陰

余嘗欲東遊觀岳。未果也。及其賽勢廟也。先師賴翁語余曰。朝熊山上。或可望富岳矣。子其莫艸艸錯過也。余之登山。春陰漠漠。山上雨俄作。咫尺不辨。況百里外富岳乎。昔者。織田公以兵戈繹騷之際。猶且故往觀。余也生太平雍熙之時。而未得往觀。然彼托觀岳。而其意有在焉。則非眞觀岳者也。余則在汗漫吟遊。則是眞觀岳者。而未遂素志。深以爲憾。且余聞之。人之東西往來者過其麓。而不得見其全形者往往有之。蓋以其雲烟變態無定也。然則不觀岳之憾。豈獨我乎哉。神岡得一。頃輯享保以至今諸家咏岳詩。將上梓。索序於余。余未見其集。而預喜之曰。其刻之成。必使余得涉目焉。則岳之千態萬狀。可坐而見矣。猶披雲霧而覩青天。則無鞋韈之勞。而有臥遊之樂。是非得一之賜乎。而嚮朝熊山上不觀岳之憾。亦涣然消釋矣。不亦可喜乎。遂書此以往。以促其速刻也。

新選年表序

藤田東湖

神代邈矣。不敢輙述。橿原奠都。距今實二千五百十有五年。皇統緜緜。罔有究極。嗚呼盛哉。漢土人文夙開。而運祚屢遷。卜年不甚永。洋夷各國興亡不一。雖

自稱一千八百餘年。唯依其教祖始生之年紀耳。豈可與神皇相承萬世不易之域。同年而語哉。下總清宮子栗著新選年表。畫爲三欄。上揭神州。中紀漢土。下列洋夷。於是異邦之興廢存亡。歷歷可撿。然後皇朝之所以冠絕宇內者。一目瞭然。不復待辨也。抑盟文之夷。往往富彊。火技艦製。愈新愈奇。其包藏禍心。不啻封豕長蛇。治不忘亂。古之善教。脩文奮武。實今日之急務。在上君子。蓋有見於此。拮据綢繆。不一而足。則若斯書。亦必在所攷焉。我藩豐田天功。嘗著靖海全書。附以觀世年表。體裁與斯書。大同小異。未知

精麤詳畧何如也。姑書以俟他日參考云。

山舒公詩鈔序　　藤森弘庵

唐杜牧之負豪蕩俊逸之才。不得施於時。於是乎。自放於酒於色。酣狂淋漓。顛倒而不厭。又見之乎詩詞瀟洒脫落俊爽迭宕。傾動一時。而名後世。世之輕俊子弟。艷其名聲。便其放蕩。動輙沈湎流連。援牧之以文其無賴。抑不知牧之內有憂思感憤之鬱積。而不能自排遣焉。借之於此。以泄其不平耳。故其詩間亦道逐臣棄婦之所歎。故宮荒墟之所感。興於怨刺。而寫人情之難堪慷慨悽惋。可感可泣。可喜可怒。令不

得其心。而逐其迹。未見其能牧之也。山舒公亦夙慕牧之者。其自嘲曰。男兒志願是功名。一醉紅裙也有情。我愛揚州狂杜牧。善評風月善談兵。而其他諸作。亦瀟洒俊爽。有牧之之風。且其怫鬱無聊之氣。不能自抑。或憑弔昔蹟。或登覽山川。以寓憂思痛憤之意。使人感愴無已者。往往發見於其間。是其內亦必有不能愬然於時世者也。雖曰古今人不相及。如舒公者。豈非牧之之流亞邪。比諸彼援牧之以自文者。斷斷乎見不同其實也。而人或厭其不矜持名檢。是不特不知舒公。并不知牧之者也。今舒公自鈔其詩。將刻之。乃爲叙而道之。

竹外二十八字詩序　　森田節齋

攝之工詩者曰竹外。爲人疎放嗜酒。酒閒快談縱橫。有適意。輙大聲呼妙。蓋奇士也。甲寅春。余寓京。一日有客踵門。出迎之。乃竹外也。醉脚踉蹌。探懷出似其二十八字詩。屬序於余曰。子之文長譬喩。我詩將以何物品之。余曰。子家瀕澱江。江之風色。即可以品子之詩矣。余嘗僦航上下者數矣。其上江也。薄暮解纜。經過數橋。兩岸空濶。月上東方。水心碎金。而雨後下江則更有奇焉者。發伏見未數里。回顧比叡比良諸

峯。出沒隱見於烟雲杳靄中。至山崎八幡之際。天王山與丈夫山。屹然對峙。翠色欲滴。既而夕陽西沒。遠寺疎鐘。乍斷乍續。令聞者不堪情矣。今讀子之詩。其透徹玲瓏。如月上東方水心碎金。其離合變化。如比叡比良諸峯出沒隱見於雲烟杳靄中。其雄峻嚴整。如天王山與丈夫山屹然對峙。而其神韻縹緲。似疎鐘斷續者。亦皆無不有焉。則子之詩卷。謂之一幅澱江圖可也。且神韻縹緲透徹玲瓏者。固絕句之本色。而離合變化者。如古風。雄峻嚴整者。似律體。則此卷雖止七絕。謂之具詩體。亦豈不可哉。竹外俄大呼曰。

妙。遂書以與之。竹外名啓。字士開。高槻藩士也。

豹皮録序

篠崎小竹

豹皮録六十四巻。肥前碩溪逸人所著也。自標以武將明鑑四字。其書設十目。曰輯我邦古人事蹟。各加論斷。其目以封爵諫諍為首。次以孝子仁人義勇禮制智略忠信。而終於斥候間諜焉。余閲其一二巻。辭皆俚俗。而體裁蕪雜。如未加脩理者。然其引證該備。論評剴切。實如所標。可為武人明鑑矣。因歎焉曰。有味乎逸人之命此書。以豹皮也。豹死留皮。人死留名。五代王鐵槍彦章言之也。吾嘗讀歐陽氏之史。及畫

像記。仰慕其為人。彦章武人。不知書。而其義勇忠信出于天性。事梁數與晉戰。以兵少敗而被擒。莊宗慰諭欲降之。彦章不屈曰。朝事梁。暮事晉。生何面目見天下之人乎。遂死節焉。其忠烈凜凜。今猶如生。彼豹皮二語。俚而不朽者。非以此乎。今逸人所取。大率彦章其人之類。而逸人編輯之意。蓋亦彦章之氣概也。故其為書。雖武弁不知書之人。不難讀。讀則莫不感憤興起矣。其益世道如此。尚何問於辭之俚。與體之蕪雜哉。彦章時有馮道者。以學士成名。而身事四姓與契丹。其不知廉恥。至於著書自述。以矜其寵榮。彦章乃以一武夫。為五代五十餘年第一流之人矣。學者宜念豹皮之語。以免為癡頑老子焉。然則此書。豈獨為武人之明鑑乎哉。

本學提綱序

齋藤拙堂

古者有和魂之語。鈴屋翁一拈出之。以為口實。揭示後進。至今日。人人言之。陋者或借此自便。謂苟有和之心魂。足矣。奚以漢之才學為。殊不知此語本出源氏物語。愚管抄等書。皆配漢才言之。與今日人人所言者異。且菅家遺戒云。國學之要。自非和魂漢才。不能窺其閫奧。其言如此。而意亦可知也。由此觀之。古

者所謂和魂者。既非今日所謂和魂。而今日所謂國學者。又非古者所云國學。古者所云國學。必有資於漢之才學。豈獨國史律令和歌物語之謂哉。蓋我列聖廓然太公。不置彼我於胸中。彼言而是。我取以為法。彼行而善。我遵以為典。毫無掩拙護陋之見。雖今日國家之制。亦然。故其建學教士。不止於國史律令。和歌物語。是非所謂佗石攻玉之意歟。雖然。近世儒士。耳目濡染於漢籍。或尊彼而卑我。不屑讀國典。無論和歌物語。有不知國史律令為何物者。本末之倒置亦太甚矣。豈其可耶。浪華荻原某。世所謂國學者

流而頗涉漢籍。憫國學者之固陋。而憂漢學者之紕繆。慨然著書。矯而正之。以諗於世。名曰本學提綱。屬序於余。余漢學者。而頗涉國典者也。宗孔子之學。而不失大和魂者也。甚嘉此書之中今日學者之弊也。為之書鄙見。助而張之。以寘於簡端。

續消寒集序

安積艮齋

梧南林君。編續消寒集成。復命予以秕糠之導。予抽歸是夜天寒欲雪。一片冷氊。挑燈據几。竊謂於去夏庚暑之際。讀前集。猶凜凜生栗。況此寒夕。恐肌膚之瘃裂也。試開卷讀兩三首。微暖忽生。體愈讀愈暖。遂

覺渾身成春矣。意甚怪之。既而悟曰。諸君際泰平之盛。而薰之以詩書禮樂之教。神愉氣夷。無所怫鬱。是心之和也。朋友髙會。揚風扢雅。芝蘭相薫。塤篪相應。是交之和也。山莊野寺。聯鑣而遊。攬雲嵐於襟帶。弄雪月於几案。是遊之和也。故其詩雖詠窮陰沍寒之景。亦皆太和之氣所發。而此集又聚作一團。使閱者欣然。如蟄蟲蘇而春雷奮。無足怪者。吾於是信消寒之名果不虛矣。傍有童子笑曰。昔蘇子美以漢書為下物。今先生以此集為下物。遇一佳句。輙舉一杯。遇一佳聯。又舉一杯。至通篇皆精妙。則拍案絕叫。連飲數大白。卷未終。而一壺釼菱。春已報盡矣。此其所以生暖。而顧以為此集和氣所致。甚哉先生之迂也。雖然先生老矣。蕉量減矣。非此集不足以致此醉。非此醉不足以發此迂。獨無柰小子寒凍難消也。予大愧。推窻而視。則門外雪深三尺矣。

奕譜序

塩谷宕陰

當嘉祥仁壽間。皇子某出使于唐。唐主聞其善奕。命國手顧某。為對手。至數十下。皇子技窮。顧問鴻臚曰。顧君幾手。鴻臚詭對曰。第三。皇子掩局曰。小國之一。不若大國之三。事在去今千年前。今則我奕大進。彼

土之一。真不若我邦之三。覩其奕譜。可見矣。當今奕者之言如是。而予竊有感焉。蓋彼土之人。以圍棊為消遣之具。其好之者。不過學窻餘閒。偶寄意興。我邦則元和以來。官置棊所。給以消食。是以嗜此技者。至於拋擲百事。窮畢生之力。宜矣。其彼衰而我進也。抑奕小數也。棊所散局也。而精詣其技者。亦非人人所能也。夫抱出人之才。沒齒於散局。非所樂也。然而窮其畢生之力。甘以小數自名者。何歟。國家世祿養士。而無鄉舉里選之法。民之欲出草莽而就仕籍者。不能以德行道藝。取進仕。而獨有局戲之可以食於官。

故草野有奇質者。往往造極此技。以立其身也。李唐以詩取士。而詩冠古今。以書試人。而公卿多能書。國家設官待奕者。而技魁異邦。固其勢也。吾聞善奕者之對局也。往往有數日忘寢食。殆致眩暈者。甚矣其專思也。令吾人研精於問學。如彼而不倦不怠。至老益勤。則德行道藝。亦足以魁於萬國矣。而今未能然果誰之咎歟。服部雄節者。奕中之選也。頃作新譜。示布子立局次第。以便後進。請序於予。予不解奕。特書所感。以還之。

送廣瀨生西遊序

尾藤二洲

關而東。其人知出而不知處。關而西。其人知處。而不知出。出處亦大矣。何其見之相反乃爾也。出門乃高第大宅。輿馬爭途。青紫相競。耳目所接。無往非是。夫何知世復有幽雅靜適之樂。舉目乃名區勝迹。騷客前哦。漁郎後歌。氣體所慣。無往非是。夫何知世復有功名利祿之榮。則東西之相反。豈其天性也哉。風習所移。不自知其然也。廣瀨生東人也。而其交莫非東人。今歲仲夏。將西遊京畿。以弘其觀。聞畿甸固多處士。其間亦有能超然保貞。而非由風習者在焉。生其就而問其所存。交不必廣。游不必遠。得真士而見之。則生之行。其不徒焉。

送松本實甫序

川北温山

吾黨論卓落慷慨之士。必推實甫。實甫會津人。夙游于昌平黌。學成就仕。不得志於有司。年垂五十。而未畜妻孥。一條槍。一簏書。居常囂囂。客至輒置酒論兵。遠謀奇策。卓然出人意表。每聞海國有外夷之警。奮然搤腕曰。予往焉矣。嘗講兵於北邊。遂跡蝦夷不毛之地。西游於長崎。嚼雪乎阿蘇嶽。歷南紀四州而歸。歲之三月。羽倉縣令。航於八丈洲。撫居民。議海防。文武之良。皆願從事焉。實甫曰。予往焉矣。乞予言。予曰。

子當平世。不忘亂。似矣。抑縣令從事。非子之宜。八丈之治。非子之任。遠謀奇策。不施諸北邊鄉里。而試諸南海無人之境。抑何說耶。會津侯賢明。子不從事於此。而遠從彼。又何耶。實甫曰。安知不南顧之為北顧。今日之卷懷。為異日之施用哉。予往焉矣。序以壯其行。

送壽安還鄉序

中井履軒

壽安將西還。知我之乏乎財也。乃請其言。壽安者從我兄弟而遊有年。又尋師受醫之術。其師之言曰。益古今方書充棟。何限。各是其是。而非其非。是非混淆。

茫無絶書。苟弗驗其實而折衷焉。胡濟乎用。是故一症一患。必求其實而後圖治。一藥一劑。必躬驗而後施諸用。以至於筋骨臟脈之理。莫不躬驗而求其實。乃不敢左右袒於古今方。而要是有實驗。蓋粹然有統云。壽安夙夜從事于此。其心有獲焉。余不知醫理。何能質其言之當否。然亦可以喩於儒者業耳。乃告曰。子其資乎醫術而自修哉。古豈不言闕殆行餘乎。苟驗諸身而擇其善。何患乎衆言之嗸嗸焉。嗟乎。空言之不濟乎用也久矣。我告子止于此。子其歸而驗之。吾言而當乎。子則爲之。其未當乎。亦舍之可也。

送小田廷錫序

賴山陽

長門獨嘯翁。以豪傑之資。隱於醫。予聞其名。而恨不及見也。今茲得見其從子廷錫。廷錫業儒。學於江戸。而歸訪予平安寓居。問予以文章之法。出其橐中之稿。才藻蔚然。邁越等倫。夫以廷錫之才。與大都群俊周旋。又何以予言爲也。無以則有一焉。今之文。不患其不麗。患其不明。不患其不當。患其不密。不明不密。所以弱也。故文貴先立意。意立則氣昌。氣昌則辭達。辭達則采色光芒。皆由是出焉。譬諸醫方。古文如古方。近文如近方。近方求其備。古方務其達。達者何也。有以桂爲主者。有以蔘爲主者。有以朮苓爲主者也。藥之從之者。佐其主之力而已。近方不然。一劑之內。有桂有蔘。有朮苓。往往不下十餘味。求其備也。而支離散漫。藥力不健。近文之富麗。而乏氣勢者。毋乃類此乎。廷錫藥籠之中。物既充矣。吾欲其用之約以達也。行矣廷錫。歸閲其叔父之方。必不以吾言爲非矣。

送岡永世襄序

安井息軒

唯無家也。故四海無非其家。唯無財也。故萬物無非其財。人皆營營。而我獨晏晏。人皆戚戚。而我獨悠悠。意適則止。興盡則去。擧天下之物。無足以累其心。世

襄之於斯世。何其綽然有餘裕也。予與世襄交二十年。觀其所遇。昔劇而今閒。昔羸而今健。昔富貴而今貧困。今之勝於昔者二。豈非以其勞於形。而逸於心邪。而杖履所到。文人韻士。爭延之。相與哦詩揮毫。品水評山。欣歡暢適。不知飢寒之迫其後。則其一者。亦不足爲世襄憂。宜矣其能超然於事物之外也。甲寅七月。世襄從關西來。曰。與子別三年。請竭一夕之歡。予喜其淡於名利。而厚於故舊也。援而止之。而世襄爲予止九閲月。頃者卒然來告曰。時氣調矣。禽鳥和鳴。而埋沒於車轍馬蹄之間。恐江山笑人。我將北吾

蹱予不能復止。出送之門曰。青山無盡。江湖之水湛然往矣。世襄。北地雖僻乎。必有與子同此樂者。惜予未能從子而放浪於江山之間也。

送橋本大路序　　　　篠崎小竹

自京阪至江都。歷州十餘。驛五十三。爲半月程。藩士之行役于都者。行程有期。愆期則罰矣。但脚健而資饒。則雖旁探山水勝跡。而倍道兼行。可以及期而至于都矣。游覽之人則不然。婆娑於伊勢之市。挑達於尾張之城。唯我所欲。其或瞠視聽。熒於堰流之急。函嶺之險。半途而回。亦我所欲。人不詰其至都與否。至

都非我責也。人之於學亦猶此歟。苟非以爲業。則優游曠日。作輟任心。莫有不可。是游覽之人也。至欲以儒自名。則所志不可不成矣。所期不可不到矣。是藩士之東役也。今大路之遊於昌平也。非飄忽隨意游覽者。蓋欲以立其身也。余乃語之曰。夫聖賢之域。譬則江都也。六經四書。則十餘州五十三驛也。程雖遠矣。期在必達。其子史集部。亦猶山水勝跡。不可不探討。大路志壯齡富。亦猶脚健資饒之人。則雖徧探山水勝跡。而稍加行程。吾知其必倍道兼行以達于都也。然詞章小伎之移人。不異勢市張城之易流蕩。而

四書六經之難通。有倍於堰流函嶺之險者焉。大路可不自懼以勉哉。會野田子明自江都來。與余讀易。易曰。旁行而不流。又曰。知至至之。可與幾也。以爲大路之贈。且屬子明作書。介之於昌平舍長。

贈高山仲繩序　　　　樺嶋石梁

高君仲繩。其由之勇而。點之狂者耶。可謂奇士矣。爲人魁岸。惡惡如讎。語及忠孝。必泣。其行天下。如適莽蒼。性不避貴權。曰七尺之軀。三尺之劍。無嚴諸侯。非勇而何。不拘拘於禮俗。不汲汲於名利。嘗喪其祖妣。廬冢上四年。學者嗷嗷。君斷然行之。好風鑒。而不安

假人。坐酣。舉豁眼。引大觥。上下千古。嘐嘐然。非狂而何。今歲官徵君於都。蓋由其升聞也。於是士之苟與君同氣類者。皆揚眉抵掌。莫不嘖嘖爲賀焉。既而視君之歸落莫空囊。如有失者。於是士之苟與君同氣類者。又皆張目怒膽。莫不憤憤爲吊焉。夫高君卓犖不屑一世者也。斯徵也。遇固無益損于君。不遇豈足輕輶于君哉。然則遇與不遇。於君何賀何吊。雖然由我觀之。褒貶黜陟。國有常典。不可易矣。抑何官徵君之如彼。而遣君之如是也。不知官之以毀譽待人。猶漢之於河東守耶。抑君之所爲實孚于此而有未孚

于彼耶。將天之抑屈君。乃欲使君勉其所不足。而要玉成於中行耶。嗚呼。髙君仲繩。其由之勇而黠之狂者耶。可謂奇士矣。孔子曰。由也好勇過我。無所取材。又曰。狂簡斐然成章。不知所以裁之。然則古之所貴于勇于狂者。裁焉而已矣。夫子逝矣。誰歟今之裁仲繩者。

贈三谷恂甫序　　佐藤一齋

三谷恂甫。奥人也。往年其來江都也。入司成公社籍。就學於余數年。既而歸奥。取妻得一女。有所志。多牴牾。一旦奮然。自謂丈夫豈可安於小成老於鄉閭乎。

乃托其妻子於其友。再趨都。投於余居。又數年則學有進益焉。遂築書堂於城南。以其所得。教授生徒。諸侯大夫。亦往往有請業者。頗能成一家。今年癸酉。女齡十三。妻則既故矣。恂甫將暫言旋。挈其女復來。而告别於余。余於恂甫厚也。能無一言乎。乃諗之曰。人有云。富貴不歸故鄉。如衣繡夜行。余以爲鄙說也。夫鄉黨之閒。父兄宗族之所居。祖塋先宅之所在。固將益聳其敬。益篤其恭。以寡約入之。以卑遜從之。而乃颺颺然徒盛其騶從。飾其富榮。以夸衒鄉人。惡能不爲識者所鄙乎。且夫君子。自有文繡焉。人弗思耳。孟子不云乎。令聞廣譽施於身。所以不願人之文繡也。夫非黼黻而人敬之。非華衮而人尊之。賁育不能奪之。趙孟不能賤之。惟聞譽爲然。而其所以致之者。在於躬能踐行之也已。斂其華而實乃著。去其飾而素乃文。詩曰。衣錦尚絅。不著之著也。易曰。白賁无咎。無文之文也。此則君子之所被服以享其美名者歟。若夫以文繡爲文繡者。謂之徒聞虛譽。豈令聞廣譽之謂哉。恂甫蓋類乎堂堂者。余欲其去外華而充內美也。故於茲行特言之。

送賴承緒序　　長野豐山

昔人稱山水秀麗之氣能生偉人。余及讀賴山陽之文。大知其不然也。山陽安藝人。而安藝固多佳山水。然先是未聞有人能發揮其秀麗者。及山陽氏出。以雄偉奔放之文。與鏗戛髙逸之詩。發而形之。其聳拔嵯牙。滔汩洋洪之勢。莫不奔輳於筆下焉。於是安藝山水秀麗之氣。濯濯灑灑。人眉目。觀者駭愕。從而詑之曰。山水之秀氣。果生若人矣。殊不知藉偉人之筆。以發山水之秀也。且夫山陽好遊。單身走千里。其所經歷。山川觸於目。而動於心者。必發之詩文。巖壑爲之生彩。濤瀾爲之增色。豈獨安藝一州而已哉。否則天下山川之美何限。而求卓犖奇偉如山陽其人者。寥乎無聞焉。然則非山川之秀能生偉人。而偉人能發山川之美耳。山陽已沒一年。其子承緒來見余於江門赤水之湄。余觀其人秀氣溢於眉宇。山陽之典刑存焉。噫承緒必能不墜家聲者。必能不失為卓犖奇偉之人者。而承緒之祖春水先生。學行高於一世。天下靡不知其為偉人也。先生生山陽。山陽生承緒。乃知非山川能生偉人。而偉人之家。教訓相承。以能育若人也。承緒之還也。就余乞言。余豈知言者哉。然世人以賴氏世出異材。詭託之山川茫渺之説。而不知其原於家訓之有素也。余乃推其所由。以解世人之惑。且以為贈。

送山地正夫序　　松崎慊堂

余性好奇僻。少時常跟先生長者。遊于邦內之山川。自謂天壤間無此樂焉。年十五東遊覇府。其所經歷。凡二十有八州。名山大川。勝地佳境。雖極僻遠。必足踏而目觀。而其雄壯秀麗。悅目快心者。來來去去。接續乎吾前。未嘗不嘆前見之小。而想像未見之大也。爾後既七年。飲食無度。起居無節。懶惰與之成。痞疾與之起。所親則藥餌。所見則戶庭。精神悶悶。氣力俱衰。昏昏如八九十人。無復意于山水跋涉之樂矣。向得澤弟侯所著游奧歷二卷。而讀而後知天下雄壯秀麗。悉在于東奧之域。令人舊癖蝟動。心魂飛揚。然其地遐荒僻遠。加之以疾病事故。而未能焉。常以為念。讚岐山正夫學深才優。尤長詩。在學三年。與余友善。亦且愛山水佳勝。常以為言。今茲四月應三春侯請。教授其藩。將行。顧余謂曰。此行也。不但教授三春。又且欲探東奧之勝。而充宿志焉。請一言之贈。余曰。行矣正夫。壯哉夫東奧之地。其廣數千里。其郡五十有四。名山大川。勝地佳境。天下稱為第一。然其遐荒幽僻。人多不能到焉。今子將以教授餘暇。而足踏其地。目觀其勝。以報夙志焉。豈啻報夙志。山水佳勝。亦且因子之詩。以增其雄壯秀麗之氣矣。行矣正夫。壯哉。若余病懶。常區區于一室內。而未果焉。幸因子之此行。而得其東游詩草。以讀之。則余亦聊足以慰夙志焉。

壽石田伯孝母氏七十序　　長野豐山

石田氏。古無甚著聞於世者。慶長中。石田禮部為唱首。驅使群帥衆十餘萬。與烈祖戰於關原。敗績。世之論禮部者。或以為義舉焉。或謂是蓋包藏禍心。陽託義以惑衆者。至今紛紛無定論。然自是而後。石田爲著姓矣。禮部一敗之後。子孫不振。無復顯聞於世者。近日江都。有伯孝者。爲禮部之裔孫。雖墜在編氓。然其人博聞強識。恭謙不驕。事母至孝。都下之人士。道賤人之賢者。以伯孝爲稱首。然後世莫不知禮部之後有若人。於是乎石田氏又顯矣。今茲庚寅。値母氏古稀之歳。伯孝乞余一言。以進壽觴。余乃序曰。伯孝氏之忠養其母也。可謂至矣。然斷之於世。或尚有類。且夫母氏。平居享其忠養。恬以爲常。余乃擧其所以爲常者。以爲祝辭。母氏未必悅也。則此未足以進壽

觴也。余聞。孝莫大於顯父母。今伯孝之名。播於遠邇。其篤學高行。雙美兼榮。視之於縉紳名儒之家。尚少其儔。矧於凡庶乎。夫禮部之事。世尚有間言。至伯孝氏之賢。萬口一辭。莫不悅服焉。則石田氏平日訓廸懇至。而伯孝奉以周旋。弗敢失墜之所致邪。然則非伯孝之榮也。母氏之榮也。而使母氏顯榮者。豈非由伯孝之篤學高行邪。人子之孝。至此亦無遺憾矣。伯孝其上堂拜伏。陳余此言以進焉。則庶幾母氏欣然可以擧一觴矣。

○引

書畫帖引　　塩谷簣山

聚丹青墨妙于一幅之内。罔論識與不識。飄然而投。飄然而揮。爲雲煙。爲龍蛇。爲奇石怪岩。顏筋柳骨。倪山孫水。詭態百出。變幻超忽。雖一草孤木。片翰零墨。曲有妙趣。猶會巨匠名流于一堂之上。而各闘其技藝也。雖則尺幅之帖。亦足以觀一時文苑之盛矣。展觀之餘。書此以還之。

刪定文致引　　塩谷宕陰

文之有景事情意。猶如人之有眉目口耳也。景事情意。精功要妙。風致豈不動人。原選閒收溪靡之作。景

事雖奇。而情意不正。不可以爲訓。及駢儷之文。今皆芟除。至漢魏八代名流。唐宋大家之傑作。從前多評鈔。學者蔑弗誦習焉。故亦不載。李郭易營。而旌旗異采。覽者自得之。

僊桃詩畫帖引　　齋藤拙堂

世傳。瑤池之桃。三千年一實。食之得僊。凡爲人子者。孰不欲獲之。況孝如松平子愿乎。今茲。子愿之北堂。遇六十初度。乃使善畫者。神田皆春。姑傚寫之。以寓其意。有贊其實。儼如僊家物。又以此索四方詩畫。木桃一投。瓊瑤簷至。或山水。或花卉。詩亦不拘一事雖

其體不同均之名人之作謂天下桃李悉在此可也予愿之志庶其少酬乎

花信小引　　　松﨑慊堂

春雨方霽庭草之翠可掬茶三碗烟數管右花史左吟譜松居士兀坐其中悠然有入花柳世界籠絡群芳之志日正午木履聲兩三戞兮有排戸而入者其容甚偉問姓與名則不答捧一小卷跪求居士言居士展排數葉爽然自失讀至收局則江戸八百八街隱處見處櫻花萬種其開謝遲速之候幽麗艷冶之粧素素紅紅淡淡濃濃妙減化生秘矣嗟夫四時之

神東君尤仁群芳之會櫻花擅宗則風人韻士几杖上不可無此卷也因急乞東隣花上露三五滴弁數語于其頂右繙左送與客提携于于向花正王處去

○說

雜說一　　　中井履軒

人而能充其性者鮮矣物而不率其性者未之有也今人之不肖詬之爲禽獸禽獸何辜有不捉鼠之猫邪有不執爵之鷂邪有不噆膚之蚊邪有不攫腐之鳶邪有不春北而秋南之鴻雁邪有不夏出而冬蟄之蛇虺邪夫人有仁義之性而能履仁義之行者天下幾人人亦可以愧於禽獸

雜說二　　　中井履軒

猫之捉鼠虎之食人性也人皆愛於猫之性而憎於虎之性果是獲愛憎之二道乎哉夫所以愛於猫者何也豈不以其爲人除鼠害邪然有時乎偷脯盜炙食雞鴨與鼠同害也人亦隨而笞之雖然猫固無二性也鼠與脯炙雞鴨皆其所欲也捉鼠之被愛偷脯盜炙食雞鴨之取憎至死不悟其理也虎固以食人憎於人然以其能食田豕也聖人列之八蜡尸祝而送迎焉人之肉田豕之肉其爲味一也虎其有二性

乎哉是故人之於禽獸論其功罪而賞罰之可也愛憎於其性不可也人之私言爾噫鼠之害於人至小而有能殺之則人喜而愛之祿食而撫之顧人之害於鼠動係於性命其爲害也大矣鼠而有知其德虎也不啻人之於猫

雜說三　　　中井履軒

馬牛之服轅負犁有天性邪將人之智而役之邪抑馬牛幸有技而供人之役邪將不幸有才而自苦其躬邪一自有服轅負犁之事深山幽谷無復馬牛今夫才能賢知之人伏於草澤不爲世用適然保其性

而自樂焉。視之馬牛自苦其躬。相去不亦遠乎。雖然。既才能贒知。而不爲世用。是亦馬牛之弗若也。馬牛不求役於人。而人自役之。有才能賢知之人則不知役也。蓋有任其責者。但其人與馬牛之幸不幸則弗可知矣。必有辨。

醜女説　藤澤東畡

里之女子。容甚醜。行年三十。不售焉。問其領則蝤蠐。問其齒則瓠犀。盻目倩笑。而螓首蛾眉信如此。殆盡美矣。然謂之醜。何也。曰。其鼻缺而呀然。夫鼻之隆起面上。或譬之山。今缺之。衆美廢矣。不啻容已。行亦有

之。其惟孝乎。人之高行也。

猿説　齋藤竹堂

猿之演劇也。衣冠焉。而爲士大夫。裙帶焉。而爲婦女。且立且坐。且周旋。且進退。擧古忠臣烈婦之情狀。一一依倣。視之儼然人也。而或擲一菓于其前。則翻然自失。故態頓發。側衣冠。曳裙帶。匍匐往食之。雖觀者啞笑。弗自知也。嗚呼。猿自飾而爲人。見菓而爲猿。唯一菓而。人猿判焉。然今學君子于聲音笑貌。而其節變于斗升之利者。是亦斗升而。君子小人判焉。與猿何異。

捕雀説　賴山陽

雀小黠善畏。望食而不敢下。鴉多智。善就利避害。鴉之所在。雀則下之。故捕雀者。以鴉爲招。縶鴉之足。環散粟。而隱網其傍。鴉俯啄粟也。群雀望視之。嘖嘖然蓋相告曰。彼在焉。我可以往也。連翼而下。百啄喧爭。而網已掩之矣。嗚呼彼自謂智且巧。莫或敢侮予。而爲食縶其手足。貪戀不能自脱。而視之者。不以爲可憫。而以爲可與歸。胥溺於禍機。而兩不悟也。可不哀哉。

鍾馗説　齋藤竹堂

一野人信鍾馗。門户之間。屛障之上。皆著以其像。謂可以避邪鬼也。一日。其子溺水而死。未幾。其妻亦焚死爐火中。其人爲之悲哀成病。數日乃死。終無嗣。金帛貨財。皆爲僮僕取去。但鍾馗之像。壓落於頽門敗屛間耳。吁天下有高明正大之人。則上天保佑。妖邪靡所由犯。不然。雖有百鍾馗。未如之何已。野人平日之行。適足以招邪鬼。而徒鍾馗是奉。顧盻之間。既河伯之祟。祝融之禍。病魔之患。至矣。悲夫。

駱駝説　齋藤拙堂

駝之爲物。其大倍蓰牛馬。頸長腹漲。背有兩峰。脚三

折。長鬣而非馬。岐蹄而非牛也。近西洋人。貢之於我。我邦人少見多怪。初駭其詭異。終笑其蠢癡。紛然喧於都市。云。吾聞駝之在西域。能察熱風。能知伏流。能負千斤之重。日行七百里之遠。其能過牛馬遠矣。西人常資以為用。唯見其材能。未見其詭異也。今來在此。地殊而用異。徒充詭觀。遂嗤笑之。不亦冤乎。嗟吁以出群之材。居非其地。用違其性。終身默默。不得自效。而為世人之笑者。皆駝類也。悲夫。

習說　　尾藤二洲

兩兒相嬉。在于閭巷之中。跨竹而走。驅犬而鬪。其所

為。莫不相似也。稍長。各異趨舍。日疎月遠。其所為莫不相反也。訖其壯也。乃一猪一龍。奚啻韓子所言而已哉。嗚呼此何故也。豈非習使之然也歟。是故習可以成智。可以為愚。可以為賢。可以為不肖。習之於人。所係其不大乎。吾視馬之習于火者。聞災即嘶。見燄即馳。與常馬慄而却走者。殆如殊其類。故君子慎乎習。習而不懈。何憂其無成焉。夫子曰。性相近也。習相遠也。習之於人。其可不慎哉。

食河豚說　　筱崎小竹

食河豚。其猶讀姚江王氏之書乎。王學有弊。人人言之。及讀其書則味甚美。而如無弊也。不獨如無弊。凡貪嗔疑懼諸病之痼於胸中。賴王氏融釋平愈者。時有之矣。終身不受其弊者。亦時有之矣。猶食河豚。而終生無恙。或能祛結積之痼疾。故往往一讀嗜之。輒稱之曰。天下無復風味可比焉。然偶中其毒則奇怪百出。遂墮鬼界矣。不可救藥也。然則書宜擇先賢前儒之平實無弊者而讀焉。魚宜擇常鱗凡介之鮮美無毒者而食焉。何必河豚之嗜哉。

佳蘇說　　齋藤拙堂

佳蘇。閩書所謂鮰鯉也。自古有之。但脯為梃。供調和

之用而已。故名為鰹。其生食之。古未之聞也。聶而切。瑩然如紅玉。脆而美。足以奴棘鬣而僕巨口細鱗也。春夏之交。薰風至。杜鵑鳴。籬下卯花皚然如雪。東人稱為佳蘇之候。引領望之。其始上市。價十數千。人人爭購。恐後。或典賣衣裳。不惜也。其見貴如此。然東國貴之。西則否。亦有遇歟。嗚呼自江都以前。二千餘年。自京師以西。三十餘國。此魚之不登金楪銀盤而死者何限。然魚之美則依然。為膾為脯。咸存於人。魚何憾哉。

鼠說　　賴山陽

我室有鼠夜齕我書。逐則去。瞑則來。謀諸侍僮。僮曰臣有策焉。乃設機于室隅。側立方量。棲之盆。措糠于量也。警曰毋喧。今夜三鼓必禽之。曰諾。皆寐。我佯瞑。燭下睨焉。鼠跡糠而來。環盆而窺。稍入盆然不敢食其在于量者。食其遺于盆者而去。我曰。事去矣。鼠去而來者數。翹翹而攀量。量俄然覆。僮聞之走而至。右抑量。而左擎盆。陳之我前曰。獻禽矣。尾曳于外。其內啾啾然。我曰。此苟知足乎。若安得奏功。僮哂曰。何獨鼠。夫戀於世。蹈危機而陷焉者。何獨鼠。我嘿然頃焉曰。縱之。

為善最樂說　佐藤一齋

絲竹管絃果樂乎。吾見聾其耳也。綵綺文錦果樂乎。吾見盲其目也。膏粱旨甘果樂乎。吾見爽其口也。酒爛其腸。而色伐其性。狗馬弋獵暴其氣。宮室臺榭惰其體。凡人之所趨以為樂者。吾意未見其為樂也。至於為善之樂。則異於此。為子而孝。竭其力而勞其心。為臣而忠。致其身而屬其精。凡其所以為善者。殆如見其可苦。而未見其為樂者也。然而孝於親則親樂。忠於君則君樂。推諸家則家樂。施諸國則國樂。措諸天下則天下樂。夫天下皆樂。我何獨不樂。盎然其若春煦也。燠然其若暖噓也。熙熙然其若百鳥和。而群芳旉也。嗚呼是皆為善之推也。而其為樂果為何如哉。東平王蒼語人曰。為善最樂。蓋其有見於此歟。

蝸說　松崎慊堂

松子倦誦。臥竹床。久雨乍晴。林庭瀟洒。池潤而苔滑。有蝸上牆而行。行而兩角觸。觸而警。警而縮。縮而首尾俱藏入殼中。松子喟然嘆曰。蝸哉蝸哉。夫得潤而行。何似夫遇時而行者邪。觸警而縮。何似夫言而當忌諱。自反而引咎者邪。縮而藏。何似夫不用而自善者邪。古之人。以汝名廬。抑亦以此歟。蝸哉蝸哉。何甚似君子乎。又嘆曰。得潤而行。何似夫得幸而進者邪。觸警而縮。何似夫外剛而內荏者邪。縮而藏。何似夫緘口畏罪。而固其祿位者邪。古之人。以汝為醢。抑亦以此歟。蝸哉蝸哉。何甚似小人乎。夫君子以似汝。而為君子。小人以似汝。而為小人。故吾甚好汝。而又甚惡汝焉。好汝則但恐其不為汝。惡汝則但恐其為汝也。是以欲居汝廬。而為君子。又欲食汝醢。而不為小人矣。是故先作汝說。

鬪茶說　齋藤拙堂

甚哉。人心之好勝也。今也承平二百餘年。日不覯干戈耳不聞鼓鼙而人人好勝之心依然不改於是尋常游戲皆爭其輸贏故童孺之稺有鬪艸之游婦女之纖有鬪香之戲且艸與香皆非可鬪者而驅使之以鬭勝人況丈夫好勝之甚者乎故其游從也鬪棋其宴會也鬪拳甚者至痛飲鬪酒健啖鬪飯噫亦鄙矣近世文人代之以茶槍旗數品各瓶煮而嘗之其爲鷹爪爲雀舌皆暗射中之蓋本於宋人而改創其式較爲有韻也蓋古人以茶爲食故詩云誰謂荼苦或謂荼即茶也至三國孫皓饗韋昭以茶代酒始知其可飲至於唐末陸羽著經盧仝賦詩茗飲遂爲騷

人雅尚亦未若鬪茶不食不飲嘗而品之更爲清虛澹泊也然茶之爲物可飲可食而不可鬪事益韻而益無用若用之則吾從先進

駿馬説　長野豐山

嘗遣相馬者問以馬説答曰在相馬經曰欲知馬之駿割死馬之腦其血殷然凝如赤玉者乃能走千里余聞而疑焉所取於駿者以其善走耳馬已死矣駿之與駑於我何擇焉試指生馬而問之熟視曰是似駿而蹶何也似良而嚙何也且我未割其腦安能知其果駿哉曰子善相馬嘗得幾駿答曰吾朝遊於冀北之野夕入於伯樂之肆擧目皆駑駘且今日何得有如所謂驊騮緑耳赤驥白犧者哉余聞之不覺冠纓之索絶也已而歎曰古之得駿者周穆王之八駿秦始皇之七馬漢文帝之九逸武帝之四駿唐太宗之十驥悉數之更僕未可終也今之相馬者終年未得一駿攘臂遊馬市乃曰必割其腦而後知之馬之未死者駿不得其爲駿也悲夫雖然天下無駿我姑謂之可也獨怪今世無賢士人也嘗問之人曰某也類賢而頭容未直某也似才而手容未恭足容未重懸一定之權衡以歴詆天下之士且曰蓋棺事始定

矣人未可知也於是乎尚論古人曰孔子大聖孟子大賢在漢唐某某宜以爲相焉在宋元某某宜以爲將焉若人爲君子若人爲小人其褒貶與奪不失毫毛問其人則骨已朽矣庸詎異於相馬者之説焉哉吁今人有求於騎乘而弗得駿我姑謂之可也有求於相將而弗得賢我謂之可也而可乎哉

○書

上備前侯書　森田節齋

森田益頓首再拜白備前侯閣下竊聞閣下嚮得益所著名和公畫像記於鴨方侯稱讚不措爾後數取

拙稿賜覽觀。如益之文。淺陋不足道也。顧天下之廣。豈無驚人之奇文乎。因欲得近人文可觀者。致之左右而未果也。頃者。幕府臣林長孺寄示文稿數卷。篇篇雄奇。就中。戰論二篇。尤切時務。彼在十餘年前。預論今日之形勢。如親見之者。其識可驚。而謄本胡澹菴封事序。可以見其氣節矣。四得錄。以流麗之筆。寫奇絶之山水。讀之使人飄飄欲仙。如以術鼓舞山民。得其歡心。可以見其才略矣。嗚呼。文章才識。如長孺豈易得乎。因鈔數篇。各加批評以奉呈。四得錄有佐賀侯題辭。得閣下之一詩附卷末。前後相輝映。則不

獨長孺之光榮。亦文苑之美觀也。閣下許之否。文鈔一閱之後。幸致之鴨方侯。益頓首再拜。

與大久保子親書　　藤田東湖

彪啓。子親足下。不相見久矣。南望不啻。向者辱花翰。兼惠佳品。當時欲卽裁書答謝。瞽緩遷延。遂以至今日。彪之懶慢亦甚。然其間每親朋相會。未嘗不談及足下。每永夜獨懷。未嘗不念及足下。則固非彼世俗交友。兄弟其文。胡越其情者之比。想足下亦不深咎彪。客冬。加藤隣。歸自江户。道足下亦有江户之行。兼審起居佳勝之狀。頗慰鄙懷。嗚呼。足下負超倫之才。業已勵精刻苦。猶不自足。屢遊都會。徧訪諸家。益廣其聞見。則才學之進。當與筑波香澄。爭其高大耳。彪也不幸蚤丁家艱。游學不遂。加之弱冠爲吏。志躓才躄。碌碌屈首於簿書之間。足下誠憐彪固陋。不惜分其餘光。都會所獲之異聞奇說。瓌偉跌宕可驚可喜者。指陳開說。使彪免井底蛙之譏。亦幸矣。岳忠武集一本。聊呈梧右。韋編不裝。幸恕簡踈。彪之先人。平生不甚喜詩文。獨於志士仁人之集。酷愛之。誦讀不已。嘗有編李忠定。宋忠簡。岳忠武遺文。爲三忠集之志。不果。不祿。彪未暇紹述。適潮來人宮本某聞之慨然。

欲廣其傳。迺上諸所謂活字版者。岳集先就。所呈卽是。益頗不能無魯魚之誤。然至於其赤心血誠。凜凜若嚴霜白日者。固非一二字句所能累。亦復奚傷。時春寒尚在。千萬自重。不宣。

復足立醉石書　　齋藤竹堂

手教至。併惠佳毫十握。傾倒之至。不知所謝。弟碌碌晩生。毫無所長。其詩文。亦往往率意。一揮而成。自顧疵瑕百出。不足以供識者之目。何料老兄一覽。傾倒若此之切。是亦嗜痂之癖。固不可詰其何故也。見屬書畫帖跋。謹此錄呈。弟既受兄嗜。滿身瘡痂。何敢自

惜。但其臭穢之極。雖兄或不能無嘔噦。請其洗滌磨剔。去臭除穢。或可以供一嚼耳。弟十年蹤跡滯在江都。甲辰冬。以父憂故急遽東歸。欲再往都而俗事絆身。如被千重鐵甲。不能復一脱。閒亦弄筆有作。聊寫歸後之情況。併呈以報知之也。客歲貴鄉玉潤禪師書至。將詩以酬之。或傳師已遷化。是以遷延至此。不知然否。然則願兄代祭之。否則致諸座前。以爲一笑資。因以附上。敝鄉陬僻。貴教以客冬發。而今春始達。道途之遼遠。鴻鯉亦不易致如此。且鄉乏師友。終歲腸胃無所吐露。而千百里外。嗜痂之人。如兄者。往往有之。書問時至。幸慰寂寞。請自今之後。兄亦文字結緣。永以爲期。

復林定卿書　筱崎小竹

往歲。兄之始見來訪也。僕未知兄爲志士。率爾問以山陽米價。兄欲瞪目辭去。以僕年長。姑且應答。昔者桓溫入關。王猛來見。溫問曰。吾奉命除賊。而三秦豪傑。未有至者。何也。朱子曰。溫眼中不識人。三秦豪傑。非猛而誰。溫失問矣。此猛所以不就也。僕今思之。溫雖不能識猛。而始遇被褐捫蝨之人。乃問及三秦豪傑。未爲大失也。僕之於兄。妄意備中賈人。而旁好讀書耳。不能察其志於坐談之間。卽問山陽米價之貴賤。其失言。何啻如溫於猛哉。兄之欲瞪目辭去也宜矣。兄乃憐僕年長。姑且應答爾。後源源寄書示文。使僕商量。不比猛之絶溫。僕於是乎。識兄之所志。必能有成也。何也。夫遇辱而憤者氣節。故子房之愕然欲擊黃石公者。氣節也。其跪而進履者。隱忍也。東坡抑其氣節。而揚其隱忍。然隱忍所以遂氣節。故有氣節。而後隱忍可論矣。兄於此兩者。既能學子房。僕靦然不能有所授若石公。非可愧之甚乎。雖然。石公之授子房。東坡以爲不在書矣。兄若有悟于此。則或知僕前日問米價之未必辱兄。而非可忿忿乎。伏望努力以成其所志。

復國嶋子長書　筱崎小竹

去歲始辱芳簡。承黃鳥求友之喩。時天秋氣肅。無心和鳴。今則來書所謂陽春布和。無鳥不鳴。況於同類之相呼乎。弼既與子信友。子信與老兄亦相友。則老兄之與弼。毛羽之相類也。亦可知矣。至其聲。則索居之遠。歷年之久。或不能無少變。弼自別子信。二十餘年於今矣。顧其聲數變。但其變也。變於夏乎。變於夷乎。弼不能自知也。以不自知之聲。遽和相求之鳴。老兄或將驚而怪焉。掩耳而不聽。是弼之所以將和而囁嚅也。禍地生來。自言卵育於門下。乃質聲之同異於生。則曰。先生與吾師。大同而小異。然至其不黨同而伐異。則亦同也。弼笑曰。果然則同一黃鳥。不妬之性哉。乃不顧聲之澁否。敢發一鳴於左右焉。今之翩翩乎藝林者。其類亦多矣。有學語若鸚歌。有文彩若鷓鴣山雞。有勁鷙搏擊若鷹鸇。如此者。弼皆不欲也。若夫烏之反哺。雉之耿介。雁之有序而知時。是弼之所希望而不能也。而妄有鳳凰與我同類之說。其不爲大鵬之所笑哉。然能自守拙如鳩。而勉焉從事。欲斃而後已。猶精衛之銜石塡海者。不可謂無其志也。老兄幸不惜緜蠻之德音。使弼得出幽遷喬。以知其所止。則幸甚。

復藤井雨香書　　森田節齋

雨香兄足下。辱賜書。承高著上梓在近。見促拙序。拙序已成。乃淨寫一本以呈。適學詩堂詩鈔序亦成。併錄以乞正。僕之於文。兄之於詩。嗜之如命。稍似有悟入。然皆無用於天地間。況當今邊疆有警。豈志士從事於筆硯之時乎。僕門有三奇士焉。今錄以告兄。安元生之事。僕已於學詩堂詩鈔序。略記之。吉田生與

安元生同庚。忼慨好義。深憤醜虜之猖獗。欲跋涉五洲。以觀其形勢。而國有大禁。不得妄航。一夜潛入夷船。自托首帥。首帥拒不納。乃自首下獄。有詩曰。功業未成將徒死。英雄心緒亂如絲。事在今春三月某日。北生與僕同鄕。上書其君。舉家產巨萬。以資海防軍備。其君賞之。進秩固辭不受。嗚呼如三子者。可不謂奇士乎。就中吉田生事。出於人意之表。僕每讀其詩。未嘗不流涕悲其志也。想兄亦當然耳。僕天資疎狂。唯耽酒。絕不近女色。是以齡過强仕無子。諸友交責僕。以爲廢大倫。向者與兄別。歸途過浪華。訪藤澤翁。翁亦責之。僕曰。聞翁有女弟子。醜而好讀書。是可以爲僕配乎。翁曰。兄不厭其醜娶之。則老夫敬服其高義。跪拜路傍耳。乃使其女出見焉。醜陋果勝所聞。試之讀書如流。談論驚人。僕奇之。歸後使北生納聘。夫娶妻不厭醜。似不近人情。然奇氣如此女。安知不他日生奇子如三子者乎。是僕之所以娶之也。兄以爲何如。僕拙筆迹。兄所知也。拙序請用有氣骨之書手。其字雖工。柔軟似美人。則僕所不喜也。頓首。

復豫堂老侯書　　鹽谷簣山

客歲蒙示手書。并瑤什若干首。拆緘捧讀。音容恍惚。

如接謦咳。且喜且驚。執事秋間病脚腫。又從而患胸痞。綿延經月。漸得愈。豈得非屏居無聊志氣鬱結所致耶。不然。執事健強超人。何有此事乎。攝養之方。宜服東坡養生訣。兼學華陀五禽術。熊經鳥伸。勞動肢體。益妙。果能一意行之。血脈流通。精神爽快。眉壽黃耇。當不難也。曩者僕爲家兄嗣。尋得列學官末。僕之愚陋。何以堪之。所謂籍父兄蔭者。執事憐之。千里辱教。宜速報謝。疎懶之罪。無所逃避。海涵是祈。頓首。

薦學生某書　塩谷宕陰

袁子才有言。人才以至少爲貴。故唐虞有五臣。盛周

有十亂耳。此以最上乘者言之也。乃至次等中等。亦復爾。今夫生聚萬石之地。應有人萬頭。才之爲品廣矣。姑以學生言之。就萬人中。求其略通經史者。有在焉乎。未也。及求諸三五萬石之邦。僅得一兩輩略通經史者有之。求兼綴文辭者。有在焉乎。未也。及求諸十餘萬石之邦。又僅得一兩輩略通經史。兼綴文辭者有之。加之求志操堅貞。心無虛邪。行不傲惰者。有在焉乎。未也。然則今有研經貫史。巧屬文章。而志貞行修者。豈非難獲之珍乎。大學者人才之藪也。方今生員。三四百人。比較蠢蠢之民。各皆十餘萬人中之尤也。就中有更爲其魁者出焉。則爲之司督。爲之教師者。豈不可爲國家踴躍歡抃。而羽之翼之。推之輓之。令其人不次而進。越階而登哉。爰觀於學生嶋田某。年二十七。四子六經。略研之矣。二十二代紀傳編年之史。略通參之一矣。周漢百氏。唐宋八家。濂洛關閩五君子之書。略涉九之二三矣。及秉觚修辭。議論明鬯。辭采流麗。意所欲言。筆靡不達。加之以資性慈祥。淳良恭愼。無傲態。無矜氣。無淫泆佻達之行。蓋亦不易得之才也。昔者歐陽永叔閱試卷。至超等者。疑門人曾子固。置諸第二。即蘇子瞻云。世弘謂事有當

避嫌者。亦有不當避者。至爲天下獎薦人才。豈宜有所顧慮哉。明神監臨。世弘無一毫私意也。伏惟。執事廣詢。而精察之。

本朝名家文範卷之中　終

本朝名家文範卷之下

大阪　馬場健彊甫編

○傳

無腸翁傳　村瀨栲亭

吾友無腸翁。狷介峭直。視富貴如腐鼠。以俗士爲蟣蝨。世俗忌其病。畏而避之。遊其門者屢屢如也。然一毀一譽。於翁乎何有。翁初住城中。厭其擾擾。遂苫茆于瑞龍山中。一裘一葛。疏糲自安。翁博聞强識。過眼成誦。是以不蓄一書。室中唯有二三茶具而已。最長

于國字文章。及國風之詩。興到則一日數十百篇。言出于口。皆成文。所著數種。已行于世。又有萬葉集訓詁。及筆記。八十餘卷。一日命其徒。湮之廢井中。余聞之也遲。不能奪去藏之名山。嘆惜無及。後値翁。詰其故。翁笑曰。一時漫筆。意未盡者。頗多矣。然年力頽侵。不能區區就鉛槧之業。且與夢中說夢向痴人。不如投井淸我魂。

程婆傳　中井履軒

傳稱。匹夫不可奪志。夫志之所專。弗恒於威。弗撓於欲。雖拘以死生。而不悔。蓋有自得焉者。是故玄冥死於水。程婆死於程。矧君子志於仁乎。程婆備中之嫠婦也。無子而獨處。紡績自給。而不置贏。性易良順乎人。而不竭人之歡。鄰里相傭。受直止於自給。多予則辭焉。其雅言曰。物自有程。踰程禍也。程謂節限也。於是。衣服飲食寢處作息。莫不爲之程。而其與人言。莫不稱程者。里人皆愛之。呼之爲程婆。婆亦以自號云。一日忽自經而死。鄰里駭異。爲病風者。及驗屍。有書一緘。衆共發之。其書稱。程婆無子。久荷鄰里之恩。無饑無寒。年七十康强無病。不負人一錢。人世之事足矣。衣衾足裹手足。而所餘可以買棺。餔[illegible]臼椹鬻爲

粟。可以飯誦經之僧。一篋績苧。沽爲酒。可以謝築埋之勞。生踰程則病矣。寢褥而無食。糜粥累鄰里。然而死。衣棺累鄰里。無粟可飯僧。無酒可謝勞。我豈容貪生重累鄰里哉。程婆今死。程婆之程也。永訣永訣。衆相視瞿然。爲之經營。悉如其言。而所遺正罄矣。履軒幽人曰。程婆之死。果矣哉。我未知其是與非也。而獨取乎其志之專。且將以喩于學者之立志也。故記。

女丈夫傳　古賀侗庵

女丈夫者。女子阿婉也。以其行事卓犖。無媿古烈丈夫。故今以此稱焉。阿婉父某。嘗仕羽之米澤。既而有

故辭祿退居都下新川之上以醫鳴求治者不絕列侯或給以月俸阿婉夙喪母與一妹從父而居一夕夜半有人叩門告其家人病勢阽危甚父趣裝趨與之俱往獨二女居守時列侯所餉月俸適積在堂隣近惡少時主人之亡又蔑二女無能爲也四人成群排門而入更擔米苞以出阿婉時年甫十六而妹僅八九歲阿婉語妹曰吾雖儜弱一女子乎坐視賊入吾室奪吾粟而不能抗他日胡顏見人且也阿爺以剛嚴聞吾見賊退縮不能出手譴罰必不小吾將挺身當之乃潛匿妹于庋閣中少開其户使瞰其外謂曰吾一婦人纖柔無力加之以寡敵衆萬無生理吾死之後阿爺還家汝具陳所見焉可也吾所以囑汝者歟此而已便提刀潛從側户出伏於玄關外有一賊正負米出直進剚刀於其腹立斃有一賊當後謂其跌而僵趨將救之又剚之亦斃於是一賊覺暗中有人來將前捕已阿婉揮刀擊之斷其一臂耆然隤地其一逃走追擊傷之少之父方歸聞之大驚事聞町奉行奇其義勇賞以銀錠且痛禁死傷者家令不得仇怨實享保季年事也阿婉所盜之刀蓋左文字其父在米澤時君賜之者也蚓操子曰余每病輓近

世教化無具而閨壼爲甚乃若阿婉之壯烈英偉亦可以立懦砭愚矣寧忍泯而勿傳邪明季阮太沖憤將士孱懦不能制流賊雜取古女子婦人建義旗滅盜賊事著女雲臺二卷以諷時余於是傳亦猶太沖之志也但彼則專勵鬚眉男子是爲小不同耳

金衣公子傳　齋藤竹堂

金衣公子幽都人也厥先出自黃帝黃帝八世孫嚶輔周宣王有功其於友道爲盡善故一時賢士大夫皆與之交其孫居衛曰睍睆以善事父母聞七子之孝猶爲不及其後隱而不見者數世至唐天寶中公子始以聲音著其初明皇嘗幸上林張酒筵設聲音以樂時方暮春紅紫絢爛閒花外有唱歌者其聲琅琅然上心美之召而延之宴使其奏歌宛轉流暢韻如笙簧上大喜曰是天下之至聲也因封之丘隅縣。自此之後、待遇日渥。上以其服黃衣、故呼為金衣公子黃衣郎黃帝所製之遺也公子爲人美風姿善嫺文雅其於世間繁華榮利之事無一所嗜但當嬌春軟節芳雛競秀便生凌虛意千里獨遊朝北暮南飄然無定蹤及是時上寵益厚公子亦一意奉承謹慎尤至居亡何上愛楊妃政刑日懈唯宴遊淫媟之務大臣慢乎上。小民怨乎下。敗亂危亡之兆成矣。公子奮然興曰。吾寧可以貪榮利。而苟容於亂世哉。遂振金衣。翩躚凌風而去。莫知所終。

太史公曰。可仕則仕。可止則止。古人所難。公子有焉。夫子嘗歎曰。於止。知其所止。豈其然乎。

阿經傳　　芳野匏宇

阿經。松澤氏。鹽谷艷治之妻也。艷治業醫。居下谷長者町。阿經嫁未出月。艷治發癲狂。忽而笑噱。忽而叫哭。勿論罵詈畏怕。溺壁屎床。走屋上。入牀下。或夜間裸體走十數里。凡汚穢危殆。厭苦之事。無一不爲也。而遇阿經。尤暴。或白刃逼之。捉火投之。捽髮折齒。軀不絶毀傷。如有宿怨深仇者。然親爲危懼。欲絶婚。阿經每嗚咽謝曰。是豈非宿業所致歟。朝而去夕而餓。妾不忍。雖不幸至撲殺。而妾之情義則全矣。事之婉順。毫無厭苦之態。祈神禱佛。救療百方。無不盡心也。方來嫁。食已貧。至此生理益艱。憂以老。年三十而髮盡白矣。賃一敗屋于角田村而徙。挫針治綁。釐得以糊口。居數年。陰陽爕和。心神稍復。故後擧一子焉。於是再還下谷。無幾艷治歿。旗下德山五兵衛。義慨之士也。嘗與艷治友善。爲與百金。以立生業。乃買襲官坊主某氏子名梅長而痴呆。人因稱梅坊主。好人役使。朝出暮歸。致簡汲水。負重視病。凡人所託。受而不拒。與錢則辭。隻言慰謝。欣然而去。於是又養人爲嗣。

野史氏曰。夫者婦之天也。而義因情而生。今阿經之嫁。未及回鸞。所天發疾。而艱楚萬狀。聞之猶且危彼。坦然安命。天其天。以終其義。非負得之天資。深知從一之道者。何能然哉。夫臣之於君。猶婦之於夫。其所爲天一也。世之爲人臣者。能以阿經之心爲心。則何艱不忍。何事不濟。若夫危而不持。顚而不扶。忽然如不干預者。果何心哉。予嗟乎阿經之事。益有可感焉者也哉。

忘却先生傳　　齋藤拙堂

忘却先生者。吾津人也。性善忘。故人號曰忘却先生。先生曰。善哉名我也。因亦自稱焉。嘗赴一貴人讌。遺夾袋於坐。袋中有金。經數日。不往取。貴人遣其人還之。先生茫然不省。認以爲他人物。辭之再三。既悟乃受。嘗歳終。自往乞假。道上覩嘉魚美酒。便擲擲所獲金。以買之。垂槖而歸。僮僕竢於門。持帖索償。先生大悔。予與先生善。予年未三十。先生已六十。忘年而交先生爲人。仁厚長者。家世士人。禄食本豐。惟以好客樂施之故。或至貧困。塵甑罄室。處之晏如。蓋忘其貧也。人有以窘乏自陳者。先生輒憫然。百方拮据以賑給之。未嘗付之忘却。此其天性也。四方之客。來於吾津者。必主先生。先生樂然不之拒。因得以與海內名士交。交道日廣。而忘却之名日盛。大窪天民之來。一見如舊。約觀月於某莊。及期忘之。莊主人爲陳酒肴。與天民竢。至半夜竟不至。天民乃賦忘却先生歌以贈先生。尾張秦滄浪。亦與先生有舊。其來宿先生家。留連旬餘。贈答唱和。多以忘却入詩。於是四隣文雅士。爭識先生恐後。先生工書。奇奇怪怪。如走蛇驚虺。

方其落筆。心忘手。手忘管。妙在不用意。詩則瀟灑閑雅。忘其巧與拙。如其爲人。先生姓小川氏。名經圖。字子明。號天保。呈文剌謁之外。一以忘却先生行。久之。人或忘其名字云。

豁達子曰。忘履足之適也。忘帶腰之適也。蓋人之適。莫如忘却者。先生於世事紛華。脫然遺棄。未嘗存諸胸中。其適何如哉。重華放然忘天下。宣尼樂以忘憂。先生實學之。淵源之正。與彼忘言坐忘之徒不同。故其爲心。仁恕溫厚。合於古道。雖有善忘之名。又能有不忘者存。而人謂之忘却。豈非誣哉。莊周曰。人不忘其所忘。而忘其所不忘。此謂誠忘。今世之人。於富貴利達不能忘。至若仁義忠信。舉委之地。嗚嘑此眞忘却而已矣。

○論

藤原信西論　　　栗山潛鋒

當時小說有謂信西對流水視面。自相之。知不得死。相者亦告以不終。因教免禍之方。曰爲僧念佛耳。信西爲鬀髮。甚矣妄傳之難信也。若其如此。方且捨身事佛之不暇。而何必號黑衣之相。擬安城之公。而口銜天語。手握王爵之爲。信西嘗告賴長曰。我才而不

庸。所以適世。可以見髡緇因于悲憤。而又安知其書紙障。吳桐何日遇知音亦非憮時生感。遇事興悲。不得已而托歌詩以自寫其苦心歟。是以一旦被柄用。奮然以邦家爲已任。造大內。復記錄所。與內宴相撲儀。禁道路執兵。止拘金神方忌。保元之治。有可觀焉。惜乎徒知義朝非己之類。而不復知清盛亦非己之類也。徒知諫信賴任大將。非所以保其身。而不復知使其子居顯官美職。亦非所以保其身也。庸人常明於所公。智者多暗于所私。豈特信西也哉。

源賴朝論　　　林　鵞峰

賴朝口有蜜腹有劍。而忍人也。其功大於清盛。而其罪大於清盛。陽尊天子。而躬提挈綱紀。節制天下。久假不歸。其忍一也。範賴倜而無害。而放之。其忍二也。義經勇敢。有益世之功。欺泰衡以殺之。既而又滅泰衡。其忍三也。納景時譖愬。辱功臣。其忍四也。廣常者創業之勳臣。而殺之。何罪。其忍五也。行家者叔父也。全成者弟也。不授邑。不加恩。共含怨以至於死。其忍六也。忠賴者甲陽藩鎭。義定者遠州下城。共是同姓之親也。有功無罪。或忌其勇殺之。或殺其子。使懷怨自反。其忍七也。此七者。其忍之大者也。此雖使賴朝

能除其患。以安其身。又所以自鎩其羽翼。絕其種也。北條者雖婚家。本是異姓之姦也。賴朝不知親親薄其所厚。而厚其所薄也。北條能繼忍心。以立私家。猶三卿之於晉。三家之於魯。田氏之於齊也。賴家之愚實朝之柔。寄意於歌鞠。以不悟之。修禪寺之暴卒。鶴岡之刺客。誰其爲之。如北條氏。所謂操我戈以入我室者也。曾子曰。出乎爾者反乎爾者也。非賴朝之謂乎。

神功皇后論　　賴山陽

前志記仲哀崩之際。多曖昧者。後世讀者。不免容疑於神功皇后。云賴襄曰。是不容疑者。吾深會其前後事跡。斷知其不容疑也。夫熊襲久雄長西偏。以景行與日本武前後討伐。而其蟠根餘孽。終不可拔者。蓋倚新羅爲後援也。當時諸大臣。更事如武內。若必有建舍近擊遠之策者。皇后以有籌略。從軍與議。亦右其策。而仲哀銳意誅鋤不聽。而親戰敗衂病創。創劉終崩。皇后恐諸軍沮喪。賊來乘之。大事去矣。是以與腹心密謀。秘喪不發。留大連守行宮。如天子在狀。深溝高壘。相持不戰。而潛兵急發。以遂行前策。直擣巢窟。奪其倚據。然後熊襲果不攻而下矣。特以蹋海波

赴未知之地。衆情所疑懼。故多方託之神明。曰神告我以寶玉之國。帝不從。故暴殞。當相與勉往取之。皆鼓舞從兵之語耳。史氏從而實其事。皇張誇大。而後人不察。所以致紛紜也。胎中天皇之稱。已見民望所屬。雖有庶兄之乘變圖自立。未幾就誅夷。攝政數十年。中外無異議。可知其事之暴白。當時厭人心。而何必容疑於千載之下。

范增論　　齋藤竹堂

江河之水。滔滔流而不已者。有其本。使之然也。今有治水者焉。從事下流。築堤如城壁。而水猶壞決氾濫

不止。如之何則可。曰由其本而治之也已。昔者范增輔項羽而覇天下。爲之謀除沛公。羽不聽。遂爲沛公所滅。天下知羽之不用增之計。而不知增之計不足用也。凡天下之事。必有本矣。苟不務其本。而唯其成功之是求。終爲白圭壑鄰之歸而已。安望禹之功哉。今增爲羽計。而置其本於不問。可乎。其本安在。曰羽欲代秦。必先知秦何以亡。然後知羽亦何以興。是謂之本矣。夫秦并呑天下。縱虎狼之威。海內人民爲之苦困憔悴。亦已久矣。其有望於仁人君子。如積雨之於日月。然羽既視秦車之覆。而不知改轍換軌。猶且

力戰以制天下。强暴殘虐。民奔走而避之不暇。孰歸焉。范增徒然旁觀。無一言以諫。寂若呑炭。而其所區區勸羽者。不過害沛公之計。抑亦末矣。當此時。使羽治其本。寬仁長厚。務反秦所爲。雖有沛公。亦何能爲乎。若其不然。籍令沛公死。天下豈無復沛公耶。嗚呼羽果聽增之計。是一沛公可除也。其餘沛公相踵而興。將如之何哉。

源義家論　安積澹泊

武衡家衡之亂。義家血戰數合。敗而復振。卒能摧堅挫鋭。誅夷二虜。而奥地廓清。義家之功大矣。故其上解稱武衡家衡之謀反。罪既浮於貞任宗任。請速下官符。獻首闕下。廷議以爲此私闘也。不可下官符。既下官符則將士不可無賞。事遂寢。義家徒棄首於道路。而還京師。後三年軍記所云如此。驗之當時載籍亦無官符之文。是時朝廷能存大體。非如後白河法皇通於頼朝義經。互下追討宣旨。朝君臣而暮讐敵也。然以二虜之亂。爲私闘。竊謂不可也。陸奥出羽之士馬甲兵。糗糧儲峙。皆公家物。而二虜徵發之。運輸之。疆埸騷然。民不聊生。義家擊而平之。可謂牧宰之寄。不忝其職者矣。蓋二虜之構兵。起於吉彦秀武憾

眞衡。而非有逆上之名。故當時視爲私闘。而其恣動干戈。攻剽國司。是亦反也。何得謂私。必若頼時貞任之塞衣川關。據鳥海柵。掠賦税。奪庸調。而後得謂之反。當事者。當議師之曲直。不宜計較賞之有無。義家之擧非歟。則當黜之罰之。是歟。則當優之勞之。而以議者之言。不下官符。是朝廷吝賞也。何以能服將士之心哉。姚令言擧兵犯闕。李懐光與賊連勢。徳宗播遷。而亂離相尋者。皆以悋賞也。設使義家部曲有怨望者。則朝廷將何以應之。吾未見其可也。雖然爲義家謀。則其請官符當在繕兵赴敵之時。三年之間歳

月不爲不久。而必待平定之日。然後奏其形勢。亦已晩矣。故議者得以弄文。而沒其功。惜哉。

陳平論

篠崎小竹

當紛亂之世。智謀之士用焉。謀有正有邪。其邪者。名曰陰謀。君子賤之。而其成敗所不問也。高祖時。搴旗斬將之士。不乏其人。至於智謀。莫有能出張良陳平之右者。故世之言智謀者。竝稱良平。不復置軒輊於其間焉。以余觀之。兩人之佐漢滅項一也。而其邪正懸隔。有如霄與壤耳。所謂謀之正邪。密於方營之始。而顯於既發之後。其密也如鬼神。其顯也如日月。是

以天下服其智。而仰其功。若良之燒棧道。勸縞素。封雍齒而靖諸將。延四皓而定儲貳。皆赫然宣著。無有隱晦不可識之跡。至於平則不然。其始謀也。固秘矣。既成功也。益秘矣。雖曰六出奇計。人莫得而聞之。史莫得而載之。余以此。知其必邪也。蓋正之源出於義。邪之源出於利。義者公。而利者私。私者常恐人之覺也。平之秘計。豈獨爲高祖秘。實自護其私也。故其護盜嫂也。先使嫂罵己。其護受金也。故自請骸骨。淮陰不反。死於平手。而淮陰不得怨平。王陵戇直。斥於平口。而人尚或左袒於平。高祖利其助我。呂后悅其黨己。彼皆在平之秘計中。而不自知也。司馬遷稱平曰。善始善終。非智謀。孰能當之。遷徒因成敗立說。不能辨智謀之邪正。故其敘呂尚也。乃曰。尚與西伯陰謀脩德。以傾商政。其事多兵權與奇計。遷之無識誣聖賢之至於此也。則其褒平。固莫足怪者焉。夫以高祖之明。呂后之智。而皆不及知平之爲邪。而平自知之曰。我多陰謀。道家所禁。吾世卽廢。必不能復起。以吾多陰禍也。然則天下後世之眩平智謀。與良竝稱。而無疑者。皆爲平之所笑者也。

三善清行論

松林飯山

菅原道眞之貶。時平爲首。清行爲從。罪有輕重耳。世皆惜清行之上革命議。徒資讒口。而不知其受時平之意以上之。顧清行之才。非甘爲時平所驅使者。而其至此者。蓋妬忌之心使之也。何以言之。道眞之貶時平欲坐其弟子。清行致書諫之曰。弟子唯請益受業而已。豈有知其謀乎。夫所謂謀者。何所指也。道眞忠亮正直。爲世表式。貶謫固非其罪。所謂欲立齊世親王者。亦出於讒人之口。豈有可指之謀哉。旣有謀之可指。則有罪之可問。是道眞一亂臣耳。道眞之果不爲亂臣。則清行之誣告也必矣。乃知前日上革命

議之心。則今日誣告道眞之心也。清行之妬忌。蓋非
一日。紀長谷雄文藻富贍照映一時。遣唐之使。道眞
爲正。長谷雄爲副。其才能。與清行相匹。而清行罵以
不才博士。其妬忌之心。亦可以見矣。長谷雄猶且然。
况道眞之才。遠出其右乎。當是時。道眞負海内重望。
帝又英明。雖以時平之辨口。卒然言之。帝必知其爲
讒。故使清行先上革命議。然後徐說帝。以其有廢立
意。内外如合符節。帝豈得不信。且道眞既去矣。其門
人弟子。無一出清行右者。清行不救道眞於貶謫流
竄之日。而救其弟子於連坐之時。欲以掩黨惡之名。

殊不知。能掩之於當時。而不能掩之於後世。可以欺
愚者。而不可以欺智者。藤原良繩爲左大辨。以名儒
南淵年名。大江音人。班在已下。乃稱病謝事。二人皆
進職。而後就職。是其雅量大度。自有過人者。而清行
何足以語此。

和氣清麿論　　頼　山陽

所貴於士。以其有氣節。無氣節。非士也。士之有氣節。
不獨以立其一身也。足以維持國家。定天下之安危。
國之有士氣也。猶家之有柱也。舟之有檝也。舟無檝
則覆。家無柱則傾。國無士氣則亡。吾觀於和氣清麻
呂之事。有以知之。神護寶字之際。朝廷之士。可謂無
氣節矣。橘諸兄以華冑位極正一位矣。聖武之惑溺
婦言。事無益興造。不聞其一言匡救之也。帝之慶盧
舍那佛也。與皇后皇太子。備儀衛往。諸兄爲後乘。合
掌膜拜。以當萬衆之觀。而不恥也。吉備眞備以儒學
受寵兩朝。位至大臣。稱爲帝師矣。玄昉之濁亂宮闈
而熟視之而已。仲滿之驕橫。道鏡之僭竊。而如不聞
知。相率拜賀。仰爲法王。而不恥也。觀此二人之所爲。
可以推其他矣。景雲之元。釋奠大學。其二年。旌表孝
子貞婦。其三年。百官朝道鏡於西宮。噫釋奠之禮何

禮乎。旌表之典何典乎。而眞備則以爲道行矣乎。故
講禮講學。儼然稱士大夫。而無氣節焉。則其無益於
國也。如此。夫以赫赫天朝。祖宗百世之天下。而欲傳
之一比丘。誰不知其不可。而莫敢言者。何哉。曰懼禍
也。當此時。有一人焉。言之。是捐其一身。以存祖宗之
天下也。清麻呂是已。故曰。士之氣節。關係天下國家。
有天下國家者。不可不養。此以爲倚賴也。及光仁天
皇之卽位。首召還清麻呂。復其本官。是矜式士大夫。
定天下之所向也。嗚呼可謂知所務矣。天下可百年
無如諸兄眞備者。不可一日無如清麻呂者。

北條氏康論

安積艮齋

北條長氏奮赤手。取豆相二州。氏綱氏康。亦皆一時名將。遂略定八州。何北條氏之多賢子孫也。或曰上杉謙信攻小田原。氏康嬰城不肯出戰。後武田信玄圍小田原。亦然。其畏甲越如虎。則名將亦怯乎。曰此乃所以為名將也。軍志曰。知難而退。氏康固知甲越之不可抗。與其終不能拔。故堅壁清野。以老之。及其惰歸。而出輕騎躡之。奪其輜重。是不戰而屈人兵。能以怯勝者也。非名將而能之乎。當兩上杉與足利晴氏大舉圍川越時。氏康提兵八千援之。大敗八萬之

衆。名震關東。八州豪傑悉降。蓋其以寡兵。當大敵。決然不疑者。固已知兩杉諸將之易與。故聚之川越。一舉取之。如探囊中物。是能以勇將者也。昔者司馬懿與諸葛亮相距於渭水。亮屢挑戰。懿堅壁不肯出。亮遺以巾幗婦人之服。其麾下皆以為怯。既而亮死蜀師退。此亦不戰而屈人兵者也。懿之討孟達也。六隊並進。一日一夜。行三百里。是兵法之所甚忌。而遂拔堅城。斬孟達。是豈真怯者也哉。梁韋叡禦魏師於安陸。增築城。二丈餘。更開大塹。起高樓。衆頗議其怯。叡曰。為將當有怯時。不可專勇。魏軍乃退。夫審彼我之

勢。知強弱之情。可以戰則戰。可以守則守。可以進則進。可以退則退。因時變化。不拘故迹。岳飛所謂運用之妙。存于一心者。當於是焉觀之矣。氏康頗通韜略。故能怯能勇。非有全勝之策不動。非名將其孰能之。若武田勝賴。知勇而不知怯。知進而不知退。長篠之役。愎諫自用。一敗不復振矣。予特表而出之。以為世之專勇者鑑焉。

○墓誌銘

久保桑閑翁墓表

紫野碧海

東讚三木郡古高松邑。有隱君子。久保桑閑翁諱方

轂者。專右衛門君諱宣彥之子。佐渡守某十世之孫。天明二年十月七日。以病卒。享年七十有三。娶池户邑松原氏。生五男五女。伯方堅。與季方亮。皆以醫著。伯仕季處。皆能世其家。季嘗請先君。表翁墓。未及作。而先君沒。於是使升記之。翁之卒。距今三十年。升時十許歲。唯記其鬚面可畏耳。他不能得而知也。翁者蓋磊落奇偉之人矣。先君知之而不及作。升作之而不及知。不及作與不及知。豈非所以致古者賢人君子。豪傑之士。光明俊偉。非常之蹟。湮沒不聞乎。余於是乎有深慨矣。

天山老侯第八女碑陰記

佐藤一齋

公女諱昌。天山老侯第八女也。生母柿沼氏。公女生而慧。於異母女弟。最相友愛。出入聯袂。飲食同案。至於寢興戲嬉。未嘗不相共也。一日老侯戲使二女爲男髻。公女獨欣然從之。傅姆問曰。喜男髻否。公女曰。父命也。不敢違。聞者驚嘆。左右傅姆。皆憫憫然望其長。時或言之。公女聞之曰。兒不樂長。問何故。曰比兒之長。汝輩恐不尚留在於茲。故不樂也。左右皆感動。乃不圖斯言之爲讖也。五月念八。罹暴疾殤。年僅五齡。嗚呼傷哉。芝蘭之易萎。而荊棘之難刈也。古今同

此一嘅也。

烈士喜劍碑

林鶴梁

喜劍者不詳何許人。或云薩藩士。蓋奇節士也。元禄中。赤穗國除。大石良雄去在京師。時物論囂囂。言其有復讐之志。良雄患之。故假歌舞遊衍。以滅人口。一日遊嶋原妓館。會喜劍亦來遊焉。喜劍素與良雄不相識。然竊希物論不虛。及聞其遊蕩不已。心甚不懌。乃招良雄。同飲于一樓。以微言諷之。良雄不應。因更反復直言。良雄猶不應。笑言自若。無承服色。喜劍乃怒目。大罵曰。汝眞人面而獸心也。汝主死。汝國亡。汝爲大臣。而不知報仇。非獸而何。余將獸待汝。於是。展左脚。盛魚膾數臠于脚指頭。使良雄食之。良雄夷然。俯首喫之畢。舐指頭餘瀝。時良雄啞啞之笑聲。與喜劍叱叱之罵聲。喧然聞乎樓外矣。既而喜劍于役江戸。適聞赤穗人報讐事。問之則同謀四十六人。良雄其首也。喜劍愕然曰。吁余死矣。夫余目獸視良雄。乃我目之罪也。余舌獸罵良雄。乃我舌之罪也。余足獸食良雄。乃我足之罪也。余心獸待良雄。乃我心之罪也。一身皆罪。吁余死矣。於是托病歸國。公私了事。復來江戸。則良雄既與同謀之士。皆賜死。葬之江戸泉

岳寺中。乃詣其墓。拜曰。我當面謝萬罪于地下耳。乃抜刀屠腹而逝。有人又葬之其墓側。夫喜劍氏。初之與良雄不相識。而希其有義擧。中之直言忠告。至罵而辱之。終之殺身明志。以謝其罪。雖非中行之士。其奇節可謂不恥古之俠者矣。中西伯基亦奇士也。恒喜談忠臣烈士事。嘖嘖不離口。嘗慨喜劍有此氣節。而世多不之知也。欲別建一石于泉岳寺。略紀事蹟。以示後人。乃齎費金若干。來徵文于余。余時年方二十七八。未嘗作金石文字。固辭不可。乃約自今學文十年而後草之。時余貧甚。伯基乃留其金。使余自救。

爾來荏苒過二十餘年。今則伯基年踰六秩。余亦五十餘。皆頽然老矣。余乃爲文出金。致諸伯基。遂償兩債。嗟乎喜劍之死。固奇矣。伯基此擧。亦奇矣。獨恨余文不奇耳。

力士雷電之碑　　佐久間象山

力士雷電。信濃小縣郡大石邨人。姓關氏。父曰半右衛門。母後藤氏。雷電生彊有力。異甚。其兒戲不類人所爲。睹者皆駭。年十八九。身長六尺五寸。肢幹如鐵。而貌温厚。自然可親。來江户。從力士浦風。學相撲。無幾何。以其技冠于天下。雷電之號。都鄙籍籍。稱不置。

上自大將軍公。以洎列侯。屢召使鬭技。而觀之。亦莫不偉其狀。愛其貌。而喟其傀力之無能偕抗。初雷電入相撲群。其所對敵。動有殘傷。苦難鬭觝。於是其技之老相議。禁其手勢尤難當者三。人始得安與之相角。然卒莫之能勝也。歷選力士之徒。葢建橐以來。壹人而已矣。嘗以技。仕松江侯。後辭歸。以文政八年卒家。壽五十九。雷電去世二十七年。孫義行。欲述其祖之蹟。傳于無窮。乃礱石於其邨之道旁。特來謁辭。昔越前秀康卿在伏見。召名妓國兒。觀其舞而泣。人怪問之。曰今天下女子千萬人。此女爲第壹。吾生丈夫。不能爲天下第一流。大有愧於此女。故泣。今子爲雷電。識于斯碑。亦殆將泣也。系曰。

信山崇俊。信水清駛。神氣所鍾。廼生瓌偉。吁嗟雷電。力武無比。間世壹出。固天恪爾。我爲士人。不能魁琦爲爾勒銘。心篤忸怩。

鶴堂藪翁墓碣銘　　奥野小山

翁諱平。字大平。稱平三。鶴堂其號。淡州福良人。少小養於大坂布商某氏。遂傳大坂籍。嗜讀書。受業於京儒佐野氏。後産業衰替。退隱於城南駒池。始有以儒興家之志。其友勸焉。下帷於鰻谷。後徙長濠。生徒麕

集。絃誦不絶。其講書。低聲徐説。辨以俚言。故雖婦人小子。皆能領其旨。好賦詩。最喜白香山陸放翁。故其詩沖澹雅麗。絶無羞澁態。翁長余二十七歳。而每作詩。必示余。使言其疵瑕。其不恥下問。皆此類。嘉永己酉十月朔病歿。享年七十七。葬於梅松院。翁爲人。脱洒不脩邊幅。與人對酌。滑稽百端。旁人絶倒。而翁自若也。晩歳付家事於嗣子。晴日携一瓢而出。看花聽鳥。醉哦逍遥。所著有鶴堂詩集若干卷。配星野氏。生一男一女。男名良。字大藏。號長水。即嗣子。女未笄。大藏不嗣儒業。而以善画稱。不愧爲翁之子云。大藏以

狀來請銘。銘曰。
逃商爲儒。是翁之賢。混俗尚志。是翁之真。磊落其胸。矍鑠其身。翰墨優游。七十餘年。

○文

祭忠烈藤堂君文　　齋藤拙堂

維嘉永三年夏四月二日。國校督學齋藤正謙謹以清酌庶羞之奠。祭故騎士隊將藤堂忠烈君之靈曰。忠以奉公。仁以撫士。文武其材。英烈其志。君在焉何患外侮。君亡矣。民將安恃。嗚呼哀哉。尚饗。

王文成公祭告文　　佐藤一齋

維文政十年丁亥十有一月二十九日。日本國江都後學佐藤坦謹告大明先賢。文成王公之靈。恭惟玆歲干支月日。丁公三百年忌辰。嗚呼自公之去。世無真儒。私淑型範。佩服訓謨。東西殊域。趨展末由。仰惟當時。曷勝神徂。遙具清酌粢盛。虔薦吾孚。尚饗。

祭亡妹阿佐登文　　阪井虎山

汝之恭順柔和。人莫及之。勞不告倦。病不言疷。曾患乳腫。其痛亦奇。紡績自若。問而始知。夏不就涼。三冬單衣。我意憐之。亦父母慈。今日之苦。逸在佗時。何謂奄忽。長與世辭。生年十八。未嘗出扉。遠客遠鄉。乃以死歸。嫁而遠適。乃事之宜。非嫁而遠。孰勝其悲。先死數月。有書相貽。我往見之。觀笑怡怡。我不率歸。歸者有期。遽以病告。不復可醫。二親蒼黃。就路而馳。纔及不瞋。聲氣如絲。呼父母名。即永別離。人誰無死。如汝亦稀。彼蒼者天。哀慟可追。我之悍戾。神明所庇。反使弟妹代受其災。汝病我致。汝死我爲。江河有竭。斯恨無涯。嗚呼哀哉。

祭袈裟孺人文　　巖垣彥明

安永三年六月。彥明如城南。道出袈裟孺人墓下。孺人天養中源挍尉妻。而其墓世所謂戀冢者云。自古

婦人殉節者多。而義烈如孺人。罕儔。則不可復以巾幗視。余深感焉。因取酒以祭。爲文弔之。其辭曰。嗚呼賢婦而不幸矣。遭斯橫難之侵。廼執婦節。則及禍於慈親。苟全孝志。則負心於良人。赤繩緣短。甘受鋒刃之害。黃泉路悠。苦割膠漆之愛。不屑息嫣。不言偏慮。孔父有寃。衽席恩絕。山河盟存。含別侍酒。悵更漏之易竭。濡髮臥榻。驚風燈之欲滅。悼矣紅顏薄命。傷兮黃裳殷憂。蕙枯蘭悴。鴦逝鴛留。抑淚躊躇。非惜代恩之身。吞聲欷歔。那堪隅生之怨。翟以羽死。難奈人之無恕。歡以悲終。須知物之有數。華臉柳眉。多稱閨秀

麗妝。冰清玉潔。獨欽孺人貞名。陳辭設奠。祭兮神靈尚饗。

祭坂井虎山文

奥野小山

夫人有日交其膝。而不知其心。有未見其面。而能識其人。遇合之難預料。豈可以常理論。君之爲人。磊落開豁。如青天白日。君之學殖。渟蓄泓涵。如長江深淵。其才能斷。如干莫之劍。其文難敵。如韓岳之軍。夫身既具此數者。宜兒童視我輩。而屢稱我文章。以老友待焉。使其門生在塾者。命寫我文。使其友人游東者。必訪我門。余亦當與君往復論辨。益明其道。而砥礪

切磋。不特其文也。而一疾奄逝。豈不痛哉。豈不痛哉。嗚呼君爲藝之儒臣。與故賴子。同其藩。君壽五十有三。亦與賴子同其年。宜其文名電發。與賴子並驅爭先。而君未欲以彫蟲小技顯名。其志存經世濟民。其臨歿也。感慨激昂。憾事其君。而無寸功。又傷先其母。而入黃泉。命其門人。焚其所作文稿。而不屑以文人而傳。嗚呼如君。志氣踔厲。可謂與古豪傑比肩矣。余幸與君同世。雖未知其面爲方爲圓。而能了其人爲彥爲賢。及聞其訃。西望悵然。作文代廣蓋之奠。以供其靈床前。嗚呼哀哉尚饗。

○題跋

雪灘奇賞跋

川北温山

得水而雪有光。得雪而水有明。詩之與畫相妍。亦復然。無影之月。不香之花。蕩漾於混混長江中。與有聲之畫。無聲之詩。無限光輝。無限情味。

題雲煙眾妙卷

廣瀨淡窗

相人者不於束帶立朝之時。而於燕居談笑之時。觀之於矜持。不若於眞率也。學士草文寫詩。不免矜持。國字之牘。匆匆任筆。乃見其眞。今披此卷。覺古賢手采。彷彿接人。

題畫

古賀侗庵

謂之蘭亭則有月。稱爲桃李園則無花。然吾觀其山水清遠。竹樹葱倩。亦自一勝境。其人瀟灑。實右軍青蓮之儔。則覽者借以滌胸襟。陶性情。可矣。何必問其爲晉爲唐與否耶。

崑山印譜跋

巖垣彥明

行乎崑山者。觸目咸琳琅。今閱是譜。亦有似焉。崑山子。性耽摹古。鐵筆游戲。既得昔人三昧。文彩粲然。眩乎人目也。而是其輕視。以抵鵲者耳。若夫拱璧照乘。當出人間云。

題摘公訓子圖　　中井履軒

訓子曷其忠。父之慈也。繼父忠其君。子之孝也。一忠而孝慈併焉。大哉忠乎。及其和於家睦於族撫士恤民。莫非忠也。亦莫非孝也。然千歲之下。無不隨涙乎斯圖者。蓋公之訓子。非特訓其子也。亦所以訓萬世爲人臣者。

題四君子畫　　松崎慊堂

大鵬之竹。樵霞之菊。木世肅之蘭。三君子俱出於三畸人之手。唯有孤山高客未遇其人。則偃蹇傲兀不入來耳。仲謙老丈適得紫栗翁南客憶梅眞蹟。貼之

右方。四君子形容神韻躍然會於一壁之上。洵墨林快事也。文政壬午元晦。見出示。益城野老題。

跋圓山仲選畫卷　　柴野栗山

美哉仲選之畫水也。畫水之變焉。近者。遠者。深者。淺者。爲泉。爲瀑。爲淵。爲灘。來者淲淲。去者悠悠。急者如逐。漫者如待。懸者如崩。瀉者如逃。激石者。洄坻者。湯湯者。濺濺者。隱見起伏。脈理互通。源委相承。數尺絹素之上。無一息之渟波。而混混乎晝夜矣。仲選之畫水也。美哉得水之神乎。

題備後三郎圖　　大橋訥庵

林竹浪。使吾友秦隆古作此圖。其功未終。而隆古溘焉捐館。恨可道哉。乃倩山琴谷設色。始爲完幅云。嗚呼二子之畫。平生異其趣。而此圖則天機混成。如出於一手。何其妙也。昔高德之擧義。名和富士名之徒。異體而同心。竟能成統一之業。今此畫亦當如此觀耳。

霧嶋紀行跋　　安積艮齋

讀未見書。遊未見山水。人生至樂。莫踰於此。然而酉洞鄰架。世不多有。奇峰異嶺。必在遐裔僻鄉。人皆病焉。玆卷記霧嶋之勝。甚悉。峰巒溪谷。千態萬狀。其奇

古如三墳五典。其幽峭如連山歸藏。其險怪如鬼谷子黃石公諸書。神魂飛越。有入仙境想。豈不快絕。人或以國字病之。是徒評驪黃。而不知神駿者爾。

題自書畫後　　賴山陽

潘大臨得滿城風雨近重陽句。忽租吏叩門。興敗不成篇。余爲逸民。筆耕生活。雖無吏來責詩逋書債者。日踵門嘵聒。其敗興一耳。且如潘使謝遣吏後。浩然援筆成篇何難。如余。既了債。輙拋筆呼杯。豈復思詩。所以其技日退。勉强作者。總不足觀。今日過鄉僧來索字。言此爲一笑。時壬午九月六日。瓶菊未開。簷雨

蕭然

題桃源圖　　中井履軒

天地開闢有桃源。世人乃羡之。畫而詩焉。抑桃源者。無爵祿可慕也。無名利可冀也。無聲色奢靡可娛也。所以黃髮垂髫。怡然自樂焉耳。今之人。溺心於爵祿。喪志於名利。而汨沒於聲色奢靡之場。雖有桃源。不能一朝居也。所謂葉公之好龍者。非耶。人苟去之數者。安命而守分。養老而長幼。則家家桃源。人人自樂。亦何羡乎外。

題龜石圖　　佐藤一齋

凡物之靈者。人思一覩之爲快。故麟鳳龜龍。得其似者。猶且愛之。況其真乎。物之不祥者。則人皆惡之。蛇蝎吾知提梃而向之。豺狼吾將走避之不暇。是人之常情也。今此一頑石。以其似龜也。圖而傳之。嚮使之似蛇蝎豺狼。人將思一擊以碎之。焉能愛重之至此。因知君子人中之麟鳳龜龍。而小人人中之蛇蝎豺狼也。嗚呼。盍觀物以知所警省乎。

題楠公畫像　　藤田東湖

某侯家藏古笙銘。君子者。相傳楠公保金剛山時所造。余友櫻任藏。囑菊池容齋。新製此圖。恐觀者或以爲杜撰。來徵余言。余謂楠公吹笙。史無所見。然而八幡太郎君。詠花於勿來之關。新羅三郎氏。吹笙於足柄之巔。英雄處軍旅倉卒之間。其綽然有餘裕者。往往如此。奚獨於公疑之。乃謹書其由。以備公逸事狀之料云爾。

跋先君蘭亭帖　　篠崎小竹

往時精里先生。稱春水先生書。爲天下第一。而春水先生則推先君爲不可及也。以不肖觀之。春水先生筆才縱橫。譬諸文。猶東坡。先君則沈著渾雅。猶南豐南豐之文。有好者。有不好者。然東坡託父祖碑銘。不

於他人。必於南豐。則春水先生。數來緘素。屬先君書也。其意非虛推。可知矣。此蘭亭帖。富永氏所藏。拜覽畢而書。

書柴栗山贈高山仲繩序後　　藤森弘庵

諺云。愛人者。及其屋上烏。況於慷慨好奇節。若仲繩其人者乎。又況此卷。栗山先生親書。所贈仲繩。而仲繩遺澤之所存者乎。吉田生愛而藏之。亦宜矣。然仲繩之風節。栗山之文。皆人口之所膾炙。是不必論也。但觀於其所附書數語。仲繩平生所存。在欲爲澆俗。

扶持綱常。而栗山能虚心容物。前輩之風尚兩可欽慕。雖執鞭所願也。故喜係名姓於其末。乃書

題爛柯圖

古賀精里

余少暇晷。加以疏懶。與來對局。不能凝思。即使勉強竭慮。瞻前顧後。誤著益多。其看入品以上碁。亦不耐煩。必欠伸退去。世之拙碁皆然。非獨余也。因怪樵夫觀仙奕。不覺其久。豈深曉碁理而然邪。抑仙手亦不甚高。聲如急霰。手如穡秧。勝敗倏忽。以致樵夫忘歸也。果爾則比柯之爛。不知結幾千萬局。恰好余敵手也。然恐天上無有如此頑仙。故知此談爛出於古人

狡獪。設以警人耳。癸酉三月。精里戲題於歸臥亭。爲船橋碁伯。

賴千秋藏詩扇帖跋

柴野栗山

賴千秋輯其平昔所往來諸友諸扇。爲一帖。其人余雖未盡識其面。然以千秋所與。則其爲絶塵超凡之士。不可疑也。余幸見收。入其間。獨奈一時戲題譾陋。抗顔與諸韻士駢肩。是可慚也。又以拙齋栗齋康強健飲。一日淹忽。已爲泉下人矣。余之薄弱。日就衰頽。亦朝夕人也。焉知不十許年後。此帖爲墮涙帖哉。又焉知此帖不眩倒風流癡迷之小兒。其價十倍。抑五百年後。則爲五百金。亦不可知也。癸亥首春。謾題以發千秋一哄。

題富士山圖

古賀侗庵

登蓮嶽之絶巓。以四望。山如蟻垤。而海似盃。風在下。而雲霑衣袂。令人胸豁神王。翩乎有遺世之想。是亦人生之至快樂也。人之希享斯快樂者。滔滔皆是。而克酬素志者。不過億萬中之一二。予觀世人之談富士。詳確明晰。瞭然如曾躋攀者。及考其實。彼未始夢睹。特覽丹青所描。強不知爲知。乃知言之易。而其至難在於行之也。今人於聖賢之大道。未始踐行其一

端。及宣之於口。則縱說横說。流暢不窮。類践履已熟者。又奚異於目擊畫圖之山。以資雄辨者哉。斯弊在吾儕儒生爲最甚。予展斯圖。不覺汗涔涔下。非獨嘆畢生不獲償登嶽之願而已也。

題赤壁圖後

安積艮齋

天下何地無月。何處無風。而赤壁獨以風月聞者。非以有蘇子文章耶。夫文章非有金石之堅也。非有山嶽之重也。發諸心。形諸言。著諸篇翰爾矣。而金石可泐。山嶽可崩。惟文意赫赫然。映照于宇宙之閒。月爲之加明。風爲之加清。江山爲之加高壯。所謂不朽之

盛事者非歟。彼周郎竭智力。以精兵三萬。破曹瞞數十萬之衆。可謂千古奇功矣。而蘇子乃提三寸不律。詠風月於盃酒談笑之間。使百世之下。讀其文想見其人。吟諷贊嘆之不已。而善畫者。又摸寫之以傳。則蘇子三寸不律之功。反出于周郎精兵三萬之上矣。文章之盛。如此。況聖賢君子。道德之懿。照映于宇宙者哉。

書地獄圖後　安井息軒

死者有知乎。我不得而知之也。死者無知乎。我不得而知之也。塊然之形。化爲穢土。而魂氣則無所不之乎。我不得而知之也。倏忽乎來。倏忽乎去。禍福糾纏孰知其極。所可知者。獨生人之道而已。今觀此圖。凡今生所爲。皆有報復。錙計銖量。如刻吏鍛獄。而刑戮拷掠之慘。更甚於此間矣。然則不唯死者有知。又別有一世界。以爲此間賞罰之地也。吁可懼哉。然浮屠氏。以輪廻立說。來世之於現在。猶今我之於前身。我既不知前身之爲何物。則來世豈能知前身之爲我哉。然則今之與後。各一物耳。其禍其福。我何與焉。而世人背君父蔑人倫。以求不知何物者之福。何其妄也。故聖人説生。而不説死。語道而不語怪。至矣。

題南嶺後赤壁圖　野田笛浦

謂之蘭亭耶。有月矣。謂之楓橋耶。有鶴矣。有月有鶴。有風流髯太守。山欲鳴而谷欲應。斷岸千尺。生于咫尺。不是後赤壁圖乎。夫畫精矣。然畫史之所徵者。太守之賦也。徵于其賦。而不睹其遊。烏乃妄意爲之乎。曰觀彼鶴耶。其翼可以行萬里矣。其壽可以保千年矣。於千年前。戛然掠太守舟。於千年後。不擇萬里之遠。而翩躚横我屋者。唯有鶴存焉。雖然鶴之爲數極多矣。縱使其鶴存。孰辨其爲太守之鶴也。鶴而不可辨。何以徵太守之游也。余熟視於此畫者久之。有知其所以徵焉。嗚呼地殊人没。物換星移。亘古今極遠近。而不變者。月也。照赤壁。照太守者。即照吾地照吾類之月也。其可徵者莫過于月也。故畫史必徵于月而畫之。月亦有光於此畫矣。世若不信之。則舉此畫與此文。以問之天上之月。

蘭亭帖跋　古賀精里

余幼學蚯蚓様書。踰冠初知徴舶來法帖。郷間或教之曰。書止晉唐。勿眡宋以下。於是極力臨摹淳化鵞郡十七帖聖教序數歳。然後游京攝。見者皆笑余不知用筆法。如柳子所云。初未肯降。久而後幡然悟其非。蓋宋人多學顏。非以顏勝二王。二王之蹟不可得也。明人多學米趙。以梯晉唐。非以米趙勝顏。顏蹟不可得也。清人多學董。參以米趙。以董蹟多存。米趙略可得也。我學書者。唯古是嗜。愈古愈拙。非古之不可學。古刻存於今者。皆失其眞也。故東坡聞人日臨蘭亭。曰。此人書必不佳。南宮不教子弟倣墨本。良有以也。然米趙董亦未嘗不臨摹古刻。特有其神解。倣即得妙。所謂求之玄黃牝牡外也。三家所臨。唐以上書搨本具在。試取較之今人臨晉唐書。余言之得失。不竢辨而決矣。蘭亭聚訟。後人吠實。去近而就遠。猶欲濟大川而無舟楫。然非曾經淪胥之危者。則不能信余言也。

書孟母斷機圖後　安井息軒

予嘗游長崎。觀於出嶋。見和蘭娶崎娼所生之子。年十三四。髫剃服佩。盡從皇制。而赤髮粉面。深目高鼻。一見知其爲蘭種。於是益信聖人尊父之盡義至命也。然歷觀古今。賢母之子多賢。而賢父之子未必賢。是豈由資於母氣之多。而然乎哉。仲尼曰。性相近。習相遠。蓋父嚴而母親。幼之時。父未教之以道。其所視聽言笑。皆母也。至七八歲。出就外傅。而其習既染。其所學固不若其所習之安也。故古者尤重婦德。以周家積累之德。詩人極美其得賢妃。蓋不獨以閨門修穆之故。亦喜其得賢子孫焉爾。夫高貴之人。有保傅慈姆之屬。不自撫育其子孫。然必有賢妃。而後能得賢子孫。況於懷抱乳哺之者。安得不染母習哉。後世專貪色。不復講婦德。及其育子弄孫。夫妻不反目。則婦姑勃谿。其子幼而習焉。視以爲人道之常。而父之教子。又不及古人十分之一。其不化爲魑魅者。蓋亦幸耳。偶有觀孟母斷機之圖者。不堪古今隆替之感。書以質乎後人。

題蘐園讌集圖　佐藤一齋

蘐園讌集圖。環卓而坐者凡八人。其白首皓眉。色媮而骨癯。讙然若有所容者。爲物茂卿。卽蘐園主人也。右側手紙筆而顧。若推敲詩句者。縣孝孺次公。左側齡最少。眉目淸秀。丰采瀟洒者。滕煥圖東壁。祝髮禪衣。體貌肥大者。釋原資萬庵。脫外套。擧大爵。右坐左跪。若醉而顚者。平玄中子和。與子和竝坐。從容醞藉。若相獻酬者。服元喬子遷。在次公之側。凝然端坐。腰刀手箑。熟視子和。而顰蹙者。太宰純德夫。在子遷之後。剃豁而鬢矮。躬俯而面仰。若與萬庵隔卓而語者。

宇惠子迪也。自次公而下七人。皆以詞藝名一時。蓋於茂卿之門。爲翹翹者。此圖不知誰所作。必出於其徒在當時親睹之者。不然。恐不能肖其眞寫其態殫其風流文雅之槪如此之詳也。在昔宋熙寧中。王晉卿會一時名流於西園。自東坡而下十六人。李伯時圖而米元章叙之。藝苑傳以爲佳話。如我享保中。亦才子輩出。以蘐園爲最盛。而此集適與西園相彷彿。則圖而傳之。固其宜。且今對此圖。想像當時。使吾如身躋其堂。相周旋於文酒之閒。亦一快事也。乃重撫之。錄各姓氏於顚。俾後之攬者有所考。

○雜

上琵琶表　　德川景山

今玆甲寅夏。皇宮罹災。鄂虜航海。泊攝之浪華浦。淹留旬餘。畿內騷然。臣齊昭仰想行宮狹隘。無以慰宸衷。俯慨醜虜猖獗。未能伸皇威。屢陳鄙見于征夷府。而才疏論迂。未審用舍如何也。齊昭頃獲華櫚材。長三尺許。手製琵琶一面。竊謂方皇宮之災。雅樂之寶器。豈得無屬烏有乎。乃因關白正通獻之行宮。萬機之暇。或命侍臣彈還城之樂。或歌太平之頌。洋洋乎盈耳。則內以舒宸憂。外以鎭妖邪。此器與有榮焉。臣竊爲天下祝之。

潮喩　　齋藤拙堂

潮之來也。沸沸焉涌。徐徐焉進。俄而沌沌焉。渾渾焉。若萬馬馳驟。若連山奔騰。其聲訇訇焉。殷殷焉。百雷俱至。一瀉千里。不知其所止。其去也肅肅歛退。寂然無聲。如良將按兵收衆而去。怪奇變幻。莫此爲甚。是孰作之。孰止之。孰驅之。孰卻之。將一來一去。不能自止耶。其來有候。其去有信。孰操而主張之。曰機動而進。時至而退。潮不自知。是天主張之也。古之文人。唯蘇子瞻似之。方其下筆也。蕩蕩然來。混混然去。行其所當行。止其所不可不止。應於機而聽於天。無所造作。故曰蘇文如潮。

雪喩　　齋藤拙堂

時既嚴冬。花月之觀已逝矣。無物可娛目者。唯知閉戶擁爐耳。適快雪大至。意興復勃勃。推牕排簾。集諸友。置酒賞之。歡然樂甚。凡物莫艷於花。莫明於月。而莫奇於雪。艷者明者。其狀一而已。唯奇者變化無極。靜聽之也。撲撲蟲飛。砂砂玉碎。仰見之也。撒鹽漫空。飛絮舞風。其起也。如觀廣陵之潮。素波銀濤。捲地而至。其亂也。如觀涿鹿之戰。敗鱗殘甲。蔽天而下。其著樹也。聯爲瓔珞。其封嶺也。排爲玉筍。其埋城郭屋舍也。變爲瑤宮瓊闕。且其艷似花。先春紛披。其明似月。當夜玲瓏。能併花月所長而有之。花月則瞠然不能學其一端矣。嗚呼雪之奇。一至此乎。夫花賞於和煦之時。月賞於清凉之辰。唯雪至窮陰沍寒之日。始得賞之。是知懽愉之日。無由作奇。而至苦之境。乃能逼出大奇也。余於是乎有感。

讀讀孟嘗君傳　　塩谷宕陰

王安石謂田文。鷄鳴狗盜出其門。此士之所以不至。以予觀之。魏子馮驩之出其門。繇養鷄鳴狗盜也。鷄

鳴狗盜且養之。矧非鷄鳴狗盜者乎。且有郭隗。而有樂毅。有徐庶。則諸葛亮出。有魏馮而未能致天下之士者。身從北面故也。烏得以南面制秦責之。然文未足言也。安石爲首輔。而延蔡京呂惠卿之徒。以擾天下。非由好同而惡異邪。夫好同而惡異。由無養鷄鳴狗盜之量焉爾。嗚呼安石特雕蟲文士。亦鷄鳴狗盜之流哉。

讀名花有聲畫　　藤田東湖

日出之域。冠絕萬國。而鍾其神秀者。富嶽也。發其英華者。櫻花也。蘊其精氣者。寶劍也。吾友青山伯卿。嘗著刀劍錄。皇家所寶。武門所愛。詳揭具載。無復遺憾。余既寫一本而藏焉。伯卿又嘗賦櫻花。得二百首。其弟季卿。和得百數十首。合爲一卷。命曰名花有聲畫。余獲罪索居者。有年于茲。伯卿憐余無聊。以其有聲畫見示。余反覆諷誦。愈讀愈奇。雖身臥蝸廬乎。神魂飄飄。飛揚於香雲艷雪之中者。真伯卿之賜也。它日伯卿弟兄。相携攀富嶽。踞其巓。御萬里之風。餐千秋之雪。心目所寓。洋洋發諸詞藻。與斯卷及刀劍之錄兼行。豈啻日域三絕。盡入青山氏機軸。閉戶居士之受賜。亦不止此也。日夜引領望之。

讀留侯傳　　齋藤竹堂

圯上老人。授書于子房。事甚詭異。世皆疑之。蘇氏獨曰。是秦之世。有隱君子者。出而試子房爾。且其意不在書。蓋教以能忍也。此論誠當矣。然以黃石卽我之語觀之。猶疑其怪異不足信也。余謂是亦意不在石。蓋有以託矣。何也。子房才略有餘。運策制勝。無待于教。其所待于教者。度量之宏。進退之決耳。老人既教能忍之道矣。今又託石以示功成身退之義也。子房與韓信蕭何。稱三傑。而韓信遭夷族之戮。蕭何不免拘繫之辱。向使子房不勇退。曷保其不蹈二子之轍

哉。夫石之爲物、頑固堅確、不與物競。人能以是爲心功名榮利、冥然相忘。天下孰敢犯之。老人之言、蓋欲其以石爲師而不忘也。高祖創業已成、畏忌功臣之心漸生。子房有感于老人之言、乃道引辟穀曰、願棄人間事、欲從赤松子遊耳。老人既託黃石、以示其意、子房又託赤松、以保其身。黃石之與赤松、雖形色不同、而其所以爲託者一也。

鼠戒　帆足萬里

帆足子、徙居東郭、患鼠。晝走梁棟間者、相屬也。夜則穿橐穴筐、家不可藏粮。嘐嘐嚙嚙、寢不能寢。客請畜

猫。帆足子素惡猫、以其柔而賊物也。且帆足子事親二十餘年、家多鼠、其爲患未嘗如此之暴、固不畜猫也。俯思其所以然、喟然嘆曰、噫我得之。我親之家大小三百餘指、誠多事、粒米漏於橐囊之與夫餘食棄昧者、鼠得以飽、因不爲竊。自予徙居、廡無遺粒、厨不擧火者竟日。鼠固已飢、雖欲無竊、不可得也。乃散粟於廡下、食之。鼠患小止。故曰、禦鼠不在畜猫、禁盜不在用刑。要使其無窮耳。作鼠戒。

傷兒敬　塩谷簣山

嗚呼汝何爲而生哉。汝之在母、未辨男女、試卜之男也。及生、呱呱振屋壁、不問而知其爲男兒也。日肥月慧、嫣然媚笑、能應和人。人亦頗弄愛汝也。我家貧、夫妻相對、終日寂然、無歡笑之聲。及汝之生、稍譁矣。而一旦捐父母、將何以慰情。汝軀幹肥大、眉目清朗、未嘗有微恙。意期其成立。汝以何疾而殤哉。夭殤若是、則不如不生之愈。惟憾汝未知父母耳。然使汝知父母、則父母之戀汝、必將不止乎此矣。均之死也、與其後一日而死、毋寧先一日而死歟。嗚呼雖汝未知父母、而父母終身忘汝也哉。

弓矢銘 并序　樺嶋石梁

人暗行則迷。狐狸則然乎哉。攀木則殆。猨狖則然乎哉。夏葛而冬裘、易之則病。男外而女內、移之則亂。川注而海容、口食而尻泄。錐之鋭而鎚之重、道之所以爲大也。且人之行、莫不貴直而鄙曲。弓則然乎哉。昔者王陵直、其安劉氏、則在陳平之曲。史魚如矢、君子之稱、則在蘧伯玉。故物各有道。執一則窮。今如見弓之穹隆然、而矢之秩秩然、怒目攘臂曰、我取此、不取彼、用則廢矣。嗚乎銘曰、

克敵安國、其用在直。

右矢

殪讐誅賊。其用在曲。

右弓　　　　帆足萬里

意錦

豐野人適市。得裂錦於途。異之。歸以視里正。里正曰。是錦也。野人曰錦也。何以有龍鳳花藻之文也。里正曰。是京師花工之所爲。吾與汝。曷足以識之。汝姑歸。治汝穡事。何必以識之爲。野人疑不能釋。問北山愚公。愚公屏妻孥。閉戶以思三日。得之。曰是諸綫相牽。以成其文也。野人曰。諸綫相牽。何以成龍鳳花藻之文也。愚公不能對。以問西隣蒙叟。蒙叟抽其綫而數之曰。金者若干。紅者若干。是爲龍鳳也。綠者若干。黃者若干。是爲花藻也。野人曰。金者若干。紅者若干。何以成是龍鳳也。綠者若干。黃者若干。何以成是花藻也。蒙叟又不能對。以告里正。里正笑曰。我嚮固誨汝。汝釋其耒耜。而勉識此。行將有逋租之責也。且花工多智而巧數。又有杼柚牽挺之設。以就其功。夫二人者。未有其械。而徒抽其綫。以褻汝錦。惡能議于花工之爲哉。

本朝名家文範卷之下 終

明治十八年四月廿四日版權免許同年九月出版
同　二十年八月三日訂正再版御屆同年八月出版
同　廿五年十一月二十日第三版

編者　福岡縣士族　馬場健
京都市河原町丸太町上ル二丁目廿三番戸

發行者　大阪府平民　松村九兵衛
南區心齋橋筋壹丁目六十七番屋敷

同　大阪府平民　森本專助
東區南本町四丁目五十番屋敷

發兌　京都府平民　梅原支店
京都市上京區寺町通二条南へ入

同　京都府平民　若林茂一郎
同　寺町通御池北へ入

同　東京府平民　吉川半七
東京市京橋區南傳馬町一丁目十二番地

渡邉碩也先生編評

皇朝古今

名家小體文範

版權所有　叢文書屋藏版

皇朝古今名家小體文範序

善揮大刀長槍馳騁於千軍萬馬之中者可以挾寸兵尺鐵行豫讓荊軻之事也能運萬言文字敘述乎杯酒談笑之間者可以撰小品題語學唐宋大家之步趨也然則文之有雄篇大作猶兵有大刀長槍文之有小品題語猶兵有寸兵尺鐵不識者徒知大刀長槍利於戰而不知寸兵尺鐵能殺人知雄篇大作驚人而不知小品題語泣鬼神不獨不知兵併不解文者也能知寸兵為大刀解小品為巨作然後兵之與文初可與語其中苦樂也此契人渡邊君某所以有皇朝古今名家小體文範之著也今讀卷中所載之文率皆小品題語小者如簇劒寸鐵大者不讓百鍊利匕首而跡其所自皆出於文壇

序　一

老將。揮大刀。提長槍。馳騁於千軍萬馬中之餘。挾此以伏匿橋下。可以令趙孟寒心也。焠此以入于虎狼秦。可以令呂政蒼黃疾呼。繞柱而走也。快讀一過。殺氣森々。風怒水激。令人肩易水壯士悲歌慷慨之概也。吾故曰。善揮大刀長槍者。可以用寸兵尺鐵也。能運萬言文字者。可以撰小品題語也。頃者書估吉岡生。剞劂竣工。係貫川子。索序於予。予會讀遷史刺客傳。乃書其所見。寘其首簡。

明治十九年歲次柔兆閹茂七月下浣

平安　菊池　純　識

雲谷高山蔚書

皇朝古今名家小體文範

例言

一此編名曰小體。主於短文。要為初學肄業所設也。間有一二疑於長篇者。亦以步趨之易學也爾。如紀傳銘誌。及有韻之文。都從簡省。

一所收錄諸文。不問其為寶天與現存先生。隨接手之書。且抄且輯。止於三卷。網漏吞舟。在所素期。

一選文主於簡短。時或不得無所省略。亦唯於首尾認初學不甚緊切處耳。編中如此者。百不過二三。皆題下標節略。獨紀事部頗似夥頤。蓋不得已于求簡。豈敢劉截諸先生匀當之幅云乎。

一分門排次。唯供初學之易例耳。不必以長短立次序。

一此編。一意謀利於初學。故不顧譾劣。欄外揭評句間挿注。字旁施單重圈者。每々有之。皆以竊指示文法之所在。欲令之易通曉爾。勿錯看妄點汚者幸也。

明治十九年第八月　渡邊碩也識

皇朝古今名家小體文範卷之上

目次

◎紀事

◎序

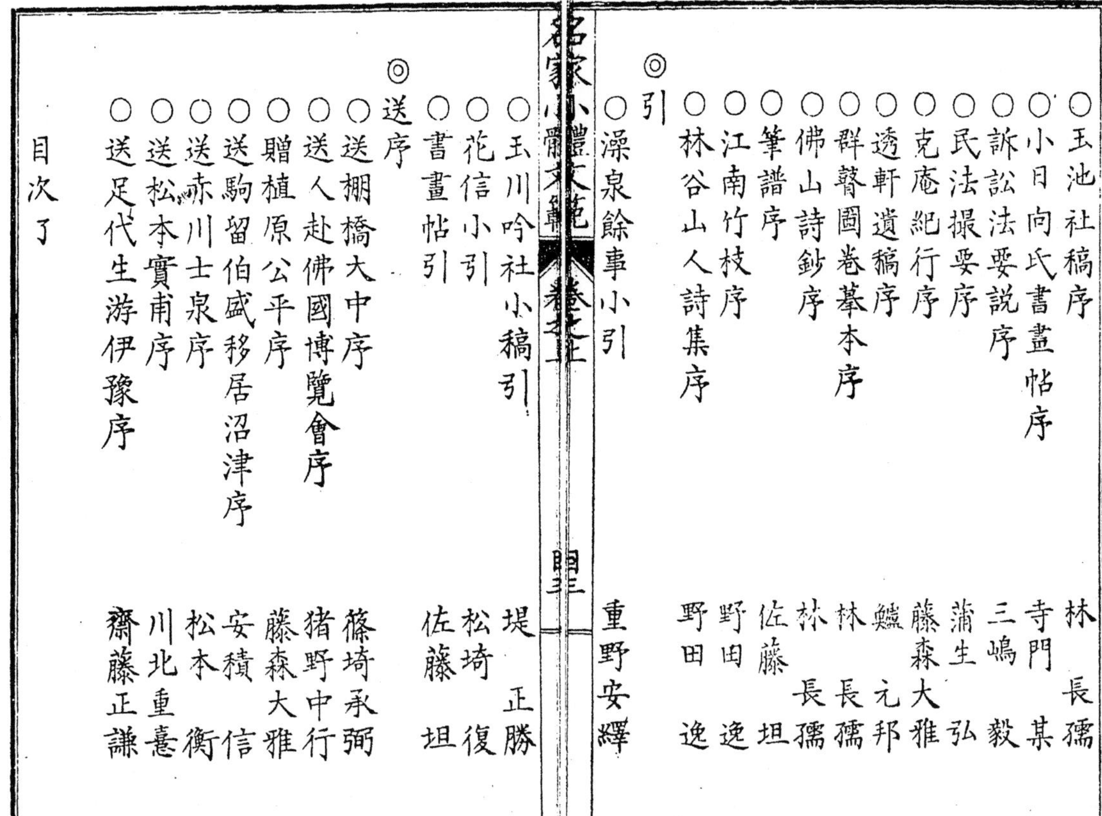

目次了

皇朝古今名家小體文範卷之上

伊勢　渡邊碩也　編評

○紀事

讚岐不賀誕日　服部元喬

水漿入口四字、以代悲哀二字、文之取巧在此。

源賴政女讚岐、頗渉經史。嘗曰、少已失恃。每値誕日、便憶母氏劬勞、則不堪水漿入口。（水漿不入口、見禮問喪。爾雅釋名、漿將也。飲之寒温多少、與体相將順也。）而世人都以生辰相賀、吾所不曉。

奢者不久　中井積善

因彼言以倣我答、世俗所謂鸚鵡口調之類。

君人者、顧戀富貴、縱慾、而以克永世、非攸聞也。世傳、豐太閤時、或榜於道傍曰、奢者不久。太閤見之、令大署其傍曰、不奢亦不久。嗟乎是亦不幾乎一言而喪邦乎哉。

眞實宜愛好　中村正直

是爲百尺竿頭進一歩、餘論之補本文不小矣。

那不爾斯王亞爾豐錯曰、人主所宜愛好者、眞實也。必使一言一語、皆足可信憑、如人民之立盟誓、然後可。論者曰、豈唯人君、凡人當務眞實、必至盟約之事廢、不復用、然後可。

豐公不拘細故　大槻崇

書史在豐公側、草檄文、偶忘醍醐醍字、公以指畫大字於地曰、大字當如此書。蓋以醍大邦讀相近也。其檄征韓諸將往往用粘合紙（以糊合之、故曰粘合）文亦有塗抹處、輙付使者曰、持此往矣。

要言不煩

良基廉直　　賴襄

橘良基廉直、務富民治、爲當時最。其民有與怨家相鬩者、詣太政官訴之、官遣使鞫訊、怨家、良基命收訴者官符（符付也。書所敎命於上、付使傳行之也。亦言赴也。執以赴君命也）譴責、不服。乃召下獄推斷（推窮詰也、斷決也）、未竟卒、良基歷任五國守、罷還不載資糧。其子嘗問治民術、對曰、百術不如一清。及卒、家無餘儲、中納言在原行平賻絹布、纔得葬。

録以示作考證文之法

茶　　安積覺

貝原損軒大和本草書茶原始曰、茶子傳于本邦、蓋在中古時。源順和名抄載茶名、朝野群載載藤原敦光茶贊。海人藻芥云、葉上僧正（千光國師榮西）入宋時、再傳種子於栂尾明慧上人、既云再傳、則非始得者、損軒博合之士、考據精確、然猶有遺者。類聚國史弘仁六年六月壬寅、令畿内及近江丹波播磨等國植茶、每年獻之、則自嵯峨朝有之矣。

村上帝留意于政　　藤澤恒

帝性明敏寛恕容物、最留意于政、嘗問侍臣曰、外議以朕爲何如主、答曰、皆稱其寛。帝曰、得吾心矣。一日、召賤吏老者、密問曰、今之治化、與延喜何如、吏曰、無異。帝切問再三、吏曰、愚賤何得與知、唯主殿寮多費燎燭、率分堂生草耳。蓋謂劇務至夜、租入少輸也。帝悟、益加勉勵云。

接續本文挿注解文、孟子多有此例

以詩嘗知　　松埼復

岡本花亭文政初以計曹議革弊不報、致官家居、將以詩人終焉者十六年、而歲七十又二矣。菊園（水野）相公偶讀其休官詩、先生老病去官時、無復餘金嫁女兒、堪笑卅年爲計吏、未嘗一算及家私、曰、是廉吏

録以爲本文中挿詩之例

也。不可終廢、白以補信州中野尹、以地高寒不宜老、特許居都遥撫之。

尚儉戒奢　　岡千仭

德川家康在三河、常食麥飯。一日、廚人麥飯面而進、家康作色曰、方今連年兵役、民不飽藜藿、吾獨忍勞百性而侈飲食乎。且余儉口腹、將優軍需也。汝輩日在左右、未達此旨乎。又嘗在伏見、鑿池飼鯉魚、一日、饗上杉景勝、就市買鯉魚、安藤直次命園卒放鯉魚曰、安有役人鑿池、蓄不中用之魚乎。

織田信長修道路　　岡千仭

叙修疆内道路簡括無遺

再云其卒云吒曰云不顧曰文有裁制

紀事已足審其愚故唯以一愚字收之

信長命篠岡坂井高野山口四氏修疆内道路出金五百兩米五百石充用四人測遠近置驛舍大道廣四間支道三間改迂回填汚池鑿岩石除高低道旁植行樹津梁關門皆有畫一之法四閲月成功是時兵革連年所在道路毀損不修至此四方傳稱商旅雲集國人謡歌稱其澤

安藤直次哭子　　岡　千仭

大阪後役安藤直次使于井伊氏營其卒報子重能戰死直次叱曰暴骸戰場武士之常行經戰場其卒指示重能遺骸直次不顧曰使狗喫之既而復命歸

舍抱尸哀慟評曰公事未了不可及家事況在軍律嚴肅之地乎唯其歸舍父子至情不可掩抑

鏡　　山田　球

岐蘇深谷中有村焉其氏未曾知有鏡好事者齎而往遺一户其翁與兄友愛篤摯而兄新歿乃鑒視己影以爲兄之靈也擁鏡大哭語縷縷不止鏡主大笑急取鏡去又遺一户其主强暴壯夫與兄相仇視久絶往來一鑒以爲兄至大怒戟手向之則影亦戟焉益怒擊鏡碎嗚呼亦愚矣

利休　　大槻　崇

不曰巨擘而曰盧陸更切

茶家於不掃除處添趣即文家於不整齊處取致同一法

凡欲甚言之排比數字然後足以審其狀此文寫幸盛之勇蓋以此法

利休學茶儀於左海人紹鷗紹鷗斯道之盧陸（盧同陸羽）（共嗜茶人）也嘗欲試利休才命掃除庭中諾而往則茶亭之前帚痕如拭不留纖塵林樹瀟灑青翠欲滴利休躊躇無復下手處竟入林中試揺其一樹則墜葉翻風片片點地殊覺添一段風趣乃報曰謹了命矣紹鷗視之感其奇才盡傾秘訣而授焉利休得宗匠名始于此

池貸成　　釋　顯常

池貸成名無名爲人外疎放而内實修撿遠近皆以大雅堂稱之生平安自幼穎異學文學書無不能而

獨長於繪事圖山水尤妙好遊名岳尤趫健高峻幽奥無不庾極即取以爲毫端趣數登富士而每異其路因作富士圖一百各變狀態皆其所經覧古今畫工所未及也妻玉瀾姓德山閒靖不飾能配夫之行亦能畫有名無子家絶

山中鹿介拜月　　岡　千仭

山中幸盛身長六尺三寸力兼十人八歳手刄人十歳從軍獲敵首冑額標六尺鹿角威容凛然敵人悚伏因稱鹿介其從尼子義久征伯耆製彎月銀標易鹿角拜月默禱曰奮勇名于天下此戰攻小高城格

闘斬勇士菊池音八首驍名振天下比二十六歳大小六十五戰尼子氏選驍勇者十人專掌軍務幸盛爲之長

英一蝶　菊池純

英一蝶爲人至孝遷謫在三宅嶋十二年日夜慕母不已自作畫致之於江戸鬻以給母氏衣食其畫以北窻翁爲款蓋以桑梓在嶋北表向慕之意也一蝶本姓多賀氏初名信香相傳其在嶋之日見蝴蝶集草花偶會赦書至乃變其姓名既歸江戸畫伎益進聲名噪於都鄙

高倉帝仁厚　藤澤恒

帝天資仁厚學于清原頼業頼業才藻英發帝嘗命藤原信成守所愛楓樹一日仕丁剪枝爲薪以煖酒信成見而愕將罪仕丁帝聞之曰唐詩有云林間煖酒燒紅葉誰敎仕丁作此風流無復所問嘗夜聞婦人哭聲使人問曰盜奪其主婦所製新衣主婦貧不能再製妾無辭以反命是以哭帝惻然賜以中宮御衣

伊達樣　岡千仭

朝鮮之役小西加藤兩先鋒以下謁見儀畢辭聚樂

寫戎裝處頗刻畫

第出大宮道伊達政宗旗幟皆金畫家章騎士三十人負黑色母衣飾馬甲以熊豹皮孔雀羽弓槍銃三隊各百人金銀粧戎具遠藤原田二氏騎而先副刀丈餘鞘末施革條（條組也紃也薄濶爲組似繩者爲紃）約之艶粧映日異彩爛然射數里之外觀者驚愕自是俗呼異粧驚人目者曰伊達樣

二宮元輔不强請畫　鹽谷世弘

巖國人二宮元輔好書畫嘗詣一寺偶見壁間掛花卉一幅甚佳有印曰元瑞問之則曰雲水僧所贈而不詳何人也後游北筑始知爲本州正定寺僧往訪

五字蕭朴可喜

其人渾樸温雅頗有風致乃請畫辭曰耄歳嗜玆技但以求者多也太厭其煩遂焚筆硯于今十餘年矣元輔不復强而去世弘聞之酷奇元瑞而冀世人通脫不固獲（禮記曲禮毋固獲註爭取曰獲）如元輔耳

可與壮悔堂集馬伶扮嚴嵩事参看

木賊次郎　依田百川

猿樂有曲名木賊者最難工而觀世次郎大夫獨以此曲著一日開場次郎錦袍繡袴手鎌而出折旋舞蹈悉中其節曲闋有笑於隅者延而問之則奥人而芟木賊爲生云木賊叢生運鎌尤難一前一却便能剪之今觀公所爲則却剪而已吾故笑其失法也次

第一節、事由、

第二節、孝行總叙、

第三節第四節孝行分叙、

末節、報酬、

第一節、事由、

第二節、奇獄混叙、

末節、報酬、

郎感悟、即拜其人爲師、講習累日夜、盡得其法、於是再奏之、伎果大進、而木賊次郎之名著於天下、次郎終以千金報之、

七歳孝女　　紀　德民

米澤之市、有寡婦、賃紅（紅、工也、女工也）、養姑、姑病、使其女看之、女年七歳、代母侍養、苦心甚至、調飲食、節衣服、扶臥起、抑疾痛、不異母所爲、人與之甘旨、不敢食、必進祖母、祖母與之、受而藏之、强之則辭曰、賜疾待愈而嘗、見其欲而復進、母偶不行、教女出遊、不出、曰阿母日勞苦、今僅遑（遑、暇也）居、請行自遣（請母自行遣興也）、不肯出遊、以爲常、吏聞賜米賞之、

成瀬奇獄　　大槻　崇

有米商八郎兵者、父子兩世、陰用大小二量、以致巨冨、及成瀬隼人正成來爲領主、政令嚴肅、姦慝逃跡、八郎大懼、自首請罪、隼人謂八郎、欺罔之罪不赦、然知惡自訴、其心有可恕、況事在舊主之代、不必追究也、乃令曰、自今以往、陽用二量、買以小斗、賣以大斗、行之七年、以償前罪、蓋欲以此損其冨也、既而八郎之肆、來買米者、日麕至（麕至、群至也）、其冨竟倍他日、

武官庇貧兒　　中村正直

示記外國風俗之一斑、

示記外國居室之一斑、每言根起室字、分叙有法

墺士地利、一武官俸給薄少、不能養家室、詣日耳曼帝約瑟、哀求恩恤、因曰、臣有子十一人、帝欲知其實否、微行至其武官家、則見有子十一人、帝問何由多得一子、武官對曰、此貧家孤兒、臣憐其零丁（零丁、失志貌、晉書李密傳、零丁孤苦）、無依、故收養之耳、帝即賜衆子、以弗洛林（銀子名）各一百、

英國風俗之概　　岡本監輔

英人、身材長大、白皙、鬚髮與睛、或黑或黄、赤心計、精密、作事堅忍、氣豪膽壯、爲歐羅巴諸國之冠、其俗男女兄弟、均分父母之產、男不得娶妾、犯者流之七年、賓主相見、以脱帽爲恭、各伸右手相握爲禮、跪拜天神外、雖見君主、亦無叩頭之禮、尊卑雜座、無上下左右之別、宴飲合座、先起立持杯、祝君王壽、頌以好詞、一飲而盡、大抵歐羅巴各國之風皆然、

米人居室之概　　岡本監輔

米人住室尚潔、粉壁光滑、室中陳設玩器、室之四面、各有板簾窓扇、内安玻璃障之、日煖敞窓受風、寒則設火爐、室内夏鋪紋簟、冬鋪花毯、坐安裀褥、極精巧、室外每層留遊廊、繞室垣牆、植雜色花卉、簷際懸佳鳥、出遊或歩或車、惟意所適、飲食每日三餐、男女共

可爲攢零碎事敘之之法、

一卓、卓上鋪潔白枲、枲麻也、布陳列食物、每人前設小盤手巾各一、以貯菜品、食不以箸、惟用刀叉諸器、

德川秀忠美事　　大槻　崇

德川秀忠、平素未嘗履日影、夕陽入座、必避而過之、旁好挿花技、每有茶儀自安之床、或有獻冬日牡丹、公一覧稱善、左右啓曰、盍挿之瓶、公曰、此花雖美、非節序之正、所不欲賞玩也、伏枕數旬、未嘗一朝廢梳頭、曰、雖然病矣、天下之政不可不敬聽、豈可以蓬頭亂髮接之乎、嘗語左右曰、人有恒言云、浮生如夢、寸步外皆闇夜矣、須及時娛樂耳、此言大繆、當云浮生既短矣、不可不加敬、敬之時亦不長、豈不能勉強乎、

新井白石　　菊地　純

新井君美、字在中、初名璵、號白石、生而岐嶷、三歲寫字、六歲誦書、既長、器局宏偉、才負經綸、通曉和漢古今典故、其所述作之書、率以國字紀事、是以雖日用簡牘、皆足以傳矣、君美初亦貧、篋中止青錢三百、米三斗而已、曰、此未遄凍餓、意氣不少撓、時河村瑞軒殷富多藏書、乃就而借覽、瑞軒心知君美他日當貴顯、因欲配其女、納以為婿、而君美不肯、常自誦曰、大丈夫生不得封侯、死當為閻羅、他日祇南海作哭詩

先揭其事實、然後陳其所以爲戒、一目瞭然、

用此意云、

折箭戒諸子　　大槻　崇

元龜二年六月、藝侯元就毛利病、將死、致諸子於前、呼取箭數條、一如其子之數、乃手自糾、糾收也、合也、後漢書、收離糾散、爲一束、極力折之、不能斷也、單抽其一條、隨折隨斷、因戒曰、兄弟猶此箭也、和則相依濟事、不和則各人各敗、汝等銘心勿忘、次子隆景進曰、夫兄弟之爭、必起於欲、棄欲思義、何不和之有、元就悅以為然、顧餘子曰、宜從仲兄之言、寧靜子曰、詩云、喪亂既平、既安且寧、雖有兄弟、不如友生、蓋兄弟之情、不難於急難相救、而難於安寧相保、果能從藝侯父子之言、豈不足以全棣萼詩、常棣之華、鄂不韡々、鄂萼通、言外發之美、以喩兄弟和睦也、之情乎、

孝子傳吉　　芳野世育

上毛前橋有孝子、曰須田傳吉、家號白子、世服賈事、爲人溫厚謹恭、有至性、薰欣薰々、和悅貌、薰欣、薰々欣々也、承意、如執玉、然平生凡百瑣事、必白而受命、未嘗自專也、闔鄉感激不容口、領主松平大和守聞之、賞賜至三四、及親沒、悲慟數絕、思慕之極、製木像、日夕拜跪、有事必告、不異生存之日也、且日往香火其墓、哀號如初喪、或有疾病事故而缺之、則後必補足之、終身不一

欲與之秀鄉之三字獄也

陽一字足以雪秀鄉千古之冤應作敬戒紀事之法

鈇矣領主感嗟曰是人瑞也又賜物賞之人至今稱
道不衰

秀鄉陽候將門　山縣禎

平將門之反藤原秀鄉欲與之往候之將門方梳髮
遽喜出迎髮不遑理既而饌至對食將門下筋（筋箸也）
飯迸落汚袴輙自拂拭秀鄉大失望以爲輕躁無量
不足濟大事遂從貞盛共討將門禎曰余後讀東鑑
則曰初將門之反秀鄉陽請爲門客以候其動靜焉
將門大喜髮不遑理匆卒出見之秀鄉見其輕躁無
量而知其必敗也因討之而速成其功果若所察也

則秀鄉亦非與叛者也以其誅將門之功著於當時
傳於後世與貞盛並稱而無甲乙觀之則東鑑之說
亦或得其實歟

賞善射者　大槻崇

織田氏臣有善射者信長聞之欲試其伎倆爲設演
射場卜日往觀之餘士皆多中某終日而射卒不能
中也信長不懌歸而嘆曰所見不稱所聞人言果不
足信耳其後國内土寇蜂起勢頗猖獗信長自將討
之衆逡巡不進當是時某直進立信長馬前引滿當
敵縱横放射率無虛箭寇爲之卻走信長於是歎曰

小題挿俗諺反見姿致

重文學三字一篇柱子

駿邸單云亦如此從略

每節以乃字呼起

有是哉渠之深於技也彎之不中者非不能中也欲
養餘力以收異日之功耳諺云良鷹藏爪猶信（猶守之故）
（辭猶是言如故猶信即猶是之猶）厚賜物以賞之

重文學　岡千仞

德川家康重文學朝鮮之役見藤原惺窩於名護屋
賓待之聞其講經史後聘致林道春常侍左右掌文
書備顧問加藤清正歸自朝鮮贈其所獲活版數萬
字大悦刊行四書五經七書左傳家語貞觀政要諸
書常購求古書得保曆間記於鎌倉莊嚴院續日本
紀於伊豆般若院本朝文粹於身延久遠寺律令於

日野氏三代實録於舟橋氏大阪之役就朝貴家搜
索遺書命五山僧徒謄寫皇朝載籍略備鎌倉以後
斯文掃地至此漸復

止殉死　岡千仞

藤堂高虎晩年慮死後勳舊諸臣爭殉寘一函廳前
曰吾齡逼桑楡（桑楡晩景也）欲相從泉下者宜各記姓名
投函内其在駿邸亦如此乃封函請將軍（家康）曰凡此
諸臣皆爲臣子孫効忠節者而今皆欲從臣泉下臣
子孫何以守封土忠幕府伏請辱台命諭此輩莫得
殉死將軍嘉之如所請高虎乃召投函者告台命曰

以於是二字總收

再示記外國居室美麗之一斑

錄以爲叙瑣事碎務之法

幕府命藤堂氏世爲先鋒不得殺一士送葬自取削弱且曰人孰無死吾先汝入地早晩必與汝輩相見何必殉死而後爲忠乎於是高虎之死無一殉者評曰中世流俗以殉死爲純忠競爲矯激勢不可遏絶高虎知其不可強禁設此計不特其識出流俗其謀亦曲盡

羅馬人居室之概　　岡本監輔

羅馬人概居層樓客自外入者自廊階入堂室廊階無屋兩側列神像以大理石作爲閣閾石刻萬福字有守戸者坐側繫犬或懸畫犬堂奥置祖先及國神

像傍有爐供祀事設水缸（缸瓶也長頸甖也）於客堂若居室中央穿屋受雨客堂後有房甚廣食堂寢室廣狹不同牀用大理石及磚瓦玻璃等牆壁塗堊而後加彫刻畫繪壁懸寶鏡天井塗以一種土其價最貴或鍍（鍍金飾物也）金或施五彩屏障嵌黄雲母玻璃屋上造花園嘉卉美草不異平地衾具紫金二色象牙寢床珍木卓子或置金銀小卓上列金銀琥珀諸器青銅盃玻璃器

倫敦一巨商改行　　中村正直

一千七百七十一年倫敦一巨商由其妻愛奢侈致

古語用得無痕跡

多借財於人一日有所悟盡請債主至家商乃對衆陳曰諸賢皆借與財於我者也我知諸賢持券責我之期不遠矣然總算借銀其數甚多勢必不能償完回思生平徒事華侈糜費耗財深可羞慙因謹有所請願諸賢寛我以二年之期我欲賣大屋美車遣去婢僕務行節儉歸商人本色如此則迨期必不負約矣債主聞之感其朴實不飾僉言曰奚必二年爲限聽從君便可也屆期商悉償還舊債其後復致殷富

熊澤助八　　林長孺

備前州有富民兄弟爭家貲者黨援各百餘人獄官

推訊累年不能斷熊澤助八代爲獄官乃召兄弟二人同坐一堂時冬日嚴寒置一火爐于堂中央終日無所問及日暮出盤飱令二人並喫如此者三日而助八毎隔屏障而坐命其二兒執事膝下二兒友愛如壎如篪（壎樂器燒土爲之有六孔篪管樂以竹爲之有八孔詩小雅伯氏吹壎仲氏吹篪喩兄弟和諧）暗令二人聽之二人心曉其諭己愧心自然縈胸初二人入堂各分坐一偏至是相謂寒甚可近火邊既近不覺相與執手號哭宿怨頓消乃退告黨援止訟云噫夫數年疑獄不勞寸舌而一朝息之可謂善聽訟者矣然非其履行有素取信於人豈至如此

躍入本俗言、今據實書之。文家有此例。

乎世之爲刑官者其思之矣。

浪華烈女　安井衡

浪華商賈之藪、風俗柔軟、匪徒（匪非也。匪徒匪人也。詩先祖匪人）夜提刀劫人家、謂之躍入。躍入來於前、則擧家逃於後、縱攫（攫手取也）而去。以故劫盜益横。嘉永戊申、賊竊一商家而入、偶不覺、擧家被縛、剸刀於主人之胸、責問金貨所藏。有妹年九歳、以幼不縛、見之泣、進拜賊、哀訴曰、金貨所藏、兒盡指教之、恣君所取。若必欲殺人、寧殺兒。兄若死、一家之人盡乞於路、可悲也。言辭辨晳、情貌哀惻。賊爲感動、捨而去。之後數月、賊爲褆騎（褆騎猶邏騎）所捕。市尹詰問舊犯、賊盡首實（有咎自陳、及告人罪曰首。首實、首其實也）。因及其女曰、爲賊而來十餘年、未嘗見如伊女者也。贊歎不止。市尹質之其家及隣近、信矣。乃召而奬之、賜錠銀（錠銀、銀鋌也）十枚。

蓄武器、麁服、騎射、飼馬、繫物于鞍五件、上文質慤有武幹之左証。

畫宅諭家人　依田百川

芝山失其名、幕府士人、家在牛籠里、質慤有武幹、俸祿甚微。然蓄武器不讓世家。平生所著衣服、唯用麁布。善騎射、屢得上賞。庭草不剪、以飼其馬。每朝騎而入市、得米鹽諸雜物、繫之鞍、累累然。人見而笑之、不顧也。門有一槐樹、據以爲右柱。年久樹長、衡木左傾、

家人以爲言。因請修理其宅。芝山曰、善。乃作一圖、規畫甚備。召家人示之、出所藏金數十錠、配置圖面曰、廳事須幾錠。曰、與室須幾錠。曰、庖厨曰、湢（湢浴室也）厠須若干緡。因顧家人曰、如此不亦善乎。家人皆喜。既而大叫曰、有火、有火。盡避去。因卷圖并金、納諸懷、走入書房、蒙被而臥。家人且驚且笑、遂安之、不復言修宅矣。

折妖巫解民惑　依田百川

田中丘隅、享保中擢爲代官、有治績。奉己極薄。嘗訪岳母（稱妻母曰岳母）病、買鯖魚一口、攜過山路、見罾羅雉子、

喜曰、魚肉不若鳥肉。余且代之。乃置魚於罾、取雉而去。獵夫後至、驚曰、罾中有魚、大奇大奇。與其徒謀曰、得非有神憑之乎。召巫問之。巫故張大其事。愚民信焉。飼魚於瓶、聚貲建祠。既而風雷大興、里民震駭。巫益脅以神異曰、不殷享祀、將以大害爾民。民益恐、請巫祀之。既有期矣。丘隅聞之、謂村民曰、僕有小術、能鎭神嗔。唯我所爲是視。乃夜往毀祠、取魚拆其材、爲薪炙而食之。村民大驚、皆咎丘隅。丘隅因告其故、且笑曰、世稱神者、多此類。神豈足信乎。

德川吉通　大槻崇

鷸鴨皆生類也。借生類之名、施諸戸限、説其勞逸、文勢尤活。

徳川吉通承祖父二世窮蹙之後、府庫空竭、國用殆不支。諸有司相議、先沙汰步卒老廢不中用者二百餘人、盡放之。吉通聞之、憫然諭有司曰、國家行儉、由供給不足、則放老卒亦不爲無理。雖然彼皆少壯勞筋骨、老而見棄、何其悲也。寡人以六十萬之封、且不能供給群下、渠雖二百人、并妻孥計、應不下數百人、乃窮餓道路、進不能食力、退又無寸祿、不轉死溝壑而何爲。抑步卒之勞筋骨、常事耳。譬諸戸之鷸居鴨居（俗呼戸限上下爲鷸居鴨居。）鴨居上不勞、而鷸每勞於下。然不可以鷸之勞而望鴨之逸。夫步卒亦戸之鷸居也。勞筋骨其職也。特不可以其老故棄之耳。有司皆感泣而退、盡召還二百餘人復故。

清正讀論語　　大槻崇

肥後侯加藤清正在大阪、語人曰、前田亞相晩年好學、手不釋卷。記太閤薨之年、招請余及淺野諸公、談及論語、因舉曾子可以託六尺之孤章、示余等曰、在今日忘此語、不可謂之忠臣矣。余當時瞶學、不解其意、今而思之、洵有惕然足深省（杜詩、欲覺聞晨鐘、令人發深省。）者。惜亞相不在、無由論心耳。其航海歸肥後也、駕大艦、呼天地丸者、而西艙間日讀論語、以朱墨自句。清正有所愛胡孫、游戲不離側。偶起之廁、胡孫瞷其亡、竊把朱筆縱橫塗抹卷上。清正復坐、視之笑曰、汝亦有志聖人之道乎。復研朱墨句而不輟。寧靜子曰、昔信玄讀論語、未卒數章而投地曰、是頭痛之書。其自慚之深、可知矣。清正則異乎此、既以不可奪之節、輔翼六尺之孤、尚且勉而不已、至旅次亦不釋卷、則其所造詣、豈唯得一兩句喜者哉。

伊達政宗言行　　岡田僑

伊達政宗爲人有膽略、而性倨。嘗赴江戸、過千手。會大猷公（徳川家光）畋千手、從者白曰、聞今日大府遊獵、請疾馳及其未至。政宗不聽、故徐徐而行。公方臂鷹立隴畝間、從臣未來屬。時政宗在輿、爲不知而過。後謁公、公曰、日吾放鷹千手、卿何爲不知而過。政宗對曰、臣過千手時、唯見一男子臂鷹、未嘗見殿下矣。公曰、是即吾也。政宗佯驚、因諫曰、殿下任天下之重、好游獵、數輕出、不待警衛、臣恐一旦有不測之變、爲殿下危之。公嘉納。政宗晩留意民事、待下以寛。嘗曰、吾之所以田獵者、欲察吏胥勤惰、聞民間疾苦也。又曰、國之設目附横目、本要知臣下善惡、以賞罰之。今任此職者、徒以鉤訐擿發（鉤、致也、求其深微也。訐、告訐也。擿發、發姦擿伏也。）爲能

事未聞挙一善人是豈可謂盡其職哉由是其下犯小過微罪者大率被寛容樂爲之用云

僧意戒

藤澤甫

讃僧意戒嘗夜過深山一巨男帶長劍者突出遮路曰老禿盡卸背裝去意戒曰此裝在余千金不換然而非緑林家〔謂盜〕所用巨男按劍曰不須喃喃唯遄發裝意戒振橐示之有書畫數百幅已巨男頓首曰吾過矣上人奇僧也雅僧也肉眼不能辨之敬謝其罪遂誘意戒更上山四五町至盤石上鑽燧點火一々品其書畫某工某拙某不脫俗氣某風致最高鑑識

確當意戒曰子亦非常人奚爲鄙事也巨男愀然曰上人之言針吾頂門余豈生而作賊者哉少仕一藩左文右武旁嘗風流味有故免官窮匱狼狽以至于此今遇上人觀書畫而顧往事恍復乎故吾實上人之賜也前路山脈猶長與吾同事者亦不鮮矣恐肉眼之謬有穢尊軀宜待曉天而去巨乃向意戒求空紙借墨斗描山水貽之其畫不乏風趣意戒珍愛不放裝中平常口此事不已

睡時間可惜

中村正直

英王若爾日第三嘗召倫敦鉅商斯氏至於尹族爾

何與黄石公見張良相似也大抵人之失信不啻三次故文家叙此等事亦大抵以三爲限

舉實數言之文亦自然見着實

城約以某日朝八點鐘相見斯氏後期半時至王不見曰明朝八點鐘再來斯氏次日又後期王又不見第三日追期至王使延入甫見輒問曰子平生睡幾時間乎答曰僕起居有法睡八時間以爲常王曰甚多過多男子睡六時婦人睡七時足矣八時睡者癡呆漢子耳評曰英王亞弗勒分晝夜二十四時爲三八時學習八時飲食應酬遊息八時睡眠此良法也今世保身家者流亦以八時間睡眠爲絶好之定度凡毎朝六點鐘起者比八點鐘起者則積四十年贏得二萬九千有餘時辰即三年一百二十六日六時

辰也此數與毎日八箇時辰積至十年者大約相同人苟有志於修養心性講究學術豈不可贏得二三時辰以充其用乎

賣醴者

土井有恪

寛文間有賣醴於都市者始不知何名以其業醴也號曰愚水邦俗謂人愚者爲甘又醴之爲味主於甘而水濟之故自命若此而人亦以是呼之云愚水爲人有氣誼力與尋常二人敵所負擔最重又善售是時某侯之族某爲某官頗怙勢弄權縱子弟暴横於閭里吏不敢詰愚水逅諸塗其徒若干人皆俠裝抽

暴客與愚水同陳三非男子而叙法自別法也

着二字字有色態

叉擬口因奪擔攘其醴牛飲十餘椀遂跌碎器物敗
壺殘汭（醴之清者曰汭）狼籍於街衢乃大叱曰汝有非男子
者三能知之乎曰未知曰吾奪汝擔而汝不能禁一
也飲醴如許汝不能乞直二也欲去而不去似有所
慳三也愚水笑曰吾始以汝爲蠢物乃能知天壤間
有男子二字大奇今汝亦有非男子者三辱一市翁
何須多人又何須挺叉又何須大聲三者汝皆冒之
而不知愧猶自以爲男子乎其人顧左右神色大沮
相率直去暴亦爲之少止

萩藩貞婦　　林長孺

貞婦者萩藩士某氏女也名某面貌醜黑眉眼如鬼
及笄（禮十有五年而笄又女子許嫁笄而醴之稱字）人不娶之父兄憫之曰
苟有娶之雖賤人欲許之而某則自選耦常語人曰
妾得如瀧鶴臺先生者爲夫足矣時鶴臺學德高于
一世故人皆笑之鶴臺聞之曰此我知己也必善治
内矣遂娶之某既歸瀧氏日夕執事靡弗婉順然其
識亦高鶴臺與客語某常坐屏外聽之談或及國政
則諫止之居數年一日周旋間忽有赤絲團自其袖
中出墜怪問之某赧然曰妾愚平日行事多可悔者
意欲少其過因嘗製赤白二絲團恒藏之袖中若有

反復諄々不嫌再用前言此爲重沓文法

惡念則結赤絲有善念則結白絲一二年間赤團益
大白團自若也於是惕然自反更加脩省工夫今致
赤白二團其大相埒此亦薰陶良人之所致也但羞
未見白團大於赤團耳言畢又出一白團于袖中以
示之嗚呼古今婦女以貞淑稱者亦多矣未嘗聞識
見高邁克治精功如此婦者也奇哉

助殺鶴者命　　大槻崇

國家有禁殺鶴者刑蓋重仙禽也石谷將監初名十
藏致仕號土入嘗爲步隊長其部下之庭有鶴下來
家奴戲以斧投之卽死部頭以下驚愕奔走不知所

措先幽其奴與主人告之石谷氏會不在待至暮夜
石谷乃歸問曰部中得無有事故乎部頭促席（促迫近也密也）
低語曰今暮某家有鶴自空際下奴誤投斧卽
死百方無救且爲之若何石谷大聲言曰予云有鶴
自天落而死乎是暴死也犬馬猶有暴死鶴獨無之
乎蓋食毒蟲之所致耳予歸其以此說傳之部中明
日載鶴以登于朝啓閣老諸公曰昨暮僕部中之庭
有鶴自天落而死犬馬猶有暴死鶴獨無暴死乎蓋
食毒蟲之所致其奈之何閣老首肯曰既已暴死矣
當不必問石谷曰諾但中毒之鶴不可納之太官請

〔一抑在所宜捨〕〔一揚在所宜取〕〔以宜知所取捨收束〕

拜受而歸、乃退歸則呼部頭、擧鶴付之曰、昨來部下奔走、心身亦勞矣、以此慰之可也。

○序

六如居士集序　　齋藤正謙

唐伯虎居吳門桃花塢、有門聯曰、江南第一風流天下無雙才子、伯虎爲人卓犖不羈、書畫詩賦、並冠絕當時、以風流才子自命、信不誣也、但放蕩無檢、不入規矩、遺當時人士之譏、不得不爲伯虎病焉、然士尚氣節、君子於人、録其長而恕其短可矣、先輩評伯虎、謂寄氣節於風流、蓋伯虎氣節之士也、知時之不可爲、放浪於繩檢之外、風流玩世、以深韜晦、故遇宸濠圖逆、誘而致之、佯狂自免、不受一點汚衊、是其智可稱也、其節可貴也、況有才藝絕人乎、其放蕩無檢、豈足爲伯虎病耶、江戸椿正卿謀刻六如集、問序於余、余乃擧平生所推服於伯虎者以應之、然子弟輩之於伯虎、不可不擇而學之、可學其氣節也、可學其才藝也、慎勿學其放蕩可矣。

玉池社稿序　　林長孺

甚矣方今詩道之榛蕪也、不問風調、不論氣格、唯淺薄鄙猥、沾沾以自喜、良可厭也、獨梁處士星巖翁之

〔茶詩夾寫字字彼此通用然後茶詩遂爲不二矣〕〔錯下加認字以更分明〕

詩業、已造古名家奧窔（荀子、奧窔之間、注、東南隅謂之窔、又窔、幽也）而又有意於一洗世之陋習、故有往而問詩者、輒懇懇爲之叩發管籥（籥若笛、短而有三孔、孟子、管籥之音、是也）是以諸生翕然游玉池之社者、日多一日、其經承處士指畫者、其詩悉有風調氣格可觀、而裕齋雲濤二子、實爲之冠、頃者二子選同社詩若干首、名曰玉池社稿、謀梓以公諸世、一日裕齋袖此卷來、乞余序、時煎茶方熟、各啜一椀、乃謂之曰、凡煎茶火候最難得、夫緩火炙、活火煎、人人皆能言之、然未必實得其候、苟實得其候、則茶味甘芳、潤吻洗腸、可以使酲消而骨爽、可以使眠減而神清、今子輩既親炙於處士、而處士敎人之妙若彼、則猶茶之得候乎、此卷一出于世、則潤枯腸、澤燥吻、使昏昏者精神清爽也必矣、乃一洗方今詩人鄙薄之風、開闢詩道之榛蕪、亦何難之有、請以此爲序如何、裕齋笑而頷之、乃書以與之。

小日向氏書畫帖序　　寺門某

耳目鼻口、具乎人一也、然位置之異、則千人而千焉、萬人而萬焉、未嘗覩其同矣、夫一耳一目一鼻口也、毫釐之異、見丈尺之異、父不得與之於子、子不能奪之於母、偶有彼此似者、率然遇之、或錯之、而使其置

一堂相對則毫釐之際自別焉如聲音態度判然殊
異不止分寸也造化之手抑妙哉同一書畫也同一
詩文也一句一章古今無有同之一點一畫彼此各
自異之見差別于毫釐分寸之際且山與山之殊水
與水之異鳥獸之區草木之別天之所賦抑亦奇哉
而可觀可玩可愛可樂者其在乎其毫釐之差別小
日向君中清甚好書畫樂之半點一畫間玩之淡掃
濃設中乃集名家筆褚成帖乞序於予予謂之曰一
耳目父不得與之於子一句章我不能奪之於人豈
不命所在與造化天賦之妙察之於此而樂則斯帖

於君何止玩書畫

訴訟法要説序　三嶋　毅

法官猶醫師也而人民猶病夫也病夫先詳告其狀
醫師又熟察其因於是方劑中肯綮而其病可以治
矣夫法律者治訴訟之方劑也而人民不知申告之
方法官不盡聽察之術則訴訟原因必不明晰而漫
然治之不獨法律失當而人民必蒙弊害猶方劑不
中肯綮而病毒適深也佛帝拿翁之編民法也次之
以訴訟法凡自人民申告之方以至法官聽察之術
莫不備具焉者蓋爲此也本邦近時法學盛行人々
爭講拿翁民法而譯其注解者陸續梓行獨至訴訟
法少講之者況於譯其注解者乎大塚成吉有慨于
此頃者譯佛人所著訴訟法要說謁余序盍其爲書
簡明切實使人一讀得訴訟法要領世之講民法者
并由此書講訴訟法則所謂申告之方聽察之術思
過半矣於是乎訴訟原因瞭然明晰法律得其當而
人民幸福可得而保也抑余更有一言焉同一疾病
也其風土氣候異則方劑亦不得不隨而加減焉同
一訴訟也其風俗人情殊則法律亦不得不隨而斟
酌焉欲講洋法以施之本邦者其可不用心乎哉

民法撮要序　蒲生　弘

刑典既成天下遵之至民法則否有志者以爲憾焉
前裁判所長北畠治房有見於此命僚屬令村信行
類聚公布係民事者成二十七卷每卷附本省指令
以便參觀未幾信行出役于山梨於是弘與渡邊義
雄繼而輯之更得二十九卷前後五十六卷併爲一
部二十九門名曰民法撮要所長松岡康毅請司法
卿以鐫之於木命弘序之弘謂民法猶兵法百萬人
馬所依以統制一失則潰崩擾亂不可復收守之確
乎不拔宜如良將守城也然生民之事多端非一二

少數、多數、年數、一一算出之、而運用之妙、區分眕析矣、

成法所能盡、至其變通、則唯在能運用之耳、古者羅馬有法律十三章、西洋諸國概據之、自佛蘭西帝那破崙翁起、驗諸七十年間、擴爲二千二百八十一條、以善決其疑讞、迨八萬之多云、豈非所謂能運用之者乎、頃者官定裁判之方曰、不有成法、則依慣習、無慣習、則問諸條理、不得擧一時指令以爲準據、然而一時指令、亦莫非從條理商摧者、苟志民法者、豈可措而不講哉、宋岳飛論用兵之法云、運用之妙、存於一心、嗚呼、運用之妙、何唯兵法乎哉、

克庵紀行序　　藤森大雅

四爲字、應前段無數忽而字、末段同、

忽而山、忽而水、忽而輿、忽而舟、忽而接士人、忽而參緇徒、忽而從野老、忽而對女流、忽而醉飽流連、忽而饑渴奔馳、境遇百變、而遊者之適、未嘗不在其間也、忽而莊語、忽而嘲謔、忽而嬉笑、忽而怒罵、忽而長嘆深慨、忽而游戲三昧、結想千態、而文人之適、未嘗不在其間也、克庵子既適於游、又適於文、於是乎著此編、人讀之、見其若此也、或罵以爲狂、爲癡、爲醉吹、爲孟浪、克庵子輙夷然不顧、猶然笑之曰、罵任汝罵、適我適耳、且今天下廣矣、學者夥矣、安知不有讀之而適我適者乎、就使不得之於今日、亦安知五百歲之後不有讀之而適我適者乎、苟五百歲之後而遇讀之而適我適者、是旦暮遇之也、（莊子注、萬世遇若旦暮然、）之不知者之罵以爲狂、爲癡、爲醉吹、爲孟浪、於我適何傷也、弘庵居士聞而奇之、乃書以爲之序、

透軒遺稿序　　鱸　元邦

余耕耘餘暇、授徒于房山草堂、山中僻陋、無可與語者、兒辰學詩家庭、日夕侍坐請敎、言論間有可觀者、性善病、率一歲中半在床蓐、然篤志匪懈、學與年俱長、性又孝順、善承父母意、余竊悦琴書有託也、癸亥秋、兒母病、兒侍湯藥、踰年未嘗有倦色、甲子秋、母遂

不起、兒悲慟嘔血、致篤疾、荏苒不瘥、以明年乙丑五月溘然辭世、年僅二十二、哀哉、兒以痛母短折、聞者莫不惋惜嗟悼焉、披其書篋、得詩千餘首、蓋數年間所作也、余心膓寸斷、不忍多讀、束而藏之、不復省焉、余既累喪無聊、乃徙居東京、賣文自給、常時講論、門生環列、顧視左右、獨亡有辰兒、黯然追悼、不能自禁、嗟乎、使兒而尚在也、吾豈有白首課徒之勞哉、今歳辛巳、距兒没時十有七年於茲、余亦明年六十、懼其詩久而散佚也、於是命子弟編次之、刪存古今體二百首、幸諸老先生寵賜序傳若題跋、以光榮遺集、兒

前悦琴書有託者、竟至不知其託何人、無限感情、

昌黎畫記是其藍本、諸家此類作甚多、録一以示概法、

可以瞑矣、但余衰頽日甚、一日未知百歳後、山中舊業與琴書之託、其在何人、撫巻不覺老涙潸行間也、

群瞽圖巻摹本序　　林　長孺

僧月仙群瞽行旅圖一巻、係隨念寺所藏、余借而覽之、巻中所圖、策杖行者一二人、或五六人、且連且斷、亂次以進、此爲巻首、負琵琶行者、俯首行談者、聞吠犬驚走者、驚倒者、擧杖逐犬者、奮杖擬撃者、誤撃人者、遭一撃而倒者、彈琵琶者、聞琵琶而驚者、口吹烟兩手弄煙管者、左手持煙管、右手捜火氣者、按摩者、令人按摩者、放屁者、蹙頞掩鼻者、笑而肯者、揺摺扇

以避臭氣者、此爲巻中、褰裳擬渉河者、匍匐橋上者、橋斷没水者、此爲巻尾、合計凡百三人、其俯仰行止坐作走倒之態、歡樂欣笑疑懼悲驚之情、描寫精巧、一々逼眞、構思變化、筆々不同、可謂奇畫矣、余展觀之際、不勝賞贊、而又有所感焉、余試閲歴代之史、其浮競躁進者、巻首之瞽也、無知妄作、自誤誤人者、巻中之瞽也、晩節蹉跌、遂喪其身者、巻尾之瞽也、彼月仙亦老於禪者、豈寓規戒于此畫乎、觀畢、乃令吉田久道摹寫一本、以藏之、因録前言于巻首、

林　長孺

佛山詩鈔序

數行間下八巧字、而不覺複、可以為法、

到底尚不失數巧字、

期於詩之巧者、患於詩常不巧、而詩之巧、顧歸於不期巧者、然不期巧者、固無能巧者、但期巧於落筆之前、此期巧之至也、小倉村上佛山翁、夙以巧詩聞、今則蔚爲鉅伯、詩益巧、篇什益富、曩者初集二集、次第刋布、近門人又將梓三集、遠徴余序、余聞翁爲人坦率、無城府、進取榮利之途、泊如也、故其就官、不久而退、或雨寒燈殘、冥心獨坐、或蠟屐丘壑、岸幘江渚、當此時、必自得其天然妙趣於境靜情間之際、是翁詩不求助江山、江山來助翁詩、然則翁非於詩中期巧、而於詩外得巧、亦在其落筆之前也、世之詩人、徒求

巧於詩、詩遂不巧、今翁不然、嗚呼翁之詩則至巧矣、

筆譜序　　佐藤　坦

古之時、作字用漆、筆未有也、筆肇於何世、相傳自秦蒙恬始造之、然嘗考之禮經之文、曰史載筆、釋之者曰、謂書具之屬也、衛風之詩曰、貽我彤管、釋之者曰、筆赤管也、據此、前乎秦已有之、蓋至恬更爲之增損耳、夫製作之出於古、種類之繁於今、歴千載而弗或廢、嗚乎、可謂有靈者歟、故以嬴秦之暴、而書可焚矣、而筆不可焚也、乃至於恬爲之增損、而舍之不問、非有靈者、焉能得然乎、又有並筆而出、其功相亞者、硯

摘擧勝事。参差錯落可法。

與墨是也。然竟不能居於筆之先矣。卽有硯墨而無筆。硯墨之用廢。且古人之措語。不曰硯筆而曰筆硯。不曰墨筆而曰筆墨。斯筆之先於硯墨也。亦可見矣。然至趙宋唐積氏作硯譜。李孝美氏作墨譜。則硯墨之族。得悉陳於世。而筆之從來先於硯墨者。若退絀於後。嗟夫。何其硯墨之幸而筆之不幸也。唯有一韓愈氏。雖嘗爲之傳。而竟未能盡其族類耳。夫世之人。孰不資於筆者。而槪狎而視之。抑又何哉。吾友河孔陽。於其積年所用之筆。奇品異種。輙皆匣而貯之。小大凡百有餘枝。今乃悉肖其形狀。并記其毛性剛脆精麤於旁。以爲筆譜二卷。於是乎。毛氏之族。始得傳其子孫繁衍。種類衆多。與夫硯譜墨譜。並鼎峙文苑。而雖嘗絀乎佗時。而今仍伸於硯墨之上矣。則孔陽之報效於筆者。視之昌黎之傳。爲何如哉。抑夫筆硯墨三者。謂之文苑之巨宗望族可也。而硯墨已有譜矣。筆獨可無譜乎。孔陽之作。不徒作也。

江南竹枝序

野田逸

南地之勝。莫往而不可歌焉。送蝗者。拾蠣者。捕海鰌者。汲潮而煮之者。黃柑之纍々乎摘而盈筐筥者。實一部竹枝之觀耳。不特蒼翠之色。明媚之致可玩也。

余一屐遊紀南者二次。屐之所不及。輿而觀之。輿之所不及。舟而觀之。但未及歌之。亦未及觀可歌之詩而還矣。今某々之編江南竹枝也。南海先生以下。有若霞裳溪琴冷雲霞峰。陸續賦之。賦而和之。流美新逸。亦莫不可歌焉。不意昔日之玩而不及歌之者。不假一屐輿舟之力。而盡觀之於此。嗚呼。旣有如此。豈得不忘紀南之遠而歌之於海東哉。歌了。遂序。

林谷山人詩集序

野田逸

挾一枝之鐵筆。岸然（嶮岸稜然有貌）自大者。吾於林谷山人見之。苟非其意也。雖逼以諸侯之嚴。罵之曰我手不肯刻諸侯及乞子之印。其誕如此。乃知山人隱於鐵筆者。非責者也。山人沒後。人携其詩卷。謁余序之。其詩方良顚逸（方正。易良。顚蕩儁逸也。）而自歸風雅之室。不圖山人鐵筆外。有可隱之地。抑山人之岸然自大。其可責者。猶不屑責。況於詩乎。斯詩也。可與隱者讀。不可與責者讀耳。

竹窻夏課序

森田益

余晚得一女。鍾愛殊至。今玆初夏。患麻疹。餘毒不除。遂夭。余不堪悲哀。日就竹窻下。弄文筆以排遣憂鬱。七十餘日之間。得長短文凡十篇。名曰竹窻夏課。昔

以小喩大正例也以大喩小反例也又例故非有聊以為冝喩者則不可引之作者蓋以上某君書為冝喩者也

者豐公喪愛子征朝鮮以洩憂余詹々小言比之公之遠略眞兒戲耳獨上某君書洋々二千言抑揚頓挫開闔起伏以洩感憤不平之氣安知其不類千軍萬馬之馳驟乎聊以質同好

○引

引古起今一番較量而見其所以各得名者振精確文抵千金

湶泉餘事小引　重野安繹

伊香保最爾山陬而其咏于萬葉諸集者至二三十首之多今又中洲嶋詩之得五十餘篇此地古者以池沼名以風名今則以温泉名以雷名古者傖父村媼蕘竪野衲之所來浴今則搢紳貴介顯官大牧以

或予覇竟者往焉推究者往焉為粉本

至豪姓鉅賈爭先趍之紅粉青娥往焉紫髯緑眼往焉遂至宮輦臨幸於是樓閣數層聳于翠微千百玻瓈燈與嵐光煙霏相映帶歌吹襍沓百貨湊至亘矣中洲詩之多至此也雖然中洲遊浴不過三週日銜口輙能致此篇什同遊如予輩呻吟連旬僅成五六首何其難易之相懸也吾聞香山之神甚靈異歲旱擲其池沼一滴水唱咒撒之頃刻雷雨八州之野皆沾中洲儻得其秘咒歟

吾聞以下語勢暗用昌黎送高閑序末段究竟不適當

玉川吟社小稿引　堤　正勝

有知音者曰人操琴上場也細絃一撥吾輙決其巧

詩與音二而一以其可歌也一而二以音待于耳聽詩待于眼明也拈出此般新意二掉收筆而始終不離琴妙

拙吁是可以論此編矣夫詩異曲殊調各因其人然開卷讀一兩句則駿駑立決豈所謂隻鱗知全龍者耶玉川社諸子詩格老成率成一家今此編所載不過一時偶然之作猶且拾而收之者亦以其有靈光異彩存焉耳抑詩皆可歌則詩謂之音亦可也但音之巧拙待耳聽者決之則吾將以此編問世之眼明者

花信小引　松崎　復

春雨方霽庭草之翠可掬茶三碗煙數管右花史左吟譜松居士几坐其中悠然有入花柳世界籠絡群

芳之志日正午木履聲兩三戞兮有排戸而入者其容甚偉問姓與名則不答捧一小卷跪求居士言居士展排數葉爽然自失讀至收局則江戸八百八街隱處見處櫻花萬種其開謝遲速之候幽麗艶冶之粧素々紅々淡々濃々妙洩化生秘矣嗟夫四時之神東君尤仁群芳之會櫻花擅宗則風人韻士几杖上不可無此卷也因急乞東隣花上露三五滴辨數語于其頂右繙左送與客提携于々（氣之舒貌）向花正王處去

書畫帖引（節略）　佐藤　坦

中段鋪叙肖岳陽樓記來

予嘗謂欲看花木於栗烈冬日聽百鳥於寥落靜夜玩風月於滂沱雨朝而延友侶數十輩於矮屋鎖戶之時者其術蓋亦幾乎無矣但唯多收儲名家書畫是其一策也當夫閒居無聊獨酌望友之際乃出此軸披之則大家名人一副精神躍々然在乎吾前微誦其詩文細觀其書蹟是不猶會稠人於一堂把臂以談乎抑夫木落山空雨暗燈青方是時也一味與致何從尋路乃又出此軸披之則花發於山鳥啼於樹風聲灑竹月影臨水種々色々宇宙景象靡不有也故韻士閒居之娛樂孰有若是書畫者哉昔人有

以漢書當下酒物者元卿（元卿帖主人字）自今而後靜夜獨坐左手擧太白右手披此軸則其爲下酒之物奚翅豹胎熊膰（二品美味）皆是以而況肯乞一臠於班氏（班固漢書作者）哉

○送序

送棚橋大中序　篠埼承弼

學奕者必受教於勝己者也然勝己之遠者少益而勝己之近者多功其故何也蓋遠者其說難解而近則其意易悟也奕之入品者謂之初段進至七八段謂之上手謂之名人皆可以爲人師矣學奕者先量

用上手名人入品初段等字面可知正喩夾寫之法

末段更拈出互先字以補

我力知上手名人之不可企及也就初段二段質我所疑則悟入自速矣若吾文藝雖不與之同科而有略類焉者周子曰士希賢賢希聖聖希天道德文藝皆有然者也大洲藩士棚橋大中初遊江都事一齋佐藤先生數年而還復來浪華與予講習切磋經年之間其功如有倍於江都之游焉夫一齋先生今之上手名人也予雖劣矣亦不可謂不入品大中舍上手名人而就予之初段可謂能量其力而擇所從矣宜乎其稍進步於文藝乃當勉而不懈以望入品而頃者被召歸藩實可惜也奕之相敵者謂之互先以

餘論到底不離奕結再用上手名人字面收之妙

其每局互先下黑子也大洲藩中與大中互先者不少歸藩之後其相與耦戰錄示其圖予則將評所以勝負者以鼓舞其勇氣焉然此特論文藝耳至於道德則藩之近地有篤山近藤先生在焉亦今之上手名人也大中其從而學焉

送人赴佛國博覽會序　猪野中行

今玆戊寅佛蘭西巴里府開博覽場大蒐集萬國之器物而我邦與焉或曰此會也宇宙智力之所及古器奇工金玉服食草木鳥獸蟲魚之類無所不有焉博則博矣然不過徒供展玩誇多而鬪靡而已無乃

柳子厚梓人傳、有繩墨誠陳、規矩誠設之言、此暗用之、而渾化妙。

傷于財而費于力乎。余曰、吁子病博之無益。而余見其將歸約也。何者、人情莫不貴精而賤粗。故百物誠陳、則不可欺以精粗。人情莫不好簡而厭煩。故百器誠列、不可欺以煩簡。夫精者必堅牢、粗者必濫惡。簡則易從、煩則難與。然精粗不陳、則精安有所採乎。煩簡不列、則簡安有所擇乎。擇而採之、適其俗之所宜而用之、則萬國大同、可得以馴致矣。吾故曰、見博之將歸約也。且夫古王者之巡狩、陳詩以觀民風、命市納賈以觀民之所好惡。一國且然、況五洲交際之博、觀其好惡、可以知其俗之美惡、觀其俗、可以知其政

之得失。觀其政、可以知其國之盛衰。而其餘多識動植之名物、則與尋常展玩之娛人目者、有間焉。老子所謂無用者有用之資。其不然耶。或無以答。適某君銜官命赴此會、來告別。且徵余一言。因爲誦前言、以送其行。

贈植原公平序　藤森大雅

美作植原子公平、材勇精悍、尤洞習兵家之言。嚮者來與余談水戰用小舟得失利害、握奇應變之機。慷慨倜儻、論議英發、驚動坐人。余一見謂、方今廟堂旰食急材。是宜充雄偉非常之選者耶。既而有薦之者。

以下、爲至寶云々句凡四疊用之、文勢跌宕。

昌黎愛直於李生、道猶若也。此其所本耳。

乃徵、先試其拍浮。而未及問其方略、賜銀罷歸。於是人皆歎懷抱利器不得一試而去、以爲其不幸焉。余曰、是豈公平之不幸哉。昔者璧之産於荊山也、天涵地毓、氣如白虹、精神見於山川。雖未遇卞和氏、既爲天地之至寶矣。及和獲之、以獻楚王、玉人以爲石。而璧之爲至寶猶若也。其再獻玉人又以爲石。而璧之爲至寶猶若也。及其三獻、王使玉人理之璞、而得璧焉。而璧之爲至寶、亦猶若也。其初未理之、楚王當面失寶、而璧則未嘗失其爲寶。是楚王之不幸、非璧之不幸也。然卞和氏當日不辭刖足之刑、獻之至再至

以下、以宜如是也爲言者、凡三。

三。卒使楚王獲寶焉。嗚呼、今之爲卞和氏者誰也。余竊爲天下惜之。

送駒留伯盛移居沼津序　安積信

予識駒留伯盛於海鷗文社。其爲人英頴、喜文章、酒酣耳熱、談辯如雲洶。足壯吾黨之氣。今將徙沼津。沼津在富士峰下。伯盛擧目即見之。請以此論文可乎。夫富士千仞削成、八面玲瓏、爲衆嶽之宗。文之骨格、宜如是也。否則卑矣。三峰插天、上有太始之雪、下界未曙、先受旭光、燦如金芙蓉。文之風神、宜如是也。否則陋矣。噴雲吐煙、曳而爲縞帶、聚而爲樓閣、奔而爲

最終代宜如是也、以亦當如是、前後句法皆小變、此法也、

芙蓉峰遂不遺矣、

昌黎、客中之客、

怒濤、散而爲壁絮。文之變態、宜如是也。否則套矣。至其盤三州亘萬古、巍然爲大邦巨鎭、則以神氣充塞其中也。文以氣爲主。亦當如是。否則散以縱矣。由此觀之、富士乃造物者一大文章、而開闔馳騁、抑揚頓挫之方皆具焉。伯盛仰而觀之、俯而思之、必有所自得、而文之長進、沛乎其不可禦也。他日復來參文社、則人將推爲藝林中之芙蓉峰矣。吾雖老、尚能拭目觀之。

送赤川士泉序

松本衡

香山客中之主、

士泉是主、

飲酒二字主客前後相應、

數句所以統繫通篇文中關軸、正在此、

宋方勻云、韓昌黎多悲詩、三百六十首、哭泣者三十首。白香山多樂詩、二千八百首、飲酒者九百首。予閲二家詩、洵然。獨怪昌黎嘗處逆境、其發乎詩藻者、宜有悽愴悲涼不可多讀之語、而香山亦嘗處逆境、則其發乎詩藻者、不可有歡嬉婾悅不能自已之意。二家之所處同、而其言之悲喜哀樂爾殊者何也。予知赤川士泉於昌平學。士泉長門人。學問淵博、莫不該通。其詩雄渾踈宕、優入古作者域。而諸作多及飲酒者。予因謂、士泉者其香山之徒歟。然香山處逆境而多樂詩。今士泉之所處、非逆境也。則樂詩之多、固無足怪者。而余以爲香山之徒、其豈無故哉。蓋樂存乎

不遺脫昌黎、

至此、客中之客與客中之主混偁、

末段特標主、

中。而無待於外者、窮通榮辱、未嘗改其樂也。樂無存乎中、而待乎外者、窮通榮辱、必改其樂也。故士泉之與香山、其所處異、而其樂同者、無他、樂存乎中而無待於外也。乃知昌黎之悲、亦唯自中而來者、而非有待于外。則庸詎知悲之不爲樂耶。大丈夫爲國盡忠、俯仰無愧于天地、則天下何樂如之。昌黎香山蓋置心於此者。而豈知其他。夫然、故能悲者而後能樂。能樂者而後能悲。悲樂一也。能一悲樂者、而後始可共語忠臣孝子不得已之深心苦行矣。士泉歸期在近、徴余一言。余乃擧之以告。顧士泉既已能樂、則又必能悲。若不能然、而徒醺然陶然、托麴蘖了生涯、則將爲昌黎香山之靈所嗔、削文酒場中之籍也。士泉其勉旃。

魏永叔大鉄椎傳、三下吾去矣、宋此篇、下吾往焉矣字者三、分明以魏文爲粉本矣、

送松本實甫序

川北重憙

吾黨論卓落慷慨之士、必推實甫。實甫會津人。夙游于昌平黌。學成就仕。不得志於有司。年垂五十而未畜妻孥。一條槍、一簏書、居常囂々。客至輙置酒論兵。遠謀奇策、卓然出人意表。每聞海國有外夷之警、奮然搤腕曰、予往焉矣。嘗講兵於北邊、遂跡蝦夷不毛之地。西遊於長崎、囓雪于阿蘇嶽、歷南紀四州而歸。

歳之三月、羽倉縣令瓬於八丈洲、撫居民議海防。文武之良、皆願從事焉。實甫曰、予往焉矣。乞予言。予曰、子當平世不忘亂、似矣。抑縣令從事、非子之宜。八丈之治、非子之任。遠謀奇策、不施諸北邊鄉里、而試諸南海無人之境、抑何說耶。會津侯賢明、子不從事於此、而遠從彼、又何耶。實甫曰、安知不南顧之爲北顧。今日之卷懷（論語、邦無道則可卷而懷之）爲異日之施用哉。予往焉矣。序以壯其行。

送足代生游伊豫序　　齋藤正謙

上古有扶桑樹（扶桑、日所拂木也）。考其所在、蓋當豫之地。傳

怒嚴古語、所以取重。

言、其高不知幾百仭。其大蔭翳數州、屹然爲大八州之鎭。西土之人、尚能言之。散見淮南山海諸書。遂爲我邦別號。其爲靈可知矣。豫之產物既如此。其於人何獨不然。當南北之時、土居得能大舘諸雄、產於其土、皆魁奇英茂、倡義勤王、忠貞不渝、流芳千載之下。地靈而人傑、至是信矣。山田足代生公典從予遊。將遂徧交四方之士。丁亥之夏、將往游豫。來詢於予、欲預識其人物而歷抵之也。予既知豫之靈於諸州、然平生識其人、不過二三故舊。不知猶有魁奇英茂不愧古人者乎。將茂於古而枯於今、如扶桑乎。然豫之

地、至今猶出扶桑之斷。沙水所泐（泐、謂石解散也。考工記、石有時以泐。）、精髓猶存。傳寶於四方、乃知英靈之氣未斬。必有不愧古人者矣。但予不得識焉耳。聞其民求扶桑之斷、鑿土撈水、惟力之視、而後有所獲焉。生苟欲求其人、則亦鑿而撈之、不憚其勞、必與豪傑隱君子爲世所珍者相遇也。生其勉之。

皇朝古今名家小體文範卷之上終

皇朝古今名家小體文範卷之中

目次

◎書牘

◎記

◎論

◎讀

◎喻

目次了

皇朝古今名家小體文範卷之中

伊勢　渡邊碩也　編評

○書牘

與大久保子親書　藤田彪

彪啓。子親足下。不相見久矣。南望（張衡四愁詩、我所思兮在桂林、欲往從之湘水深、側身南望涕沾襟）不啻。向者辱花翰。兼恵佳品。當時欲卽裁書答謝。聱緩遷延。遂以至今日。彪之懶慢亦甚。然其間毎親朋相會。未嘗不談及足下。毎永夜獨懷。未嘗不念及足下。則固非彼世俗交友兄弟其文胡

越其情者之比。想足下亦不深咎彪。客冬加藤隣歸自江戸。道足下亦有江戸之行。兼審起居佳勝之狀。頗慰鄙懷。嗚呼。足下負超倫之才。業已勵精刻苦。猶不自足。屢遊都會。徧訪諸家。益廣其聞見。則才學之進。當與筑波香澄（香澄霞浦也）爭其高大耳。彪也不幸。蚤丁家艱。游學不遂。加之弱冠爲吏。志躓才蹙。碌碌屈首於簿書之間。足下誠憐彪固陋。不惜分其餘光。都會所獲之異聞奇説瓌偉跌宕可驚可喜者。指陳開説。使彪免井底蛙之譏。亦幸矣。岳忠武集一本聊呈梧右。韋編（孔子讀易韋編三絶。此挿韋編二字。蓋假以明編絲之斷也。）不裝。幸恕簡

踈。彪之先人。平生不甚喜詩文。獨於志士仁人之集。酷愛之。誦讀不已。嘗有編李忠定宗忠簡岳忠武遺文。爲三忠集之志。不果。不祿。彪未暇紹述。適潮來人宮本某聞之。慨然欲廣其傳。廼上諸所謂活字版者。岳集先就。所呈卽是。蓋頗不能無魯魚之誤。然至於其赤心血誠。凛凛若嚴霜白日者。固非一二字句所能累。亦復奚傷。時春寒尚在。千萬自重。不宣。

復藤本箭山書　中村和

中村和白。箭山兄足下。二月八日午牌。從本所郵便局。忽接翰貺。忙手拆緘。再四讀之。頗悉尊狀。大慰注

想。承愛玉年甫十三。將以今春赴東京。脩業女黌。何圖頓爲造化小兒所奪去。譬之所培養海棠初發花。狂風吹落之。僕尚不禁軫（軫痛也）悼惋惜。況乎於兄與内君。其哀痛實可想也。嗚呼人生在世。猶電光石火。而其死也。老幼無常。是夙因之所使然。請以此少自慰耳。兄近俾英坦（英坦恐斥其息。坦或其名歟）幹家事。別卜居優游以卒歲。爲妙爲妙。僕不及兄清閑無事遠甚。何也。兒咼五在東京。就職于脩史館。孫富五郎爲水口小黌教師。晨出暮歸。以月所得身錢。補家道不足。女孫玖磨生一男。今年方四歳。毎日結伴嬉戲。築土城騎

朱翌、字新仲、宋名士、與秦檜同時、

碎瑣叙來、至此一總束、妙、

竹駿〔駿、馬也〕、撃鼓吹笛、喧聒攪耳。僕年逾七十、從朱新仲之言、專料理死後事、而生前事務、雜出乎其間、不遑寧居、欲擺脱塵網、未由也已、爲之累嘆。兄病中風、手腕麻痺、酒量大減、以水和酒飲之。僕則雖無疾病、飲量自減少、毎夕例酌、以三合爲度、過之則必不免宿酲也。其以水和酒、一如兄所爲、可謂衰矣。辱示七言古詩、并新聞誌。詩則摸寫往歳訪僕時秋山探游境象、句句帶松蕈香氣、使人感吟不能已。讀新聞誌、而知中津文化之盛也。嗚呼、兄既罹疾、僕則老衰、雖有瀛船而不得

以長句足以關鎖全文、

繼華節、延喜帝時設九月月夕也、

航、而破三十六洋之浪、往來相見、促膝傳杯、以話心曲、命矣哉。欲言事極多、臨書依依不盡。

與久保仲通　柴野邦彦

昨夜繼華、不知如何賞也。僕體氣頗佳、第下利未斷爲苦。新松植當南軒第二楹、月明影落席上、婆娑于筆硯之間、添茅屋一段之佳趣、昨夜愛之不能寐。思酒無錢、幸讃奴〔讃奴、讃岐之奴也、柴野氏讃人也〕解作熬米、又拾枯葉烹茗、彷彿于舊林之景象、塊然至夜分、病懷頓覺爽。今日晴景、月色意亦當不減昨夜也。此佳興不忍獨饗、若無他穴〔穴、散也、人在屋下無事之貌、他穴、謂他事也〕事、晩間見過、爇

松子燒大蛤外、無以爲禮。且今宵明宵明後宵、爲可過之則無月可惜。詩一首録往、亦足以觀興懷。伏惟斧政。彦再拜啓。十四日。

與林長孺　長野確

長孺足下、天氣晴和、想高園梅花已吐香襲人。弊舍逼促、有寒梅一株、未開花、使人懊惱。病中無聊、無以消遣日。聞足下家藏石刻米書天馬賦、不知許僕借觀否。凡法帖書畫、雅士之所珍祕、不肯輙出門、古人皆然。況足下所藏石刻之佳者。而僕妄求、猶劉玄德之借荊州。足下必疑其不還、以笑僕之不近人情。然

梅花、首尾照應、妙、

前二首與此、録以示小牘之一斑、

僕老且病、久爲世俗所鄙棄、獨頼有足下輩一二清雅之士過而存之耳。僕奚敢求於俗士。幸足下亮之、帖留一月、乃奉還。儻付賤介來、爲尤妙。并見惠梅花一枝、爲更妙。

書泛舟卷後與五弓士憲　坂谷素

此卷寄士憲。士憲一閲、其有思於東京舊侶乎。將又喝來如東京同游之時乎。或其悵然有動東京曳杖之念也。余近日有望雲之作、曰飛去寧忘報國誠、無心雲亦太多情、藩翰迹絶無間隔、何處溪山不帝京。然則溪山亦東京云爾、何必轉跌乎風塵間而後爲

以下三如字、於是乎大見蛙韻之可聽、

忽拈元亮聞田水事、將自己心地較論一番、多少波瀾、筆路又拓開幾步、有法有則、

東京哉士憲郷土。山水清秀。讀書于其間。自風塵間想之。如仙子坐幽洞繙道經。余輩有羨乎士憲。士憲其可無羨乎余輩也。若得近作數首。當瓊瑤（詩衛風、投我以木桃、報之以瓊瑤、謂重寶也。）之報。以一滌襟懷。幸甚。

○記

桐溪聽蛙記　藤森大雅

居移氣。養移體。信矣哉。是非止人。田蛙與山蛙同類者也。而田蛙聲濁。山蛙聲清。鴨川之山蛙。特以絶異聞焉。以其水清洌無比也。癸丑四月。遊桐生。寓石原氏。主人導聽山蛙於桐溪。曰天下唯桐溪與鴨川同。

乃隨主人至溪上。溪發源於根本山。僅六七里。源近而地下。故水勢駛甚。兩岸多礫石。小石如拳者。密布於中流。是以水石相鬪。湍聲淙々如急雨。得一橋長六七丈。初至。聞蛙聲起於上流。嘒嘒如秋蟬吟清風。遥與湍聲相亂。既而兩岸迭發。遠近相和。清韻泠泠。如瑤琴繁奏。如檐鐸丁東。洗耳澄懷。使人坐有世外之想矣。因思陶元亮聞田水聲。曰時剖胸襟。一洗荆棘。此水過吾師丈人矣。設使元亮聞此聲。則其激賞何如哉。且元亮身雖隱矣。遭逢世之危亂。憂慮塞胸。其喜藉田水以開棘荆。亦宜矣。顧余生長於清世。久

瑣事亦不淺、而附記結得妥順了、

前段平手山略叙事而詳議論、

辭官途。逍遥於山水之間。莫有一事滯碍於胸中。靜聽此聲。以自娯。豈非太平之幸民乎。倚杖聽久之。乃過橋沿溪而東南下數百歩。列榻於湍上。汲流瀹茗。天已昏黒。乃去返於橋頭。有茅店。衆尚欲飲。而予與蓋先歸。與游者。福田良策。大川欽哉。松原藤介。及主人與保岡生也。藤介云。茶家秤水之輕重。品其高下。桐溪水與鴨川輕重略相如。故蛙聲輕清亦同。理或然。故併記之。

糕土記（節略）　小橋勲

羽州平手山有土。可以制糕。名曰糕土。初天保四五

後段五疊敷山、略議論而詳叙事、

此文可爲叙事議論互出之法、

始於薔薇、次牡丹、次菊、以纖竹用累棋法、中間不容勺戲、

年間。海内荐飢。與羽特甚。餌此土以免死者多云。余始聞之不信。謂使與羽人如螻蟻蚯蚓乎。可食土而生也。苟亦横目隆鼻。立行臥寢。則豈容有此理哉。既又聞之。會津五疊敷山。亦出焉。舂爲末。以水湛之。和粳糯而蒸焉。雖無佳味。足以療飢。偶有人出示。緻而埴。色帶微黄。與下品茯苓相似。嘗之。味亦然。蓋茯苓補元氣。則此土亦或有其効乎。

種竹記　佐藤楚材

牧山子。偶借空宅一區。移居。庭廣數十歩。有花艶然可觀。乃薔薇也。偶或觸之。則有刺刺人而痛。牧山子

曰外好而内害人是花之小人者也君子之於小人雖花奚可近之因除去之人曰牡丹妍麗稱爲花王宜種之牧山子曰易云物以群分方（方道也）以類聚苟非其類謂之不倫余貧人也非其類曰菊何如曰菊稱隱逸今余一官役役亦非其類然則竹乎夫竹心虚也吾欲法之以應世竹身直也吾欲法之以持我志竹節堅也吾欲法之以處事變然則竹乎嗚呼富貴在天老不可期種牡丹何爲哉隱逸吾所好菊行將種之唯竹貫四時而不改柯易葉寒暑青青無時無處不可乃命種竹

先分辨狀色三件各擧其中之異者而特即色之中分紅白紫碧四件亦各即其中擧其異者綱以目從該洽深博無遺可拾可謂得模寫之法矣

記三浦氏草櫻

藤森大雅

路歷忍城訪芳川襄齋聞市醫有三浦洵翁者善培養草櫻多珍異拉襄齋往觀焉草櫻俗間所稱余未詳漢名爲何而其狀肖我邦櫻花而色紅者其常也今三浦氏之草櫻其爲瓣有單有重有大有小有疎有密其爲狀有如海棠者有如金沙羅者如酴醾者如茉莉者如麗春者或如棣棠或如梔子其他殊類詭形不可縷狀其爲色有紅有白有紫有碧而紅有肉紅有嬌紅有淡紅有鮮紅有殷紅有粉紅深紫淺紫不同其色雪白月白各從其類水碧石青或暈或纈或倒暈或間雜或色同而狀異或形肖而彩殊其爲品幾三百栽以磁盆盆各挿一小牌以標其名架閣三面排列於其上前低而後昂花彩爛斑如張錦繡奇異珍詭過於所聞余因問其術翁曰是無他術也能節其燥濕時其寒温擇其肥土之物勿過勿不及如愛子如育嬰而見其有稍異者輒別而栽培之使以成其異見其有少珍者則分而植養之使以成其珍如斯而已矣大凡物之有珍異不止草櫻也唯其珍異者尤難於栽培而養之者不知其珍異分別而培養之是以雖有珍異不能自成其珍異與凡卉同歸於腐朽豈不悲哉余聞而歎曰翁蓋以諷世也乃記之

矢矧吉田客也故叙之略

大猪天龍主也故叙之詳

四河記

林長孺

河之大於參者二曰吉田曰矢矧大於遠者亦二曰大猪曰天龍吾審視四河形勢夐然不同矣矢矧吉田沙多石寡川身深而水流靜常水寬緩不迫優逝無波秋霖河肥亦不爲激怒其或暴漲致橋堤之敗者數十年間僅僅有一二耳若夫大猪與天龍則不然也水淺而流急泥沙渙散石皆尖尖露頭角雖常水湍悍迅疾激石若吼及其溢溢也波浪騰躍奔放

天龍亦主中之主也故特補叙之

末引古人之語文旨安頓

馳驟小漲則毀橋梁決堤防大漲則傷及數十村其害民蠹國也尤甚若此者或一年數次或數年一次是以治河之吏無歲不至築修之後前後相繼而水害不能息矣是四河之大概也嗟呼二州接壤隣界而四河不同若此何也癸丑歳余補參遠代官友人鹽谷世弘來別因曰聞子所轄多在天龍河邊河邊民風險惡其布政必不易矣其勿忽諸當時余未知其言信否及到任數年徐考之二州民風其險夷淺深亦猶四河之不同而天龍河邊民風尤險惡於是乎始知世弘之言果不虛矣古人云民性因風土而變爲民牧者豈可不留心于此乎

材木巖記　林　長孺

巳未十月余自羽州還過與州下戸澤觀所謂材木巖巖巖矗矗聳立高數千仞上摩霄漢幅數百間下有一溪清冽如鏡石根入水深又不知其幾千仞盖其全形一石壁立削成而有直坼者如攢棟梁有横裂者如列桷榱所以有材木之稱也余得其石崩墜在地上者細觀之其質堅緻類豆州御影石而石或四角或六角皆如琢磨成之者澤澤可以鑑焉甚乎天巧之奇至此也巖固骨立無膚然石之崩墜者其迹欿然成罅而松生長其間蒼髯黛色浸影溪流又有小鳥數百翶翔和鳴於巖樹中粧點以添其景致實天下之奇觀也屬吏杉立某在側謂余曰某嘗遊松嶋松嶋之勝冠天下其境彼此異觀而今較論其勝不易優劣也余因慨然起歎曰彼名大顯而此則寥寥無情頑石尚然況於人耶安政六年冬十月三日屬稿於福嶋客館

此處筆墨蕭踈妙在不多言自柳記來

石巻山記　林　長孺

三河無奇山唯有一石巻山其爲山半腹以上全骨無肉特立數千仞盖造物者收拾一州之奇石以示此技巧歟某歳某月某日余過嵩山即山下村也時天色澄濛煙雲往來乎山之四面變幻出没更加一層奇觀也竚立久之不能去

寥々短篇言急流者凡五可謂一以串之

記舟行　林　長孺

天龍河流急上流尤甚余嘗命舟自舩明村至横山村時雨後水肥流益急舟人執棹竭力撑之進寸退尺終不能達蘇東坡云學書如泝急流用盡氣力不離舊處余始以坡論爲誠然今泝此河不啻不離舊處又退舊處但此際兩崖絶壁奇勝不可言因其進退一處得縱觀之亦急流之賜也

如棘鬣以下分叙法而詳略各異亦法也

記　立干　齋藤正謙

津城之東爲阿漕浦古歌所云阿古岐嶋是也其南爲米津浦又其南爲辛洲辛洲大神祠在焉青松白沙隨處可愛隔海望參尾之山風概絶佳又夏秋之間有釣魚之娯士庶多來游焉立干爲之最未聞他所有此娯也其法方潮之滿連網屈曲圍繞海濱廣袤數町潮退魚不能隨留聚洿中可手捕也如棘鬣鱸魚潑剌拂可掣者舀而捕之比目伏貼沙上叉而取之雞魚最衆大者逾尺穿沙竄伏纔露兩目諦視之乃知其處遽入捕之驚逸不可得即歛足而歩掩而捉之則獲婦人兒子皆能之所獲輒數百頭或至數千頭海濱又多竹蟶潮退即蟄採者以一撮鹽入穴中蟶以爲潮至挺然突出即捉獲之稍緩則縮入就掘之不見蹤跡余生長東海此皆所未經見記之自娯焉

遊瀑溪記　高鋭一

京城之北飛鳥山之下有瀑溪槭樹（槭樹見救荒本草）數百本倚溪成林及秋葉染丹觀者以爲不遜高雄栂尾之勝一日余挈兒壯兒而往溪路紆餘橋以通之隔橋瀑泉劃孤峯懸焉其聲鏘鏘與流水互答而槭

末言及名物之異同足供辨証之一格

葉之色照林映水遠望如霞近視如綺洵可賞哉遊眺良久顧告二童曰汝等觀彼槭葉彼其初青青者雨淋之日炙之旦暮淺深其色以染而後光彩始爛發非一夕醉霜之所能致也汝等習修學藝亦當勤苦積歳月而有成矣且萬葉集所載蝦手倭名鈔所見雞冠木者以其形色名之即漢土槭樹而非楓也楓樹其汁可以造糖米國產此種我北海道亦不爲少名曰伊多耶汝等誌之于心亦格知之一端也時方過午至扇亭飯遂歸

遊漢辨記　坂井華

以不獲登游起想頗似昌黎滕王閣記

全一山唯松望之三面峭絶一面稍夷可登者熊谷氏古城也遶山有溪清深多魚石堰淺水潺然如風雨者橫川也傍溪有村簇簇千餘家商賈輻湊牛馬如織者漢辨也余游漢辨三每望古城未嘗不欲登以觀成敗之跡而未能也今茲又遊焉則亦雨不果豈古城之靈有所忌而不欲人之窺其墟邪當天正之際熊谷氏虎踞此山威名著一州而能來爲敵者武田光和也余來時過武田氏古城下見道傍祭大石高如人長問之則曰光和所手投云二將勇力相儔地險相敵勝負相持而今皆亡矣厚壁深塹火樓

以興亡成蹊起感、亦頗似大蘇凌虛臺記、

作記粗與作通肖、設主客立意自然、有勢如此作是

也、小向客也、久地主也、

成蹊二字、下諸梅花而後不腐矣、

不出朧小向處尤妙、

重塞、所以備要害圖久安者、莫不皆廢墜堙夷、而樵牧侵而麋鹿棲矣、此固興亡常數、古人譬諸夜旦錯行、無足怪者也、然要之上下二百年之間而已矣、則安知二百年後、不反覆相替如斯哉、余於是大有感焉、漢辨商賈之區、得利則喜、失利則悲、孜孜朝夕、唯貨是求、誰有與余同其感者哉、夜深雨休、星月娟娟、乃出戸望古城、獨立石堰之上久之、

久地村探梅記　　鱸　元邦

物之顯晦有數存焉、余觀乎小向久地之梅林、而益信之、二村距東京各五里許、地非甚遠、種梅數十百年、而世皆莫之知也、小向庚辰歲始顯於柳北嶋翁之記、今則聲稱籍籍、每暇日、都人士女、絡繹游觀、香影之下、亦自成蹊、余亦嘗一寓賞焉、久地距小向三里而近、在玉川南岸二子村西北十餘町、有川邊氏者管之、以其地幽僻不顯、門人三田子紀家其隣鄉、屢促余游、以今茲三月七日、拉松子少游、以子紀為導而往觀焉、是日天氣晴朗、風埃不起、百步之外、暗香襲人、至則林皐遠近、彌望皜然、無地不梅花、而蒼松翠竹、點綴其間、而萬玉堆中、寂不見一人、但聞村犬寥寥吠於竹籬茅舍之側耳、葢境比小向如差狹、

而樹之老且大、則遠過之、而幹不甚高、偃蹇轇轕、橫欹臥朧、余與兩生、傴僂過之、席地而飲、嚼花蕾以當下物、既而夕陽翳林、瓢酒亦罄、乃割愛去、尾子紀攀陟山坂、螺旋達巓、回瞰白雲繚繞于林間、與玉川波光相映帶、子紀曰、是即向之梅林也、余不覺連呼稱奇、低徊不忍去、噫纖甸之地、有茲勝境、而蕪沒不聞、豈其顯晦果有數乎、余不文固不能若嶋翁、然亦焉知非花神有待我輩今日之游耶、於是乎記、

記舊游　　長野　確

川江之東十里、民居為村者、曰芝芳、二大櫻樹在焉、余欲造觀文化四年三月既望、昧爽出邑、行三里、至天津山下、山上余之先塋在焉、遥拜而過、左右皆山、左者低臥眠之狀、右者高仰睨之狀、日午得青龍山、有寺曰光嚴、喫茶、一峰當前、勢與青龍相角、又行一里、坦途極而峻坂也、攀捫喘息、坂極、良久息乃定、反顧則谽谺（谽谺大空貌）谷中一大谷、下數百步、路極嶮惡、且迂曲、屢問山樵野老、而後得前溪、聲隱隱起翁蓊間、怪石當流、凸者埵如、凹者窪如、水石轇轕（轇轕雜乱貌）、溪魚乍躍、觸石自死、亦一奇矣、激泉喧嘩、我言而人不答、人呼而我不聞、若聾瀧瀧聒耳而已、行可二里、忽

中段述花之不過。若暗言自己身上者。故不厭其委詳曲到。

見皓然眩目。雲邪。非邪。抑一團之雲邪。諦視而後知其爲花也。是仙物也。殆非人間之所有。微颸徐來。飛花飄空。忽散滿澗溪。無言語可以狀。其大都如此。噫誠若致之三都若大邑。則游者口接踵。爲貴人名士所稱賞。久已顯聞於天下。今僻在南鄙。開落於幽閑寂寞之地者。幾百年矣。山樵野老之外。無見而知之者。山樵。野老。雖見而知之。未嘗言也。是以如此寂寞也。唯其寂寞。是以如此。能大也。是其不幸。抑亦幸也。余當時未及記其勝槩。去今十年。其清幽之境。與奇麗之狀。猶髣髴於心目。因追書之。庶幾爲好事者游觀之媒云。

游館山寺記　林長孺

今切江之勝。以館山寺爲第一。甲寅晚秋。余宿乎和地村。閭村距寺不遠。翌晨西邁里餘。入寺。寺依山巒而構。筠篁夾植。雜樹蒙密。寺後石壁峭立。壁盡即江。周圍數十里。水光混漾。與天一碧。時秋深煙澄天清氣爽。日光與波色相射。璀璨奪目。利木瓶割諸山。蜿蜒起伏。如在掌上。嵐光滴滴。山影倒浸。天然圖畫。雖董巨妙筆。非所得而彷彿也。而江北最秀者。爲與山。山有一古刹。曰方廣寺。寺舊宗良親王行殿所在。雅

前篇述自己之感。此篇述懷古之感。々一而所以叙之自別。

藻留題。使江山永增光輝矣。因憶南北騷擾之際。親王崎嶇兵間。潛居于茲。結集義勇。以圖恢復。今星霜殆六百年。遺愛舊躅。蕩然附之寒煙渺茫。然而漁人樵父。尚能日夕謳歌。況於讀書慕古。聞知大義者。安得不慨然哉。游畢出寺。余來于斯州。江山諸勝。面背縱觀。未足稱絕勝。及至此寺。則一望驚奇。較諸前所觀。奚徒天壤哉。加之以懷古之感。乃今記之。以告後之游者。

下岐蘇川記 略節　齋藤正謙

五月五日。夙起趨水濱。求舟。舟人家在前岸樹林中。閉戶未起。阻以灘聲喧豗。累呼不達。唇焦舌爛。久之乃應。與其兒艤舟。整舟向岸曰艤來迎。日已加辰。乃發。舟狹長。薄板爲之。呼爲鸕鷀飼兒。纔十二歲耳。父在舳。兒在艫。各持橈操縱。甚習灘急。舟走兩崖巒巘。一時皆搖。

寫山

當前所見。倏忽在後。唯見岸行山走。而不覺舟移。山皆石。身戴土。松爲之髮。而紅杜鵑粧點其間。腥血如

寫石

滴。又處處有水簾懸焉。縵縵灑灑。墜於潭石上。石皆奇狀。羅列兩岸。或特立若柱。或拆裂若門。或若渴驥

寫皴

飲澗。或若臥牛橫道。五色陸離。相間皴率。作大小斧劈。間有作荷葉披麻者。濯波浪以出。交替去來。不暇

〔別寫大巖〕

應接蓋譎詭變幻中帶清秀深穩之態非荆關之筆倪黃之手不能狀也雖僕隷輩不解山水之趣者皆連呼奇不絶聲忽遇一大巖屹立水中舟殆觸之少誤則齏粉矣衆懼而默舟人笑掀柁避之輒掠巖角過如此者數處未嘗差絲毫但經巖際波激舟舞飛沫撲人衣袂盡濕回視僕從各握兩把汗殆無人色舟人甚閒暇從容吹煙而坐視上流船併力挽上者難易懸絶矣

記和州梅溪 略節

藤澤甫

〔起頭總叙〕

夾溪皆山山皆梅梅皆白蕋不雜他色連山屈曲逶迤一里餘對設素屏風其稱千株〔指所謂一目千株〕者擧盈數號之耳豈千萬所能形乎哉〔妙喻〕輕風弄之英英雲湧飄飄鶴舞往往有松有杉有茶畦而翠色點破亦添一段趣〔中腹分叙〕村多在山巔不獨月瀨已屋棟四五若六七露於花梢宛化人之宮現乎中天〔村溪石〕溪流如碧琉璃而濶百餘步雖稱爲溪儼然巨川也水面石角突起者無數放㭬者閃閃避之來往於山花形影間如視水傀儡也〔又妙喻〕山山纏絡方位難辨據盤生〔時所伴〕之言月瀨〔方位〕所在爲南尾山所在爲北溪則名張川下流今之所望自東而西云村之屬溪者南之在月瀨東而近者

爲嵩村西而遠者爲桃香野北之北尾山而在西者爲長引眼界所及至桃香野而窮桃香野以西溪山北迂東則溪山局促望眼不暢而南猶有獺瀨有中峰有吉田有廣瀨有片平有高尾北猶有治田有石打有白樫有田山皆在眼界外此境三州所相交田山高尾隷山城治田白樫隷伊賀其他月瀨尾山等盡隷大和〔所交隷之國〕人稱曰和州梅溪者以隷焉者居多乎月瀨亦溪村之一而置諸總稱者以其名雅馴含清淺黃昏意乎聞一境梅實蒸之作烏梅供都市染家之用〔梅實〕其品非他所及十餘村之民以代稼穡爲恒產矣

〔結尾假他峽之勝襯映〕

余嘗觀京師嵐峽之勝其勝在櫻花亦名聲籍甚今以此較彼山之潔水之清相匹而彼則櫻在水之一方此則梅在左右夾水其多不唯什之已獨彼則士女絡繹錦綺照映此則吟僧詞客敧帽拄筇人或以爲彼贏此輸乎若使山神親相較則必將顛倒其贏輸至其實養一境之民譬之以人則文兼德者豈非彬彬君子乎彼何敢望海内冠冕非虛稱矣

遊墨水記

鹽谷世弘

今玆春拉童子以遊墨堤抵三廻里則花木兩三株欣欣邀人古歌所咏芳山之口一樹先導者想應與

到中段一括而擧墨隄之概却妙

結淡然而止

此同趣行數百步樹滋多花滋穠清流碧疇左右映帶其對岸樓閣高低隱見于綠巔翠楊之表凡墨堤十里兩畔皆櫻淡紅濃白隨步媚人遠者如招近者欲語間有少曲折自第一曲東北行三四折以至木母寺而窮曲曲回顧花幔蔽地恍疑無路排而進則如白雲坌湧沓不見際涯低回之頃肌骨皆香使人欲化蒼仙既而夕陽在林梢落霞飛鳧閃閃乎垂柳疎松之間長流滾滾潮滿石鳴西仰芙蓉突兀萬仭東瞻波山翠鬟如拭又宇內之絕觀也須臾天陰風起落英繽紛游人匆忙散去而暮鐘之聲沈沈度花

與後之神靈之蘊果不可窺的應

初余至先發數句用逆敘法

月夜之奇以步月亦與後之月不可見的應

間余於是悄然不能無老少盛衰之感既游之後數日乃追記之者如此

汎蘆湖記　　日下寬

蘆湖在箱根萬山中神異靈怪終古不滅人莫能傳其勝庚辰歲八月余與荒野子誠避暑山中寓堂島巖瀆樓所謂箱根七湯谷之一也想距蘆湖不遠因詢其程僅二里餘矣初余約子誠及丸山子堅植松有常同遊欲覽蘆湖月夜之奇余與子誠先發既數日步月溪上夜色朗然倍懷蘆湖之勝而二子未至子誠亦促歸余慮重遊之不可期遂決意遊焉取路

黃九煙衡嶽游記中曰攷圖誌者不知其幾又有曰嶽中諸勝多以善問得之然則此篇據圖誌與舟子曰之文不可輕視

以下湖在山上之狀摸得逼眞

小涌谷逶迤踰天妃坂相摸洋忽然在東浦澈歷歷是日天晴望豁畫島鎌府皆可指點轉出孖峰下雲樹間見波光一道神益動已到湖上夕陽滿山嵐翠如畫有小艇西來者詢之則自姥子也據圖誌姥子在西北幽絕處亦有靈泉余嚮記箱根七湯谷而未及其勝子誠銳欲往於是買舟涉湖便風揚帆四山皆走余與子誠浮白絕叫戒舟子少緩棹忽見奇峰墜於舟舟子曰是爲駒岳函嶺絕巓也冠峰孖峰左右相峙環湖峰巒突起萬狀半皆入水僅露其頂如嶋如嶼詰曲如灣水紺碧色不見底舟子曰測其深

結得峭絕柳州神調

殆九十尋矣蓋函嶺高入雲半蘆湖又在其上一碧萬頃如泛霄漢水之深可知爾既而峰峰吐雲天色遽變咫尺翳勃日已沒而月不可見余與子誠仰天悵然嗚呼蘆湖之爲勝久矣而未嘗聞有闡其幽發其秘者有之從斯遊始而亦竟如此神靈之蘊果不可窺歟舟達湖西瞑煙四合暮氣益肅冷不可堪有老翁擁火茅廬中就取煖翁自言年八十五而其健若少壯然異境果有其人昏黑抵姥子湯戶惟一家四顧皆峻壁疊嶂矣明日道冠峰之麓攀大涌谷之背顧富岳於左其勝愈奇愈險

此篇非可名小體特收之者運筆自在絶無滯澁之態學文者所宜知也

爲導語至後段皆蹤之決非虚筆

爲導第一着

御嶽游記

中村正直

余自在江戸日久已聞御嶽新道之勝甲於峽矣丁巳十一月蒙命督學峽黌翌年二月至任屢欲往游輙爲事所礙經年未果益余之於御嶽若有鬼神靳之者石野鳳岳峽人也常謂曰子若行吾請爲導杉浦子基亦以爲言遂以戊午正月某日與依田某鳳岳子基偕行質明發寓出府城北門行數里地勢坦夷方北有衆山不甚高峭而重沓回互穩秀有致中通一條路彎環可登老松蒼蔚彌滿山谷曰和田嶺此至嶺頭朝暾漏輝天氣晴朗顧見芙蓉秀色隱見

亂松鬖鬆間矣踰嶺北望眼界忽濶行田塍間數峯當前如拱如揖中有玉立瑩徹如戴雪者曰高砂山漸近則山皆白石而碎爲砂者遍布徑間余與依田某攀而上沙流不堪受足一足將舉一足已逡引手攀旁邊石則石轉而下鳳岳子基慣山行早已在上頭俯視吾輩顛頓狼狽之狀指以爲笑也自是繞山麓而行左右回環不辨東西忽得一潭兩崖皆石蒼黝有皴小松交絡其罅直下數仞水勢甚峻旁溢爲潭曰長潭余連呼奇奇不已鳳岳曰猶未也更數折爲不動瀧水中大石横焉可坐十人前有巖崖高低

爲導第二着

文勢蕩漾所以取致

相錯曰猨巖曰寒山拾得巖皆由形得名水經其下淙淙有響行數折嶺斷望開一水當前有橋可渡曰有年橋又迂廻而進有水自巖足而來有橋曰柴橋遥見左有一峯突兀雲表者曰覺圓峯渡橋而左水益駛巖益奇鳳岳曰自是而至石門爲最奇絶處繞巖足沿水而行一路蒼崖如束對峙數丈翠松頳石延蔓歷落丹青綺繡明淨可愛而向所見覺圓峯時左時右不知路之迂徐宛轉而以爲峯之遷轉不定者也奇哉行數百步有接待亭左臨深澗右迫巖壁登亭而望景極多不遑縷記傍有碑刻七十許老人

像骨格匪凡乃所闢新道圓右者像也圓右爲里甿自捨錢財闢斯道豈巨靈假手于斯人以扶千年未發之奇歟路又左右轉度巖腹而下石壁突出當道若墜復倚左有巨石受之其中可通數人來往青苔紫草縈絡石上不知幾千年物是所謂石門也過石門而左大石磥砢横溪上者不知其幾而石壁峻絶如削成仰視不計丈左有奇峰拔起壓頭上猿鳥亦不能攀乃覺圓峯也過此而北巖徑狹深蜿蜒而上有華表曰朝天門自是而下左入林中披荊榛而進觀雪虹瀑又少北而左巖石突怒水流交衝左盪石

不特爲導、又任扶掖之勞、是爲眞導者矣。

忽挿左氏一段、然後見姿態横生。

激響震林壑。巖曰眩巖、瀑曰仙娥。余欲攀石上以觀其注射之勢、而苦無置足之所。厲岳以雙手握吾趾、掀而上。予抱石而上瞰焉。激湍飛流、瀰濟怒溢。大者如珠、小者如沫。毛髮爲悚。又行數折、則地忽夷、景忽曠。田疇繡錯。遠山數片、如畫圖。茅舍竹屋、處處點綴。曰猪狩村。一路曲曲、引人入勝。所謂千巖競秀、萬壑爭流者、已屬厭(屬足也。屬厭字見左傳。)矣。至是忽見遠山淡宕、田家蕭散。反覺風光一新。造物者布景之妙、一臻乎斯。嘗讀左氏紀大戰、龍戰虎鬭、風雨交馳、讀者色動。而末段以間淡之筆結之。何等神品。豈以此等山水爲粉本邪。予嘗謂文章之妙、在一轉字。今觀新道之勝、其妙亦然。行里、忽見石磴數百級、廟宇嚴整、掩映於樹林間。乃嶽祠也。歸路取故道。故道者、未闢之前、至嶽祠之路也。風景淡冶可愛。右望信濃衆山、如列翠屛。而左則爲新道所經之山。而覺圓峯時露其頂於林樹間。余體羸弱、不堪遠行。此日健步不甚疲。歸舍則初更矣。嗟余官於峽、殆且一歲、而御嶽之勝、今日始落吾手矣。任滿東歸、無復憾已。是夜頽然就寢、而夢魂徜徉猶繞巖壑間也。

四得録(節略)　林　長孺

新雪二字、篇中眼目。

前曰遠州、此曰甲州、皆逆敘既往所歷、而文有湊合之妙。

奥羽地早寒。昨抵白岩村、已遇新雪。幸生(地名)之山水、固奇矣。然山水得雪、又益奇。譬猶毛嬙西施而傅脂粉耳。余在遠州六年、地暖、三冬無雪。今遭此奇觀。何等快活。於是出轎曳杖、阪路峻險、疲甚。因掬雪嚼之、鼓勇而行。此日所經、峭厓幽谷、高低陟降、不知其所窮。柳子厚所謂稍疑地脈斷、悠若天梯往者、既過橡木山。一行(指屬吏傔從等)皆憊。然見山水之奇現于前、則亦精神躍然、不覺道路之遠也。余曾祗役甲州、游其岳祠。新路風光、髣髴乎此境。抑此與新路同一峽路也。然彼左右山甚近、路甚小。惜其邊幅狹隘。此境亦山非不近、路非不小。而林壑之觀、溪山之秀、位置散錯、悉得其宜。所以人不覺其狹隘也。但甲距江戶僅三十餘里。都下詞客往游者、多張皇之、以爲冠天下之山。非確論也。試使是輩觀此、想當驚死耳。然此非都人游屐所經。而吾幸親蹈其地、探其景。恨無柳柳州之筆、徒使天下奇景埋沒僻遠之地。古人云、山水亦有幸不幸。豈不信乎。

山途已盡而得平地。頗爽塏。茅屋相連、中有一亭。余以申後投宿焉。前臨石溪、激湍成瀑、怒號于床下。溪上有橋、樵夫野老、一往一來、亦成畫趣。仰而望之、四

與首新雪相應

新雪又應

王彥章客也名和公主也是爲主客對照格

山環匝峰巒奇偉時得新雪林壑玲瓏嵐影倒浸雲氣瀲渤泌吾詩脾蓋幸生山容水態萃爲此亭之物可謂奇中之奇矣日昏黑乃呼從者點燭閉戸夜半就寢驟寒砭肌覆絮加衾如窮冬忽聞大雨轟然窻外驚起推戸則月色清朗無復一點雨痕唯見一條飛泉從山巓直下數百仞奔瀉于庭除咫尺之下於是冒寒出步庭中山水雪月之勝特覺清絶因想以九月十三日爲良辰蓋刱于 寬平上皇宸游然恐無此新雪之奇九月賞雪雖奥羽之境不可輙得而使余遭此豈非造物者之賜邪此日即九月十三日

翌午間出亭復就昨路循溪流而行數里過邊栗地名路左有寒泉白沫自石間迸出其石淺黑色類會津黑鴨石或有帶紫色者質皆堅緻可爲硯材亦奇石也因取數塊携歸乃倣米襄陽風字硯摹圖命工新製二硯既成其形古雅自謂不讓風字硯殊珍襲之然恥硯雖似米而書不相似耳

名和公畫像記　　森田益

均是武夫也生於漢土文明之邦而有不讀書暗於大義者生於本邦文運未開之時而有讀書明於大義者梁王彥章我名和公是也彥章爲梁猛將功蓋

一則不讀書暗於大義

一則讀書明於大義

一世勇冠三軍然其所事逆賊朱溫之朝也所爲死逆賊之子孫也事逆賊之朝死逆賊之子孫雖功蓋一世勇冠三軍亦一逆賊耳然彥章亦天資絶人使其讀書必知講義理矣唯其不讀書所以不能明義理也清湯來加論彥章爲殺身成不仁當矣是豈非不讀書暗於大義者邪名和公方元弘之時與新楠諸公共討滅逆賊成中興之業及天下再亂遂殉節公忠義固出於天性然其能全節蓋有所由來矣聞作州眞嶋郡宇南寺有公所戲書宋詩余嘗覩其摹本遒勁高邁頗有晉唐之風公文采風流如此是其

平生讀書講義理也必矣唯其讀書講義理所以全節也所謂殺身成仁公有焉是豈非讀書明於大義者邪夫彥章事逆賊爲逆賊死其肖像可不必記而歐陽修記之嘆賞不措公之精忠大義赫赫如是而莫記之者豈非千古之缺典乎伯耆名和莊氏殿神祠公木像在焉因幡人赤石必摹一本來請記余余展觀之英采四射使人不覺起敬乃焚香盥漱而記之抑余記公像有所深望於方今之士焉蓋自外蕃窺邊和戰之論興天下殆成分裂割據之勢方此時士能辨順逆則爲公不能辨順逆則爲彥章苟欲辨

凡九發問。而其問之爲狀也三變。凡九答之。而其答之爲狀亦三變。是文章弄奇巧處。

倒句法胚胎於在典。

花紅以下六字承前六問。寂寞二字承後三答。一々顧前法也。

說靜處說古處。一長一短。亦法也。

順逆。在讀書明大義而已矣。是余之所以望於方今之士也。元治元年五月十日。大和處士森田益謹撰。

靜古館記　　　林　長孺

佐嘉穀堂古賀先生。新築館於其鄉金毘羅山。名之曰靜古。蓋取山靜如太古之句也。頃使其鄉人永山德夫命長孺爲之記。而長孺未嘗履其地。奚能得而記之哉。雖然先生既名之以靜古。則其山之勝景可想而得焉也。因問德夫。曰山有花乎。曰有焉。有竹乎。曰有焉。有溪乎。曰有焉。苟有花則二三月之候風香雨紅乎。曰然。苟有竹則流翠欲滴。清涼可掬。所謂六

月秋者乎。曰然。苟有溪則水落石出。碧沙明。扁舟縈灣。小橋截綠。雪於奇而月於勝乎。曰然。人之住此山者幾多。曰無幾也。徑此山而往來者幾多。曰無幾也。然則鳥啼雲繞。泉響磬答。而伐木丁丁。聞乎數里之外者有焉乎。曰然。余乃嘆曰。宜哉先生之以靜古名此館也。天下苟有花紅竹涼溪清之地。則士女遊賞。趾相錯也。此山獨寂莫如此。可謂靜矣。而先生在此讀古書。臨古帖。慕古人。行古道。無不往而古焉。則可謂古矣。夫靜而古。靜古之名。良不誣也。因書德夫所以語余者爲記。質之先生。

第一節以何字也字矣字成章。而也字矣字則通全篇成章矣。

先提二枝半樹二典以反襯本題。文情華潔。

三計塾記　　　安井　衡

三計者何。一日之計在朝。一年之計在春。一生之計在少壯之時也。何以名吾塾。應諸生之晏起與春嬉也。凡遊吾塾者。皆有志於此道者也。何爲過慮其晏起與春嬉也。人少則恃於年。氣盛則動於物。恃於年而動於物。情嬉之所由生也。情嬉既生。則一生之計亦荒矣。物之生於天地間。唯人爲貴。而我得爲人。人以男爲貴。而我得爲男。男以士爲貴。而我得爲士。天之與我厚矣。而君父資我。使我學至大至高之道。則又士中之最厚者也。而終不能自標異於世。蠢蠢乎

遊嬉於走尸行肉（古曰。人不學者。雖存如死。尸能行。死肉能走。）之中。以爲得計。與虱棲褌何擇。故入吾塾者。不可不思三者之計也。思之有術焉。一生之計在一年。一年之計在一日。日復一日。心與習化。見夫情嬉者。邈焉不接于心。然後天與君父之恩皆可得而報。而我之所以爲貴者伸矣。此三計之本也。

皆梅園記　　　齋藤正謙

江南一枝。充驛使之贈。雪後半樹。邀高士之咏。是知梅之清潔高格。非他樹所及。故其少猶可醫俗。況如雲嶺老人之居。環屋皆梅。名曰皆梅園。其清且高如

中間來寫他花妙、

最後言及濹上梅莊亦妙、

作此文在於梅不着花時、自不可不如許說下、

何哉、老人姓石氏、本爲市井人、住藤枝驛、風流温籍、以善詩聞江湖上、庚子歳、余東征、過甜驛亭相見、間晤半日、知其名不虚、爾來每門下生往來過驛、輙囑訪老人、得其近作、以覽觀焉、去年夏、余復東征、宿驛亭、首問老人近狀、驛吏曰、數年前辭市務、老於孤山下村、余卽往訪之、從驛中左折數武、槐花滿地、既覺非尋常行蹊、竹籬茅屋間、得門而入、老人大喜、迎飲其舍、園數畝、經營位置甚工、皆出老人之意匠、有菅神廟林逋祠、各奉祀其主、有賜春館、傍植東叡王府所賜之梅、其他皆以梅爲名、有小香國、寉避茶寮、鶯逕、憂玉泉等勝、前對巖田洞雲二山、風煙可愛、使人徘徊賞之、老人囑以記、余諾之去、寓江都紅塵中、忽忽半歳、殆忘老人之請、適値開春、遊濹上梅莊、忽憶起之、卽還寓舍、把筆起艸、時歸期在近、當復過藤枝見老人、不可無藉手（藉薦也、與藉　白之藉同）者、乃次第其事以爲記、

有爲塾記　蒲生重章

蠕蠕乎食米、飲水、蠢蠢乎衣煖、居安、跂跂乎去來於康衢、而生不稱、歿無聞者、是行尸走肉耳、雖則曰之米中蠹、亦可也、夫人生爲萬物之長、而不免乎爲行

此曰有爲者寥々、後曰所謂無所不爲者、一正一反、極相照映、

一前一後、疊用同句、云可愧可悲可惜、丁寧反復、所以深寄慨也、

篇中下海字者十四、下月字者十九、海月相須而成章、可以爲虛想虛構之法、

尸走肉米中蠹、豈非可愧之甚耶、故有志者、宜必有爲也、孟軻氏曰、有爲者辟若掘井、掘井九軔（八尺曰軔）而不及泉、猶爲棄井也、又曰、人有不爲也、而後可以有爲、嗚呼、是余之所以名吾塾也、凡遊吾塾者、其愼志之、雖然世道日下、士之志於斯道者鮮矣、癸亥以來、遊吾塾者、指不勝摟、而能卓然有爲者、蓋寥寥矣、此無他、以得失榮辱之交亂其内也、豈不悲哉、夫方揚墨之盛行也、比之洪水猛獸、而奮然拒之者、孟軻氏而已、方釋老之横行也、比之毒藥鴆酒、而悍然闢之者、韓愈氏而已、處乎後之世變、而卓然不惑者、其誰歟、喁喁然向之、紛紛然趨之者、所謂無所不爲者也、則雖喋喋日講讀經史、與夫蠕蠕蠢蠢跂跂蟲獸亦何擇焉、嗚呼士不學則已、苟學道而不免乎爲行尸走肉米中蠹、豈非可悲哉、豈非可惜哉、請與遊吾塾諸子勉之、

海月樓記　野田逸

海而無月、則不足盡其觀也、月而無海、則亦不足盡其觀也、能盡二者之觀者、其唯某氏之樓乎、余嘗受某氏囑、欲一遊而記之、每値朗月之夕、未嘗不神在乎彼焉、而未暇也、丁亥八月既望、日落烟收、長空嫩

文中牧用許多地名作記者所宜用意

到底不離海月

然絶無纖翳。於是理一瓢而行。五老峰北數百歩。有屹然臨海者。不問而知爲某氏之樓也。已而大月當樓而出。煜煜射波。一睹悠然。莫究其涯。近而苧浦鐘崎之分濃淡而折於東南者。遠而小島老嶼之拔出而秀於一碧萬頃之中者。商舶漁艤之如鳧如芥不速而至者。危礁怪石之壁波突如而橫者。與彼蜃市鰲峰之忽焉生滅者。莫不變而奇且新也。豈非海月相遇而成玆奇觀耶。余於是乎斷知夫黃鶴（述異記、荀瓌憩江夏黃鶴樓上、望西南云々）紫雲（杜牧詩、紫雲樓下醉江下）八詠（八詠樓在婺州南、碑宋沈約文）萬歲（唐輿地志、萬歲樓平望江山極目）樓之觀。無月也。曰天下豈有無月之國哉。曰有之。無海之國是已。蓋月之與海。皆太陰之精。而鈞是水也。月則在天之海。而海則在地之月也。是故有海而無月。則海失其半。有月而無海。則月亦失其半。夫黃鶴諸樓之於觀。其去海既遠。則是月失其半也。月而失其半。耶謂之無月。豈不可也。然則黃鶴諸樓之莫能爭此樓也必矣。而某氏居於斯。游於斯。游靡不夕。夕靡不月。盡天下之大觀。快然以樂。未始有待於人也。而猶何有求於余文哉。雖然。余已同某氏之遊。分某氏之快。不可無以記之。於是呼一太白。淋漓併海月吸之。遂引筆以記。其文豈不亦有載海月以出者耶。

截住得不假助字佳

隨隱亭記

安井衡

南海怒潮。劈房總之崖。而北走者二十餘里。滙爲巨浸。林巒列焉。川溪注焉。城邑市井。漁步（水際謂之步）鹽汀。邐逶乎周匝其澨。而大城屹然立於乾位。西仰大嶽。北瞰筑嶺。以故近郊之中。無地不勝概焉。然群辟所朝宗。離宮別館。占十之六七。而巨廟大刹。又錯峙其間。稍有隙地。構酒樓。飾妓館。哀絲豪竹。喧闐於日夜。幽人靜賞之地蓋尠矣。居大都之中。而不喧。占形勢之勝。而不凡。雅俗有分。出入無禁。人人可得而游。而不可得而住者。唯隨隱亭。亭在芝山之巓。板屋蕭然。翼以竹籬。籬外松杉鬱然。梅花櫻薑。隨時而黹（黹、刺繡也）繡之。東南闊然。赤羽一帶。潛在脚底。蟻馬豆人。紛錯如織。風送絲竹。餘韻入林。嫋嫋乎不斷。鄙視爲喧闐可厭者。變爲幽人游觀之資。遠焉則品澳如鏡。洲渚互出。如臥如隱。舩浮鏡面。無慮數百千。大者如屋。小者如葉。鶍者如雲。泊者如林。房山劃浪。與澳爲堤。而鋸山最秀。餘青南夷。如蛾眉之粧於鏡。隨隱之觀。於是爲勝焉。亭主曰大觀。善詩。好書畫。喜與靜者遊。客有雅趣者。盡延而致之。嘉永己酉。予始游焉。樂而忘

隨隱之字本義外別出二義解釋之更亦一体

歸遂結社請修其廢墜以爲游觀之地大觀請予記之諾而未果庚戌暮春將歸京師數使人促予乃追記舊遊因釋之曰隨隱之名取之世說詭隨而隱其語可厭而其義適與今日合予居湫隘牆外無立錐之隙雖有靜趣安能語其樂今也大觀爲之主縱其游觀意動而往興盡而還是隨時而得隱也大觀既去後之主此亭者能繼大觀之志與予同此趣者亦皆可以共此樂則世之隱於大都之中者將與此亭無盡焉是隨人而得隱也隨隱之義大矣哉

○論

劈頭喝來一篇骨子

轉接處再喝來一篇骨子

立志論　賴襄

男兒不學則已學則當超羣矣今日之天下猶古昔之天下也今日之民猶古昔之民也天下與民古不異今而所以治之今不及古者何也國異勢乎人異情乎无有志之人也庸俗之人溺於情勢而不自知無上下一也此不足深議焉獨吾黨非傳夫古帝王治天下民之術者乎而徒拘拘然呫嗶是申尋章摘句以爲一生大業亦已陋矣是其業雖貴與庸俗奚擇乃將爲庸俗所侮噫男兒不學則已學當超羣矣古之賢聖豪傑如伊傅如周召者亦一男兒耳吾雖生于東海千載之下生幸爲男兒矣又爲儒生矣安可不奮發立志以答國恩以顯父母哉遇不遇天也苟學古帝王之道而有得乎神而明之在我所爲我所爲合今日情勢而其至也情勢隨我而回夫然後古賢聖豪傑所成吾亦可幾已孰謂吾言之狂乎吾生十有二年矣以父母教得聞古道者六年矣春秋雖富其成已近苟不自奮因循消日則將伍夫尋章摘句之徒而止可不恥哉於是書以自力又申之曰噫女擇之同立天下同爲此民女羣庸俗乎抑群古賢聖豪傑乎

一篇論旨都胚胎于湖溪賴氏

楠正成論　齋藤馨

楠正成奪天下於累世強覇之手而歸之朝廷其功高出中興諸將之上而朝廷所以報者官止一撿非違使而任不過攝津河內守護特以結城名和諸氏視之而已然正成不敢怨甘爲義貞之偏裨至於一身肝腦塗諸原野而止其忠雖與日月爭光可也而後之稱正成者但知其有中興首倡之功而不知正成當時之志不止於此也其言曰正成方北條氏之衰首唱勤王萃精銳於一城而使義貞尊氏乘虛以抜其本是義貞尊氏之功正成使然也故正成爲首

論旨全成就于識文三百七十餘日之句。

當時正成心算未必若此、唯進一步別開正面做縱横揮筆之地、文家不可無此結撰。

功信斯言也。正成必待義貞尊氏而後有功。微二子見其一城爲百萬精鋭所圍、拱手待四方援、而赤阪之敗、又在千劍破矣。顧正成之智不若此、觀其發上宮太子識文曰、日没西天三百七十餘日、上之復辟、蓋在明春。所謂識文必正成權造之、而非其眞。其謂三百七十餘日者、蓋有所見爾。豈豫知有義貞尊氏之事耶。抑正成胸有一定之略必勝之策、可以期諸三百七十餘日而無疑也。然則正成之策如何。曰、方此時百萬之兵攻一城而不抜、如是閲月、攻者必懈。我可以潛軍窺間而出、於是陽張旌旗於城上、而一軍已衝六波羅之空虚、可以抜諸尊氏未倒戈之日、六波羅已抜、則千劍破之圍不撃必解。非曳兵而走、即釋胄以降、我奪方鋭之鋒、加以新降之兵、東向而下、勢如破竹、諸道望風而降。高時既聞敗卒之報、膽落氣沮、而將士皆無戰心、我鼓而乘之、北條闔族必不待義貞之兵而殲矣。然後迎皇駕、擧兵權歸之朝廷、而蓋世之功素已暴著、上將之任不得不歸其手。乃率海内武人而侍禁衛、崇朝廷一變源平以來僭上亂分之習、上與藤房協心、可以格君心而止其宴安怠政之非、雖有尊氏直義之姦、不敢叛、即叛滅之

一句道抜且遂取尊氏未倒戈不待義貞兵等句緊應有力。

易耳。若此則正成之功、被天下浹一世而有餘。不幸其志未成、六波羅抜于尊氏、而鎌倉破於義貞。故正成之功反出義貞尊氏之下。是天下之早定、乃天下之不幸。吾恨天下之不少遲其定而成正成之功也。然正成致身於有功不報之日、而大節灼然、爲與人于萬世之賢將、則其勝於爲一時定天下之功臣遠矣。

宇多帝之言可爲百世法（畧節）　頼襄

宇多之爲英主也、其攬權柄振紀綱躬勤儉擧賢能、以宗廟生民爲心。所以接天智桓武之業者、不必論也。獨觀其處分邊防、足以知其他矣。宰府數奏寇警、

韓文風魚患禍不測、指颶風鰐魚也。此以風魚盖借以言外寇也。

詔曰、勿以兵故失農時、且防且耕。大哉言乎。可以爲百世法也。大凡大平之世、四海無虞、文恬武熈、一有風魚之警、上下相驚、奔走警告、差將吏運糧仗、國内爲之騒擾、而寇爲何者、來爲何由、或未之知也。來於東則東奔、來於西則西奔、來者之虚實未確、而奔者已罷極矣。以彼爲虚、以廢我防、而實矣。其力不可支也。以彼爲實、以盡我防、而虚矣。其費不可給也。如是數次、國有不内壞者乎。嗚呼、亦盍反其本思之。沿海之鎭、何爲而置哉。其將吏守何職、兵卒服何業。我預於平日、命爲之處置、無非備寇。寇至有戰而已。何必

為百世法、前後顧應、体段分明、

再揭篇首所起之言、不用一助字截住、緻得有力、是謂常山蛇勢、

擾擾來告我。我亦何必擾擾往援之。帝之意蓋亦如此而已。但雖將卒備矣、未有不食而能戰者也。故曰。勿廢農時。且耕且戰。夫使戰而無耕、何資以戰。耕而無戰、亦何損於國哉。故寇有虛有實、而國無損有益。故曰。帝之言可以為百世法也。帝不徒言之也。當時寇出於實、而筑前守防戰大捷。其効驗如此。雖然當時所以能為此言成此効者、又有其本焉。本者何也。曰收權柄、振紀綱、躬勤儉、擧賢能、以宗廟生民為心。

先對举提起三絶、為一篇柱子、

刀劍過去而客、從略叙、

櫻花現在而主、從詳叙、

富嶽將來而客、又從略叙、

○讀名花有聲畫　藤田彪

日出之域、冠絶萬國、而鍾其神秀者富嶽也。發其英華者櫻花也。蘊其精氣者寶劍也。吾友青山伯卿嘗著刀劍録。皇家所寶、武門所愛、詳揭具載、無復遺憾。余既寫一本而藏焉。伯卿又嘗賦櫻花、得二百首。其弟李卿和得百數十首。合為一卷、命曰名花有聲畫。余獲罪索居者有年于茲。伯卿憐余無聊、以其有聲畫見示。余反覆諷誦、愈讀愈奇、雖身臥蝸廬乎、神魂飄飄飛揚於香雲艷雪之中者、眞伯卿之賜也。他日伯卿弟兄相攜攀富嶽、踞其巓、御萬里之風、餐千秋之雪、心目所寓、洋洋發諸詞藻、與斯卷及刀劍之録

主客湊合而收筆、遥顧冒頭、妙、

二十四與二十四、喫緊照映、

不用項羽取代之語氣、反學漢祖口頭、妙、

兼行、豈啻日域三絶、盡入青山氏機軸、閉戸居士之受賜、亦不止此也。日夜引領望之。

讀項羽紀　林長孺

余少好游俠、後有所感激、折節學道。古之豪傑濟大業者、其規畫既定於髫齔之時。余改過時、年二十四。不已晩哉。及讀項羽紀、乃知羽起時、年亦二十四。非有封侯之素、萬金之富、一旦拔起閭伍之間、率諸侯、滅暴秦、龍驤虎視、鞭撻宇内、其志雖不成、何其壯也。嗚呼。大丈夫固宜如此耳。而羽死之年三十一。余今年三十一。與羽死年亦適同。噫余

三十一亦與三十一、吃緊照映、

以下多少感慨、寫得不煩、

文山詠顔眞卿詩、其結尾云、忠精赫々雷行天、

以羽起之年而起、不能顯於羽死之年、碌碌俛首於緗素間。何才不才之懸絶也。然吾想使羽生於我邦、而遇今之昇平乎、則雖以羽之武力、其不能立功赫赫如彼也必矣。吾第當專力於斯文而已矣。則不必以愚而終也。

讀文天祥正氣歌　芳野世育

文以氣為主。不其然乎。文天祥正氣歌、凛凛耿耿、爭光日月、角大海嶽、洵足以扶綱常振民風矣。忠精赫赫雷行天。蓋亦自道耳。其衣帶贊曰、孔曰成仁、孟曰取義。天祥以此養之極、其剛大、其始卒莫不出于此

一句九字、斬新如利刄、

短々之篇、亦備頭腹尾三体段、

者、偶發言于土窖耳、方夫宋之末造、（造、為也、成也、詩、遭家不造、末造、猶言末世不造、）也、發婦弱息徒抱空名、而延一線之喘于江南半壁之地、其不可爲也、昭昭乎明矣、天祥乃曰、父母有疾、雖甚不可爲、豈有不下藥之理、忼慨唱義、困踣萬狀、以庶幾萬一焉、及趙孤葬魚腹、悲憤浩歌、從容就死、雖天非其天、而天祥之天則全矣、孟子曰、養而無害、則塞于天地之間、如天祥可謂養而無害者矣、其唯養之、是以其氣之所發、煥哉成章、貫萬劫（梵書、一世爲一劫、）而不朽、雖不欲以文名世也、而終不可得不名耳、後之作文者、非養氣之有素、徒求功于布置琱（琱、與彫同、畫也、）繪之末、欲以追蹤于古之作者、嗟亦難矣、

讀新文詩　　川田剛

厭舊喜新、人情皆然、然舉世趨新、耳目所觸、無物不新、當是時、求新於新、則新者非新、自洋學之盛、蟹文橫行、鳥跡漸少、而春濤老人獨守舊業、徵近著於諸友、每篇批評、每月刊行、使覽者唯見其可喜、而不覺其可厭、化腐爲新、工亦甚矣、夫官報物價、翻譯書目、陳陳相因、屋上架屋、近日新聞紙乃然、人亦盡置彼而讀此新文詩、

○喩

下五者字、文甚華贍、措辞亦参差不齊、法也、

前之二或曰、親姻近遠之間候者也、後之一或曰、仰鼻息者也、皆領前亦法也、

乃字下得有関係、

此之親旧、乃前之親姻近遠諸附従者、而言無虞則仰鼻息者也、文脈相通、

痘喩（節略）　　安井衡

昆陽有錢氏者、以財雄于一鄕、其子患痘、親者姻者、近相熟者、遠相識面者、仰其鼻息以擧火者、無日夜、踵相接於門、或曰、痘狀可患、宜加意調護、主人不悦、形於色、或曰、險惡極矣、請會衆醫而精議之、愈益不悦、或曰、見點雖多、紅暈如潤、我能保其無虞矣、何曰險也、錢氏乃大悦、延之密室、凡事必與之議、而他人不與焉、如此者十餘日、其子終死矣、諸人弔且候意、如痘急時、來看痘之狀、錢氏哭而受之、且謝其勞、然邈然意不相接者、皆言險惡可患者也、極意款待與之道往事、對泣盡哀者、皆言無虞者也、後十餘年、錢氏家漸衰、殆不能自給、親舊醵錢以賙之、而言痘無虞者、皆既轉走於他人之門矣、

食喩　　篠埼承弼

味之美者、其香必芳、嗅其芳、嚼其美、兩者兼焉、而食之美盡矣、味與香、其可偏廢哉、然美之可嚼者實、而芳之可嗅者虛、人重其實、而略其虛、所以知味者鮮也、藝之有文詩、猶經之有禮樂、禮之味美、而其芳在樂、文之味美、而其芳在詩、學者或曰、君子禮而已、何以樂爲、文而已、何以詩爲、非鼻齆（撿字書、無齆字、蓋作者假以言鼻孔、）

文總三段、每段以諸君云々截住、界斷分明。

（壅塞也。）之人乎。

雲喩　　　　　齋藤正謙

屬者余糾合同志、創文會。衆索題目、余乃以雲喩應之。且謂之曰、雲可以喩文、蓋物莫切焉。吾嘗登山巓、而覽觀其狀、因有所發悟焉。請爲諸君言之。其始起也、浮浮焉如蒸黍（王維句、有蒸藜炊黍之字。）、縷縷焉如吐絲。散而如綿、出筐鎔而如銀、在治繚樹而行、抱石而憩、徘徊顧望、躊躇不前。洎乎騰至於天際、俯仰百變。拖者若練、張者若幔、行者若水、蹙者若鱗、突怒者若峰、貏豸（貏豸、漸平貌。文選上林賦、陂池貏豸。）者若坡、若馬奔、若虎蹲、若龍躍、若

蘇洵文甫説、故曰風行水上渙、一句截住、與此同法。

鳳翔。翻爲旌旗、聯爲瓔珞、覆爲蓋、旋爲輪、亘爲樓閣城闕、峙爲山嶽。種種異狀、弗可殫述。俄而洸然潰然（詩邶風、有洸有潰。並怒貌。）、洶洶然、如浪駭、如濤舂、如陂塘之決。紛紜擾亂、如大軍之移動。圍既合、戰既酣、則雨霈然至。不終朝而徧於天下矣。嗚呼、是可謂天下之至奇至變者也。然皆一氣之變、非有意爲之。故曰、雲無心而出岫。文能如是、亦非其至者歟。請與諸君學之。雖然、雲而不致雨、文而不濟用、雖奇而無益也。易曰、雲上於天、需。人之需於雲、非爲雨故歟。方夫旱魃作虐也、百苗槁、百物瘠、人人引領望雲、猶疲民之於天吏。是

非望雲也、望雨也。雲而無雨、將何所望焉。唯其油然載雨、行之於下土、使槁者勃然以興、病者霍然（文選七發、霍然病已。注、疾貌。）已、以起。此其所以爲人物所需也。文能如此、請與諸君勉之。衆唯唯而退。遂書其言、以塞課責。

雪喩　　　　　齋藤正謙

時既嚴冬、花月之觀已逝矣。無物可娯目者。唯知閉戶擁爐耳。適快雪大至、意興復勃勃。推總排簾、集諸友、置酒賞之。歡然樂甚。凡物莫艶於花、莫明於月、而莫奇於雪。艶者明者、其狀一而已。唯奇者、變化無極。

玉筍、喩雪被山清奇。

正意、却以簡單之語見之而止。

靜聽之也、撲撲蟲飛、砂砂玉碎。仰見之也、撒鹽漫空、飛絮舞風。其起也、如觀廣陵之潮、素波銀濤、捲地而至。其亂也、如觀涿鹿之戰、敗鱗殘甲、蔽天而下。其著樹也、聯爲瓔珞。其封嶺也、排爲玉筍。其埋城郭屋舍也、變爲瑤宮瓊闕。且其艶似花、先春紛披。其明似月、當夜玲瓏。能併花月所長而有之。花月則瞠然不能學其一端矣。嗚呼、雪之奇、一至此乎。夫花賞於和煦之時、月賞於清涼之辰。唯雪至窮陰沍寒之日、始得賞之。是知懽愉之日、無由作奇、而至苦之境、乃能逼出大奇也。余於是乎有感。

通篇先喩後正、末以正喩夾寫結。

水喩　　齋藤馨

莫非水也。一杯之水。與江海之水無異。故在杯則吾知其爲杯水。投諸江海則見江海之水耳。欲復求杯水而不得。有曰油者。猶之水也。而注一點油于水中。汎汎然若舟之在河。經數日而未嘗成混也。蓋二者同其形而異其性。故不相容也。如此。噫是可取以喩人矣。夫圓顱而横目。皆人也。然其心則君子小人分焉。君子有寛裕。有强毅。有狷介和厚之不同。而其與小人居。則必君子與君子相合。而偕拒小人者。其性則然也。然則君子之性水也。小人之性油也。油之不

首段先說私照實境一番。

中二段說破私照之所由起、不多費辭、而正意隱々見、筆氣遒緊。

見容于水。固宜也。而今水之與水。或反眼相視曰。彼一杯水也。我江海之水也。彼安及我耶。將且忘其與已同類。而以油視之。不知油之笑於後也。吾故爲說。以戒天下爲水者。

鏡喩　　重野安繹

古鏡破矣。新購一鏡於市。歸以自照。覺面目須眉之微不予似也。如與舊鏡所見有異也。以爲鏡之質使然。既數日。人與鏡慣。形與影昵。則面目須眉漸復其故。依然舊鏡之所見也。夫所貴乎鏡。以其無私照耳。姸媸肥瘠之不差錙銖。而終始如一。故曰明鏡。今乃

末進一步示戒而止。

始之有異而終之復故。何也。物固有相慣相昵以爲私者。鏡者無心。寧有慣與昵哉。人自取之而已矣。夫面目須眉。受之於天。不可移易者。然人孰不欲其姣。以欲姣之心。求之於鏡。朝夕臨照。顴之高者漸平。頰之殺者漸豐。痘疤凍梨。（凍梨。面有斑點。如凍梨色也。）亦如有可觀者。以爲此鏡善寫吾影。不知是即前日之不予似者也。嗚呼。心之惑自私之至此。以有心臨無心。而猶如是。況以有心接有心乎。可不戒歟。

皇朝古今名家小體文範卷之中終

皇朝古今 名家小體文範卷之下

目次

目次了

百年一日並宜在以字下恐承傳寫之誤姑從原文匡龍止一種屬故畳用三不可羊豕以下六種故止曰可供用此文章繁簡取勢法

皇朝古今

名家小體文範卷之下

伊勢　渡邊碩也　編評

○說

老子猶龍說

川北重憙

黷然而潛，倏然而躍，駸駸（駸駸彊盛而不息貌）行，然而冲虛變化不測，此之謂龍。可謂神且靈也。然其肉不可食，其皮不可衣，則不如羊豕狐狸魚鼈可以食可以衣也。凡天下之物，有此形象，必有此功用。苟無此功用，謂之不神不靈亦可。史稱孔子適周，問禮於老子，旣而

目之以龍，學者惑焉。以余觀老子，其言玄微，欲體其教，猶逐影摶風。是夫子之所以謂吾不能知也。曰，然則老子優歟。曰老子龍也，夫子人也。天下百年可以無龍，一日不可以無人也。推夫子之意，蓋謂龍之不可網，不可綸，不可矰，不如羊豕狐狸魚鼈之可供用也。

養竹說

土井有恪

贅牙生畫竹，本出偶然。上無師承，傍無譜本。醫家有活物窮理之說，五代管夫人亦就月寫影，因募人貽以竹一根者，酬以墨畫一紙，期旬之間，應募者頗多。

喧雜之狀如睹、

非知竹者不能言、此一項、不免養爲徒養、說爲徒說、文加養金之重處正在此、

結尾一掉、無疲弱態、

初思再思、用同句法、因饒姿致、

無慮二十餘品、環植所居之齋外、蒼翠蓊鬱、貯風漉月、坐吟而臥哦、即以是充畫竹粉本、如是而已矣、從未有養竹之說也、歷年已久、筍之出者纖爾未已、加以街居湫隘、殆無處于容、翠蚊囂蟻雜蝙蝠畫飛於是乎、洗而疏之、劚故挺新、隨根所之、去他樹除石瓦、碧玉成列、風煙可觀、始有養竹之說者四焉、一曰眞任竹之自生、弗與之爭也、二曰簡芟、取下枝、燒淨榛莽、三曰實苦竹、羹之、卭竹杖之、紫竹籬之、雌竹掃煤、吳竹造漁竿箭、充筆管、既得其用、而林因以簡、豈非兩便乎、四曰分、老聃云、既以與人已愈有、君子之德、唯竹可以當之、輒分卑隣里、吾之清風不爲之少也、凡是四項、有類于道者、而理亦未止於畫竹、姑書以杜課題之責、每吾作畫、必與道俱、使朱欣亭聽之、將不勝其揶揄、後漢王霸傳、市人皆大笑、舉手邪揄之、之笑也、

釣鯉說　　市村水香

吾家瀕漢江、江有一漁者、工釣鯉、他人不能及焉、吾嘗問其術、漁者曰、無他、在專與精耳、初余之學釣鯉也、終日不獲一、如是者數十日、退而思之曰、是餌之不香也、器之不良也、乃香其餌、良其鉤與竿、往而釣焉、又無所獲、如是者數十日、退而再思曰、是徒餌之

香耳、器之良耳、未獲其方也、於是晨起到江、左視右顧、測水之深淺、窺鯉之游泳、而釣焉、須臾有大鯉魚、潑剌上鉤、從是無復虛餌矣、世之釣江者、釣鯉不獲、輒去釣鯽、不獲鯽、輒去釣鯊、終不能獲一、是豈拙於釣魚哉、其心不專而思不精也、吾聞之有所感、世之學藝者、學書不成、輒去學文、學文不成、輒去學詩、學畫、其心不專、思不精、如是、宜乎其無所成也、藝且然、而況道乎、古人有言、精神一到何事不成、漁者之謂也、書以自戒、

快字說　　篠埼承弼

快字第一說

快字第一証

快字第二說

快字第二証

好快惡不快、人之常情也、何謂快、所聽適耳、所視適目、所齅且食適鼻與口、四體百骸、莫所不適、謂之快也、然是身之快、非心之快、何謂心之快、惡惡如惡臭、心則快矣、好善如好色、心則快矣、心苟不快、則身所以爲快者、必歸於不快矣、然則快之本在心、而不在身、故快字從心、君子先心之快、而後身之快、故心常快焉、而終身不失身之快矣、小人肆身之快、而不顧心之快否、故心益不快、而身之快亦隨亡矣、君子小人之辨、在決其所快之先後而已、故快字又從夬、

乳說　　土井有恪

乳之用不用、天也。心神情性之用不用、人也。此意宜求於言外。

胸之有雙乳也、此受形之初、既已如此、不唯女子有之、雖男兒亦有之、遽而見之、殆若無所取者、然歷十餘年、女適於人、俄而抱兒也、則亦必有乳湩〔湩、乳汁也〕盎然而出矣、此其受形之所具者、及於抱兒之日、始知其有必需之用也、若夫男子與終身不抱兒之婦者、則胸間雙垂、徒爲疣贅耳、嗚呼乳之於百體、僅僅一分、論其實用、猶且如是、況於心神情性生來之所具足、而終身未嘗一用之、與前二人者之乳、均其所歸者、儘多、此豈可無惜於此邪。

不倒翁説　　高鋭一

記事逼眞、中間不容段截、信是筆與鐵化者、其認最化處、施圈耳。

脱離於手掌、宛轉于几席、摸然而伏、闖然而起者、不倒翁也、翁莞爾含笑、起之與伏、如不以爲意然、其笑也何笑、其豈非笑人之棄擲無能足損益我也邪、有人於此、因細故而爲所倒、則瞋眼戟手、敵之至力不勝、再三挫折、終不能復起立、怒氣如虎、張脈僨興〔張脈僨興、出左傳、注、僨、動也〕、是不知忍者也、古人有言、怒者易制、笑者不可測、作不倒翁説。

捕鼠説　　土井有恪

將捕鼠、俗所用天堂地獄、種種之機咸設、猶弗克獲、吒曰、蠢之畜、何費圈套〔圈、攏類、套、重沓不變之義、圈套連熟多用之、此指鼠阱〕

不對二字、慍色如睹。

代耕以佃此、點化古字之法。

爲命童子、毆〔古文驅字〕而內諸一室、塞穴隙、使無間於是、燭蠟煌煌、主人乃索攝其膞〔膞、脅也〕、褰裳及帶、手尺箠以入、亂扶〔扶、撻也、笞擊也〕於八隅、鼠也兎起鶻落、幾獲復脱、鄰人爲之攪睡、方惶急燭滅、鼠逸入褌、歷脇繞出于背、袒未及乳、鼠跳在腮、大喝空拳往擊、欄折傷指、乃喚燭童子點且入、問曰、獲已乎、腮間淋漓者、其蠢畜之血邪、不對、時鼠去已久、主人猶偏袒以立、氣茀然〔茀、氣貌、莊子、獸死不擇音、氣息茀然、用力也〕湧於胸間、未定、顧梁上、復橐橐〔橐橐、詩、椓之橐橐〕有聲、客聞之笑曰、物各有能、不可相冒、佃當問奴、織當問婢、捕鼠當問猫、主人以堂堂八尺之軀、乃欲與猫兒爭能、其罹傷指之凶也固宜、余爲之赧然。

其實同一之言也、而曰不讓、曰能勝、双提爲兩截敍、以下悉承之、倣之是文法也、且饅頭羊羹已二其品、鄕不得不如此說下。

虎屋説　　藤澤甫

大阪糕舖以虎屋爲最盛矣、所謂饅頭若羊羹者、籮之筐之、日散四方、不可勝計也、抑其製有異于他乎、而他舖欲抗之者、不窮力饅頭、則盡工羊羹、或曰、吾不讓虎屋、或曰、吾能勝虎屋、如此者往往輩出、未審果不讓耶、果能勝耶、然虎屋則買者塡溢、朝夕雜沓、他舖則兩斷三續、人影稀疎、虎製又有曰金鈍、曰小倉野者、位饅頭羊羹之上、至是二品、則衆倣之者、工依嗚呼曾謂泰山不如林放乎句法。

盡力窮。竟不得彷彿焉。假令不讓。唯以饅頭也已。假令能勝。唯以羊羹也已。直謂之某舖不讓虎屋。某舖能勝虎屋則不可。我嘗觀虎糕絶品圖譜。凡數十員。名所未聞。形所未見。差等崇卑不同。其價有相倍焉者。有相蓰焉者。有相什佰焉者。而金鈍小倉野猶不得與末列。況饅頭羊羹乎。此蓋藩王公之筵。而不墜民間者。虎屋實海内巨舖矣。他衆舖固非可擬。讓不讓。議勝不勝者也。以余思之。方今輕翻書生。追章尋句。少有所得。輒傲然自比宗師大家。亦猶衆舖之於虎屋也。嗚呼。曾謂世不有窺夫圖譜者乎。

紙竹線三者對提。而中亦別提爲錯綜。相映倣辿多姿之文矣。

護恐獲誤。姑存原文。

紙鳶解　　藤澤甫

有童兒玩紙鳶者。藤子與客倚門觀之。客問曰。紙之鳶。紙之鳶。克飛戾天者。寧誰之力。紙邪。竹邪。將線邪。不得竹則紙不其紙矣。不得紙則竹不其竹矣。紙竹相得而無線則鳶亦不其鳶矣。於斯三者。孰適孰莫。紙何獨專名。而二者獨見遺。抑無情物亦有幸不幸歟。藤子曰。否。請以邦喩。紙猶君也。竹猶臣也。線則其民乎。紙而柔。君不可不愷悌焉。竹而強。臣不可不骨鯁焉。愷悌以容。骨鯁以輔。君臣相合乎上。而民戴乎下。然後邦護安也。故不得臣則君不其君矣。不得君

君臣民對提。邦挾在其中。間與前同句法。

每下一然字。論旨進一層法也。

則臣不其臣矣。君臣相得而無民。則邦亦不其邦矣。然人稱之某君之邦。而臣與民不預焉。其於紙鳶亦何難。惟夫既稱之邦。臣民在其中也。則稱之鳶。豈必外竹線乎。亦何幸不幸之有。雖然線長則鳶愈高。民衆則邦愈昌。線絶而鳶不墜者。吾未之見矣。客頷而唯。

刄棘皆實字。假用尤足狀其辛辣。

遠州薑説　　林長孺

世稱遠州産薑之美。余始聞。意其不辛辣。及咬之。辛辣尤甚。殆將刄舌棘喉。以爲辛辣如是。奚足以稱美乎。既而思之。吁吾過矣。夫辛辣薑之性也。辛辣尤甚。所以美也。薑而不辛辣。是猶武士之無武烈。而柔媚豈其本色也哉。

可泣者可笑。句正意反。文勢宕颺。

去陳言説　　林長孺

學古文者。學其神氣。不學其言語。斯爲善學者矣。今夫古文之絶佳者。莫過孟莊左馬。而孟莊左馬未嘗踏襲前人。動出一機軸。謂之精神性靈之文。余嘗觀優。其演古今人物。摸其言語。擬其容貌。寫其忠膽義氣之狀。往往使人不覺感激涙下。退而念之。其可泣者皆可笑也。此無他。以其所爲出於虛假。而未嘗有其實耳。作文亦然。柳子厚評韓文曰。世之摸擬竄竊

與前捕鼠説參看可以得隨題立説之所由也

取青娩白肥皮厚肉柔肕（與筋同）脆骨而爲辭者之讀之也其大笑固宜善哉言也是韓子之所以能與孟莊左馬比肩而立也或曰然則古語皆不可用歟曰否苟能可用而用之亦何害但鎔化之使如自己出古人之言語即我之言語耳

猫説（節略）　野田逸

猫之捕鼠也與生俱生者生而墮地則有捕鼠之能鼠之畏猫也亦與生俱生者生而墮地則知畏猫猫之捕鼠與鼠之畏猫一焉耳是故猫之捕鼠也無足稱者所貴乎猫者在不與鼠相抗也余家多鼠剥昏

伺睡旁睨側出猖獗陸梁無所不至余患其暴因乞得一猫魅然如虎爪牙如戟旬而誅一鼠月而誅一鼠誅一懲百無復鼠之患矣或曰子之猫雄則雄矣何其捕鼠之少也曰天地之間物各有强弱弱之肉强之食也猫而悉誅鼠耶鼠未可悉誅而猫已將罹禍況千百鼠而當一猫豈有不敵之理哉而彼猶以爲不能敵者特畏其威而已矣若捕之多則其威損損則抗猫而與鼠抗豈在其爲猫哉然則其捕鼠少者乃其所以自逞其威也嗚呼鼠窮則咬猫彼民窮矣焉知其不反噬令長也必也能以吾所得猫之心爲心者可以爲令爲長矣

詳叙捕鯨首尾故結淡然而止

捕鯨説　齋藤正謙

今玆天保辛卯夏初玉井生自南紀來盛談熊野捕鯨事曰鯨之來每在冬春間群漁預具走舸以族聞螺鳴輒發疾如電各載三人一人操櫓一人持鏢（刀鋒曰鏢）一人瞻旄旄長三丈漁長執之立高岡上麾之右衆舸從而右麾之左亦從而左進退分合惟旄是瞻往逆鯨於洋中鯨來若山嶽之移噴沫成雨不可嚮邇乃轉出於其背鼓譟怖之驅入灣内衆舸從之爭擲鏢攢於鯨背及鯨創重將斃募一壯夫入水刀屠

其腹貫索而出繫之以兩大舩邪許曳之比至沙際金鳴舸散乃置酒饗衆賞先登及入水者各與十金餘有差云余聞而壯之以爲雖赤壁采石之戰何以過之其紀律之嚴進退之節及高募重賞得人之死力似深於兵法者矣

佳蘇説　齋藤正謙

佳蘇閩書所謂鮰鱃也自古有之但脯爲梃供諸和之用而已故名爲鰹其生食之古未之聞也聶（與牒同薄切肉也）而切瑩然如紅玉脆而美足以奴棘鬣而僕巨口細鱗也春夏之交薰風至杜鵑鳴籬下卯花皚然

先提出草香棋拳酒飯夙

以闘著者六件以襯映下之闘茶勢如波濤之疊起

如雪東人稱爲佳蘇之候引領望之其始上市價十數千人人爭購恐後或典賣衣裳不惜也其見貴如此然東國貴之西則否亦有遇不遇歟嗚呼自江都以前二千餘年自京師以西三十餘國此魚之不登金楪銀盤而死者何限然魚之美則依然爲膾爲脯咸存於人魚何憾哉

闘茶說　　齋藤正謙

甚哉人心之好勝也今也承平二百餘年目不覩干戈耳不聞鼓鼙而人人好勝之心依然不改於是尋常游戲皆爭其輸贏故童孺之稚有闘艸之游婦女

之纖有闘香之戲且艸與香皆非可闘者而驅使之以斬勝人況丈夫好勝之甚者乎故其游從也闘棋其宴會也闘拳甚者至痛飲闘酒健啖闘飯噫亦鄙矣近世文人代之以茶檜棋數品各瓶煮而嘗之其爲鷹爪爲雀舌皆暗射中之蓋本於宋人而改創其式較爲有韻也蓋古人以茶爲食故詩云誰謂茶苦或謂荼即茶也至三國孫皓饗韋昭以茶代酒始知其可飲至於唐末陸羽著經盧同賦詩茗飲遂爲騷人雅尚亦未若闘茶不食不飲嘗而品之更爲清虚澹泊也然茶之爲物可飲可食而不可闘事益韻而

河豚長言其絶命而西施則單曰沈乎湖而止繁簡有法

筆氣婉轉如環

益無用若用之則吾從先進

河豚說　　松本衡

河豚一名西施乳非以其類似也歟說婦之色者必屈指於西施而西施能破人國說魚之味者必屈指於河豚而河豚能絶人命然河豚既不自免絶命於鸞刀紛綸之下而西施亦沈乎湖矣毒乎人者亦必自毒西施河豚之毒于國于命皆自毒也抑人知西施河豚之爲毒而不知躬自爲西施河豚之爲毒若知躬自爲西施河豚之爲毒則天下無復有西施河豚

筍說　　巽　耀文

余近讀書於洛西某村鄰翁植竹爲業一日指其筍謂余曰子知筍乎夫筍之爲物不生枝葉挺然不屈曲被籜無文唯其不生枝葉所以長於旬日之間也唯其不屈曲所以致千尺之高也唯其被籜無文所以成堅貞之德也余曰旨哉言也所謂不生枝葉者非不務末技乎所謂不屈曲者非正直無陂辟之行乎所謂被籜無文者非不求知於人乎今也實學不講士人不反斯三戒者幾希矣翁豈託言於筍以發余耶抑將諷世耶遂書其言以爲筍說

藤說

齋藤　馨

草木之生、區以別矣、然皆根爲之本、而枝由以茂、各隨天性而足、一也、若夫根有所依、枝有所附、一立一仆、不能自主、而求助於外者、唯藤爲然、藤之爲物、性柔體弱、垂蔓裊娜、攀松纒柏而生、維莫之春、紫葩艷發、嬌姿欲舞、清芬馥馥、襲人觀之、儼然一佳卉也、而所攀之柯折、則從之而折、所纒之幹仆、則從之而仆、窮竟依物爲命、將與夫無名野草比肩、亦不可得也、余由悲世之立脚進步、莫能自主、往往依人以成立、一旦失所託、則敗亡立至、嗚呼、謂之人中之藤也亦宜、

虛心平氣說

尾藤孝肇

双提二項說起、昌黎原毀舜周公一段、明爲粉本、

讀書偶獲一說、質諸古人而愜焉、徵諸今世而弗悖焉、欣然自喜、以爲至理也、他日無事、獨坐窻下、倏思之愜焉者、猶有不愜也、弗悖焉者、猶有悖也、是何其見之瞭乎後、而眊乎前哉、論事偶獲一義、考諸古人合焉、驗諸今世而弗謬焉、快然自足、以爲至道、他日無事、獨坐窻下、倏思之合焉者、猶有不合也、弗謬焉者、猶有謬也、是何其知之昭于後、而昏于前哉、嗚呼、我知之矣、蓋心不虛則蔽、氣不平則蕩、當其獲之之時也、欣然快然者、其氣爲之蕩也、以爲至理、以爲至道者、其心爲之蔽也、他日能覺之者、其心虛、其氣平也、今夫水之性、眞清可鑑、而有土汨之、方圓之不能察、茍心蔽氣蕩、寧不謬紫於朱乎哉、是故舍其所執而讀之、無讀不通、忘其所持而論之、無論不當、優柔厭飫以之講習、切劘以之、凡書之微旨、事之得失、莫不氷釋理順焉、譬諸出於荊棘、觀於平原、正路與旁徑、宛在目中、豈難於擇而由之乎、豈不誠欣然快然乎、橫渠先生曰、濯去舊見、以來新意、夫唯虛平可得而來之、

通篇平易、不可無此一警句、

蟬說

齋藤正謙

青林樂三字、嵌入得而文不腐、

蟬與蛙、著差等處、多少曲折、

書齋之後、竹樹環植、當夏秋之際、蟬鳴其上者、從朝達昏、嘒嘒然、泠泠然、有若鼓琴者、有若吹竹者、有若人之嘯咏歌謠者、貧居得此、以充兩部鼓吹、每睡起酒醒、支枕聽之、怡然自娛、稚圭之蛙鳴、不啻古人稱爲青林樂、信不誣也、夫蛙鳴比蟬吟、較爲喧聒可厭、而世人或比同之、有蟬噪蛙鳴之語、既且比擬失倫矣、況又以此二者、比世之以著作乍鳴乍止者、蛙且不屑、況於蟬乎、蓋蛙之與蟬、雖品格不同、皆動於天機、時至而鳴、非強呻吟者矣、世之作者、誰能如此乎、

爰居、海鳥也、一名雜縣、智囊引孔子言曰、以人之所不能聽說人、譬之以九韶樂飛鳥。

亦宜二字自獲麟解來

句法自仲尼歎老子及獲麟解來

句緊甚

況蟬之爲物、含氣飲露、悠然自得乎塵𡋯外、是以終日清吟、不作煙火中語、比之作者、蓋陶彭澤韋左司之流亞也、豈不足以針砭俗耳、蕩滌俗腸乎、而謂之噪何哉、唯使喜淫聲耽俗樂之人聞之、是饗爰居以韶頀、信見其可厭、而不見其可悅也、其謂噪也亦宜。

烟草說

齋藤正謙

凡飮食之用、取其適口充腹、飯吾知其能療飢、酒吾知其能合歡、糍餅餻餳吾知其能養老育幼、至於烟草、則入口不甘、入腹不飽、吾不知其何用而何益也、其行於世未久、瀰漫天下、上自王公、下至屠販之徒、

皆以爲家常茶飯、視之求其不嗜者、不能十二三、至曰寧食可無、飯吸不可無烟、何其喜無用之甚也、然天下固有無用之用、無益之益、是以歌詩之無用於治、書畫之無益於學、大度君子、因而弗廢、以待中下士、中下士處無事之世、蕩然不能自撿、往往流入邪僻、唯有此諸藝、得以救之、上雖豪傑之士、亦或假之以養其性情、娯其心志、其用之與益、亦不少小也、烟之於人、亦有類此者、雖無療飢合歡之用、而有遣悶慰勞之用、則不得爲無益矣、但捨本而趨末、重無用而輕有用、正人君子、是以有譏焉、然惡烟而欲禁之惡

說肉体之樂處、極華贍、中間變句法、皆可法。

歌詩書畫而欲廢之者陋矣、

駱駝說

齋藤正謙

駝之爲物、其大倍蓰牛馬、頸長腹漲、背有兩峰、脚三折、長鬣而非馬、岐蹄而非牛也、近西洋人貢之於我、我邦人少見多怪、初駭其詭異、終笑其蠢癡、紛然喧於都市、云吾聞駝之在西域、能察熱風、能知伏流、能負千斤之重、日行七百里之遠、其能過牛馬遠矣、西人常資以爲用、唯見其材能、未見其詭異也、今來在此、地殊而用異、徒充詭觀、遂噱笑之、不亦寃乎、嗟吁、以出群之材、居非其地、用違其性、終身黙黙、不得自

效、而爲世人之笑者、皆駝類也、悲夫、

爲善最樂說

佐藤　坦

絲竹管絃果樂乎、吾見聾其耳也、綵綺文錦果樂乎、吾見盲其目也、膏粱旨甘果樂乎、吾見爽其口也、酒爛其腸而色伐其性、狗馬弋獵暴其氣、宮室臺榭惰其體、凡人之所趨以爲樂者、吾意未見其爲樂也、至於爲善之樂、則異於此、爲子而孝、竭其力而勞其心、爲臣而忠、致其身而厲其精、凡其所以爲善者、殆如見其可苦而未見其爲樂者也、然而孝於親則親樂、忠於君則君樂、推諸家則家樂、施諸國則國樂、措諸

以上凡用十五樂字、而以東平王語結、如網在綱、有條不紊。

不可無此一証。

又不可無此一証。

無數汝字、錯綜成文、到底一線不縱。

天下則天下樂。夫天下皆樂。我何獨不樂。盎然其若春煦也。燠然其若暖噓也。熙熙然其若百鳥和而群芳萼也。嗚呼是皆爲善之推也。而其爲樂果爲何如哉。東平王蒼語人曰、爲善最樂。庶其有見於此歟。

蝸說　松埼復

松子倦誦、臥竹床。久雨乍晴、林庭灑洒、地潤而苔滑。有蝸上牆而行。行而兩角觸。觸而警。警而縮。縮而首尾俱藏入殼中。松子喟然嘆曰、蝸哉蝸哉。夫得潤而行、何似夫遇時而行者邪。觸警而縮、何似夫言而當忌諱、自反而引咎者邪。縮而藏、何似夫不用而自善

者邪。古之人以汝名廬、抑亦以此歟。蝸哉蝸哉。何甚似君子乎。又嘆曰、得潤而行、何似夫得幸而進者邪。觸警而縮、何似夫外剛而内荏者邪。縮而藏、何似夫緘口畏罪而固其祿位者邪。古之人以汝爲醯、抑亦以此歟。蝸哉蝸哉。何甚似小人乎。夫君子以似汝而爲君子。小人以似汝而爲小人。故吾甚好汝、而又甚惡汝。焉好汝、則但恐其不爲汝。惡汝、則但恐其爲汝也。是以欲居汝廬而爲君子、又欲食汝醢而不爲小人矣。是故先作汝說。

駿馬說 節略　長野確

三問三答、而遂以大笑收之、筆力斬然。

嘗遭相馬者、問以馬說。答曰、在相馬經、曰、欲知馬之駿、割死馬之腦。其血殷然凝、如赤玉者、乃能走千里。余聞而疑焉。所取於駿者、以其善走耳。馬已死矣。駿之與駑、於我何擇焉。試指生馬而問之。熟視曰、是似駿而踶、何也。似良而囓、何也。且我未割其腦、安能知其果駿哉。曰、子善相馬、嘗得幾駿。答曰、吾朝遊於冀北之野、夕入於伯樂之肆。擧目皆駑駘。且今日何得有如所謂騄駬綠耳赤驥白犧（四者皆周穆王八駿中之物）者哉。余聞之、不覺冠纓之索絕（史記滑稽傳、淳于髡仰天大笑、冠纓索絕）也。已而歎曰、古之得駿者、周穆王之八駿、秦始皇之七馬、

漢文帝之九逸、武帝之四駿、唐太宗之十驥、悉數之、更僕未可終也。今之相馬者、終年未得一駿。攘臂遊馬市、乃曰必割其腦而後知之。馬之未死者、駿不得其爲駿也。悲夫。

文說 節略　安井衡

文猶山乎。突然而起、迤然（行邪也）而走、爲峰、爲巒、爲岫、爲壑、俄而巉巖峭崿、俄而秀麗明媚、面勢廻合、互相映發、而金玉草木鳥獸之材、又興乎其中、雖爲形不同、皆有可觀之勝、可資之材、而基大者常勝矣。又猶水乎。發乎深山之罅、潛乎古木之下、合衆流而一之、

結反觀前段、山與水首尾相顧、常山蛇勢、

奔焉而湍、懸焉而瀑、洄焉（洄、回流也）而淵、礴大山、盪巨巖、激涌奮迅、擇勢所順而出、地平勢緩、猶不犯其所難行、龍蟠蛟屈、以達於海、舟楫通焉、魚介產焉、而灌漑之澤、又及數十里之外、雖爲形不同、亦皆有可觀之勝、可資之利、而源遠者常勝矣、故文無定法也、起於理之所充、行於勢之所順、險易細大、成形於道、而其可觀者、不求自至、是謂無法之法矣、然爲之有法、其腹必實、而空洞其中、鐘之鳴也、虛而石則頑然無聲、故積之者學也、化之者道也、所以出而不滯者氣也、并是三者、文可得而言矣、今之爲文者、動求法於一家、摸擬剽竊、務肖其形、而其神或乏、是猶場師之作假山水、雖有可觀者、抑渺然既小、況望其能生貨財以利於人哉。

紙鳶說 節略

野田逸

紙鳶非鳶也、而及依人手、乘諸順風也、隨而颺隨而高、翰飛戾天、震雄聲於雲間、方此時、真鳶亦不能過之也、逆風忽起、則細線中斷、骨折肉飛、傾覆流離而下、或落于泥沙、或困于葛藟、于巃嵸（巃嵸高而危也）、忽而雲霄、忽而糞土、其不可測者如此、夫順逆無定者天上之風也、因其無定之風、爲其身之安危、爲紙鳶、不亦

二句雖就紙鳶而爲言、亦自有帶說人事處、

比喩欲言不太盡、故竊割本文半幅、

因弓字發奇思、可以諭隨題設想之方、

難乎、蓋依人而成事者、不得不因人敗矣、待物而得勢者、不得不因物失矣、今夫紙鳶身不能自飛、待風以飛、身不能自騰、依人以騰、一上一下、一安一危、莫非待風依人也、不見彼真鳶乎、雄姿橫發、自得於冥冥、勢不可則卑飛斂翼、翺翔於林木之間、一上一下、唯意是從、嗚呼、余觀真人之不異於真鳶、而有以益信僞人之有同於紙鳶矣、

○書後題跋

源廷尉收弓圖

齋藤馨

愛一弓而不顧其身、甚矣廷尉之重弓也、然廷尉獨知其所執者爲弓、而不知其身之爲弓、是可惜也、當此時、平氏禽奔兎走、廷尉驅而斃之、自二位視之、亦弓耳、獸盡弓藏、自古皆爲然、而廷尉不知自重、宜爲二位所廢也、然其棄廢之餘、猶且用東北胡羯、而有所弋獲、則可以亡恨矣、而二位抔土未乾、其子孫已爲豺狼所嚙、而莫之克驅、乃欲籍其弓以斃之、安可得哉、故吾不獨惜廷尉之不自重、而尤惜右府之不重其弓也、

題輕氣毬圖

菊池純

將驅役水火矣、於是乎有瀛車瀛船焉、將鞭笞雷霆矣、於是乎有電信之線焉、將駕御風雲矣、於是乎有

長句束住太好

輕氣之毬焉夫驅役水火鞭笞雷霆駕御風雲非神仙則所難能而今之人容易驅役之容易鞭笞之容易駕御之其變幻奇巧若神仙然無他特人智之發明令之然焉耳故泰西智巧之士有視蜘蛛度絲以架橋梁者焉有觀湯氣掀飜鐺蓋以創滊船者焉皆神智發明所致吾故以謂古所謂神仙者皆聰明智巧之士耳豈別有神仙云者邪故一發明其智巧則水火也雷霆也風雲也皆可以駕御而鞭笞也又何怪於區區一輕氣毬也哉觀此圖者亦可以見人間智巧之無窮也

以下始入小楠一邊説

書小楠公鏃書摺本後　　松本衡

延元之亂斷脰（脰項頸也也）折頭暴骨草澤生爲忠臣死爲義鬼者何可勝數而終弗如楠氏二世精忠苦節一家血肉殲之王事論者或云二公之死太遽俾之遲數年中興之業可期南狩之駕可回特不知二公之智講之已詳獨奈壬人哲婦惑亂主聰乾綱解紐國步艱難雖有智者無善其後而猶且以此譏二公多見不知其量也二公之死皆足悲而余最悲少公之妙齡齎志以殞項友人高橋有常出西遊中所得少公鏃書摺本示余余一閲暗涙塡胸不能自禁聞

先言書之所以作明非以書名家者

公之向四條畷先謁後醍醐帝廟抽其所負矢鐫絶命詞於如意堂扉鏃痕入木者三分今其扉見存其寺文字猶不磨滅云余嘗觀世所傳古名人遺物多出後人僞作其眞者毀壞沉滅已久矣而廟扉獨長存不朽者豈非以山嶽之靈林叢之鬼呵獲之耶雖然公之不朽者自有在焉廟扉曷足言而吾人猶欲其久不朽者特以爲公遺物耳然則屋烏之愛（説苑愛其人者兼屋上之烏）及其摺本不亦宜乎閲畢書其後

書自書大字後　　頼　襄

吾喜作大字嘗謂人曰吾胷有如虹者借焉以吐之

而已家有老圃衰病寒餓賣吾書以資生噫吾不嫺筆硯也其書亦豈直錢也哉然吾孤蹶困踣視諸老圃其老少雖殊其病且窮也一矣語曰同病相憐吾書此與之亦相憐焉耳豈自快而已哉甲子十一月十二日襄書

題武禪居士畫　　頼　襄

吾嘗養痾于竹原居家仲父西樓樓四面皆山夏秋之交時見有黑氣如潑墨沒山腰脚樓前竹木掀翻欲舞而簌簌之聲來撃樓瓦吾輙誦唐人山雨欲來風滿樓稱快久之後毎逢炎暑未嘗不思此快焉今

脫洒帶諧。題画往々有此習。

此畫蓋寫此句意。而其兀坐樓上者。莫乃吾乎。

書富岳圖后

生野克長

予因夏日之巨鎖。與客閲書畫北窗下。偶會富岳有感焉曰。四座皆翠髮。我獨童頭。有似富岳之突兀不毛。但其似者是已。如其崢嶸峻抜。廼乎天漢之勢。則讓諸四座之妙年。

第三句特長。野以取態。

題輕氣毬圖

石津勤

無術而入焉。溝渠之淺亦溺。有術而泅焉。江海之深不沒。今夫水者。地下之空氣也。氣者。地上之積水也。人能沈浮地下之空氣。而不能昇降地上之積水者。何也。無其術也。輓近泰西人。有見乎此。乃創製一器械。狀若圓龍。內設機關。使可開閉。以蓄洩空氣。乘之則能冲霄戾天。名曰輕氣毬云。此圖即是也。嗚呼。術亦巧矣。夫苟有其術。則一覆手間。尚能衝突雲雨。驅使風雷。把捉撫摩日月星辰。浩乎翺翔于氤氳磅礴中。如此矣。然則人之在兩間。蓋無不可得而爲者矣。且夫天下一大氣毬也。治亂其昇降也。氣毬有術。可以昇焉。天下有術。可以治焉。顧自古當路無術者。一際天步之艱難。動輒擧經緯燮調之任。推諉弗顧。每曰。天下不可復爲。夫不可爲之事。尚爲之若彼。今可爲而不肯爲。是視天下。不若一氣毬。後之秉軸持衡者。庶其有鑒乎斯圖。

此篇以短勝。

題群盲評器圖

高鋭一

周鼎殷盤。磊落滿前。盲者六七人。手摸之口品之。而其於眞贋。以有終不能分者。余攻洋籍有年。乃雖一二執其理趣而論辨。率皆按死象之骨。以想其生者。況地隔萬里。人異言語。耳目之所未聞見。安知其不爲郢書燕說。今及觀此圖。則知爛爛具眼者。亦與黜然不辨五色之群盲無異。

郢人遺燕相書。過書擧燭字。燕相解爲尚明之義。因擧賢國大治。

題群盲評古器圖

川北重憲

群盲擁鼎而立。有握鉉（鉉貫鼎而擧之也）所以爲弓者。有撫腹爲鐘者。有抱足爲柱者。有執耳爲盤者。均之不見全鼎。而諠譁不已。有一老盲。徧摩深察。傲然喩群盲曰。其所握者鉉也。某所撫者腹也。某足也。某耳也。此之謂鼎云。衆咸服焉。一盲曰。已得聞其名。請問其用如何。老盲不能答。由識者觀之。則執一端者誠陋矣。乃擧全體而諳其名。不知其所以用。則亦不爲得焉。嗚呼。聖人不再興。吾人之爲經也。不爲群盲者幾希矣。經術之難。奚翅古器之比哉。

自東坡日喩來。

此篇以長勝。

題歸去來圖後

佐藤楚材

末着一語。以見不虛搆。

塋寒貧甚。掩戸枯坐。幽憂紛紛。無由一掃。出訪友人。偶壁間有畫。衡茅數間。柳婆娑於門。有人倚之。扁舟在望。如相候者。不問而知其歸去來圖。余因謂友人曰。陶令一代高人。解印綬而歸。排脱世務。超然乎風塵之表。浩如天外冥鴻。胸中洒落。其快何如哉。余乃欽仰不能已。友曰。彼有田園。有屋宇。有僮僕。有琴有書。有酒。何所不足。歸則可歸。是易爲高人。我輩無是。安得輙似之。相共一笑。余謾録其語於紙尾。時某年某月。有歸田恩例之令。

書孟母斷機圖後（節略）

安井衡

短々發端。直下斷案。

歷觀古今。賢母之子多賢。而賢父之子未必賢。是豈由資於母氣之多而然乎哉。仲尼曰。性相近。習相遠。蓋父嚴而母親。幼之時。父未教之以道。其所視聽言笑。皆母也。至七八歳出就外傅。而其習既染。其所學固不若其所習之安也。故古者尤重婦德。以周家積累之德。詩人極美其得賢妃。蓋不獨以閨門修穆之故。亦喜其得賢子孫焉爾。夫高貴之人。有保傅慈姆之屬。不自撫育其子孫。然必有賢妃而後能得賢子孫。況於懐抱乳哺之者。安得不染母習哉。後世專貪色。不復講婦德。及其育子弄孫。夫妻不反目則婦姑

既屋既亡也。取義於小雅。瞻烏爰止。于誰之屋。

忽挿鄭成功與曼公對映。取風概。桐溪聽蛙引陶元亮同一文法。

勃谿。（荘子。室無空虛。則婦姑勃谿。注。勃。争也。谿。空也。）其子幼而習焉。視以爲人道之常。而父之教子。又不及古人十分之一。其不化爲魑魅者。蓋亦幸耳。偶有觀孟母斷機之圖者。不堪古今隆替之感。書以質乎後人。

書獨立瀟湘八景詩卷後

藤森大雅

戴曼公清節之士。明社既屋。蹈海東來。皭然之志。實可仰止。此卷巖國山田子雅所藏。曼公自書瀟湘八景詩也。清遠閑放。毫無塵俗氣。足想見其風概矣。因謂嘗觀鄭成功書。雄偉飛動。有掀翻乾坤之勢。與曼公同在明末。而彼則志於功業。此則歸潔其身。故其見心畫者有爾殊也。然昔者太公伯夷。一則鷹揚於牧野。一則餓死於首陽。而萬世兩賢之。由此觀之。二家之書不同。而其可賞則一也。

風人楚人與濂溪先生。三不知梅花。三様叙法。

題椿山山人畫梅譜

大槻崇

三百篇之於梅。唯言其實而不言花。夫不知子都之姣者。無目者也。梅花之清麗。而一語不及之。何風人之無眼珠也。卽離騷之辭。亦往往説蘭而不及梅。鼻之於臭性也。不問梅花之芳香。而惟蘭之聞。楚人之性。果有異於人乎。雖然。天下之物。隱於古而顯於今者。亦多矣。何獨恨於梅花。所恨者。濂溪先生就水陸

結尾分明、梅真知已、

爲花忙與結末對襯、

塞翁馬莊周蝶、用得典實、

以事實爲引子、大有關係、亦可謂小題大做也、

花之可愛者唯品其三、曰菊花之隱逸者也、牡丹花之富貴者也、蓮花之君子者也、而不及梅花、豈非缺漏邪、余爲贅一評曰、梅花清乎清者也、桃與李大穠而小清、

題東台送別卷　　川田　剛

黃石翁治裝將西、或留之、掉頭不肯曰、嵐山芳野恐後花期、不可以不星夜馳歸、於是社友會東台長酡亭、賦詩送別、獨余以奉命赴茨木縣、上程日廹、不能著一句、因憶少壯負笈西游、探勝京畿、過大津驛、戲題廿八字曰、畫戟森森喝道譁、輪蹄相競入京華、春

風一樣客衣暖、人爲官忙我爲花、當是時、翁爲大藩上卿、其從王事、孑孑干旄、僕從如雲、驛吏郊迎、執鞭前驅、則欲微行賞春山野、不可得也、今二十年矣、功成身退、杖屨飄然、而吾輩措大顧藉名朝官、去留不能如意、寒馬周蝶、得失一夢、今讀斯卷、竊羨其爲花忙云、

源平戰爭圖　　齋藤　馨

嘗聞、新田總兵見楠廷尉、問曰、子之於兵焉學、曰學諸源九郎、總兵笑曰、子亦戲乎、子非古人也、安得直受諸古人、廷尉曰、九郎鐵枴襲虛、攝浦冒風、用兵之

計圖中作事、而擧其數、如此着筆大見典雅、

再揭干支、措語着實、

機盡矣、吾每戰以此爲師耳、總兵擊節稱善、夫九郎之用兵、孰不知之、但少善學如廷尉者耳、此圖鐵枴攝浦諸戰、歷歷在目、使善學者見之、便一幅兵訣秘圖也、

題耕織圖節略　　安井　衡

從漬種至以爲飯、農之事凡二十有四、從培桑至以爲衣、蠶之事凡二十有二、皆瑣屑煩辱、日不暇給、而雩禳溝防之費、又在其外、甚矣民生之難也、況氣有寒濕之變、時有風水之災、百日之功、或一朝而敗之、衣不足以蔽其體、食不足以果其腹、而往往有汚吏

方且責租徵賦、朝夕號其門、雞犬且不得安、民不堪其虐、則賣子嫁妻、以救一旦之急、終亦不免相與爲溝瀆之腊乾肉也、可不大哀乎哉、

題楠公訣子圖　　松林　漸

戎衣軍裝、齡可五十、左右踞胡床、如有所指授、而垂髫童子、俯伏其前、飲泣者、此爲楠公櫻井驛圖、干支係延元丙子、而小楠公之擧義、在興國庚辰、終能奉其遺誡、公亦含笑於泉壤矣、千載之下、觀其圖者、誰不感憤激勵、過其地者、誰不裴回顧望而悽惻、余之東遊、乘月遡淀河、望見一小村落於水煙髣髴中、舟

云愛及屋烏、云執鞭、忻用古語古字、文價增重、

人曰、此櫻井驛、然終不果往、是爲遺憾耳、

書柴栗山贈高山仲繩序後　藤森大雅

諺云、愛人者及其屋上烏、況於慷慨好奇節、若仲繩其人者乎、又況此卷栗山先生親書所贈仲繩、而仲繩遺澤之所存者乎、吉田生愛而藏之、亦宜矣、然仲繩之風節、栗山之文、皆人口之所膾炙、是不必論也、但觀於其所附書數語、仲繩平生所存、在欲爲澆俗扶持綱常、而栗山能虛心容物、前輩之風尚、兩可欽慕、雖執鞭所願也、故喜係名姓於其末、乃書、于時癸丑端一、

著色瓜蔬圖　田能村憲

繪事小技也、瓜蔬微物也、然每每喜而作之、亦吾性所適也、或云、前人有言、咬得菜根、百事可做、又不可使士大夫一日忘此味、其所關係、不亦大哉、觀者宜具此眼矣、余曰、眼之具與不具、我豈敢求焉、憲也志在於小、不在於大、時或點染、不過寫性之所適耳、

題湖帆飽風圖　藤森大雅

帆腹飽滿、有一瞬千里之勢、舟人自以爲快適、旁觀亦健羨之、而不知下有不測之重淵、一繂（繂大索也、所以維持舟、）忽斷、則頃刻饜鮫鰐也、天下之事、多類此者、豈特

一以虛想運之、空中構樓手段、

鶴客也、

至此拈出月、主意全在此、

遂以月字束住、

第一節、客先言、而主人後應答二次、

一湖舟而已矣哉、是古人所以尚知足也、

題南嶺後赤壁圖　野田逸

謂之蘭亭耶、有月矣、謂之楓橋耶、有鶴矣、有月有鶴、有風流髯太守、山欲鳴而谷欲應、斷岸千尺、生于咫尺、不是後赤壁圖乎、夫畫精矣、然畫史之所徵者、太守之賦也、徵于其賦、而不睹其遊、無乃妄意爲之乎、曰、觀彼鶴耶、其翼可以行萬里矣、其壽可以保千年矣、於千年前、戛然掠太守舟、於千年後、不擇萬里之遠、而翩躚横我屋者、唯有鶴存焉、雖然、鶴之爲數極多矣、縱使其鶴存、孰辨其爲太守之鶴也、鶴而不可辨、何以徵太守之游也、余熟視於此畫者久之、有知其所以徵焉、嗚呼、地殊人没、物換星移、亘古今、極遠近、而不變者月也、照赤壁、照太守者、卽照吾地、照吾顏之月也、其可徵者、莫過于月也、故畫史必徵于月而畫之、月亦有光於此畫矣、世若不信之、則舉此畫與此文、以問之天上之月、

題岩泉翁八十壽詞卷首　大槻崇

淡海岩泉明卿、突如來過敝廬、通刺門下曰、願得一見、余以無紹介辭、則曰、某之願見先生、非他、欲乞詩若文、以奉賤父八十壽耳、余曰、若然、是孝子之行也、

第二節主人先發言而客隨應亦各二次。

琵琶湖笙嶋、與開口淡海緊應。

一片奉親之心六字頌辭中骨子。

二舉証左、拓開文路、而論旨亦隨以牢。

引易益足以牢論旨。

縱無紹介、吾將見以勉其孝矣。乃延之座。其人温乎長者。婾色婉容、藹然于言語應接之間。余乃謂曰、子之所以爲乃翁謀者善矣。抑壽之脩短、自係于天、非人力之所能爲也。而况夸辭浮文、假令累千百篇、亦何有益于翁之壽哉。明卿曰、雖然、詩之與文、賤父之所嗜也。供其所嗜、以養其心志、亦有延壽之道焉。余於是乎下一語曰、浥琵琶湖萬頃之波兮、不足以益翁之壽兮。截笙嶋千竿之竹兮、不足以添翁之籌兮。唯孝子一片奉親之心兮、可以使翁至於千秋兮。請以此代南山之頌。明卿欣然曰、先生之言、孟宗之竹、王祥之魚、且不若也。某將疾歸而侑翁一觴也。拜謝而去。實天保某年上元之日也。

題孟母三遷圖

齋藤正謙

三遷近學宮、以成其子之賢。古今所以贊稱孟母。余以爲三遷固可贊稱也。而初遷次遷亦皆未爲孟母之失、何也。孔子不云乎、吾少也賤、故多能鄙事。夫孔子之少賤、所以多能於鄙事、孟子之屢遷、所以備知鄙務。唯其備知郊墓間事、故論葬埋之本、以斥墨者之説。備知市廛間事、故論物價之異、以折神農家言。易曰、知周萬物、道濟天下、孔子之天縱將聖、不待論矣。孟子之亞聖、亦能道濟天下、非智周萬物故耶。然則初遷次遷亦未嘗爲無益焉。初遷次遷之於孟子、猶且如此、况於三遷之功乎。

舜禹子賤士行之陪襯。

竹頭木屑亦運甓之陪襯。

唐房琯以車戰敗于陳濤斜。

像者上宜假加然字看。

題運甓圖

齋藤正謙

三軍之重、非百甓可比。戰伐之艱、非搬運可擬。陶士行欲用力於中原、區區習勞於運甓之間、殆有類兒戲者矣。然士行竟能平叛賊、斥羯虜、當時稱爲桓文之勲、未嘗不由習勞之力焉。且兩階之舞、來苗民、堂上之琴、治單父、若皆循其跡而求之、則伶人之門、比比舜禹、子賤傭丁役夫、莫非士行之徒。其事同而其功則異矣。夫其事同而其功異、非其人之殊耶。故其人而爲之、則運甓可以收功、竹頭木屑、可以成用。苟非其人、則車戰足以覆軍、周官足以誤國。余於是乎、陋次律介甫之爲人、而服士行之才且賢矣。

題楠中將畫像

齋藤正謙

數百年來、天下之爲忠爲孝、爲豪傑英雄、爲大賢君子者、一歸楠公。公一出焉、而天地立矣、日月明矣、梯航所通、文書所行、聲教所曁、凡有口有耳者、莫不聞其事而誦其名。是以公之神、常在天下、莫所不之也。尚何以像爲。像者所寄瞻仰也。瞻仰而禮拜之、敬慕之心、油然而生、敬慕之心、油然而生、而天下之爲忠爲孝者進矣、像之設、亦豈容已哉、天保六年五月二十五日、爲公卒之五百年忌辰、吾友平松子愿、與同志之士、設像奠之、余慕於公非一日、嘗過湊川櫻井金剛山下、憶其勤王之忠、諭子之節、致命之烈、憑吊低徊不能去、今其像儼然在前、得不涕隕之乎、遂題。

片言隻句、無不渉佛者、爲僧囑故也、眞是非閒筆、

爲僧玄常題書畫帖首　林長孺

摘扶疵瑕、呵責不恕、展玩之闍羅也、精甄品位、遍照無遺、賞鑒之菩薩也、吾欲爲菩薩、不欲爲闍羅也、丁巳二月、佛滅日、鶴梁老人識。

孟子、豈若是小丈夫然哉、同一句法、

題管鮑行賈圖　齋藤正謙

鮑叔能識英雄於風塵中、推財不爭、管仲能信知己於困厄中、分財多取、方此時、管鮑皆賈人也、然諾相信、有無相通、取之不疑、與之不吝、名雖賈人、其實卿相也、豈如今世士大夫然哉、臨財爭先、有少不合、反眼相罵、名雖士大夫、其實不若商賈、噫。

霧嶋紀行跋　安積信

讀未見書、遊未見山水、人生至樂、莫踰於此、然而酉洞（大酉山、小酉山、黃帝藏書處、）鄴架（韓詩、鄴侯家多書、挿架三萬軸、）世不多有、奇峰異嶺、必在遐裔僻鄉、人皆病焉、茲卷記霧嶋之勝、

甚悉、峰巒溪谷、千態萬狀、其奇古如三墳五典（三皇五帝之書、）其幽峭如連山歸藏（連山、夏易名、象山之出雲連連不絶、歸藏、殷易名、萬物莫不歸藏於其中、）其險恠如鬼谷子黃石公諸書、神魂飛越、有入僊境想、豈不快絶、人或以國字病之、是徒評驪黃而不知神駿者爾（九方皐相馬、報曰牝而黃、往而視之牡而驪、伯樂賞其所觀天機、已而果良馬、）

曰擊曰拯、溺下字不孟浪、

題司馬温公擊甕圖　齋藤正謙

公之爭新法、痛擊不遺餘力、公之改弊政、如救焚拯溺、人皆疑其不類平生、余謂天下一甕之廣也、億兆一兒之多也、熙寧之爭、元祐之政、一擊一拯之大者也、當兒之未溺、嬉戲樂群、藹然之狀可掬、及兒之既溺、振袂攘臂、悍然當之、此其天性也、然則公之仁勇、既於丱角之日見之、何必待登台鼎秉鈞軸而後知之耶。

未溺之嬉戲、與元祐之政、仁也、既溺之攘臂、與熙寧之爭、勇也、

分明以范文正祠堂記爲粉本、

題子陵加足帝腹圖　田中重參

以匹夫之足而加萬乘之腹、人臣之所不能犯、而子陵能犯之、以萬乘之腹而受匹夫之足、人主之所不能忍、而光武能忍之、以不能犯而能犯之、天下之物、有不足容者、以不能忍而能忍之、天下之節、有不足立者、此足與此腹相得矣、而有東漢中興之盛、有此

補足與腹俱無之一句、筆力周備無遺矣、

好証左

足矣、而無此腹矣、而有漢李黨錮之慘、此足與此腹俱無矣、漢氏不祀、悲夫。

題郝子廉投錢井中圖　土肥實匡

郝子廉、飢不得食、寒不得衣、一介不取諸人、每行飲水、輒投一錢井中、廉則廉矣、無乃害於義乎、夫千金至寶也、然而一錢之積焉耳、則千金之與一錢、多寡輕重雖不同、其所以爲寶者一也、乃棄之井中可乎、不且曰每行飲水則是所飲非一井、而所投非一錢、不知終身所飲幾井矣、所投幾錢矣、彼徒知一介不取諸人之爲義、而不知幾錢棄諸水之非義也、青砥藤

單施一句、可得以判是非于言外矣、

綱夜行、遺十錢於水中、乃買炬照水撈之、炬直五十錢、或曰、得不償失、藤綱曰、五十錢我失人得、十錢誰得之者、我取六十錢以益於世、不亦大得乎、吁、可以知子廉矣。

麟鳳龍已爲常說中物、又更提蛇蝎豺狼、反對而說之、縛文正在於此、

題龜石圖　佐藤坦

凡物之靈者、人思一覩之爲快、故麟鳳龜龍、得其似者、猶且愛之、况其眞乎、物之不祥者則人皆惡之、蛇蝎、吾知提梃而向之、豺狼、吾將走避之不暇、是人之常情也、今此一頑石、以其似龜也、圖而傳之、嚮使之似蛇蝎豺狼、人將思一擊以碎之、焉能愛重之至此、

因知君子人中之麟鳳龜龍、而小人人中之蛇蝎豺狼也、嗚呼、盍觀物以知所警省乎。

書萬山積雪圖後　長野確

雪景山水一卷、嘗爲宋名流所藏、其狀景物、霜葉未飛、薄雪已敷萬山、漁舟往來於凍雲黯淡中、妙在氣韻流動、不在形似也、明窻淨几、繙此卷展對、猶身在宋時、與宋人遊宋地矣、亦人生之一奇樂也。

此篇所成文、正在疊用三宋字一邊、

題六君子文粹後　長野確

作文猶孫武之用兵、庖丁之解牛、因勢而利導之、古之能達於此者、莫蘇文忠公如焉、公常取譬於行雲流水、蓋狀其自然之勢耳、六君子者、皆親受公之指授、其爲文、亦皆能因勢以利導之、不離榘矱（榘同矩、矱度也）、而脫俗超凡、殆入妙境矣、宛丘后山、尤其選也、但乏浩氣蓊勃、姿態橫生之致耳、蓋公則化矣、故能神而明之、六君子者、栩栩將化、而羽毛未全發彩耳、澁谷洒侯好蘇學、凡蘇家父子兄弟及門下之諸公之撰述、莫不收弃焉、六君子文粹、其所珍惜、余借閱愛其文、洒侯請一言題其後、因書所見而還之。

引用韓陳二典、蓋見巧于文處、

題賽華嶽（節略）　齋藤正謙

華山在五嶽中、尤爲高峻雄大、其嶺、韓愈登而哭焉、

更妄甚三字妙、

韓文公登華山之嶺、恐慄其險絕、度（不可下、發狂慟哭、盜人譏好奇也。）其麓陳摶擇而居焉。（陳希夷隱華山雲臺觀。）今某撫而有之、寘之座右、以供娛玩、爲膽甚大、不亦偉乎。人或謂余曰、此一座盆山耳。峰巒之秀、峭壁之奇、雖克肖焉、其高僅數尺。強而名之爲賽華嶽、爲妄已甚。子又從而實之、不亦更妄甚乎。余曰、古不云乎、山一拳石之多也。則山與石奚擇焉。且北溟之魚、謂之鯤、而魚腼之細、亦爲鯤。泥中小魚、謂之鰌、而橫海之鱗、亦爲鰌。子亦何不自囬顧。人身之長、不過五六尺、而與天地參矣。故形有鉅細、而理無大小。釋氏亦謂芥子容須彌。何矧一華嶽耶。

得末一句、與題緊接、

措大屋子雖小、於容之乎何有。某喜謂余曰、吾家盆山、因子一言、成數千仭之高。願書其言以附之。余不敢辭。遂書。

題韓文公畫像

林　長孺

某生所藏華山人畫韓文公像、眉目如生。余嚮時借覽嗟賞、因欲購之。生珍惜不肯。或云、使僕謀之、彼必可。余云、止。生所寶者畫也、余所寶者不貪也。今強奪之、是彼此皆失其寶也。乃使屬吏柳蹊摹寫一幅以藏之。亦公還趙侍御畫（見公畫記中。）之意也。

題某生書畫帖首

林　長孺

混沌二字、遂生出新趣向、

某生請余題其書畫帖首。乃披而觀之、紙皆白質、未嘗有一人下筆者。譬猶混沌世界。吾因謂帖之有題跋、猶世界之有天地。抑混沌初開、先有天而後有地、有萬物。今題帖首、是先天之意也。自是之後、山嶽江海、人獸草木、千狀萬形、穰穰而來、簇簇而生也必矣。然則開闢之功、非余而誰。乃笑而書之。

題華山人百花畫卷

林　長孺

芍藥紅矣、牡丹紫矣、春色之艷可觀也。菊花黃矣、木犀白矣、秋容之美可賞也。然欲一春秋以同觀賞、雖造化之工、所不能也。今華山人抽水仙乎紫藤之下、

捉東坡留意字、爲立說之根、一語斷截、何等快筆、又何等正理、

畫梔子乎白梅之間。其他四時群花、寫生無遺。是合春秋而一其候也。且其畫法神品、一一逼眞、將發芳香。是卽活花、不比庸工之死花。然則山人之畫、可謂能奪天工矣。余性愛花、然寓居不能多栽。今獲此、以爲文房之友、眞一適也。

題菊畦翁書畫帖

大槻　崇

蘇東坡云、君子之於書畫、可以寓意、而不可以留意。遂至比諸煙雲之過眼。達則達矣。以余觀之、留意何必爲不可哉。夫書之與畫、不好則已。苟好之、自不得不留意。留意以愛玩、然後古人之精神見焉。心畫顯

一篇主意自登游二山發生來

此所拭之涙即前潸下之涙

焉其精疎巧拙皆足以想見其爲人矣則亦論世尚友之一端其有益於人非淺小也若曰寓意焉耳則玩物喪志亦君子所不取也東輿菊畦翁多聚近世名人書畫裝潢爲帖請跋於余余乃録此言以付之二者之際翁其審擇而處之可也

○雜類

左衛門尉楠公髻塚碑　森田益

正平三年正月車駕在芳野賊將高師直大擧來寇左衛門尉楠正行與其族黨百四十三人詣行宮陛辭畢拜後醍醐帝陵入如意輪寺各截髻題姓名於

壁進戰皆死之今茲乙丑之秋益自備中歸鄉將登談山遂遊芳山會津田正臣欲建石以表公髻塚來請文益益曰余且遊二山子姑待之既而登談山謁大職冠藤公廟規模宏敞殿宇壯麗使人不覺起敬及登芳山首問其瘞髻處在蔓草寒煙中過者或不知也於是益低徊不能去潸然涙下曰公與藤公均王之藎臣也藤公斃大憝於一擊回天日於將墜位極人臣子孫繁榮廟食百世公則討賊不克宗族盡殉難今欲求其遺迹而不可遽得嗚呼何其幸不幸之異也已而拭涙以爲其幸不幸雖異其功未嘗不

前之悲涼光景至此忽變作景星慶雲觀快極矣

甚有緣故

以下不多費辭而時能畢生事略擧矣宜爲作尚簡該之法

同也夫藤公回天之績偉矣然比之公之大節彪炳與日月並懸存綱常於無窮者未知其孰愈也益既歸正臣復來促乃擧前言告之且曰方今外蕃猖獗九重宵旰士效力國家之秋也事成則爲藤公廟食百世不成則爲公死節垂名竹帛豈非大丈夫之至願乎正臣躍然起曰是可以表公髻塚矣遂書以與之正臣字仲相稱監物世仕紀藩楠中將十八世之裔云

慶應紀元冬十月大和森田益撰

畑六郎左衛門事略節略　安積信

精忠峻節可以動天地可以感鬼神可以鼓舞萬世

之人心故雖其身蹈患難以歿必流慶於子孫此理昭然不可誣也當元弘建武之際新田羽林公掲義旗滅北條氏又與足利氏戰而麾下有熊羆之士不貳心之臣相與翊贊勲業及其邪正相軋天道未定公遂爲國家授命則亦皆致忠節以死若畑君其尤傑出者矣君諱時能姓丹治畑其氏稱六郎左衛門世爲武藏名族姿貌魁岸有神力幼好角觝八州壯士莫能抗及長遷信濃喜遊獵策馬馳驅巖壑迅捷如飛後仕羽林公大小百餘戰所向莫不摧靡其搴旗斬將之功不可勝計羽林公戰歿弟義助使君守

和諧二字、與琴瑟緊應。

未張之絃先斷一句、奇創驚目。唯似與銘詞複。

越前濮城。是年稟義助命。攻金津長崎諸城。皆陷之。斬首八百餘級。退而守鷹巢城。敵將斯波高經以三千餘人圍之。是時南朝益不振。北國官軍皆敗亡。獨君以區區之衆守孤城。內無斗糧之儲。外無蚍蜉蟻子之援。徒以忠義激士卒。屢乘夜斫營。殺傷無算。敵軍震慴。呼曰畑將軍。各潛賂遺。請勿襲我營。遂力戰走高經。而君亦中流矢沒。實曆應元年十二月二十五日也。其精忠峻節。可以動天地感鬼神。嗚呼不亦偉哉。

女瑟墓誌銘

林長孺

余奉職遠州。擧二女子。冀其及成立得歸室家和諧也。名之以琴與瑟。後攜歸江戶。瑟聰慧能事兄順親。最與琴睦。甫五歲。頗誦詩賦。一朝罹病。遂不起。時文久紀元七月三日也。人靡弗爲之揮涙。而琴哭之最悲。余也哀其未張之絃先斷矣。爲之銘曰。維瑟之材。厥質維堅。瑟之未張。先斷厥絃。嗚呼哀哉。松栢擁墓。其音鏗然。父林長孺。母中井氏。葬于江戶溜池澄泉寺之域。從先壠也。浮屠氏追號曰善照院覺道妙玄云。

僧方壺傳

林長孺

僧方壺。不知何許人。亦未詳其姓氏。人問之。方壺皆不應。或曰江戶人。少時爲父復讎。棄家爲僧。因自韜晦。甚嗜詩酒。好與寠儒貧生交。人與詩酒。輒喜膜拜。不與則涕泣乞之。不必論詩酒美惡也。常攜一瓢酒。行傾飲。醉則叩瓢吟詩。嗚嗚大慟。及倦坐臥路上。優然自適。群犬遶吠之。方壺亦吟以和之。遂與群犬近且狎。或望月于橋下。或賞花于路傍。輒曰恨此樂不令太白見之。余久聞其名。未嘗相識。一日集生徒講易。有僧來扣余門。未及延接。已突入坐。乃問云。大極如何。余答以無極。則大笑曰。吾聞子貧儒。有詩酒癖。乃來耳。今聞洛閩愚說。使人發嘔。子勿復言矣。於是傾瓢飲。高歌旁若無人。忽賦一詩贈余。余見其落款。始知其爲方壺也。乃相與驩然對酌。方壺亦狂態百出。與在路上時不異。後屢來以爲常。及余命劇職。不復來。

鶴梁子曰。方壺狂浮圖。固不可律以常道。但觀其詩。頗可誦。又甚窮。逢人乞飲。而未嘗過於顯門。盖豪傑之士喪志。有所托而逃焉者歟。

近松門左衛門傳

中村正直

近松門左衛門者。長門萩人也。兄業醫。頗有名。門左

此間文情可謂渉々自生、至末則竿頭直進幾歩矣

帶盤谷序入手口氣

好作淨瑠璃本、其兄規之曰、無益也、門左曰、噫君著和藥名等書、若字畫有謬誤、則必至害人性命矣、知吾所作狂言綺語、縱令無益、亦不為人害耳、兄無以服之、門左本姓杉森氏、嘗寓一僧院、曰近松寺、會寺僧有罪、刑于寺門之傍、門左大有所感、因改姓名、曰近松門左衛門、以自戒焉、享保九年甲辰十一月二十二日歿、年七十二、曲本甚多、盛稱于世、至今不衰、

贊曰、妙于技者、不自知其所以妙而然、夫至于不自知其所以妙、而天下之自以為妙者、皆不足以勝之、知門左、殆其人乎、門左特知以作曲本為遊戲耳、豈

知其技之妙臻乎此哉、又豈知後世之人、稱道慕愛如此其盛哉、余嘗讀其辭世之詞、若媿空言無實者、何其謙乃爾、及聞其所以易姓名、則愕然自失焉、

紅勘傳

信夫粲

紅勘者、不知何許人、亦不詳其姓字、婦女呼曰紅勘紅勘、故名焉、或曰、素鬻紅粉以為業、通稱勘兵衛、故曰紅勘、勘之言曰、人之處世求活者、為不欲於心之笑、吐不關於意之言、叩頭以拂人之鬚、膝行以窺人鼻息、暗夜求哀、白日傲人、奴不肖、不忍為也、若夫逍遙于花柳婉孌之間、猶然而笑、依然而樂、無得無失、

寫俗技俚曲等處、自不可無此樣色態

惟適之安者、吾之天也、奴安不為之乎、於是手持三絃、腰帶笛與小鼓、一曲以博一笑、一演以代數錢、江都華麗地、俗尚絃歌、紅勘之名嘖嘖稱之、其絃不必紫檀柄花輪胴也、其撥不必象牙鼈甲也、柄折則代以擂木、絃斷則繼以麻絲、或以飯匕為撥、或以敗鼓為胴、然而一調其絃、則塡然亮然、一齊湊發、忽而歌忽而舞、絃一而韻二、笛一而聲雙、緲絲（緲微也）宛轉、具極其妙矣、聲妓傾耳、俳優吐舌、士女羣聚、或微笑、或嘿歎、不覺喝采、蓋非五人合奏、不能為其一曲、非一人有十手、不能為其一段、而曲終人散、則眇然小丈

夫、獨抱絃、啞然大笑耳、

天倪氏曰、絃歌舞蹈、婦女之技也、君子卑之、然欲到其妙處、則雖一技一藝、亦非一朝一夕之所能得也、況兼備衆技、而取譽於一世乎、余少壯、每觀紅勘之技、乃慨然歎曰、渠雖裙釵（裙釵猶曰巾幗、言婦人社會也）、小技既為天下絕藝矣、我則讀書志道、自稱君子之徒、而曾不能有一技之長、而為人所稱譽、豈能不羞而死乎、蓋知紅勘其技者、多婦人女子、故口能稱之、筆不能書之、余為惜之、因作之傳、以俟後之虞初氏、

皇朝古今名家小體文範卷之下終

明治十九年四月十七日版權免許

定價金七拾錢

三重縣平民
編纂人　渡邊碩也
縣下伊勢國奄藝郡一身田村寺町住

大阪府平民
出版人　岸本榮七
府下東區北濱四丁目三拾二番地

仝　平民
發兌書林　吉岡平助
府下東區備後町四丁目三拾七番地

復刻版 編集 明治漢文教科書集成

補集Ⅰ 明治初期の「小学」編

（第8巻〜第10巻・別冊1）

2017年12月10日 第1刷発行

揃定価（本体81,000円＋税）

編・解説者 木村 淳

発行者 小林淳子

発行所 不二出版株式会社

東京都文京区向丘1-2-12

TEL 03(3812)4433

印刷所 富士リプロ

製本所 青木製本

乱丁・落丁はお取り替えいたします。

第8巻 ISBN978-4-8350-8161-8

補集Ⅰ（全4冊 分売不可 セットISBN978-4-8350-8160-1）